Martin Krause

Hebräisch

Biblisch-Hebräische Unterrichtsgrammatik

Herausgegeben von
Michael Pietsch und Martin Rösel

4. Auflage

De Gruyter

ISBN 978-3-11-044966-2
e-ISBN (PDF) 978-3-11-045044-6

Library of Congress Cataloging-in-Publication Data

A CIP catalogue record for this book has been applied for at the Library of Congress.

Bibliografische Information der Deutschen Nationalbibliothek

Die Deutsche Nationalbibliothek verzeichnet diese Publikation in der Deutschen Nationalbibliografie; detaillierte bibliografische Daten sind im Internet über http://dnb.dnb.de abrufbar.

Druck: Hubert & Co. GmbH & Co. KG, Göttingen
♾ Gedruckt auf säurefreiem Papier

Printed in Germany

www.degruyter.com

Vorwort

Die gegenwärtige Situation in der Hebraistik ist auf der einen Seite durch eine Vielzahl von sprachwissenschaftlichen Einzeluntersuchungen bestimmt, die sich den vielfältigen linguistischen und sprachgeschichtlichen Problemen des Hebräischen widmen. Sie bedürfen dringend einer systematischen Zusammenstellung und Auswertung im Rahmen einer großen wissenschaftlichen Grammatik der hebräischen Sprache. Auf der anderen Seite stellt die Praxis des Hebräischunterrichts an Schulen und Hochschulen die Lehrenden stets neu vor die Schwierigkeiten der Auswahl, Darstellung und didaktischen Vermittlung derjenigen Wissensbestände, die für die philologische und exegetische Arbeit mit den Texten des Alten Testaments unverzichtbar sind.

Die vorliegende „Biblisch-hebräische Unterrichtsgrammatik" weiß sich, wie der Titel bereits andeutet, letzterem Anliegen verpflichtet. Sie ist aus der jahrzehntelangen Lehrtätigkeit ihres Verfassers am Fachbereich Evangelische Theologie der Universität Hamburg hervorgegangen. Ihr Ziel ist es, den Lehrenden und Lernenden des Biblisch-Hebräischen eine übersichtliche und verständliche Grundlage für den Sprachunterricht an die Hand zu geben. Sie kann und will keine umfassende wissenschaftliche Grammatik der hebräischen Sprache ersetzen, sondern versteht sich als ein Unterrichtswerk, das eine klare und verlässliche Orientierung in den Grundstrukturen der hebräischen Sprache vermitteln und zu eigenständiger Weiterarbeit anregen möchte.

Konzeption und Darstellungsprinzipien der Unterrichtsgrammatik sind sämtlich vom Verfasser entwickelt worden, der auch den materialen Teil des Werkes in allen Teilen verfasst hat. Die Herausgeber haben bei der didaktischen Umsetzung und der Gestaltung der einzelnen Paragraphen mitgewirkt und das Manuskript in eine Druckvorlage umgesetzt. Ein besonderer Dank gebührt in diesem Zusammenhang Herrn stud. theol. Oliver Erckens / Rostock, der sich um die elektronische Erfassung des Manuskripts und die vielfältigen Probleme des Layouts verdient gemacht hat. Frühere Versionen der Unterrichtsmaterialien waren von Prof. Dr. Corinna Dahlgrün / Jena und PD Dr. Uwe Gleßmer / Hamburg erstellt worden. Darüber hinaus haben wir Herrn Dr. Hans Schmoldt / Hamburg für seine unermüdliche Mithilfe bei der Last der Korrekturen zu danken. Die Realisierung des Projektes wäre nicht möglich gewesen ohne die Bereitschaft des Verlages Walter De Gruyter, das Werk in seine Reihe „de Gruyter Studienbuch“ aufzunehmen. Unser Dank gilt besonders Herrn Dr. Albrecht Döhnert, der das Projekt stets mit großem Interesse und sachkundigen Hinweisen begleitet und gefördert hat.

Mehr als Worte es zu sagen vermögen, verdankt dieses Buch jedoch den ungezählten Studierenden, Tutorinnen und Tutoren an den Universitäten in Hamburg und Rostock, die durch ihre Fragen und Hinweise entscheidend zu seiner Anlage und Weiterentwicklung beigetragen haben. Es ist unser Wunsch, dass dieses wechselseitige Gespräch mit der Veröffentlichung des Werkes nicht abreißt, sondern lebendig bleibt und weitere Kreise zieht, um der Förderung und Vermittlung des Hebräischen zu dienen. Für jegliche Hinweise zur Korrektur oder Verbesserung sind wir daher sehr dankbar.

Hamburg / Rostock, Januar 2008

Michael Pietsch
Martin Rösel

Vorwort zur vierten Auflage

Es freut uns, dass die Biblisch-hebräische Unterrichtsgrammatik vielerorts als nützliches Hilfsmittel für den Hebräischunterricht Aufnahme gefunden hat, sodass inzwischen eine vierte Auflage nötig geworden ist. Nachdem bereits in der letzten Auflage die Anzahl der Beispielsätze für eigene Übersetzungsübungen deutlich erhöht und das Vokabular um eine Übersicht zu idiomatischen Wendungen erweitert worden war, haben wir für die vierte Auflage den Text erneut durchgesehen und vor allem bei den Tabellen und den Paradigmen des Schwachen Verbs teilweise ergänzt. Weiterhin sind wir für alle Rückmeldungen und Hinweise dankbar.

Hamburg / Neuendettelsau / Rostock, Juni 2015

Martin Krause
Michael Pietsch
Martin Rösel

Inhaltsverzeichnis

Vorwort V

Inhaltsverzeichnis VII

Einführung IX

Abkürzungsverzeichnis XIII

§ 0 Allgemeines 1
- 0.1 Zur Sprache 1
- 0.2 Zur Schrift 3

§ 1 Das Alphabet 5
- 1.1 Schreibung und Aussprache 6
- 1.2 Konsonantengruppen 8

§ 2 Die Vokalbuchstaben 10

§ 3 Die Punktation 11
- 3.1 Die Vokalzeichen 12
- 3.2 Die Aussprachezeichen 21
- 3.3 Die Lese- und Betonungszeichen 26
- 3.4 Textkritische Zeichen 33

§ 4 Lautwandel und Vokalisation 36
- 4.1 Konsonanten-Veränderungen 36
- 4.2 Vokale – Entstehung und Wandel 40
- 4.3 Vokal-Veränderungen 43
- 4.4 Problem- und Sonderfälle 54

§ 5 Text, Satz, Wort und Element 57
- 5.0 Vorbemerkung 57
- 5.1 Text 59
- 5.2 Satz 64
- 5.3 Wort und Element 77

§ 6 Nomen und Pronomen 91
- 6.1 Allgemeines 91
- 6.2 Zur Herkunft der Nomina 92
- 6.3 Kasus 94
- 6.4 Constructus-Verbindung 95

6.5 Zur Determination 98
6.6 Numerus 101
6.7 Genus 102
6.8 Suffixe am Nomen 103
6.9 Nomen-Analysehilfe 104

§ 7 Nomina mit veränderlichen Vokalen, Nomina besonderer Bildung und Zahlwörter 106
7.1 Segolata 106
7.2 Nomina mit zwei veränderlichen Vokalen 109
7.3 Nomina mit verdoppeltem Endkonsonanten 110
7.4 Nomina mit einem veränderlichen Vokal in der vorletzten Silbe 111
7.5 Nomina mit einem veränderlichen Vokal in der letzten oder einzigen Silbe 111
7.6 Nomina besonderer Bildung 112
7.7 Zahlwörter 114

§ 8 Das Verb 117
8.1 Allgemeines 117
8.2 Präformativ- und Afformativkonjugationen 119
8.3 Zum Gebrauch der Konjugationen 120
8.4 Zu den Nominalformen 124
8.5 Die Modi 128
8.6 Die Stämme 130
8.7 Die Suffixe am Verb 133

§ 9 Verba laryngalis bzw. ר 139
9.1 Verba Primae (I) laryngalis 139
9.2 Verba Mediae (II) laryngalis bzw. ר 140
9.3 Verba Tertiae (III) laryngalis 141
9.4 Zusammenfassung 143

§ 10 Das Schwache Verb 145
10.1 Die Verbklassen und ihre Hauptkennzeichen 145
10.2 Verba Primae (I) *'álæf* = פ"א 148
10.3 Verba Primae (I) *nun* = פ"נ 150
10.4 Verba Primae (I) *yod/waw* = פ"י/ו 154
10.5 Verba Mediae (II) geminatae bzw. vocalis = ע - Verben 160
10.6 Verba Tertiae (III *yod/he*) infirmae = ל"ה 170
10.7 Verba Tertiae (III) *'álæf* = ל"א 178
10.8 Doppelt schwache Verben 179
10.9 Faustregeln zum Erkennen schwacher Verbformen 184

Auflösungen zu den Formbestimmungen 189

Texte 209
1. Einführungstexte 210
2. Basistexte 213
3. Unpunktierte Texte 218
4. Folge- und Übungstexte 220
5. Paralleltexte zum notetischen Vergleich 229
6. Codex Leningradensis: Genesis 21,33 – 22,12 230

Vokabular 233
1. Vokabular zur Grammatik und zu den Texten 233
2. Sondervokabular 277
2.1 Partikeln in alphabetischer Reihenfolge 277
2.2 Sprachliche Wendungen 281
3. Alphabetisches Vokabular 297

Tabellen 333

Stichwortverzeichnis und Glossar 362

Einführung

Die vorliegende Biblisch-hebräische Unterrichtsgrammatik versucht, den Lernstoff in größeren Zusammenhängen darzustellen. Sie unterscheidet sich damit von anderen Unterrichtsbüchern, in denen der Grammatikstoff – portionsweise aufgeteilt – in Lektionen dargeboten wird.

Die hier gewählte Konzeption geht von folgenden Voraussetzungen aus:

– Das eigentliche *Lernziel* des hebräischen Sprachstudiums ist nicht das Beherrschen der hebräischen „Sprachgesetze", sondern der Erwerb der Fähigkeit, biblische Texte übersetzen und verstehen zu können.
– Dieses Ziel wird kaum im „Trockenbecken" der Grammatik und (präparierter) Übungssätze erreicht, sondern sinnvoll nur – und dann auch mit mehr Freude – in der direkten Auseinandersetzung mit authentischen Texten.
– Beim Unterrichten mit den hier vorgelegten Materialien hat es sich bewährt, dass die Lehrenden nahezu von Unterrichtsbeginn an die Studierenden dazu anleiten, grammatische Phänomene an bestimmten Texten zu beobachten und diese dann festzuhalten. Dazu sind die beigefügten Einführungs- und Basistexte vorgesehen. Im Ansatz wird so der „funktionalen" *Lern- und Unterrichtsmethode* gefolgt (*D. Vetter/J. Walther,* Hebräisch funktional. Beschreibung operationalen Verfahrens, Stuttgart 1973). Da sich diese aber in ihrer „reinen" Form kaum durchführen lässt – dem steht allein schon die vorgegebene Lernzeit im Wege –, hat sich seit langem eine „Mischmethode" bewährt: In einem (ersten) Teil der Unterrichtseinheit wird ein Passus der „normativen" Grammatik dargestellt bzw. vor- oder nachgearbeitet, in einem anderen die Textbeobachtungen durchgeführt.

Bei der Gestaltung des *Unterrichtsmaterials* war das oberste Ziel, das Lehren und das Lernen – aber auch späteres Wiederholen und Wiedereinarbeiten – so gut wie möglich zu erleichtern und den unterschiedlichen Lehr- und Lerntypen entgegenzukommen:

– Es wurde versucht, *den Lehrenden* für die Unterrichtskonzeption viele eigene Gestaltungsmöglichkeiten zu lassen. Das gilt etwa für die relativ große Auswahlmöglichkeit bei den Einführungs- und Folgetexten, für die Wahl der grammatischen Termini (meist werden mehrere eingeführt: Impf. und PK, *Nif'al* und N-Stamm usw.), teils auch für die der Paradigmen (כתב oder קטל). Es ist möglich, die Reihenfolge der Behandlung des grammatischen Stoffes zu variieren (erst das Verb und dann das Nomen oder umgekehrt) oder das Material in einem vorhandenen Lektionskonzept einzusetzen.

Entsprechendes gilt natürlich auch für die zeitliche Aufteilung des „Lernstoffes". Als Beispiel sei genannt:

1. Tag :	Alphabet - Schreibübung
2. Tag :	Einordnung des Hebräischen ins Semitische, Konsonantengruppen
3. Tag :	Übung (Buchstabieren), Vokalbuchstaben
4. Tag :	Vokalisation, Übung, Gen 1,1 (Buchstabieren, Lesen in der Gruppe, Beobachtungen, Übersetzen)

Wochenende

5. Tag :	Vokalisation, *šewā'*, Übung, Gen 1,1–2a
6. Tag :	*dāgeš*, Buchstabier- und Leseübung (einsilbige Vokabeln § 6.2)
7. Tag :	Lese- und Betonungszeichen, Gen 1,1–2a (Wiederholung, so nahezu täglich), Gen 22,1a
8. Tag :	Textkritische Zeichen, TAB XIII (Sep. Personalpronomen, ל und ב mit Suff.)
9 .Tag :	Partikeln 3 und 4 (את) und סוס *masc.* Sg. mit Suffixen, Gen 1,1–2a; 22,1

Wochenende

10. Tag:	§ 6.1-4, TAB XIII (סוס *fem.* Sg. mit Suff.), Gen 22,1
11. Tag:	§ 6.5-7, TAB XIII (אל und על mit Suff.), Gen 22,1–2
12. Tag:	TAB XII (סוס Pl. und sonstige Partikeln mit Suff.), Gen 22,1–2
13. Tag:	TAB XIV und TAB I AK (Perf.), Gen 22,1–2
14. Tag:	TAB XV und TAB I PK (Impf.), Gen 22,1–2

Wochenende

Dieses Beispiel stammt aus einem Kurs, für den täglich zwei Unterrichtsstunden zur Verfügung standen. So konnte schon sehr früh eine intensive Wiederholungs- und Übersetzungsphase durchgeführt werden. Stehen weniger Stunden zur Verfügung, ist es unproblematisch, den Unterrichtsstoff zeitlich gedehnter zu verteilen.

– Die §§ 4 und 5 sollen als Übersichtsdarstellungen dienen, die ganz oder teilweise in verschiedenen Stadien eines Kurses besprochen werden können. Übungen sollen auch hier das Durcharbeiten strukturieren und den Lernerfolg sichern.
– Weiterhin wurde versucht, *den Studierenden* zahlreiche Lernhilfen an die Hand zu geben. Dazu gehören die übersichtliche Strukturierung des Stoffes, die Mehrfarbigkeit und die vielfältigen Kästelungen. Für diejenigen, die mit mehr Lernstoff und Übungen arbeiten wollen, wurden die nicht für den direkten Unterricht gedachten

„Formensammlungen, Wendungen und Sätze" (mit Auflösungen im hinteren Buchteil) beigefügt.
Ein besonderes Problem stellt oft das Vokabellernen dar. Generell wird davon ausgegangen, dass die Vokabeln im Textzusammenhang gelernt werden sollten. Dennoch wurde auch hier versucht, zusätzliche Hilfe durch die Gestaltung des „Textvokabulars" und vor allem des „Alphabetischen Vokabulars" mit seinen Angaben zur Häufigkeit der betreffenden Vokabeln zu geben.

Drei Hinweise:

1. Für Studierende, die nur eine in das Hebräische einführende Lehrveranstaltung besuchen können, ist diese Unterrichtsgrammatik ursprünglich nicht konzipiert. Dennoch lässt sie sich auch in diesem Falle gut benutzen, wenn man sich auf das Wesentliche konzentriert, und das wäre:

- Buchstabier- und Lesefähigkeit erreichen (§ 1- § 3),
- In TAB I (*Qal*),
- und in TAB XIII die Formen aufsuchen und identifizieren können,
- „Das schwache Verb. Die Verbklassen und ihre Hauptkennzeichen" (§ 10), d.h. die fünf Faustregeln anwenden können und
- möglichst viele ***-Vokabeln kennen.
  Als Textbasis kommen Gen 1,1–2a und einer der Basistexte in Frage.

2. Für „Wiedereinsteiger" ins Hebräische wird empfohlen, mit einem Basistext und dem dazugehörigen Textvokabular die Arbeit zu beginnen und sich von den festgestellten Defiziten aus den Grammatikteil neu zu erschließen.

3. Als weiterführende Literatur seien genannt:

- Die wissenschaftlichen Grammatiken von
  W. Gesenius - E. Kautzsch, Hebräische Grammatik, 28. Aufl., Leipzig 1909 (und Nachdrucke) (Referenzgrammatik, die – auch in Übersetzungen – wohl noch immer am häufigsten benutzt und zitiert wird).
  F. E. König, Historisch-kritisches Lehrgebäude der hebräischen Sprache, Leipzig 1881-1897 (und Nachdrucke) (Diese Grammatik bietet die vollständigste Sammlung an Belegstellen).
  R. Meyer, Hebräische Grammatik, Unveränderter photomechanischer Nachdruck, Berlin 1992 (Grammatik, die besonders im semitistischen Bereich wertvoll und für Lernende gut handhabbar ist).

P. Joüon - T. Muraoka, A Grammar of Biblical Hebrew, I-II, Rev. Ed., Rom, 2006 (In dieser Grammatik wird die neueste wissenschaftliche Literatur berücksichtigt).

– Zur Syntax
B.K. Waltke - M. O'Connor, An Introduction to Biblical Hebrew Syntax, Winona Lake 1990 (Ausführlichste Darstellung der und Belegsammlung zur hebräischen Syntax).
D. Michel, Grundlegung einer hebräischen Syntax, Teil 1: Sprachwissenschaftliche Methodik, Genus und Numerus des Nomens, 1977=2004, Teil 2: Der hebräische Nominalsatz, Neukirchen 2004 (Wichtigster deutschsprachiger Versuch zur Syntax des Hebräischen).

– Die wissenschaftliche Fachzeitschrift „Zeitschrift für Althebraistik" (ZAH; Stuttgart u.a. seit 1988) informiert über neueste Entwicklungen (und Textfunde) auf dem Gebiet der Hebraistik
– Einzeluntersuchungen
R. Bartelmus, HYH. Bedeutung und Funktion eines hebräischen „Allerweltswortes", St. Ottilien 1982.
W. Groß, Doppelt besetztes Vorfeld: syntaktische, pragmatische und übersetzungstechnische Studien zum althebräischen Verbalsatz, Berlin u.a., 2001.
E. Jenni, Die hebräischen Präpositionen. Bd.1: Die Präposition Beth, Stuttgart u.a. 1992; Bd. 2: Die Präposition Kaph, Stuttgart u.a. 1994; Bd. 3: Die Präposition Lamed, Stuttgart u.a. 2000.
P.H. Kelley; D.S. Mynatt; T.G. Crawford, Die Masora der Biblia Hebraica Stuttgartensia, übersetzt von M. Rösel, Stuttgart 2003.

Abkürzungsverzeichnis

adhort.	adhortativum
AK	Afformativkonjugation
akt.	aktiv
Anm.	Anmerkung
App.	Apparat
aram.	aramaisierend
Art.	Artikel
AT	Altes Testament
Aufl.	Auflage
BHK	Biblia Hebraica, ed. R. Kittel
BHQ	Biblia Hebraica Quinta
BHS	Biblia Hebraica Stuttgartensia
com.	communis
dag.	*dāgeš*
dat. eth.	dativus ethicus
det.	determiniert
D-Stamm	Doppelungsstämme, sog. Intensivstämme
Du.	Dual
ellipt.	elliptisch
energ.	energicum
f./ff.	folgende(r)
fem.	feminin
griech.	griechisch
G-Stamm	Grundstamm = *Qal*
gem.	geminatae
Håf.	*Håfʻal*
hebr.	hebräisch
Hif.	*Hifʻil*
Hištaf.	*Hištafʻel*
Hit./Hitp.	*Hitpaʻel*
HK	Hauptkennzeichen
H-Stämme	Kausativstämme
i. K.	Kontext(form)
Impf.	Imperfekt
Impt.	Imperativ
indet.	indeterminiert
Inf.	Infinitiv
inter.	interrogativ(um)
i. p.	Pausa(lform)
IVS	invertierter Verbalsatz
K	Konsonant; *K^etîb*
k	kurz
KF	Kurzform
lat.	lateinisch
LF	Langform
masc.	maskulin
Med.	Mediae
MT	masoretischer Text
Narr.	Narrativ
Neg.	Negation
Nif.	*Nifʻal*
nordsyr.	nordsyrisch
NS	Nominalsatz
N-Stamm	*Nifʻal*
o.	oben; oder
P	Präformativ
Part.	Partizip
Pass./pass.	Passiv
Pers.	Person
Personenk.	Personenkennzeichen
Pf./Perf.	Perfekt

Pi.	*Pi'el*
Pil.	*Pilpel*
PK	Präformativkonjugation
Pl.	Plural
PNS	Partizipialer Nominalsatz
poet.	poetisch
Pol.	*Polel* od. *Polal*
Pp	Personalpronomen
Prim.	Primae
Pu.	*Pu'al*
Q	Q^{e}*rê*
Rad.	Radikal
s.	siehe
S.	Seite
Sf./Suff.	Suffix
Sg.	Singular
sog.	sogenannt
st. abs.	status absolutus
st. cons.	status constructus
Tab	Tabelle
tl	tonlang
u.	und; unten
V	Vokal
V.	Vers
voc.	vocalis
VQ	Vorton*qāmæṣ*
VS	Verbalsatz; Vorton*sêrê*
vs.	versus

§ 0 Allgemeines

0.1 Zur Sprache

1. Das Hebräische ist die Sprache des Alten Testaments (AT). Nur wenige (jüngere) Texte des Alten Testaments sind in *Aramäisch* abgefasst, jener mit dem Hebräischen eng verwandten Sprache, die im Vorderen Orient bereits im 8. Jh. v. Chr. als Diplomatensprache diente (→ 2 Kön 18,26), dann zur internationalen Handels- und Verkehrssprache wurde („Reichsaramäisch") und schließlich das Hebräische als Umgangssprache verdrängte; letzteres blieb jedoch noch als Literatur- und Gelehrtensprache im Gebrauch.

Aramäische Texte im AT	Dan 2,4b – 7,28; Esr 4,8 – 6,18; 7,12–26 und Jer 10,11; Gen 31,47 (2 Wörter)

2. Das Hebräische hat aber eine über das Alte Testament hinausgehende Geschichte, deshalb wird gemeinhin unterschieden zwischen:

Biblisch- bzw. Alt-Hebräisch	(etwa ab 1200 v. Chr.) Sprache des Alten Testaments, einiger Inschriften, Ostraka und Papyri
Mittel-Hebräisch	(etwa ab dem 2. Jh. v. Chr.) Sprache der jüngsten Schriften des Alten Testaments (z.B. Koh), der meisten Texte von Qumran und (etwa ab dem 2. Jh. n. Chr.) die Sprache der Mischna und anderer rabbinischer Werke *
Neu-Hebräisch (Ivrit)	(ab dem 19. Jh.) In der Neuzeit wiederbelebtes Hebräisch; seit 1948 die offizielle Sprache des Staates Israel

* Bisweilen wird schon das mischnische Hebräisch als Neuhebräisch bezeichnet und Ivrit dann als „Modernhebräisch" eingeordnet.

3. Das Hebräische gehört zur *semitischen Sprachfamilie*, die grob in folgende Sprachen und Dialekte eingeteilt werden kann:

Ost-Semitisch	Akkadisch	Babylonisch Assyrisch
Nordwest-Semitisch	Eblaitisch* Ugaritisch*	
	Kanaanäisch	Phönizisch-Punisch Hebräisch Moabitisch u.a.
	Aramäisch	West-Aramäisch: Nabatäisch u.a. Ost-Aramäisch: Syrisch u.a.
Süd(west)-Semitisch	Arabisch	Nord-Arabisch Süd-Arabisch
	Äthiopisch	

* Die Einordnung der Sprachen von Ebla und Ugarit ist noch umstritten.

4. Eines der vielen gemeinsamen Kennzeichen der semitischen Sprachen ist, dass die Grundbedeutung eines Wortes an einer nur aus Konsonanten (meist sind es drei) bestehenden Wortbasis haftet. Man nennt diese Wortbasis *Wurzel* (radix) oder *Lexem* und die dazugehörigen Wurzel- bzw. Basiskonsonanten *Radikale.*

Die einzelnen Wörter und Wortformen entstehen durch Verbindung der Wurzel mit feststehenden Vokalfolgen und (konsonantischen) Bildungselementen.

Wortbildungselemente	Beispiel	Bedeutung/ Übersetzung	deutsch etwa:
Wurzel ① ② ③ Radikale	① ② ③ š* m r (*šāmár*)**	im Auge behalten, (be)wachen	Schmiere (stehen)
z.B.			aber:
① *ā* ② *á* ③	*šāmár*	er hat bewahrt	Schmarren
① *o* ② *é* ③	*šomér*	Wächter (part.)	Schimäre
① *ᵉ* ② *u* ③ *ā́*	*šᵉmurā́*	Augenlid	schmoren
hi ①① *ā́* ② *æ* ③	*hiššā́mær*	hüte dich!	schmieren
mi ①② *ǽ* ③ *æt*	*mišmǽræt*	Wache, Dienst	schimmern
usw.			usw.

* š = sch; zu den anderen Zeichen → S. 233.
** durch ´ wird die Betonung angezeigt.

0.2 Zur Schrift

1. In der ersten Hälfte des 2. Jahrtausends v. Chr. wurde im syrisch-phönizischen Raum die Buchstaben- bzw. Konsonantenschrift entwickelt, deren früher Spross die alt-hebräische Schrift ist und die zur Mutter aller Alphabetschriften wurde.

2. In der Alphabetschrift gilt das Prinzip: *Ein* Schriftzeichen steht für *einen* Laut (im Semitischen: *einen* Konsonanten)!
Da der wesentliche Lautbestand einer Sprache begrenzt ist, kommt die Alphabetschrift mit relativ wenigen Schriftzeichen aus und ist damit den verschiedenen zeichenreichen Wort- und Silbenschriften (Keilschrift, Hieroglyphenschrift) überlegen.

3. Bei der Entwicklung der Alphabetschrift folgte man weitgehend dem Prinzip der *Akrophonie* (griech. ἄκρος äußerster = erster): Genannt wird ein Wort, gemeint aber ist nicht dieses Wort, sondern nur der *erste Laut* bzw. Buchstabe dieses Wortes (vgl. das beim Funken benutzte Buchstabieralphabet „alpha, bravo, charlie…“). Als Schriftzeichen wurde dann für diesen Laut meist ein stilisiertes Bild des mit dem Wort gemeinten Gegenstandes benutzt (→ unten).
Die Form der Schriftzeichen hat sich im Laufe der Zeit erheblich verändert. Der heute in allen hebräischen Drucken verwendete Schrifttyp (die Quadratschrift; → unten) hat sich in einer langen Geschichte aus der aramäischen Schrift herausgebildet und wurde etwa ab 100 n. Chr. in standardisierter Form für die „heiligen“ Texte verwendet.

Alt-hebr. Zeichen z.B. **	Name	Laut-wert	Bedeutung	Griech./Lat.-Zeichen	Laut-wert	Quadrat-schrift
𐤀	*'álæf*	' *	Rinder(kopf)	A	a	א
𐤊	*kaf*	k	Hand(fläche)	K	k	כ
𐤌	*mem*	m	Wasser	M	m	מ
𐤏	*'ájin*	' *	Auge	O	o	ע
𐤓	*resch*	r	Kopf	P / R	r	ר

* → dazu § 1

** Die Buchstabenrichtung spielte eine untergeordnete Rolle.

§ 1 Das Alphabet

Quadrat-schrift		Um-schrift	Name	Aussprache/Lautwert	Zahl wert
א	***	’*	*’álæf***	leichter Stimmansatz (Knacklaut) wie „Spiegel’ei“ bzw. „Ur’instinkt“	1
ב		*b*	*bet*	wie w (*ḇ**) בּ wie b	2
ג		*g*	*gímæl*	wie g	3
ד		*d*	*dálæt*	wie d	4
ה		*h*	*he*	wie h	5
ו		*w*	*waw*	wie englisches w	6
ז		*z*	*zájin*	stimmhaftes s wie in „lesen“ (franz. z)	7
ח		*ḥ*	*ḥet*	wie ch in „ach“	8
ט		*ṭ*	*ṭet*	(emphatisches) t	9
י		*y/j*	*yod*	wie j	10
כ	ך	*k*	*kaf*	wie ch in „machen“ (*ḵ**) כּ wie k	20
ל		*l*	*lámæd*	wie l	30
מ	ם	*m*	*mem*	wie m	40
נ	ן	*n*	*nun*	wie n	50
ס		*s*	*sámæḵ*	stimmloses s	60
ע		‘	*‘ájin*	Knacklaut (vgl. א)	70
פ	ף	*p*	*pe*	wie f (*p̄/f**) פּ wie p	80
צ	ץ	*ṣ*	*ṣadé*	(emphatisches) s wie ts	90
ק		*q/ḳ*	*qof*	(emphatisches) k (vgl. כּ)	100
ר		*r*	*reš*	wie r	200
שׂ		*ś*	*śin*	stimmloses s (vgl. ס)	300
שׁ		*š*	*šin*	wie sch	
ת		*t*	*taw*	wie t (vgl. ט)	400

* Umschrift; zur Umschrift der Vokale vgl. S. 233
** durch ´ wird die Betonung angezeigt
*** so am Wortende

1.1 Schreibung und Aussprache

1. Hebräisch wird von *rechts nach links* geschrieben und gelesen.

2. Die hebräische Schrift ist eine *Konsonantenschrift*, d.h., ursprünglich bestand die Schrift nur aus Konsonanten; erst später wurden Zeichen für die Vokale hinzugefügt. Dementsprechend besteht das Alphabet nur aus Konsonanten, und zwar aus 22; wenn zwischen שׂ (*ś*) und שׁ (*š*) unterschieden wird, aus 23 Konsonanten und deren Zeichen.

3. Die hebräische Schrift ist eine *Druckschrift*, d.h., die Buchstaben stehen unverbunden nebeneinander und weisen immer jeweils dieselbe Form auf. Lediglich כ, מ, נ, פ und צ haben am Wortende als Schluss- bzw. Finalbuchstaben eine besondere Form:

ך (*k*), ם (*m*), ן (*n*), ף (*p*), ץ (*ṣ*)	Finalbuchstaben

4. Die heute in allen Drucken verwendete Schriftform nennt man *Quadratschrift*, da sich die meisten Zeichen gut in ein Quadrat einpassen lassen; z.B.

 (*b*),  (*h*),  (*k*).

Aber:	
ג, ו, ז, י, נ / ן	sind nur ein halbes Quadrat breit
ק und ך, ן, ף, ץ	gehen über die *untere* Linie hinaus
ל	setzt über der *oberen* Linie an

5. Beim *Schreiben* der einzelnen Zeichen beginnt man meist links oben in dem gedachten Quadrat und geht dann nach rechts unten; z.B.

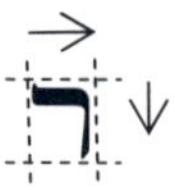 (*r*), 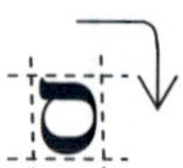 (*s*), 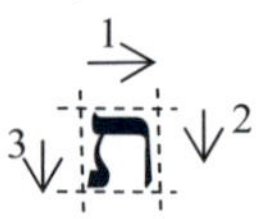 (*t*).

Deutlich zu unterscheiden sind:						
ד (*d*) ר (*r*)	ה (*h*) ח (*ḥ*) ת (*t*)	ס (*s*) ם (*m*)	ב (*b*) נ (*n*) כ (*k*)	ג (*g*) נ (*n*)	ג (*g*) ז (*z*) ו (*w*)	צ (*ṣ*) ע (ʿ)

6. Die heute übliche *Aussprache* der Konsonanten ist an der des gesprochenen Hebräisch (Ivrit) orientiert, d.h., sehr stark durch die europäischen Sprachen beeinflusst. Dadurch wird die Aussprache erheblich erleichtert, andererseits gehen aber wesentliche ursprüngliche Unterscheidungsmerkmale verloren; so die *„emphatische"* (vom Gaumensegel her bzw. mit dem Zungenrücken zu ihm hin gebildete) Aussprache von:

ט	(*ṭ*)		ת	(*t*)
צ	(*ṣ*)	*im Unterschied zu*	ס/שׂ	(*s*/*ś*)
ק	(*q*/*ḳ*)		כ	(*k*)

und so auch die typisch semitische Aussprache von:

ע (ʿ)	(„ein Knacklaut wie der, der kurz vor dem Erbrechen hörbar wird")
	im Unterschied zu
א (ʾ)	(ein leichter Stimmansatz → Übersicht S. 5)

Ein Bemühen um Lautdifferenzierung – das gilt auch für כ (*ḵ*) und ח (*ḥ*) – erleichtert das Vokabellernen erheblich.

7. Als Zahlzeichen werden die Konsonanten des Alphabets erst in späterer Zeit verwendet und begegnen als solche nicht im fortlaufenden Text der Bibel. Zu den Einzelzeichen → Übersicht S. 5. Weiterhin gilt: יא = 11; יב = 12 usw. (aber: טו = 15 [9+6] und טז = 16 [9+7], um eine Verwechslung mit den Abkürzungen des als heilig angesehenen Gottesnamens יהוה [→ dazu § 3.4.2] auszuschließen). כא = 21 usw.; קיא = 111 usw.; ab 500 werden die Hunderter addiert (תק = 500 usw.) oder die Finalbuchstaben (ך = 500 usw.) verwendet. א̈ = 1000; ב̈ = 2000 usw.

1.2 Konsonantengruppen

Einige Konsonantengruppen weisen bei der *Aussprache* bzw. bei der *Formenbildung* Besonderheiten auf. Die wichtigsten sind:

1.2.1 Die *Verschlusslaute* (Explosiva)

בּ גּ דּ כּ פּ תּ	die (mit Punkt = *dāgeš*) eine „harte" (explosive) Aussprache haben. Die „weiche" Aussprache ist heute nur noch gebräuchlich bei: ב (*ḇ*) wie w כ (*ḵ*) wie ch פ (*p̄*/*f*) wie f Merk(kunst)wort: *b^e^gadk^e^fat*.

1.2.2 Die *Laryngale* bzw. *Gutturale* (Kehllaute) und ר

א ה ח ע ר	die häufig einen a-Laut (א einen ä-Laut) bei sich haben und nicht „verdoppelt", d.h., nicht zweimal unmittelbar hintereinander gesprochen bzw. nicht gelängt werden können (→ § 3.2.2; 3. Anm.).

1.2.3 Die Halb- bzw. Semivokale ①, die Vokalbuchstaben ②, die Wandelkonsonanten ③, die Bildungskonsonanten, Morpheme ④

④	③	②	①
א	א	א	
ב			
ה	ה	ה	
ו	ו	ו	ו
י	י	י	י
כ			
ל			
מ			
נ	נ		
שׁ			
ת	ת		

① die an bestimmte Vokale anklingen (→ § 2);

② die auch als Zeichen für Vokale stehen können (→ § 2);

③ die bestimmten Veränderungen unterliegen (→ § 4.1)
Merkwort: *ta'^{a}wâ nih^{e}yâ תאוה נהיה
Erfülltes Verlangen (tut der Seele gut! Prov 13,19)

④ die als Wurzelkonsonanten (Radikale) gebraucht werden, aber auch zur Bildung grammatischer Elemente (Morpheme) dienen können (→ § 6.2)

Merksatz:

*w^{e}hammǽlæḵ š^{e}lomoh 'āhaḇ š^{e}táyim nāšîm

והמלך שׁלמה אהב [שׁתים] נשׁים

Aber der König Salomo liebte zwei Frauen
(vgl. 1 Kön 11,1f.; danach waren es mehr).

Immer zur *Wurzel* gehören dagegen:

ג ד ז   ח ט ס   ע פ צ   ק ר שׁ

* Zu den Zeichen der Umschrift → Übersichten § 1 und § 3.1.

** שׁ wird vielleicht zu Unrecht als Bildungskonsonant aufgeführt, denn als solcher begegnet שׁ nur an einer einzigen, ganz speziellen Stelle (s. dazu חוה → § 10.6.3; sieht man einmal von der seltenen sog. Relativpartikel שֶׁ ab).

Übungsbeispiele

Eigen- und Buchstaben-Namen

ירדן כנען דוד אלף אסתר אדם סמך

למד דניאל נתן דלת

ישׂראל וו עין אברהם כף בנימן גת

זין גלגל כלב לבן

Weiteres Material zu Buchstabierübungen → Einführungstexte, S. 210.

§ 2 Die Vokalbuchstaben

Eine reine Konsonantenschrift ist mehrdeutig und deshalb unpraktisch. So benutzte man schon in früher Zeit (ab ca. 1000 v. Chr.) die *lineare Vokalisation*, d.h., man setzte auf einer Linie mit den Konsonanten *Lesehilfen* (matres lectionis) für bestimmte Vokale.
Als Lesehilfen wurden keine neuen Zeichen verwendet, sondern die Halbvokale ו und י ; dann ה und (im Hebräischen selten) auch א . Diese stehen dann nicht als Konsonanten, sondern als *Vokalbuchstaben.*
In der Biblia Hebraica werden die Lesehilfen (fast ausschließlich für lange Vokale) wie folgt verwendet:

ו	für **u**, **o**, dem ו	*homogene* (artverwandte) Vokale
י	für **i**, **e**, **æ**, dem י	
ה	nur am *Wortende* eines Wortes (für **a**, **æ**, **e**, **o**),	
א	für jeden langen Vokal	

א steht im Hebräischen nur in ganz seltenen Fällen als echte Lesehilfe (*mater lectionis*). Meistens dagegen begegnet es als Vokalbuchstabe dort, wo es auch etymologisch berechtigt ist. So verliert z.B. silben- und wortschließendes א nahezu regelmäßig seine konsonantische Funktion, bleibt aber meistens als Vokalbuchstabe erhalten (→ dazu § 4.1.4). Man sagt dann: א *quiesziert (ruht) in dem vorangehenden Vokal*; z.B.

Jehu יהוא

Da die Lesehilfen nicht konsequent gesetzt worden sind, unterscheidet man *Defektiv*-Schreibung (scriptio defectiva), d.h., Schreibung ohne eine Lesehilfe, wo man sie erwartete, von *Plene*-(Voll-)Schreibung (scriptio plena), d.h., Schreibung mit einer solchen; z.B.

David דוד (defektiv) דויד (plene)

Übungsbeispiele

Eigen- und Buchstaben-Namen

ירושלם עמוס בית דויד נון יוסף הא

גימל לוט פא רות יונתן חית מים

מיכאל שׁין קוף יוד אדם אדום מואב

טית שׂרה משה

Weiteres Material zu Buchstabierübungen → Einführungstexte, S. 210.

§ 3 Die Punktation

Auch durch das Setzen von Vokalbuchstaben wurde der Konsonantentext nicht völlig eindeutig. Um hier Abhilfe zu schaffen und um das Lesen der Texte in der Synagoge zu erleichtern – als Umgangssprache war das Hebräische ausgestorben –, entwickelten ab dem 5./6. Jh. n. Chr. die *Masoreten*, jüdische Gelehrte, die sich um die Überlieferung (Masora) des Textes kümmerten, verschiedene Zeichensysteme. Diese Systeme zeigten mit Hilfe von Punkten und Strichen, die zu den Konsonanten gesetzt wurden, die Vokale, die Betonung und anderes an.
Durchgesetzt hat sich das *tiberische Punktationssystem*, das zwischen dem 8. und 10. Jh. n. Chr. von der Masoretenschule Ben Ašer in Tiberias (Israel) entwickelt worden ist. Der so punktierte Text der Biblia Hebraica wird als *MT (Masoretischer Text)* bezeichnet.

3.1 Die Vokalzeichen

Das *tiberische Vokalisationssystem* enthält Zeichen für *Vollvokale*, *Murmelvokale* (reduzierte Vokale) und für *Vokallosigkeit*.

Vollvokale					
Zeichen	Umschrift	Beispiel mit מ/ה	kurz /lang	Name	
◌ִ	*i*	מִ *mi*	k/l	*ḥī́ræq* * [חִ֫ירֶק]	
◌ֵ	*e*	מֵ *me*	l**	*ṣêrê* [צֵירֵי]	
◌ֶ	*æ*	מֶ *mæ*	k/l	*s^{e}gôl* [סְגוֹל]	
◌ַ	*a*	מַ *ma*	k	*páṯaḥ* [פַּ֫תַח]	
◌ָ	*ā*	מָ *mā*	l	*qā́mæṣ* [קָ֫מֶץ]	
◌ָ	*å*	מָ *må*	k	*qā́mæṣ ḥāṭûp̄* [חָטוּף] (in unbetont geschlossener Silbe)	
◌ֹ	*o*	מֹ *mo*	l**	*ḥṓlæm* [חוֹ֫לֶם]	
◌ֻ	*u*	מֻ *mu*	k/l	*qibbûṣ* [קִבּוּץ]	
וּ	*û*	מוּ *mû*	l**	*šū́ræq* [שׁוּ֫רֶק]	
Murmelvokale					
◌ְ	^{e}	מְ *m^{e}*	k	*š^{e}wāʼ* mobile [שְׁוָא]	*š^{e}wāʼ simplex*
◌ֱ	$^{\ae}$	הֱ *h$^{\ae}$*	k	*ḥāṭep̄-s^{e}gôl* [חָטֵף]	*š^{e}wāʼ compositum*
◌ֲ	^{a}	הֲ *h^{a}*	k	*ḥāṭep̄-páṯaḥ*	
◌ֳ	^{å}	הֳ *h^{å}*	k	*ḥāṭep̄-qā́mæṣ*	
Vokallosigkeit					
◌ְ		מְ *m*		*š^{e}wāʼ quiescens* (am Silbenschluss)	*š^{e}wāʼ simplex*

* Zu den Zeichen der Umschrift → Übersicht § 1.
** = meistens.

3.1.1 Die Vollvokale

Die Vokalzeichen stehen nur für die Laut*qualität* (Klangfarbe) der einzelnen Vokale. Diese entspricht in etwa der der deutschen Vokale. Die Laut*quantität* (Kürze/Länge) dagegen ist grundsätzlich nicht festgelegt, doch ergibt sich diese teilweise aus der lautgeschichtlichen Entwicklung, so auch die allermeist *lange* Aussprache von e und o.

Besonderheiten:

1. ָ *qā́mæṣ* (ā / å)

Das Zeichen ָ ist zweideutig: Einerseits steht es für langes ā, andererseits als *qā́mæṣ ḥāṭûp̄* (flüchtiges *qā́mæṣ*) für kurzes å (wie o in „Post“). Als Hauptleseregel gilt:

> Ein ָ (*qā́mæṣ*) in einer *unbetont geschlossenen* Silbe wird als *qā́mæṣ ḥāṭûp̄* (*å*) gelesen.

1. Anm.: Da die betonte Silbe normalerweise durch einen Akzent angezeigt wird, ist auch die *unbetonte* (akzentlose) Silbe leicht zu erkennen (weiter → § 4.3.1).

Geschlossen ist eine Silbe, die auf einen Konsonanten endet. *Offen* ist eine Silbe, die auf einen Vokal oder Vokalbuchstaben ausgeht.

Da im Hebräischen einerseits jede Silbe mit einem Konsonanten beginnt, auf den ein Vokal folgen muss, andererseits doppelt geschlossene (auf zwei Konsonanten ausgehende) Silben selten sind und nur am Wortende begegnen, ist die Silbentrennung relativ leicht durchzuführen (weiter → § 4.3.1); z.B.

חָכְמָ֫ה *ḥåk̠ ¦ mâ* Weisheit (ה ist Vokalbuchstabe)

2. Anm.: Eine weitere Regel für die Aussprache des ָ als *qā́mæṣ ḥāṭûp̄* lautet:

Als *qā́mæṣ ḥāṭûp̄* wird ein *unbetontes qā́mæṣ* ① vor einem *ḥāṭep̄-qā́mæṣ* (ֳ) oder ② vor einem weiteren *qā́mæṣ ḥāṭûp̄* gelesen.

z.B.

①	פָּעֳלוֹ	*på ʻå ló*	sein Werk (ו ist Vokalbuchstabe)
②	יָרָבְעָם	*yå råb̠ ʻām*	(der König) Jerobeam

3. Anm.: Die Zweideutigkeit des *qā́mæṣ*-Zeichens erklärt sich aus unterschiedlichen Aussprachetraditionen. In der *aschkenasischen* (d.h., die der deutsch-polnischen Juden) wird jedes *qā́mæṣ* – kurz oder lang – *ḥāṭûp̄* ausgesprochen.
Durchgesetzt aber hat sich in den Grammatiken und auch im heute gesprochenen Hebräisch (Ivrit) die oben wiedergegebene *sefardische* Aussprachetradition (d.h., die der spanisch-portugiesischen Juden).

2. וּ *šū́ræq* (*û*)

Der Punkt in dem ו ist ein älteres Zeichen für u. Da es sich nur dort gehalten hat, wo ו als Vokalbuchstabe für **u** stand, ist es meistens als *langes* u (û) zu lesen; z.B.

סוּס	*sûs*	Pferd

3.1.2 Zur Stellung der Vokalzeichen

Die Vokale stehen *unter* den Konsonanten, *nach* denen sie gesprochen werden; z.B.

קָטַל	*qā ṭal*	töten, er hat getötet

Ausnahmen und Besonderheiten:

1. ַ *pátaḥ* furtivum ([a])

Das *pátaḥ* furtivum, ein kurzes unbetontes a, wird *vor* dem Konsonanten gesprochen, unter dessen Zeichen es leicht nach rechts versetzt steht. Das *pátaḥ* furtivum (heimliches *pátaḥ*) wird geschrieben und gelesen, wenn

① den wortschließenden Laryngalen bzw. Gutturalen ע, ח und הּ (→ § 1.2.2)

② kein a-Laut unmittelbar vorausgeht.

Dieser Gleitlaut fällt wieder fort, wenn der Laryngal nicht mehr das Wort schließt, sondern eine neue Silbe eröffnet; z.B.

① + ②	רוּחַ	*rû*ª*ḥ*	Wind, Geist, Hauch; *aber*
nur ②	רוּחִי	*rû ḥî*	mein Geist

2. ˙ *ḥṓlæm* (*o*)

Ein *ḥṓlæm* steht links *oben* an dem Konsonanten, nach dem es gesprochen wird; z.B.

מֹשֶׁה	*mo šæh*	Mose
שֹׁפֵט	*šo pēṭ*	Richter, Retter

Quieszierendes א (→ § 2) *und* ו (als Konsonant oder Vokalbuchstabe) ziehen den zum vorangehenden Konsonanten gehörenden *ḥṓlæm*-Punkt an sich, und zwar auf ihre *rechte* Seite*; z.B.

צֹאן	*ṣo'n*	Kleinvieh;	*aber*	אֹזֶן	*'ó zæn*	Ohr
עוֹד	*'ôd*	noch;	*aber*	עָוֹן	*'ā won*	Schuld

* Diese Unterscheidungshilfe wird in modernen Bibelausgaben, nicht aber in allen Lexika gegeben.

3. In die Finalbuchstaben ך und ן wird das *qā́mæṣ*-Zeichen (bei ך auch *šᵉwā'* quiescens: ךְ) eingesetzt; z.B.

סוּסֶ֫יךָ	*sû sǽ kā*	deine (m.) Pferde
דֶּ֫רֶךְ	*dǽ ræk*	Weg, Wandel

4. Bei ד und ו und ר stehen die Vokalzeichen unter dem Schaft; z.B.

דְּבָרִים	*dᵉ bā rîm*	Worte

5. Vokalbuchstabe und Vokalzeichen

Da zur Zeit der Punktation der Buchstabenbestand des Textes als unveränderbar galt, konnten auch die alten Vokalbuchstaben (→ § 2) nicht mehr getilgt werden. Dennoch setzten die Masoreten auch dort, wo bereits ein Vokalbuchstabe stand, zusätzlich noch ihr Vokalzeichen, so

dass der entsprechende Vokal nun *zweifach* angezeigt wird.
Für ו und י als Vokalbuchstaben ergaben sich durch Kombination mit den Vokalzeichen folgende Möglichkeiten, z.B. mit מ:

מוֹ	*mô*	מִי	*mî*
מוּ	*mû*	מֵי	*mê*
		מֶי	*mæ̂*

Man spricht bei diesen Kombinationen auch von *ḥíræq*-, *ṣêrê*-, *sᵉgôl*- und *ḥṓlæm*-magnum, bei וּ von *šū́ræq* (Umschrift: *î*, *ê*, *æ̂*, *ô*, *û*).

6. ו, י, ה, א – Vokalbuchstabe oder Konsonant?

Hilfen zur Unterscheidung:

ו und י
Haben ו und י ① *kein Vokalzeichen* bei sich und ist ihnen ② der vorausgehende Vokal *homogen* (ו = *u*, *o*; י = *i*, *e*, *æ*), so sind sie Vokalbuchstaben (sonst Konsonanten). Umschrift: *û*, *ô*, *î*, *ê*, *æ̂*

z.B.	① + ②	יָדִי	*yā dî*	meine Hand; *aber*
	nur ①	יָדַי	*yā day*	meine Hände

Aus- nahme יו ָ = *âw*	Eine Ausnahme bildet die häufig vorkommende Endung יו ָ (3. *masc.* Sg. am Pl. des Nomens); zu lesen ist *âw*.

z.B.	יָדָיו	*yā dâw*	seine Hände

ה	
ה	ist *nur am Wortende* Vokalbuchstabe (für a, æ, e, o) (sonst Konsonant). Umschrift: *â*, *ǣ*, *ê*, *ô*
הּ	Steht ה am Wortende als Konsonant, erhält es einen Punkt, *mappiq*: הּ (*he mappiqatum* → § 3.2.3).

z.B.	סוּסָה	*sû sâ*	Stute; *aber:*
	סוּסָהּ	*sû sāh*	ihr Pferd

א			
	Hat א *kein Vokalzeichen* bei sich, ist es Vokalbuchstabe für jeden langen Vokal (sonst Konsonant). Umschrift: *ā'* usw.		
Beachte:	①	Steht der *ḥṓlæm*-Punkt *rechts* bei א, gehört er nicht zum א, sondern zum vorangehenden Konsonanten (→ § 3.1.2).	
	②	Dem א nachfolgendes ו gehört zum א.	

z.B.	בָּרָא	*bā rā'*	schaffen, er (Gott) hat geschaffen	aber:
	אָב	*'āḇ*	Vater	
①	לֹא	*lo'*	nicht	
②	שָׁאוּל	*šā 'ûl*	Saul	

Übungsbeispiele

Eigennamen und (Lern-) Vokabeln (→ Alphabetisches Vokabular)

אָדָם עֵדֶן קַיִן הֶבֶל נֹחַ שֵׁם חָם
יֶפֶת בָּבֶל תֶּרַח נָחוֹר הָרָן לוֹט אוּר
שָׂרַי הָגָר שָׁאוּל יוֹנָתָן מִיכַל דָּוִד יוֹאָב
צָדוֹק נָתָן הוֹשֵׁעַ יוֹאֵל עָמוֹס מִיכָה נַחוּם

בֵּן אָב לֹא סוּס עוֹד צֹאן רוּחַ
שָׁמַר קָטַל בָּרָא דֶּרֶךְ אֶרֶץ כֶּסֶף זֶרַע
אֹזֶן עָוֹן שֹׁפֵט חָכְמָה שָׁם

Weiteres Übungsmaterial → § 3.2.3.

3.1.3 Das *šᵉwāʼ* – Vokallosigkeit und Murmelvokal

Das ְ *šᵉwāʼ* (Nichts) zeigt eine Leerstelle an, d.h., das Fehlen eines bedeutungsunterscheidenden Vokals. Es wurde von den Masoreten in doppelter bzw. dreifacher Funktion gesetzt: Als

1. *šᵉwāʼ* quiescens
Das *šᵉwāʼ* quiescens (ruhendes, stummes *šᵉwāʼ*) steht am Silbenschluss zur Kennzeichnung der Vokallosigkeit eines Konsonanten. Es entfällt beim letzten Buchstaben eines Wortes.

z.B. אַבְרָהָם *ʼaḇ rā hām* Abraham

חֵטְא *ḥeṭʼ* Sünde

Ausnahmen:

- *šᵉwāʼ* quiescens wird in ein Schluss-kaf (ך) gesetzt, wohl um es besser vom Schluss-nun (ן) unterscheiden zu können; z.B.

  מֶ֫לֶךְ *mæ læḵ* König; *aber* צֹאן *ṣoʼn* Kleinvieh

- *šᵉwāʼ* steht bei dem letzten Konsonanten eines Wortes, wenn dieses auf *zwei* vokallose Konsonanten endet. Solche doppelt geschlossenen Silben sind selten und begegnen nur am Wortschluss (→ S. 51f.); z.B.

  קָטַלְתְּ *qā ṭalt* du (*fem.*) hast getötet

2. *šᵉwāʼ* mobile
Das *šᵉwāʼ* mobile (bewegliches, lautbares *šᵉwāʼ*) steht zur Kennzeichnung eines schwachen Vokalanstoßes, eines Murmellautes, der in etwa dem e im englischen „the" (vgl. deutsches „heute") entspricht.

z.B. בְּרִית *bᵉ rît* Bund, Verpflichtung

1. Anm.: Der Murmellaut ist entweder durch Reduktion eines Vollvokals in offener Silbe entstanden oder (seltener) zur Auflösung einer ursprünglichen Doppelkonsonanz eingeschoben worden (→ § 4.3.2).

2. Anm.: Die Silbe, in der ein Murmelvokal steht, wird *Vorschlagsilbe* genannt. Einer Vorschlagsilbe muss immer eine volle Silbe folgen, d.h., zwei Vorschlagsilben können nicht hintereinander stehen (→ § 4.3.2.2).

šᵉwāʾ mobile oder *šᵉwāʾ* quiescens? – Hilfen zur Unterscheidung:
šᵉwāʾ mobile ist: ① *das šᵉwāʾ beim ersten Konsonanten eines Wortes*, da auf einen silbeneröffnenden Konsonanten ein Vokal folgen muss; z.B. בְּרִית *bᵉrîṯ* Bund, Verpflichtung ② *das zweite šᵉwāʾ, wenn innerhalb eines Wortes zwei šᵉwāʾ unmittelbar hintereinander stehen*, da zwei Vorschlagsilben nicht aufeinander folgen können und eine doppelt geschlossene Silbe innerhalb des Wortes nicht möglich ist; z.B. יִקְטְלוּ *yiq ṭᵉlû* sie (*masc.*) werden töten ③ *das šᵉwāʾ bei einem Konsonanten mit dāgeš*, da *dāgeš*, ein Punkt im Konsonanten, in dieser Funktion die Verdoppelung des Konsonanten anzeigt (→ unten § 3.2.2). Somit entspricht dieser Fall dem vorausgehenden; z.B. לִמְּדוּ *lim mᵉdû* sie haben gelehrt ④ *das šᵉwāʾ nach einem langen Vokal bzw. mǽtæg*. Wegen der Schwierigkeit, zwischen kurzem und langem Vokal zu unterscheiden, ist diese Regel in der Anwendung problematisch. Doch hilft hier weiter, wenn man sich merkt: Nach **e**, **o** oder einem plene geschriebenen Vokal oder nach einem *mǽtæg* ist ein *šᵉwāʾ* meistens als mobile zu lesen. (*mǽtæg* ist ein kleiner senkrechter Strich links neben dem Vokal, der einen Nebenton anzeigen kann [→ unten § 3.3.4]); z.B. שֹׁפְטִים *šo p̄ ᵉ ṭîm* Richter (Pl.) כָֽתְבָה *kā tᵉḇâ* sie hat geschrieben Bisweilen entscheidet nur die Kenntnis in der Formenbildung und die Kontextinformation, ob ein *šᵉwāʾ* als mobile zu lesen ist.
šᵉwāʾ quiescens ist immer dann zu lesen, wenn keiner der genannten Gründe für die Annahme eines *šᵉwāʾ* mobile spricht; z.B. אַבְרָהָם *ʾaḇ rā hām* Abraham

3. *ḥāṭep̄* – Zeichen = *šᵉwāʾ* compositum
Die *ḥāṭep̄* – Zeichen (eine Kombination von *šᵉwāʾ* und einem Vokalzeichen) stehen bei den Laryngalen (א, ה, ח, ע; ganz selten auch bei anderen Konsonanten) an Stelle eines einfachen *šᵉwāʾ* (*šᵉwāʾ* simplex), um eine deutlichere Aussprache der Laryngale zu bewirken. Als *ḥāṭep̄*-Vokale begegnen:
ֲ *ḥāṭep̄ - páṯaḥ* ֱ *ḥāṭep̄ - sᵉgôl* ֳ *ḥāṭep̄ - qāmæṣ*

z.B.	אֲנִי	*ʾᵃnî*	ich
	אֱלֹהִים	*ʾᵆlohîm*	Gott, Götter
	חֳלִי	*ḥᵒlî*	Krankheit

3.2 Die Aussprachezeichen

Um die unterschiedliche Aussprache ein und desselben Buchstabens festzuhalten, haben die Masoreten zusätzliche Kennzeichen verwendet. Die wichtigsten der tiberischen Tradition sind: *dāgeš* lene, *dāgeš* forte und *mappîq*, jeweils ein Punkt in bestimmten Konsonantenzeichen.

3.2.1 *dāgeš* lene

dāgeš lene (sanfte, leichte Schärfung) steht *nur in den bᵉgadkᵉfat* (→ § 1.2.1), also in den Konsonanten בּ, גּ, דּ, כּ, פּ, תּ. Es bezeichnet die explosive, „harte“ Aussprache der Konsonanten (also: *b, g, d, k, p, t*).
Ein Aussprache-Unterschied (explosiv/„hart“, spirantisch/„weich“) wird heute nur bei den drei folgenden Konsonanten gemacht:

explosiv / „hart“	spirantisch / „weich“
בּ (*b*) wie b	ב (*ḇ*) wie w
כּ (*k*) wie k	כ (*ḵ*) wie ch
פּ (*p*) wie p	פ (*p̄*) wie f

Die anderen drei Konsonanten (ג, ד, ת) werden auch ohne *dāgeš* lene explosiv („hart") ausgesprochen.

dāgeš lene steht:	
①	Wenn ein mit einem b^{e}gadk^{e}fat beginnendes Wort – am Anfang eines Satzes oder Teil-Satzes – allein (z.B. im Lexikon) steht;
②	wenn dem b^{e}gadk^{e}fat ein *vokalloser Konsonant*, eine geschlossene Silbe, vorausgeht;

z.B. ① בְּרֵאשִׁית ② בָּרָא אֱלֹהִים

①כָּתַבְ②תְּ *kā taḇ t* du (*fem.*) hast geschrieben

1. Anm.: *dāgeš* lene findet sich in den präfigierten Partikeln בְּ (in, an, mit) und כְּ (wie, gemäß, entsprechend, etwa) häufig auch dann, wenn diesen ein Vokal vorausgeht;

z.B. וַיִּקְבְּרֻהוּ בְּבֵיתוֹ בָּרָמָה *way yiq b^{e}rú hû* *b^{e}ḇê tô* *bā rā mâ*
und sie begruben ihn in seinem Haus in Rama

2. Anm.: Nicht selten begegnet der Fall, dass sich nach einem vokallosen Konsonanten (das *š^{e}wā'* bei ihm ist dann als quiescens zu bestimmen) ein *b^{e}gadk^{e}fat ohne dāgeš* lene findet, wo ein solches nach der oben stehenden Regel zu erwarten wäre; z.B.

מַלְכֵיכֶם *mal ḵê ḵæm*	eure Könige	(מֶלֶךְ *mæ læḵ*	König)
כִּתְבוּ *kit ḇû*	schreibt!	(כְּתֹב *ke toḇ*	schreibe!)
אֶתְכֶם *'æt ḵæm*	euch		

Solche Fälle erklären sich weitgehend durch die im Laufe der Zeit voranschreitende Spirantisierung, die vor allem dazu geführt hat, dass innerhalb eines Wortes kein *dāgeš* lene gesetzt wurde, wenn das dem b^{e}gadk^{e}fat vorausgehende *š^{e}wā'* quiescens erst bei der Formenbildung (durch Ausstoßung eines Vokals) entstanden war (→ aber auch § 4.4.3).

Bisweilen ist vermutet worden, hier liege ein *š^{e}wā'* medium vor, d.h., ein *š^{e}wā'*, das zwar die Silbe schließe, aber dieses nicht so stark, dass ein folgender b^{e}gadk^{e}fat *dāgeš* lene erhalten könnte. Da es zur Stützung einer solchen Annahme kein hinreichendes Belegmaterial und auch keine Hinweise bei den Masoreten darauf gibt, sollte man allenfalls zur Umschreibung des Sachverhaltes (kein *dāgeš* lene in einem b^{e}gadk^{e}fat nach *š^{e}wā'* quiescens) von einem *sogenannten š^{e}wā'* medium sprechen.

3. Anm.: Bei den b^egadk^efat, die heute auch ohne *dāgeš* lene explosiv/„hart" ausgesprochen werden, ist als spirantische/„weiche" Aussprache anzunehmen:

ג wie norddeutsches g in „Tag",
ד wie stimmhaftes englisches th in „father",
ת wie stimmloses englisches th in „thank".

3.2.2 *dāgeš* forte

dāgeš forte (starke Schärfung) kann in *allen* Konsonanten außer den Laryngalen (א, ה, ח, ע) und ר stehen. Es zeigt die *Längung bzw. Verdoppelung (Gemination)* eines Konsonanten an.

dāgeš forte steht:				
①	bei Assimilation eines *vokallosen* Konsonanten (meistens handelt es sich um נ) an den folgenden;			
z.B.	יִתֵּן	*yit ten*	← *yin ten*	er wird geben
②	aus grammatischen Gründen bei der Wortbildung (sog. Intensivbildung → § 8.6.2)			
z.B.	לִמֵּד	*lim med*		er hat gelehrt; *aber*
	לָמַד	*lā mad*		er hat gelernt
③	statt Doppelschreibung eines Konsonanten			
z.B.	נָתַ֫נּוּ	*nā tán nû*		wir haben gegeben

Die Setzung von *dāgeš* forte unterbleibt:

– beim letzten Konsonanten eines Wortes, wenn dieser vokallos ist, z.B.

עַם	*'am*	← *'amm*	Volk; *aber*
עַמִּים	*'am mîm*		Völker

– in den Präformativen יְ (y^e) und מְ (m^e) – Silben, die bei der Formenbildung regelmäßig wiederkehren; z.B.

וַיְהִי — und es / er geschah, war, wurde; *aber*

וַיֹּאמֶר — und er / es sprach (וַ· = Zeichen für den Narrativ)

– häufig auch sonst bei einem Konsonanten mit *š^{e}wā'*; z.B.

הַלְלוּ־יָהּ — preiset Jah(wä); *aber*

הַלֵּל — preise!

In den letzten beiden Fällen wird konventionellerweise meist so gelesen, als stünde *dāgeš* forte, also: *way (y)^{e}hî* und *hal (l)^{e}lû yāh.*

dāgeš lene oder *dāgeš* forte?

Zur Unterscheidung gilt:	
①	Ist ein dageschierter Buchstabe *kein* b^{e}gadk^{e}fat, liegt *dāgeš* forte vor. Ansonsten hilft die Faustregel:
②	*dāgeš* forte steht immer, *dāgeš* lene nie nach einem Vokal.

1. Anm.: *dāgeš* forte schließt *dāgeš* lene, also die explosiv/„harte" Aussprache, ein.

2. Anm.: Die dem *dāgeš* forte vorausgehende Silbe wird *geschärfte Silbe* genannt. Da es eine doppelt geschlossene Silbe im Wortinneren nicht gibt, muss der dageschierte Konsonant die eine Silbe schließen und die folgende eröffnen. Das *š^{e}wā'* bei einem Konsonanten mit *dāgeš* ist somit immer mobile; z.B.

לִמְּדוּ — *lim m^{e}dû* — sie haben gelehrt

3. Anm.: Die *Laryngale* und meist auch ר erhalten kein *dāgeš* forte. Müsste nun aus grammatischen Gründen ein Laryngal oder ר verdoppelt (dageschiert) werden, so tritt entweder *Ersatzdehnung (compensatio)* oder *virtuelle Verdoppelung* (*dāgeš* forte implicitum) ein (→ § 4.2.2).

Ersatzdehnung:
Der dem Laryngal vorausgehende Vokal, der jetzt in einer offenen Silbe steht, wird gedehnt, und zwar

	Normal-Form	ר/Laryngal-Form
a > ā	קַטֵּל	בָּרֵךְ
i > e	קִטֵּל	בֵּרַךְ
u > o	קֻטַּל	בֹּרַךְ

Dieses ist der Fall *immer* vor ר, *meistens* vor א, *oft* vor ע, *selten* vor ה und ח.

Virtuelle Verdoppelung
Eine scheinbare Verdoppelung nimmt man in den Fällen an, in denen in dem Laryngal zwar kein ***dāgeš*** forte steht, aber der vorausgehende Vokal nicht verändert wird. Die Vokalisation entspricht also der Normal-Form, nur das ***dāgeš*** forte fehlt; z.B.

Normal-Form	ר/Laryngal-Form
קַטֵּל	רַחֵם
קִטֵּל	רִחַם
קֻטַּל	רֻחַם

Dieses ist *meist* der Fall bei ח und ה, *selten* bei den anderen Laryngalen.

4. Anm.: ***dāgeš*** forte euphonicum: Neben dem oben beschriebenen ***dāgeš*** forte, das aus grammatischen Gründen steht (***dāgeš*** forte necessarium), gibt es noch ein ***dāgeš*** forte, das nur aus klanglichen Gründen gesetzt worden ist, das ***dāgeš*** forte euphonicum.

Man unterscheidet:

- das ***dāgeš*** forte coniunctivum, das zwei Wörter eng miteinander verbindet. Es kann nur stehen, wenn das erste Wort auf einen Vokal (meist ָ oder ֶ) ausgeht und das zweite (mit ***dāgeš*** forte coniunctivum) einsilbig oder vorn betont ist; z.B.

תְּנָה לִּי	*tenāllî*	gib mir doch

- das ***dāgeš*** forte dirimens, das trennende ***dāgeš*** forte, das dazu dient, die Lautbarkeit eines *šᵉwāʾ* zu unterstreichen; z.B.

יִקְּרֵךְ	*yiqqᵉreḵ*	es wird dich treffen;	*aber*
יִקְרֵנִי	*yiqrénî*	es wird mich treffen	

3.2.3 *mappîq*

Soll ה am Schluss eines Wortes *nicht* Vokalbuchstabe, sondern Konsonant sein, so erhält es einen Punkt, *mappîq*: הּ;

z.B.	מַלְכָּהּ	*malkāh*	ihr (der Frau) König; *aber*
	מַלְכָּה	*malkâ*	Königin

Buchstabier- und Leseübungen:

מַלְכָּה　מַלְכָּהּ　סוּסָה　סוּסָהּ　סוּסִי　סוּסַי　סוּסְךָ

סוּסֵיךְ　סוּסוֹ　סוּסָיו　אָדָם　אֲדָמָה　עָנִי　אֲנָשִׁים

אֱלֹהִים　מַעֲשֶׂה　חֳלִי　אֲנִי　אָנֹכִי　אֲנַחְנוּ

Hebräische Namen der biblischen Bücher:

ת נ ך : תּוֹרָה　נְבִיאִים　כְּתוּבִים

בְּרֵאשִׁית　שְׁמוֹת　וַיִּקְרָא　בְּמִדְבַּר　דְּבָרִים　יְהוֹשֻׁעַ　שֹׁפְטִים

שְׁמוּאֵל　מְלָכִים　יְשַׁעְיָהוּ　יִרְמְיָהוּ　יְחֶזְקֵאל　הוֹשֵׁעַ　יוֹאֵל

עָמוֹס　עֹבַדְיָה　יוֹנָה　מִיכָה　נַחוּם　חֲבַקּוּק　צְפַנְיָה

חַגַּי　זְכַרְיָה　מַלְאָכִי　תְּהִלִּים　אִיּוֹב　מִשְׁלֵי שְׁלֹמֹה

רוּת　שִׁיר הַשִּׁירִים　קֹהֶלֶת　אֵיכָה　אֶסְתֵּר　דָּנִיֵּאל

עֶזְרָא　נְחֶמְיָה　דִּבְרֵי הַיָּמִים

Weiteres Übungsmaterial → Einführungstexte, S. 210.

3.3 Die Lese- und Betonungszeichen

3.3.1 Zur Betonung

Im Hebräischen ist – wie in anderen Sprachen auch – die *Betonung* (der Aussprache-Druck) innerhalb des *Wortes* und des *Satzes* nicht gleichmäßig verteilt.

Nach dem tiberischen Punktationssystem liebt das Hebräische die Abfolge:

nebenbetont → unbetont → (haupt)betont.

Ursprünglich trug im Hebräischen vor allem die *vorletzte Silbe*, die *Pänultima*, den Aussprache-Druck. Nach Fortfall alter Flexionsendungen (Fall- und Personenkennzeichnungen) wird im Biblisch-Hebräischen überwiegend die *letzte Silbe*, die *Ultima*, betont.

Besonderheiten:

Pänultimabetonung findet sich im Biblisch-Hebräischen:

– bei der Nomen-Klasse der *Segolata* (benannt nach dem *s^e gôl*, erkennbar an der Betonung der vorletzten Silbe, → § 7.1).
Hier ist der Vokal in der *letzten* Silbe nur ein *Hilfsvokal*, mit dem die vormals doppelt geschlossene Silbe aufgesprengt worden ist und der nicht den Ton tragen kann (→ § 4.3.2.3); z.B.

מֶ֫לֶךְ König < mal k (L ▲ æ) < málk { u Nominativ / i Genitiv / a Akkusativ }

– bei bestimmten Verbformen, bei denen sich die *ursprüngliche* Pänultimabetonung gehalten hat; z.B.

כָּתַ֫בְתָּ du (*masc.*) hast geschrieben

כָּתַ֫בְתִּי ich habe geschrieben

– beim *Narrativ* (Erzähltempus), wenn ① die letzte Silbe geschlossen und ② die vorletzte Silbe offen ist; z.B.

② ①

וַיֹּ֫אמֶר *way yó' mær* und er sprach / da sagte er

וַיָּ֫קָם *way yā́ qåm* und er erhob sich / da stand er auf

– auch sonst noch regelmäßig bei bestimmten Verb- und Nominalformen (→ § 10.2.5; § 10.3.1).

Das Erkennen der Pänultimabetonung bereitet aber keine grundsätzlichen Schwierigkeiten, da durch die Akzente deutlich gemacht wird, welche Silbe zu betonen ist.

3.3.2 Die Akzente

Für den gesangartigen Vortrag der Texte haben die Masoreten ein umfangreiches Akzentuationssystem geschaffen. Nahezu jedes Wort hat einen Akzent, der in der tiberischen Version unter oder über dem Konsonanten und *links* (nur bei *ḥôlæm* rechts) neben dem Vokalzeichen steht. Man unterscheidet *trennende* (distinctivi oder domini) und *verbindende* (coniunctivi oder servi) Akzente sowie *zwei Systeme*:

a) das *allgemeine* oder prosaische System (in 21 Büchern verwendet) mit 18 Trennern und 9 Verbindern und
b) das *poetische* System (Ps, Hi, Prov) mit 12 Trennern und 9 Verbindern.

Für uns haben die Akzente eine *zweifache Funktion*:

Die Akzente dienen als	
① Betonungszeichen	da sie meist bei der (Haupt-) Tonsilbe stehen,
② Interpunktionszeichen	(Satzzeichen), da sie durch Trennung und Verbindung von Wörtern auf die syntaktischen Gliederungen hinweisen.

Die wichtigsten Akzente sind:

1. Trenner

׃ֽ	*sillûq* (ֽ) mit *sôp̄ pāsûq* (׃)	(z.B. הָאָֽרֶץ׃),

der das Versende kennzeichnet. Der *sillûq* (als Zeichen identisch mit dem *mætæg* → 3.4) steht bei der letzten (Haupt-) Tonsilbe des Verses.

֑	*'atnāḥ*	(z.B. אֽוֹר),

der innerhalb des Verses die stärkste Zäsur setzt und häufig so den Vers in zwei Vershälften teilt.

֫ ֥	*'ôlæh* (֫) *weyôred* (֥)	(z.B. רְֽשָׁ֫עִ֥ים),

der nur im poetischen System steht; dort teilt er längere Verse in zwei Hälften. Der *'atnāḥ* folgt häufig dann als Haupttrenner der zweiten Vershälfte.

Weitere stark trennende Akzente sind: *zāqep̄ qāṭôn* ֔ (z.B. וָבֹ֔הוּ), *rebîa'* ֗ (z.B. וְהָאָ֗רֶץ) und *tip̄ḥā'* ֖ (z.B. בְּרֵאשִׁ֖ית).

2. Verbinder

֣	*mûnāḥ*	(z.B. פְּנֵ֣י)

und

֥	*mêrekā'*	(z.B. וְאֵ֥ת),

die die enge Verbindung mit dem nachfolgenden Wort andeuten, etwa beim status constructus oder bei attributiver Wortstellung (→ § 6.4)

Beispiel

GENESIS בראשית

[ס֯א] 1 ¹ בְּרֵאשִׁ֖ית^a בָּרָ֣א אֱלֹהִ֑ים אֵ֥ת הַשָּׁמַ֖יִם וְאֵ֥ת הָאָֽרֶץ׃ ² וְהָאָ֗רֶץ
הָיְתָ֥ה תֹ֙הוּ֙ וָבֹ֔הוּ וְחֹ֖שֶׁךְ עַל־פְּנֵ֣י תְה֑וֹם וְר֣וּחַ אֱלֹהִ֔ים מְרַחֶ֖פֶת עַל־פְּנֵ֥י
3 4 הַמָּֽיִם׃ ³ וַיֹּ֥אמֶר אֱלֹהִ֖ים יְהִ֣י א֑וֹר וַֽיְהִי־אֽוֹר׃ ⁴ וַיַּ֧רְא אֱלֹהִ֛ים אֶת־
5 הָא֖וֹר כִּי־ט֑וֹב וַיַּבְדֵּ֣ל אֱלֹהִ֔ים בֵּ֥ין הָא֖וֹר וּבֵ֥ין הַחֹֽשֶׁךְ׃ ⁵ וַיִּקְרָ֨א
אֱלֹהִ֤ים ׀ לָאוֹר֙ י֔וֹם וְלַחֹ֖שֶׁךְ קָ֣רָא לָ֑יְלָה וַֽיְהִי־עֶ֥רֶב וַֽיְהִי־בֹ֖קֶר י֥וֹם
אֶחָֽד׃

BHS-Text: Gen 1,1-5

Akzent-Tabelle der BHQ für die prosaischen Texte

Disjunctive accents

Sign	Name(s)	Example
	sillûq (*always at the verse end* [sôp̄ pasûq]); *or* sôp̄ pasûq	דָבָר׃
	ʾatnaḥ	דָבָר
	səḡôltâ *(postpositive)*	דָבָר
	šalšelet	דָבָר ׀
	zaqep̄ qaṭan	דָבָר
	mûnaḥ-zaqep̄	וְהָאָדָם
	zaqep̄ gaḏôl	דָבָר
	məṯîḡâ-zaqep̄	וְכִבְּסוֹ
	ṭip̄ḥâ (*comes before* ʾatnaḥ *or* sillûq)	דָבָר
	rəḇîaᶜ	דָבָר
	zarqâ (*postpositive; comes before* səḡôltâ)	דָבָר
	pašṭâ *(postpositive)*	דָבָר
	pašṭâ	מֶלֶךְ
	yəṯîḇ (*prepositive; a substitute for* pašṭâ)	מֶלֶךְ
	təḇîr	דָבָר
	gereš *or* ṭeres	דָבָר
	geršayim	דָבָר
	pazer *or* pazer qaṭan	דָבָר
	pazer gadôl *or* qarnê p̄arâ	דָבָר
	təlîšâ gəḏôlâ *(prepositive)*	דָבָר
	ləḡarmeh (*comes before* rəḇîaᶜ)	דָבָר ׀

Conjunctive accents

Sign	Name(s)	Example
	mûnaḥ *or* šôp̄ar mûnaḥ, šôp̄ar ᶜillûy, *or* šôp̄ar məḵarbel	דָבָר
	mahpak *or* šôp̄ar hapûḵ *or* məhuppaḵ	דָבָר
	mêrəḵâ	דָבָר
	mêrəḵâ kəp̄ûlâ	דָבָר
	dargâ	דָבָר
	ʾazlâ	דָבָר
	təlîšâ qəṭannâ *(postpositive)*	דָבָר
	galgal *or* yeraḥ	דָבָר
	mâyəlâ (*rare; looks like* ṭip̄ḥâ, *but always used as a secondary accent on the same phonetic unit as* ʾatnaḥ *or* sillûq)	וַיֵּצֵא־נֹחַ

Additional signs

Sign	Name(s)	Example
	gaᶜyâ *or* meṯeḡ *(always used ahead of another accent)*	וַיְלַמְּדָה
	maqqep̄	אִמְרִי־לִי
	paseq	הַבּוֹגֵד ׀ בּוֹגֵד

1. Anm.: Einige Akzente stehen unabhängig von der Tonsilbe, drei jeweils am Wortanfang (praepositivi) und vier am Wortende (postpositivi). Der wichtigste der postpositivi ist der *pašṭā'* (z.B. לָאוֹר). Steht dieser bei einem Wort mit Pänultima-Betonung, so wird er regelmäßig bei der Tonsilbe wiederholt (z.B. תֹּהוּ).
Ein Verzeichnis aller Akzente liegt der Biblia Hebraica bei (siehe Abbildung).
2. Anm.: In wissenschaftlichen Veröffentlichungen werden die Versteile mit a (vor dem *'atnāḥ* bzw. *'ôlæh wᵉyôred*) und b zitiert und bisweilen je nach den nächsten stärker trennenden Akzenten noch weiter untergliedert in α, β usw., vgl. Gen. 2,4a.

3.3.3 Die Pausa

Die stark trennenden Akzente führen zu einer besonders kräftigen Betonung der entsprechenden Tonsilbe, die meist einen Satz oder Satzteil schließt. Diese besondere Betonung (Satzbetonung) nennt man *Pausa.* Die Pausa bewirkt häufig eine

veränderte Vokalisation und Betonung:	Kontextform (iK*)		Pausalform (ip*)
1. Ein kurzer Vokal kann gedehnt werden:	z.B.		
a und æ → ā	מַ֫יִם	Wasser	מָ֫יִם
	אֶ֫רֶץ	Erde	אָ֫רֶץ
a → e	יֹאכַל	er wird essen	יֹאכֵל
2. Ein durch Flexion verloren gegangener Vokal und Ton wird wiederhergestellt,	יִשְׁמְרוּ	sie werden behüten	יִשְׁמֹ֫רוּ (vgl. יִשְׁמֹר)
– dieser Vokal wird bisweilen auch gedehnt	קָֽטְלָה	sie hat getötet	קָטָ֫לָה (vgl. קָטַל)
3. Auch sonst kann der Ton verlagert werden			
– zum Anfang des Wortes hin,	אַתָּה	du (m.)	אָ֫תָּה/אַ֫תָּה
– zum Ende des Wortes hin	וַיָּ֫מָת	und er starb	וַיָּמֹ֫ת

* iK = im Kontext, Normalform; ip = in pausa; hier gekennzeichnet durch ‸ .

3.3.4 *mǽtæg*

mǽtæg (Zaum, Zügel – andere: Zaun) ist ein kleiner senkrechter Strich *links* neben dem Vokalzeichen; bei *ḥṓlæm* und *šū́ræq* steht er *unter* dem dazugehörigen Konsonantenzeichen.

mǽtæg steht bei mehrsilbigen Wörtern und Wortverbindungen vor allem als

Nebenton-Zeichen

In langen Wörtern kann *mǽtæg* auch zweimal vorkommen; z.B.

מֽוֹשְׁבֹֽתֵיכֶם׃ eure (*masc.*) Wohnsitze

Gemeinhin ist ein dem *mǽtæg* nachfolgendes *šᵉwa'* als *šᵉwa'* mobile zu lesen (→ § 3.1.3.2); z.B.

אֲֽכְלָה	*'ā kᵉ lâ*	sie hat gegessen; *aber*
אָכְלָה	*'åk lâ*	Speise

1. Anm.: Von der Wortbedeutung her (Zaum, Zügel) lässt sich vermuten, dass *mǽtæg* ursprünglich nur ein *Stop- oder Achtungszeichen* war. Die Regeln, nach denen *mǽtæg* gesetzt worden ist, sind nicht sicher bestimmbar. Vielfach scheint die Anwendung schwankend zu sein. Zum obigen Beispiel משבתיכם aus Lev 21,31 vgl. im gleichen Kapitel V. 3 (nur מֽוֹ), V. 14 (nur בֹֽ) und V. 21 (kein ˌ dafür ein Verbindungsakzent ֥ bei בֹ֥).

2. Anm.: In der BHK ist *mǽtæg*, wo man es erwartete, es aber nicht stand, von dem Herausgeber *rechts* neben dem Vokalzeichen ergänzt worden (sog. Kittel-*mǽtæg*)

3.3.5 *maqqep̄*

maqqep̄ (Verbinder) ist ein waagerechter Bindestrich, der oben zwischen zwei oder auch drei Wörtern steht. Zwischen diesen Wörtern schafft der *maqqep̄* eine

Betonungseinheit

Nur das letzte der so verbundenen Wörter trägt den (Haupt-)Ton.
Die dem *maqqep̄* unmittelbar vorausgehenden (meist einsilbigen) Wörter werden „enttont", d.h., sie haben dann keinen eigenen Akzent mehr, und der *maqqep̄* bewirkt, wo das möglich ist, eine

Verkürzung der Vokale	ohne *maqqep̄*		mit *maqqep̄*
	z.B.		
e → æ	אֵת	„Akkusativ“-Zeichen	אֶת־
o → å	כֹּל	Gesamtheit, jeder, alle	כָּל־

z.B. אֶת־כָּל־עֵשֶׂב (hiermit gebe ich euch) alles Kraut

1. Anm.: Ein *mæ̂tæg* kann dem Wort vor dem *maqqep̄* einen Nebenton und so den langen Vokal sichern; z.B.

שֵֽׁב־נָא פֹה bleib doch hier!

2. Anm.: Um das Aufeinandertreffen zweier (Haupt-) Tonsilben im Satz zu vermeiden, ist entweder *maqqep̄* gesetzt (s.o.), oder aber es tritt *n^{e}sigâ* (Zurückweichen [des Akzents]) ein, d.h., der erste Ton weicht auf die vorausgehende Silbe zurück, wenn diese offen ist; z.B.

קָרָ֫א, *aber:* קָ֫רָא לָ֫יְלָה nannte er (sie) Nacht

3.4 Textkritische Zeichen

3.4.1 *k^{e}tîḇ* (K) und *q^{e}rê* (Q)

Zur Zeit der Masoreten durfte der überlieferte Konsonanten-Text nicht mehr verändert werden. Wenn nun, aus welchen Gründen auch immer, die Masoreten forderten, dass anstatt des in dem Konsonanten-Text geschriebenen Wortes (כְּתִיב [das] Geschriebene; vgl. כָּתַב) ein anderes Wort zu lesen sei (קְרֵי [das] zu Lesende bzw. Gelesene; vgl. קָרָא), dann behalfen sie sich folgendermaßen:

Das *k^{e}tîḇ* (Geschriebene) erhielt einen ° (Circellus) und die *Vokale* des *q^{e}rê* (zu Lesenden).

An den Rand schrieben die Masoreten in kleiner Schrift ק̇ (= קרי) und die *Konsonanten* des zu lesenden Wortes.

Man kann also den ° als ein Plus-Zeichen auffassen. Es gilt so die *masoretische Gleichung*:

Vokale im Text + Konsonanten am Rand = zu lesendes Wort.

Beispiel:
1 Sam 22,17 steht im Konsonanten-Text (כְּתִיב) אזנו *sein* Ohr (eigentlich zu vokalisieren: אָזְנוֹ). Nach Meinung der Masoreten aber ist zu lesen (קְרֵי) אזני *mein* Ohr (vokalisiert: אָזְנִי). So steht nun

im *Text*	am *Rand*
אָזְנִ֯ו	אזני
	קׄ

In der BHK, BHS und BHQ wird auf die Ketiv-/Qere-Lesungen auch im kritischen Apparat aufmerksam gemacht.

3.4.2 *qᵉrê* perpetuum

Bei einigen häufig vorkommenden Wörtern, die nach Auffassung der Masoreten *immer* anders als das *kᵉtîḇ* zu lesen waren (*qᵉrê* perpetua), haben die Masoreten auf den ° und die Randbemerkung verzichtet:

① beim heiligen Gottesnamen, dem Tetragramm

יהוה	*yahwǣ*	YHWH

Vokalisiert wurde יהוה nach dem *qᵉrê* אֲדֹנָי (HERR) oder, wenn יהוה im Text unmittelbar neben אֲדֹנָי steht, nach der Ersatzlesung אֱלֹהִים (Gott). Die Vokalisation wurde jedoch meist verändert: Statt *šᵉwāʼ* compositum steht *šᵉwāʼ* simplex, und meist ist auch der *ḥôlæm*-Punkt weggelassen; also:

יְהוָה	(selten: יְהֹוָה)	*qᵉrê: ʼᵃdonāy*
אֲדֹנָי יְהוִה	(selten: יֱהוִה / יְהֹוִה / יֱהֹוִה)	*qᵉrê: ʼᵃdonāy ʼᵆlohîm*

Die meisten Exegeten folgen einer aus griechischen Umschriften erschlossenen Aussprache und lesen *yahwæh* (יַהְוֶה*).

② beim Stadtnamen

ירושלם *yᵉrûšālem*

Vokalisiert wurde nach dem *qᵉrê yᵉrûšāláyim* als יְרוּשָׁלַםִ
Auch hier folgt man meistens dem *kᵉtîḇ* und liest: *yᵉrûšālem* (יְרוּשָׁלֵם*).

③ beim Personalpronomen „sie" (3. *fem.* Sg.)

הִוא *hî'*

Vor allem im Pentateuch wurde הוא (*hû'* „er"), wo es für die 3. *fem.* Sg. „sie" steht, nach dem *qᵉrê* הִיא als הִוא vokalisiert.
Hier wird das *qᵉrê* gelesen: *hî'* (הִיא).

1. Anm.: Die Unkenntnis der *qᵉrê* - perpetuum-Regelung hat bei יְהוָה zu der falschen Lesung *Jehova* geführt.

2. Anm.: Gelegentlich wird, von der Vokalisation יְהוָה ausgehend – gemäß der samaritanischen Tradition –, das aramäische שְׁמָא (der Name) als *qᵉrê* für das Tetragramm vermutet. Einer solchen Annahme steht aber neben dem oben Gesagten die Vokalisation der Partikeln in Verbindung mit יהוה entgegen; z.B.

3. Anm.: Übersicht zur Verbindung von יהוה mit לְ, בְּ, מִן und וְ vgl. auch § 4.3.2.2

Vokalisation	*kᵉtîḇ* (ist zu lesen als:)	*qᵉrê*
לַיהוָה	*lᵉyahwæh*	*la'donāy*
בַּיהוָה	*bᵉyahwæh*	*ba'donāy*
מֵיְהוָה	*miyyahwæh*	*me'ᵃdonāy*
וַיהוָה	*wᵉyahwæh*	*wa'donāy*

§ 4 Lautwandel und Vokalisation

Als die Masoreten die Aussprache des Hebräischen mit Hilfe der Punktationszeichen festzulegen begannen, standen sie vor der schwierigen Aufgabe, häufig zwischen dem Ist-Bestand (der ihnen überlieferten Aussprache) und dem Soll (dem von ihnen entworfenen System für die Aussprache) entscheiden zu müssen. Es liegt auf der Hand, dass es dabei auch zu problematischen, inkonsequenten, teilweise uns heute falsch erscheinenden Entscheidungen kam, dass bisweilen Kompromisse eingegangen werden mussten und man bei einigen Punkten nicht einmal zu einer einheitlichen Meinung gelangen konnte (→ § 4.4.2 und die Akzentsetzung in Dtn 5,6f.).

Misslich ist, dass man bei der Darstellung der Lautlehre in ein ähnliches Dilemma gerät. Es gilt, einerseits den vormasoretischen Lautwandel und dessen Gesetzmäßigkeiten festzuhalten und andererseits die masoretische Arbeit darzustellen. Das eine lässt sich aber nur selten sauber von dem anderen trennen, und zudem liegen keineswegs für alle Erscheinungen der Lautlehre gesicherte Erkenntnisse vor.

Dann kommt noch das didaktisch-methodische Problem hinzu: Wie viele und welche Regeln sind für das Erlernen des Hebräischen eigentlich notwendig? Wann muss man sich diese einprägen, vorab oder erst, wenn die entsprechenden Sachverhalte in der Formlehre auftreten? – Diese Fragen werden sehr unterschiedlich beantwortet. Deshalb soll mit diesem Paragraphen nur ein *zusammenfassender Überblick* (in dem versucht wird, Vormasoretisches [vor allem 1. und 2.] und Masoretisches [vor allem 3.] möglichst auseinander zu halten) über die wichtigsten Erscheinungen der Lautlehre gegeben werden, auf den dann später zurückgegriffen werden kann.

Einige Sachverhalte, die bereits in § 1-3 behandelt worden sind, werden in diesem Paragraphen nicht mehr aufgeführt, dagegen aber – das gilt natürlich auch für das hier Dargestellte – meist dort wiederholt, wo sie in der Formenlehre relevant werden.

4.1 Konsonanten-Veränderungen

Da die Bedeutung eines Wortes sich im Hebräischen primär aus den Konsonanten ergibt, sind Veränderungen von Konsonanten sehr selten. Die Konsonanten, die durch Lautkombination bzw. Stellung am Silbenanfang oder -ende doch abgewandelt werden können, sind vor allem die, die auch als Vokalbuchstaben stehen können, und zusätzlich נ und ת. Also: *'alæf, he, yod und waw; nun und taw!*

א ה ו י נ ת

Merkwort: תַּאֲוָה נִהְיָה (*taʾ**wâ nihᵉyâ*) ‚Erfülltes Verlangen'
(tut der Seele gut! Prov 13,19)

4.1.1 Lautwandel

Ursprüngliches ו ist am Wortanfang zu י geworden;

z.B. * *w š b* → יָשַׁב sich setzen, sitzen, bleiben, wohnen

* *w l d* → יָלַד gebären, (er)zeugen

Ausnahme:
Die Partikel וְ ‚und' stellt eine regelmäßige Ausnahme dar.
Sonst siehe noch וָו ‚Nagel, Haken' und וָלָד (1mal) ‚Kind' (dafür sonst יֶלֶד).

4.1.2 Assimilation

① Vokalloses נ wird dem *nachfolgenden* Konsonanten assimiliert; letzterer wird dann geminiert, d.h., er erhält *dāgeš* forte;

z.B. *yin ten* → יִתֵּן er wird geben (נתן)

nātán tî → נָתַ֫תִּי ich habe gegeben (נתן)

Ausnahmen:
– Bei nachfolgendem Laryngal unterbleibt normalerweise die Assimilation des נ; z.B.

יִנְהַג er wird treiben, führen (נהג)

– Das ל von לקח ‚nehmen' wird behandelt wie ein נ (→ 10.3.2); z.B.

יִקַּח er wird nehmen (לקח)

②	Das ה der Suffixe der 3. *masc.* Sg. (הוּ-) und der 3. *fem.* Sg. (הָ-) (→ § 8.7.2) kann *vorausgehendem* vokallosem ת oder נ (energicum → § 8.7.4) assimiliert werden;

z.B.	*q*^{e}*ṭālat hû*	→	קְטָלַתּוּ	sie hat ihn getötet
	yiqṭ^{e}*læn hâ*	→	יִקְטְלֶנָּה	er wird sie töten

③	Das ת der Vorsilbe -הִת des *Hitpa'el* wird *nachfolgendem* d- oder t-Laut assimiliert (→ § 8.6.2);

z.B.	*hit ṭaher*	→	הִטַּהֵר	sich reinigen	(טהר)
	hit ṭamme'	→	הִטַּמֵּא	sich verunreinigen	(טמא)
	mit dabber	→	מִדַּבֵּר	sich besprechen	(דבר)

4.1.3 Metathesis (Transpositio)

Das ת der Vorsilbe -הִת des *Hitpa'el* vertauscht zur leichteren Aussprache seinen Platz mit nachfolgendem s-Laut (→ § 8.6.2);

z.B.	*hit šammer*	→	הִשְׁתַּמֵּר	sich hüten	(שמר)

Dabei kann es zur partiellen (selten zur totalen) Angleichung an den vorhergehenden Konsonanten kommen; so wird unter dem Einfluss von צ das ת zu ט; z.B.

	hit ṣaddeq	→	הִצְטַדֵּק	sich rechtfertigen	(צדק)

4.1.4 Elision

①	ה wird häufig elidiert (ausgestoßen), wenn es nach oder zwischen Vokalen steht

– Das ה des Artikels wird regelmäßig nach den präfigierten Partikeln -לְ, -בְּ, -כְּ elidiert (→ § 6.5); z.B.

הַמֶּ֫לֶךְ	+	לְ	→	לַמֶּ֫לֶךְ	für den König
הָאָ֫רֶץ	+	בְּ	→	בָּאָ֫רֶץ	im Land, auf der Erde
הֶעָפָר	+	כְּ	→	כֶּעָפָר	wie der Staub

– Das ה der H-Stämme (*Hif'il*, *Håf'al*; vgl. *Hitpa'el*) wird regelmäßig nach einer Präformativsilbe elidiert (→ § 8.6.2); z.B.

ya haqṭîl	→	יַקְטִיל	
ya huqṭal	→	יָקְטַל	bzw. יֻקְטַל

– Das ה der Suffixe der 3. *masc.* Sg. (-הוּ) und 3. *masc./fem.* Pl. (-הֶם/-הֶן) wird häufig elidiert (→ § 6.8); z.B.

sûsā́hû	→ *sûsâw* →	סוּסוֹ	sein Pferd	(סוּס)
אָבִ֫יהוּ	neben (häufigerem)	אָבִיו	sein Vater	(אָב)
גִּבּוֹרֵ֫יהוּ	neben (häufigerem)	גִּבּוֹרָיו	seine Helden	(גִּבּוֹר)
סוּסוֹתֵיהֶם	neben	סוּסוֹתָם	ihre Stuten	(סוּס)

② ו, י und נ werden häufig elidiert, vor allem, wenn sie am Wortanfang (oder zwischen Vokalen) stehen.

Dieses ist besonders bei bestimmten Verbklassen von Bedeutung (→ die verba I waw und I nun; vgl. III yod); z.B.

שֵׁב	bleib!	(ישׁב)
גַּשׁ	komm her!	(נגשׁ)

Das ל bei dem Ausnahme-Verb לקח „nehmen" wird wie ein נ behandelt (→ § 10.3.2); z.B.

קַח	nimm!	(לקח)

③	א wird am Silben- und Wortschluss elidiert.

א verliert dann seine konsonantische Funktion, bleibt aber meist als Vokalbuchstabe erhalten (→ § 2). Der dem א vorausgehende Vokal, in dem א quiesziert (ruht), wird in der nun offenen Silbe gedehnt (→ § 4.2.2); z.B.

מָצָא er hat gefunden; vgl. קָטַל

4.1.5 Gemination

Zur Verdoppelung bzw. Längung eines Konsonanten → § 3.2.2.

4.2 Vokale – Entstehung und Wandel

Das Vokal-System lässt sich für die Vollvokale nach Anzahl und Verhältnis zueinander schematisch wie folgt darstellen:

offen				**a**			
			æ		å		
		e				o	
geschlossen	**i**						**u**
	hell						dunkel

4.2.1 Die Grundvokale

Als *ursprünglich* (ursemitisch) gelten nur die drei

Grundvokale **a i u**	die kurz und lang vorkamen.

1. Die langen Grundvokale

Die langen Grundvokale sind als solche erhalten geblieben.
Sie werden auch „unveränderliche“ oder „naturlange“ Vokale genannt und in *diesem* Paragraphen – abweichend von der sonst verwendeten Umschrift – durch ^ gekennzeichnet (*â*, *î*, *û*), um sie von den nur „tonlangen“

(tl), d.h., veränderlich langen, bzw. kurzen (k) Vokalen zu unterscheiden.

Ausnahmen:
Wenn betont, wurde durch Lautverschiebung im Hebräischen meist:

â → *ô*; z.B.	*šalâm*	→	שָׁלוֹם	Heil, Friede, (Wohl)ergehen

Nur im Auslaut (am Wortende) wurde bisweilen

î → *æ̂*; z.B.	*pî*	→	פֶּה	Mund

2. Die kurzen Grundvokale

Die kurzen Grundvokale unterlagen vielfältigen Veränderungen. Die wichtigsten sind:

① Kurze Vokale am Wortende fielen ab.

z.B.	*qa ṭál a*	→	קָטַל	töten, er hat getötet
	da bár u	→	דָּבָר	Wort, Sache, Ereignis

② In der (Haupt-) Tonsilbe (→ § 3.3.1) wurden die kurzen Vokale gedehnt.

k → tl				Beispiele
a → *ā*	*da bar*	→	דָּבָר	beim Verb hat sich das kurze a gehalten:
			קָטַל	(aber in Pausa: קָטָל)
i → *e*	*sip̄r*	→	סֵפֶר	Buch, Brief
	ka bid	→	כָּבֵד	schwer, angesehen (sein)
u → *o*	*qa ṭun*	→	קָטֹן	klein, gering sein
	kull	→	כֹּל	Gesamtheit, alle, jeder, ganz

Diese gedehnten Vokale sind *nur tonlange Vokale*, d.h., beim Fortrücken des Tons unterliegen sie erneut Veränderungen (→ § 4.3.2).

③	Gelegentlich fand ein Lautwandel statt.

So wurde in unbetont geschlossener Silbe (→ § 4.3.1.2) kurzes

a → i; z.B. *yak túb* → יִכְתֹּב er wird schreiben;

in (neben-) betonter geschlossener Silbe (→ § 4.3.1.2) kurzes

i → a; z.B. *bint* → *bitt* → בַּת Tochter

ka bíd ta → כָּבַ֫דְתָּ du bist (warst) geehrt

4.2.2 Neue Langvokale

Neue unveränderliche Langvokale entstanden durch:

①	Kontraktion (Monophthongierung)

Am Silbenende wurden sog. Diphthonge (Vokal mit nachfolgendem י oder ו, den Halbvokalen) kontrahiert:

	Beispiele			
a + y → ê	*hay ṭib*	→	הֵיטִיב	(יטב gut sein)
	bay t(u)	→	בֵּית	Haus des …
a + w → ô	*haw šib*	→	הוֹשִׁיב	(ישׁב ← *wšb*)
	maw t(u)	→	מוֹת	Tod des …
i + y → î	*yiy ṭab*	→	יִיטַב	(יטב)
i + w → î	*ra ṣiw ta*	→	רָצִ֫יתָ	(רָצָה Gefallen haben an)
u + w → û	*huw šab*	→	הוּשַׁב	(ישׁב ← *wšb*)

Bisweilen sind aber auch die sog. Diphthonge erhalten geblieben; z.B.

סוּסָיו *sûsâw* seine Pferde (סוּס)

אָבִיו *'aḇîw* sein Vater (אָב)

② Ersatzdehnung (compensatio)

Wo silbenschließendes א als Konsonant elidiert (ausgestoßen) worden war, wurde – wohl auch schon vormasoretisch – der dem א vorausgehende Vokal (ersatz-)*gedehnt* (→ auch § 3.2.2; 3. Anm.):

							Beispiele	
a	→	â	*ra' šim*	→	רָאשִׁים		Häupter	(Sg. רֹאשׁ)
i	→	ê	*ṣi' t(u)*	→	צֵאת		hinausziehen	(יָצָא)
u	→	ô	*bu' r(u)*	→	בֹּאר		Brunnen	(häufiger בּוֹר o. בְּאֵר)

Die durch ① Kontraktion oder ② Ersatzdehnung entstandenen Vokale sind wie die langen Grundvokale *unveränderlich lang.*

4.3 Vokal-Veränderungen

Durch Tonverlagerung und durch Veränderung des Silbenbaus bei Anfügungen von grammatischen Elementen kommt es im Hebräischen zu Vokalveränderungen; z.B.

(וְ)דָּבָר	(וּ)דְּבַר־	דְּבָרִים	דִּבְרֵי
(und ein) Wort	(und ein/das) Wort des...	Worte	Worte des...

Die beiden übergeordneten Fragen, mit denen man sich dem Problem, diese Vokalveränderungen zu verstehen, nähern kann, sind:
– Welche Vokale stehen in welchen Silbentypen?
– Nach welchen Regeln vollziehen sich die Vokalveränderungen (Vokalismusregeln)?

4.3.1 Die Silbe und ihre Vokale

1. Silbenanlaut

Jede Silbe – und somit jedes Wort – beginnt mit einem Konsonanten (K), auf den ein Vokal (V) folgen muß.

Ausnahme: וּ

Die präfigierte (vorn an ein Wort gesetzte) Partikel וְ ,und' wird fast immer als וּ vokalisiert, wenn sie

① vor den Labialen (Lippenlauten) ב (ו) מ פ (Merkwort: *bûmap̄*)
oder
② vor einem Konsonanten mit *šᵉwā'* steht.

וּ bildet eine Silbe für sich, nachfolgendes *šᵉwā'* ist deshalb als *šᵉwā' mobile* zu lesen (→ § 3.1.3.2).

z.B. ① בָּנִים וּבָנוֹת Söhne und Töchter

② וּשְׁמוֹ und sein Name

2. Silbenauslaut und Betonung

Man unterscheidet bei den Silben nach:	Sonderfälle
geschlossene (KVK)* / 1. Silbenauslaut (-qualität) \\ offene (KV)**	– doppelt geschlossene (KVKK) – geschärfte (dageschierte) (KVK‿K) } Vortonsilbe
unbetonte / 2. Betonung (Silbenquantität) \\ betonte	} Vorschlagsilbe

* Auslaut: Konsonant (K)
** Auslaut: Vokal – auch mit Vokalbuchstabe – (V)

– In der *offenen* Silbe steht meist ein *langer* Vokal; z.B.
  דִּבְרֵי *-rê* Worte des / eines

– In der *unbetonten* (auch nebenbetonten) *geschlossenen Silbe* steht immer ein *kurzer Vokal*; z.B.
  דְּבַר־ *-ḇar* Wort des / eines … דִּבְרֵי *diḇ-*

– In der *betonten geschlossenen* Silbe steht häufiger ein *langer Vokal*; z.B.
  דָּבָר *-ḇār* דְּבָרִים *-rîm*,

  selten ein kurzer Vokal; z.B.
  קַמְתָּ *qam-* ; vgl. aber קָם (קוּם aufstehen, sich erheben)

3. Sonderfälle der offenen Silbe:

– Die *Vortonsilbe* ist eine *unbetonte offene* Silbe *unmittelbar* vor dem (Haupt-)Ton. In ihr stehen die ehemals kurzen Vokale (nur a oder i) gedehnt zu:

ָ = Vorton*qāmæṣ* *oder* ֵ = Vorton*ṣêrê*

z.B.

דָּבָר -*dā* דְּבָרִים -*bā-* עֵצָה *'e-*

Rückt der Ton weiter, tritt Vokalreduktion ein, d.h., der Vokal wird zu *š^e^wā'*;

z.B.

דָּבָר *dā-* → דְּבַר־ *d^e^-*; עֵצָה *'e-* → עֲצַת־ *'^a^-*

דְּבָרִים -*ḇā* → דִּבְרֵי -*ḇ-* (→ § 4.3.2.2)

– Die *Vorschlagsilbe* ist eine *unbetonte offene* Silbe mit einem *Murmelvokal*, auf die eine Silbe mit einem Voll-Vokal folgen muß, d.h.:

① Die Vorschlagsilbe kann nicht für sich allein stehen, und
② zwei Vorschlagsilben können innerhalb eines Wortes nicht aufeinander folgen (→ weiter § 4.3.2.2); z.B.

דְּבַר־ *d^e^-* דְּבָרִים *d^e^-*

① לְכוּ; *aber* לֵךְ ② statt *d^e^ḇ^e^-* דִּבְרֵי *diḇ-*

– Zur offenen Silbe mit kurzem Vokal bei virtueller Verdoppelung → § 3.2.2; 3. Anm.
– Zur Aufsprengungssilbe (Nachschlagsilbe) → § 4.3.2.4.

4. Sonderfälle der geschlossenen Silbe

Zu den geschlossenen Silben gehören auch

– die *doppelt geschlossene* Silbe (KVKK), die sich nur am Wortende und auch dort nur sehr selten findet (→ § 3.1.3), und
– die *dageschierte (geschärfte) Silbe* (KVKKV), die nur im Wortinneren begegnet. (Der Konsonant mit *dāgeš forte* schließt die eine Silbe und eröffnet die folgende; → § 3.2.2).

Hinsichtlich der Laut-Quantität werden diese Silben weitgehend wie die „normal"-geschlossenen behandelt.

4.3.2 Vokalismusregeln

1. Die nur tonlangen Vokale verändern sich, wenn der Ton weiterrückt (zur Ausgangsform → § 4.2.1):

a) In geschlossener Silbe tritt eine Kürzung des Vokals ein.

tl		k	Beispiele					
ā	→	a	דָּבָר	*-ḇār*	→	דְּבַר־	*-ḇar*	Wort des/eines…
e	→	i	סֵ֫פֶר	*se-*	→	סִפְרִי	*sip̄-*	mein Brief / Buch
	→	æ	בֵּן	*ben*	→	בִּן־/בֶּן־	*bin/bæn*	Sohn des/eines
			יְבָרֵךְ	*-reḵ*	→	וַיְבָ֫רֶךְ	*-ræḵ*	da segnete er…
	→	a	כָּבֵד	*-ḇed*	→	כְּבַדְתֶּם	*-ḇad-*	ihr seid/wart angesehen
o	→	å	יִשְׁמֹר	*-mor*	→	יִשְׁמָרְךָ	*-mår-*	er wird dich behüten
			כֹּל	*kol*	→	כָּל־	*kål*	Gesamtheit des/eines

b) In der geschärften (dageschierten) Silbe tritt der ursprüngliche kurze Vokal wieder auf.

tl		k			Beispiele			
ā	→	a	*ʿamm*	→	עָם/עַם	→	עַמִּי	mein Volk
e	→	i	*ʿimm*	→	אֵם	→	אִמּוֹ	seine Mutter
o	→	u	*ḥuqq*	→	חֹק	→	חֻקִּים	Satzungen
	→	å			(selten)	→	חָקְךָ	(zum Fehlen des *dāgeš* → § 3.2.2)

c) In offener Silbe tritt ① Vokalreduktion (Murmelvokal) oder ② Vortondehnung (Vorton*qāmæṣ*, *-ṣērê*) ein;

z.B.

① כָּבֵד -*ḇed* → כָּֽבְדָה -*ḇ*ᵉ- (ָ ist durch *mǽtæg* gesichert)

① שָׁמַר *šā*- → שְׁמַרְתֶּם *š*ᵉ-

①② דָּבָר *dā*- → דְּבָרִים *d*ᵉ*ḇā* (ָ ist jetzt Vorton*qāmæṣ*)

2.	Zwei Vorschlagsilben können nicht unmittelbar hintereinander stehen.

Treffen nun – z.B. durch Fortrücken des Tons – zwei Vorschlagsilben aufeinander, so gilt:

a)	Die erste Vorschlagsilbe erhält einen vollen Vokal – meist i, bei Laryngalen a – die zweite *š*ᵉ*wā'* quiescens.

Ein nachfolgender bᵉgadkᵉfat hat meist kein *dāgeš* lene; → § 3.2.1; 2. Anm.; z.B.

דְּבָרִים → דִּבְרֵי־ *diḇ*- (statt: dᵉ*ḇ*ᵉ-)

דְּבָרִים + בְּ → בִּדְבָרִים *bid*- (statt: *b*ᵉ*d*ᵉ-)

חֲפֹּר + לְ → לַחְפֹּר *laḥ*- (statt: *l*ᵉ*ḥ*ᵉ-)

Sonderfälle

① Die Partikel וְ ‚und' wird vor *š*ᵉ*wā'* mobile als וּ vokalisiert; nachfolgendes *š*ᵉ*wā'* ist bzw. bleibt mobile (→ § 4.3.1); z.B.

דְּבָרִים + וְ → וּדְבָרִים (*û d*ᵉ-)

② Bei der Verbindung der Partikeln וְ, בְּ, כְּ oder לְ mit einem Wort, das mit יְ anlautet, kommt es zur Kontraktion von i + y → î (→ § 4.2.2; vgl. hierzu auch מִן); z.B.

יְהוּדָה + בְּ → בִּיהוּדָה *biy* → *bî*- (statt: *b*ᵉ*y*ᵉ-)

יְהוּדָה + וְ → וִיהוּדָה *wiy* → *wî*- (statt: *w*ᵉ*y*ᵉ-)

יְהוּדָה + מִן → מִיהוּדָה *miy* → *mî*- (statt: *miyye*-)

b)	Hat eine der beiden Vorschlagsilben einen *ḥāṭēp̄* -Vokal, erhält die erste den entsprechenden vollen Vokal (sonst → a).

z.B.

יַעֲמֹד	→	יַעַמְדוּ	*-ʿam-*	(statt: *-ʿ^{a}m^{e}-*)
יֶחֱזַק	→	יֶחֶזְקוּ	*-ḥæz-*	(statt: *-ḥ^{æ}z^{e}-*)
אֲרִי + כְּ	→	כַּאֲרִי	*ka'^{a}-*	(statt: *-k^{e}'^{a}-*)
אֱמֶת + בְּ	→	בֶּאֱמֶת	*bæ'^{æ}-*	(statt: *b^{e}'^{æ}-*)

Sonderfall

Bei der Verbindung der Partikeln וְ, בְּ, כְּ oder לְ mit אֱלֹהִים „Gott" bzw. אֲדֹנָי „HERR" (häufig auch bei אֲדֹנִי ‚mein Herr') verliert א seine konsonantische Funktion und den *ḥāṭēp̄*-Vokal. Dem quieszierenden א vorausgehendes *æ* wird in der nun offenen Silbe zu *e* (ersatz-)gedehnt; *a* dagegen hält sich; z.B.

אֱלֹהִים + וְ	→	וֵאלֹהִים	*we'-*	(statt: *wæ'^{æ}-*)
אֲדֹנָי + בְּ	→	בַּאדֹנָי	*ba'-*	(statt: *ba'^{a}-*)

Zur Verbindung von יהוה mit Partikel vgl. oben § 3.4.2; 3. Anm.

Auch bei der häufig gebrauchten Verbindung von לְ mit אֱמֹר (Inf. cons. Qal von אמר „sagen, sprechen") verliert א seine konsonantische Funktion:

אֱמֹר + לְ	→	לֵאמֹר	*le'-*	(statt: *læ'^{æ}-*)

vgl. dagegen aber: לֶאֱכֹל oder בֶּאֱמֹר (→ § 10.2).

3.	Die ursprünglich doppelt geschlossene Silbe (KVKK) wird durch einen Hilfsvokal (Sprossvokal) aufgesprengt (segoliert).*

* Zu den wenigen Ausnahmen am Wortende s. unten.

Der Hilfsvokal (Aufsprengungsvokal) kann nicht den Ton tragen!
Achtung!
Ist die doppelt geschlossene Silbe als Grund für die Segolierung wegen der Anfügung von Bildungselementen nicht mehr gegeben, tritt der kurze (meist ursprüngliche) Vokal wieder auf.

a)	Der Hilfsvokal (Aufsprengungsvokal) ist meist ein *s*^{e}*gôl*.

Aufgesprengt wird vor allem die Doppelkonsonanz der:

① Segolata (→ § 7.1)

Sie werden benannt nach dem *s*^{e}*gôl* und erkannt an der Pänultimabetonung; z.B.

malk → *mál*$_{\ae}$*k* → מֶ֫לֶךְ (der Hilfsvokal färbt auf das a ab)

sifr → *síf*$_{\ae}$*r* → סֵ֫פֶר (das i wird in offener Tonsilbe zu e → § 4.2.1.2)

qudš → *qúd*$_{\ae}$*š* → קֹ֫דֶשׁ (das u wird in offener Tonsilbe zu o → 4.2.1.2)

aber:

mal kî מַלְכִּי mein König

sif rî סִפְרִי mein Buch

qåd šî קָדְשִׁי mein Heiligtum, Heiliges

② Kurz-Formen (KF; apokopierte Formen),

das sind Verbformen, bei denen eine Doppelkonsonanz dadurch entsteht, dass der auslautende Vokal (plus ה) fortfällt (apokopiert wird). Diese Formen begegnen unter bestimmten Bedingungen (Narrativ, Jussiv, auch Imperativ) bei solchen Verben, die als Nachschlagewort / Wurzel auf ein ה enden (→ § 10.6 zu den Verba tertiae *yod/he*); z.B.

יִבְנֶה er wird bauen (בָּנָה bauen, er / es hat gebaut)

wayyíḇ$_{\ae}$*n* → וַיִּ֫בֶן und er / es baute

aber:

wayyiḇ nû וַיִּבְנוּ und sie bauten

③ Infinitive, die durch ת erweitert sind.

Sie werden von den Verben gebildet, deren Nachschlagewort/Wurzel mit י bzw. נ beginnt (→ verba primae *yod/waw* bzw. *nun*). Das *yod* bzw. *nun* ist im Infinitiv elidiert (→ § 4.1.4); z.B.

gáš$_{æ}$t	→	גֶּ֫שֶׁת	sich nähern (נגשׁ)
šíḇ$_{æ}$t	→	שֶׁ֫בֶת	sich setzen, sitzen, bleiben, wohnen (ישׁב)

aber:

giš ti	גִּשְׁתִּי	mein Nahen
šiḇ ti	שִׁבְתִּי	mein Wohnen

b)	Bei Laryngalen ist der Aufsprengungsvokal ein *pátaḥ*.

Man spricht dennoch von Segolierung bzw. Segolata; z.B.

–	*ná'$_{a}$r*	→	נַ֫עַר	Knabe, Knecht
–	*wayyá'$_{a}$l*	→	וַיַּ֫עַל	da stieg er auf (עָלָה)
–	*qaḥ$_{a}$t*	→	קַ֫חַת	nehmen (לקח; Ausnahme)

c)	Bei den Semivokalen י bzw. ו stehen die Aufsprengungsvokale **i** bzw. **u**.

Stand *yod* bzw. *waw* als *zweiter* Konsonant der doppelt geschlossenen Silbe, diente der dem *yod* bzw. *waw* homogenste Vokal (also i bzw. u) als Aufsprengungsvokal.

aber:

i + **y** kontrahieren zu **î**;
u + **w** kontrahieren zu **û** (→ § 4.2.2); z.B.

–	*par$_{i}$y*	→	פְּרִי	Frucht (i.P. פֶּ֫רִי)
	wayyah$_{i}$y	→	וַיְהִי	und er / es geschah, war, wurde (i.P. וַיֶּ֫הִי [הָיָה → § 10.6.3])
–	*tuh$_{u}$w wa ḇuh$_{u}$w*	→	תֹּ֫הוּ וָבֹ֫הוּ	
	wayyaštáḥ$_{u}$w	→	וַיִּשְׁתַּ֫חוּ	da warf er sich nieder (חָוָה → § 10.6.3)

Der Kontraktionsvokal i zieht den Ton auf sich, der vorausgehende (Stamm-) Vokal wird reduziert! Stand *yod* bzw. *waw* als *erster* Konsonant, so haben bisweilen auch dann die Masoreten die ursprüngliche auslautende Doppelkonsonanz aufgesprengt: Bei *yod* mit **i**, bei *waw* aber mit *ṣ^{e}gôl*; z.B.

bay$_{i}$t	→	בַּ֫יִת	Haus
maw$_{æ}$t	→	מָ֫וֶת	Tod

Doch begegnen in diesen Fällen bisweilen auch die vormasoretischen Formen mit Kontraktionsvokalen (→ § 4.2.2):

a + y → ê; z.B.

layl	→	לֵיל	Nacht (häufiger dafür: לַ֫יְלָה; auch לַ֫יִל)

a + w → ô; z.B.

yawm	→	יוֹם	Tag

Regelmäßig finden sich Formen mit Kontraktionsvokalen, wenn das entsprechende Nomen in einem Bezugsverhältnis (status constructus → § 6.4) und somit ohne Hauptton steht; z.B.

bayt	→	בֵּית	Haus des / eines ...
mawt	→	מוֹת	Tod des / eines ...

Ausnahmen

Am Wortende ist die doppelt geschlossene Silbe (KVKK) bei einigen Formen bzw. Wörtern erhalten geblieben; und zwar

① normalerweise bei der 2. *fem.* Sg. der Afformativ-Konjugation (AK → § 8.2); z.B.

כָּתַבְתְּ	*kā tab̲t*	du (Frau) hast geschrieben
קָטַלְתְּ	*qā ṭalt*	du (Frau) hast getötet

Zur Setzung von *š^{e}wā'* quiescens → § 3.1.3, zu der von *dāgeš* lene → § 3.2.1.

② häufig bei einigen Kurzformen (KF) der verba tertiae yod / he (→ § 10.6.2); z.B.

וַיַּשְׁקְ	*way yašq*	und / da tränkte er	(שׁקה)
וַיֵּבְךְּ	*way yeb̲k*	und / da weinte er	(בכה)

③ äußerst selten bei einigen Nomina; z.B.

קֹשְׁטְ	*qošṭ*	Wahrheit
נֵרְדְּ	*nerd*	Narde (Duftstoff)

Die doppelt geschlossene Silbe ist immer betont und hat als letzten Konsonanten einen b^e^gadk^e^fat (→ § 1.2.1) bzw. ט oder ק.
In Fällen, in denen der zweite Konsonant ein *dāgeš* hat, ist zu vermuten, dass hier eine einfach geschlossene Silbe (KVK) vorliegt und der nachfolgende Konsonant *dāgeš* forte dirimens (→ § 3.2.2; 4. Anm.) hat; so im letzten Beispiel: *ner d^e^* und die Fälle unter ①.

Ist der letzte Buchstabe eines Wortes ein quieszierendes א (→ § 2; § 4.1.4), handelt es sich nicht um eine doppelt geschlossene Silbe; dementsprechend erhält א auch kein *š^e^wā'* quiescens; z.B.

וַיַּרְא	*way yar'*	und / da sah er	(ראה)
חֵטְא	*ḥeṭ'*	Sünde, Verfehlung	

4.	Eine durch einen Laryngal (einfach) geschlossene Silbe (KVK) wird – zur besseren Aussprache – aufgesprengt.

Man spricht dann von einer „*Nachschlagsilbe*" bzw. „*weichen Verbindung*".

a)	Der Aufsprengungsvokal ist ein *ḥaṭep̄* - Vokal (*š^e^wā'* compositum).

Die Wahl des *ḥaṭep̄* - Lautes (ֲ oder ֱ oder ֳ) richtet sich nach dem vorausgehenden Vokal; z.B.

יַעֲמֹד	*ya'^a^-*	(statt: *ya'-*)	er/es wird/soll		hintreten
יֶאֱסֹר	*yæ'^æ^-*	(statt: *yæ'-*)	"	"	(an)binden
יָעֳמַד	*yå'^å^-*	(statt: *yå'-*)	"	"	hingestellt werden

Zur Lesung des *qāmæṣ* als *qāmæṣ-ḥaṭûp̄* → § 3.1.1.1; 2. Anm.
Aber:

z.B. יֶאְסֹר *yæ'sor* („harte Verbindung")

b)	Der Aufsprengungsvokal wird zu einem – dem *ḥaṭep̄*-Laut entsprechenden – vollen Vokal, wenn die nachfolgende Silbe durch Fortrücken des Tones *šᵉwāʾ* erhält.

(→ dazu § 4.3.2.2: „Zwei Vorschlagsilben ...“. Ein dem *šᵉwāʾ* nachfolgender bᵉgadkᵉfat erhält meist kein *dāgeš* lene; → § 3.2.1; 2. Anm.);

z.B. יַעַמְדוּ *ya ʿam dû* sie werden / sollen stehen

Bei *sᵉgôl* findet häufig ein Wechsel zu *pátaḥ* statt; z.B.

יַאַסְרוּ *ya ʾas rû* sie werden / sollen binden (→ oben)

5. Weitere Besonderheiten der Vokalisation bei den *Laryngalen und* ר

– statt Verdoppelung (Dageschierung) tritt Ersatzdehnung (compensatio) ein oder virtuelle Verdoppelung (*dāgeš* forte implicitum) auf → § 3.2.2; 3. Anm.;

– statt *šᵉwāʾ* simplex steht meist ein *šᵉwāʾ* compositum (*ḥaṭep̄*-Vokal) → oben und § 3.1.3.3;

– die Laryngale und ר haben meist einen a (æ)-Laut bei sich → § 1.2.2 und § 4.3.2.3b, (zum *pátaḥ* furtivum → § 3.1.2);

– ה wird häufig elidiert (ausgestoßen) → § 4.1.4; zu ה als Vokalbuchstabe → § 2; zu הּ (mit *mappîq*) → § 3.2.3;

– א wird am Silbenende meist, am Wortende immer elidiert, der vorausgehende Vokal(ersatz-)gedehnt → § 4.2.2; zu א als Vokalbuchstabe → § 2.

4.4 Problem- und Sonderfälle

Am Anfang des § 4 wurde darauf hingewiesen, dass bei der Festlegung der Aussprache des Konsonantentextes die Masoreten auch Entscheidungen gefällt haben, die problematisch bzw. inkonsequent sind – oder uns heute so erscheinen; ebenso, dass man in einigen Fällen nicht einmal zu einer einheitlichen Meinung gelangen konnte und dann nur die unterschiedlichen Auffassungen festgehalten hat (sog. „Mitternachtsentscheidungen“). Einige solcher Problem- und Sonderfälle sollen hier aufgeführt werden:

4.4.1 Mischvokalisation

① Bei dem Zahlwort ‚zwei‘ שְׁתַּ֫יִם (← *šitt-*) – *dāgeš* nach einem *š^{e}wā'* mobile – nimmt man an, dass die Masoreten unterschiedliche Lesarten zulassen wollten: ***š^{e}táyim*** oder ***šittáyim*** oder aber auch (so heute im Ivrit) ***štáyim***. (Entsprechendes gilt für שְׁתֵּי und teilweise auch für שְׁנַ֫יִם bzw. שְׁנֵי → § 7.7).

② Beim Personalpronomen der 2. *fem.* Sg. („du“) אַתְּ (← *'atti* ← *'anti*) – *dāgeš* forte und *š^{e}wā'* beim letzten Konsonanten eines Wortes – wurden möglicherweise folgende Aussprachen akzeptiert: *'at* oder *'atti* oder *'att^{e}*.
Herkömmlicherweise (so auch im Ivrit) wird *'at* gelesen.

③ Ein ähnliches Problem wie bei ② stellt sich auch bei einer Anzahl von Bildungen der 2. *fem.* Sg. der Afformativ-Konjugation („du [Frau] hast ...“ → § 9.3); z.B.

שָׁמַ֫עַתְּ	du (Frau) hast gehört / hörtest	(שמע)
נָתַתְּ	du (Frau) hast gegeben / gabst	(נתן)

4.4.2 Doppelakzentuation und -vokalisation

Wohl wegen unterschiedlicher Auffassung über die Versabgrenzungen ist es in wenigen Fällen zu einer doppelten Akzentsetzung und Vokalisation gekommen; so Ex 20,2ff. (vgl. Dtn 5,6ff.; → auch Gen 35,22); z.B. V. 3

פָּנָֽיַ׃	...	d.h., entweder	פָּנָֽי׃	(Versende, Pausalform)
		oder	פָּנַ֗י	(nicht Versende, Kontextform)

4.4.3 Inkonsequenzen, Fehlpunktationen

Bisweilen ist – nach heutiger Auffassung – nicht konsequent oder sogar fehlerhaft punktiert worden; so in den folgenden - hier nur das *dāgeš* betreffenden - Beispielen:

לִצְבֹא	(Num 4,23) vgl.	לִצְבֹּא	(Jes 31,4)
קָרְבָן	(Ez 40,43) vgl.	קָרְבָּן	(Lev 1,2 u.ö.)
מִקְּדָשׁ	(Ex 15,17) vgl.	מִקְדָּשׁ	(Ex 25,8 u.ö.)

Manche Punktation aber, die heute als inkonsequent oder fehlerhaft eingeordnet wird, hält nur eine bestimmte Aussprachetradition fest oder ist sogar gezielt als Hilfe gedacht; so wohl das *dāgeš* in

הַרְּאִיתֶם (1 Sam 17,25 u.ö.)

zur Verdeutlichung, dass hier ein sog. ה interrogativum und nicht ein *Hif'il* (→ § 8.6.2) vorliegt.

Übung: Silbentyp und Vokalisation

(die Beispiele stammen alle aus § 4; die Silbenzählung erfolgt von links nach rechts, beginnt also bei der meist betonten Endsilbe).

1. Ausgangsform: *dăbăr(u)* → § 4.2.1; §4.3.1.3 § 4.3.2.1a/c; § 4.3.2.2a

a) דָּבָר ① In der Tonsilbe wird a zu ā gedehnt................

② Vortonsilbe, *-qāmæṣ*..

b) דבר־ ① ....

② ....

c) ודבר־ ③ ....

d) דברים ② ....

③ ....

e) לדברים ③ ....

f) דברי־ ② ....

2. Ausgangsform: *'amm(u)* - *'imm(u)* - *ḥuqq(u)* → § 4.2.1; § 4.3.2.1b

a) עמי → עם/עם ① ....

② ....

b) אמו → אם ① ....

② ....

c) חקים → חק ① ....

② ....

3. → § 4.3.2.2a/b

a) כאֲרִי ....

b) באֱמֶת ....

c) ביהוּדָה ....

d) ואלֹהִים ....

e) באדֹנָי ....

4. *hayṭib* – *hawšib* → § 4.2.2

a) היטִיב ....

b) הושִׁיב ....

5. *sifr(u)* → § 4.2.1.2; § 4.3.2.3a

ספר ① ....

② ....

6. יַעֲמֹד → § 4.3.2.4b

יעמְדוּ ....

7. *ra'šim* → § 4.2.2

ראֹשִׁים ....

8. *kull(u)* → § 4.2.1.2

כל ....

9. *yinten* → § 4.1.2

יתן ....

10. יִשְׁמֹר → § 4.3.2.1a

יִשְׁמרךָ ② ....

Punktations- und Vokalisationsübungen

(bitte ergänzen Sie die fehlende Punktation, Auflösung: S. 189)

א)	באדֹנִי	הארֶץ	ארֶץ	ובֵין	באֱמֶת
ב)	החֹשֶׁךְ	האוֹר	כאלֹהִים	מְלכִים	ויהוּדָה
ג)	רוּח	כאֲשֶׁר	סוס	לאמֹר	מירוּשָׁלָיִם
ד)	מלֶךְ	כל־מלְכֵי הָאָרֶץ			

§ 5 Text, Satz, Wort und Element

5.0 Vorbemerkung

5.0.1 Zum Untersuchungsmaterial

1. Sprache ist ein Regelsystem, d.h., es werden bestimmte Signale (Zeichen) verwendet, die nach festgelegten Regeln miteinander verbunden werden. Ein solches System ist kompliziert und sensibel, seine Anwendung häufig mit Missverständnissen verbunden. Gilt Letzteres bereits für die Muttersprache, um wie viel mehr für eine Fremdsprache, gar eine Sprache einer anderen Sprachfamilie!
Ein weiterer Schwierigkeitsgrad wird dann erreicht, wenn es sich bei der Sprache, mit der man sich beschäftigen will, um eine „tote Sprache" handelt, bei der keine Rückfragen mehr an einen *native speaker* gestellt werden können. Uns fehlt in so einem Fall häufig die Kompetenz zu entscheiden, ob diese Wendung sachgemäß gedeutet oder jene Regel sprachgerecht erfasst worden ist.

2. Bei der Beschäftigung mit dem Biblisch-Hebräischen zeigen sich noch weitere Schwierigkeiten, denn das Untersuchungsmaterial ist

– extrem mehrdeutig	Diese Mehrdeutigkeit ergibt sich u.a. durch das Prinzip der *Konsonantenschrift*. Die masoretische Vokalisation legt zwar einen Deutungsweg fest, beseitigt jedoch nicht die grundsätzliche Offenheit des Textes. Bisweilen kann sich die Punktation – so vor allem in poetischen Texten – sogar als hinderlich erweisen;
– sehr uneinheitlich	Es enthält *Poesie* und *Prosa*. Es wurde von den verschiedensten Personen (*Idiolekt*) in unterschiedlichsten Zeiten und Regionen (*Dialekt*) in besonderen gesellschaftlichen Kreisen (*Soziolekt*) in bestimmter Absicht verfasst und tradiert.
– im Umfang äußerst gering.	Im Wesentlichen handelt es sich um das Biblisch-Hebräische, d.h. um ca. 1500 Buchseiten (BHS) bzw. 32.203 Verse.

Es ist also damit zu rechnen, dass mit dem überlieferten Material nur Ausschnitte der hebräischen Sprache vorliegen.

3. Zur besseren Interpretation des Untersuchungsmaterials muss der Fragehorizont auf den vorderorientalischen Kontext hin erweitert werden. Dazu sind Nachbar- bzw. Teildisziplinen der alttestamentlichen Wissenschaft heranzuziehen, d.h. Sprach- und Kulturver-

gleiche vorzunehmen (*Semitistik* und *Orientalistik*), Ausgrabungs(be)funde auszuwerten (*Archäologie/Epigrafik*), Bildmaterial zu deuten (*Ikonografie*) usw.

5.0.2 Zu den Untersuchungsmethoden

1. Ein so engmaschig vernetztes System wie eine Sprache lässt sich kaum begrifflich bzw. metasprachlich hinreichend darstellen. Berücksichtigt man noch die eben genannten zusätzlichen Schwierigkeiten, so können die unten vorgenommenen Zu- und Unterordnungen lediglich heuristische und didaktische Funktion haben, d.h., sie sollten vor allem dazu anregen, den Fragehorizont zu erweitern, bzw. sich den jeweils eigenen „Fragestandpunkt" klarzumachen.
In dem folgenden schematischen Überblick zu den verschiedenen *Fragemöglichkeiten* wird versucht, den grundlegenden Neuansatz der strukturalen Sprachwissenschaft (*Linguistik*) zu berücksichtigen. Letzterer hat zur Entwicklung einer nahezu unüberschaubaren Anzahl von Theorien und Modellen mit sehr unterschiedlichen Begriffsbestimmungen geführt. So soll hier vorerst offen bleiben, was in Bezug auf das Hebräische – und dieses vor allem im Anfangsunterricht – zu vertiefen ist, um die verschiedenen Problem-Ebenen sachgemäßer zu verstehen und zu erfassen:

Frage-**Größe**	Frage-**Ebene**	Frage-**Richtung**
Graphem Morphem Lexem Wort Satz Text	Zeichen („Grammatik"/Notetik) Bezeichnetes (Semantik) Gemeintes (Pragmatik)	langue/parole paradigma-/syntagmatisch onoma-/semasiologisch synchron/diachron usw.

2. Während die verschiedenen Untersuchungs-**Größen** in diesem Paragraphen noch ausführlicher und speziell auf das Hebräische ausgerichtet behandelt werden, muss für die unterschiedlichen Frage-**Richtungen** auf weiterführende Literatur verwiesen werden. Entsprechendes gilt für die Frage-**Ebene** der *Pragmatik*, der Frage nach dem *Gemeinten*.
Die Ebene der Zeichen ist leicht überschaubar und relativ einfach zu handhaben. Die ihr zugeordnete Methode ist die der *Grammatik*, d.h. hier „der Lehre von den *Buchstaben*". In ihr geht es erst einmal darum, Zeichen zu identifizieren und zu erfassen, dann – in der Unterdisziplin *Syntax/Syntaktik* – darum die verschiedenen Zusammenstellungen bzw. Anordnungsmöglichkeiten der Zeichen festzuhalten, und schließlich darum, diese angemessen auszuwerten (*Semantik*).
Beobachtungen auf der Zeichenebene sind bei allen **Größen** nicht nur möglich, sondern auch notwendig. Während die kleineren Einheiten im Hebräischen brauchbar erforscht sind, klafft bei den größeren noch eine weite Lücke. Die Gründe dafür sind zahlreich: Schon durch die Art des „Spracherwerbs" werden nahezu notwendigerweise die kleineren **Größen** in den Vordergrund gerückt. Dann geht es den meisten Exegeten verständlicherweise meist darum, möglichst schnell zu der Inhaltsseite zu gelangen, um das Gemeinte zu

erheben. Für die Beschäftigung mit der Zeichenebene der größeren Einheiten (Satzfolge, Text, Textfolge) bleibt dabei oft zu wenig Zeit. Und schließlich hat man sich möglicherweise bei der Darstellung der hebräischen Grammatik auch zu sehr an den anderen „klassischen" Sprachen orientiert und dabei die oben genannte Besonderheit des Untersuchungsmaterials zu wenig berücksichtigt, was wiederum dazu verführt, die Ausdrucksseite zu schnell zu verlassen.
Ein erster Schritt, hier ein wenig Abhilfe zu schaffen und der Eigenart des Hebräischen besser gerecht zu werden, könnte die Erweiterung der Erstübersetzung, der „Arbeitsübersetzung", um die *Notierung* aller Besonderheiten auf der Zeichenebene sein (steht אֱלֹהִים mit „Artikel" oder ohne, wird אֲנִי oder אָנֹכִי gebraucht, folgt auf אָמַר לְ oder אֶל ? usw.). Hier sollten dann auch *Notierungen* über weitergehende Beobachtungen (Gattungskennzeichen, makrosyntaktische Merkmale, Besonderheiten bei der Formenbildung, nicht zureichend geklärte grammatische Sachverhalte [wie Tempus-, Valenz-, Determinationsfragen usw.]) gemacht werden. Als Methoden-Begriff für diesen zusätzlichen Arbeitsschritt bietet sich das Wort **Notetik** an.

5.1 Text

Wer sich darum bemüht, Kenntnisse der hebräischen Sprache zu erwerben, hat zu allermeist das Ziel vor Augen, biblische *Texte* exegesieren d.h. sachgemäß auslegen zu können. Mit *Text* ist hier eine (meist) größere in sich (relativ) geschlossene sprachliche (in unserem Fall schriftliche) Äußerung gemeint (statt von *Äußerung* spricht man auch von *Einheit* oder *Überlieferung*). Für eine angemessene Interpretation eines Textes ist das Erkennen bzw. Herausarbeiten der je vorliegenden Gattung (*Sorte*, *Art*, *Form*) eine der Grundvoraussetzungen. Dieser nicht ganz leichte exegetische Arbeitsschritt kann erst in weiterführenden Lehrveranstaltungen (vor allem im Proseminar) vorgestellt und eingeübt werden. Dennoch sollte schon beim Anlegen der Erst- bzw. Arbeitsübersetzung auf einige wichtige Merkmale geachtet werden (s. zur Notetik).

5.1.1 Texttypen

Unterschieden werden hier *Poesie* und *Prosa*, die man bisweilen auch als literarische „*Großgattungen*" bezeichnet. Da im Hebräisch-Unterricht allermeist (und so auch in dieser Unterrichtsgrammatik) Prosatexte im Vordergrund stehen, seien hier vorab wenigstens einige Kennzeichen und Besonderheiten der hebräischen Poesie genannt.

① Das herausragende Kennzeichen der hebräischen Poesie ist der parallelismus membrorum. Statt eines „Klang- bzw. End-Reimes“ findet sich in den poetischen Texten der „Gedanken-Reim“. Seine einfachste Ausprägung wird synonymer Parallelismus genannt. Der „Gedanke“ der ersten Vershälfte wird dann mit anderen Wörtern in der zweiten wiederholt;

יְהוָה אַל־בְּאַפְּךָ תוֹכִיחֵנִי YHWH, strafe mich nicht in deinem Zorn
וְאַל־בַּחֲמָתְךָ תְיַסְּרֵנִי׃ und züchtige mich nicht in deinem Grimm! (Ps 6,2)

Der Parallelismus bzw. die poetische Struktur des Textes wird in den verschiedenen Bibelausgaben bereits durch den *Ausdruck*, d.h. durch die optische Trennung der einzelnen *Stichen* (Sg. *Stichos*, Halbvers), deutlich gemacht.

Weiterhin ist davon auszugehen, dass die poetischen Texte einem bestimmten *Metrum* folgen. Sieht man vielleicht einmal von dem Qina-(Leichenlied-)Metrum (zwei unterschiedlich lange Stichen mit 3+2 Hebungen) und dem Maschal-(Spruch-)Metrum (3+3, Doppeldreier) ab, ist es bisher leider nicht gelungen, die der Metrik zugrundeliegenden Gesetzmäßigkeiten sicher zu erfassen.
Hingewiesen sei noch auf den *Chiasmus*, bei dem sich entsprechende Satzglieder über Kreuz (wie der griech. Buchstabe *Chi*) angeordnet sind:

שֹׁפֵךְ דַּם הָאָדָם Wer vergießt das Blut des Menschen:

בָּאָדָם דָּמוֹ יִשָּׁפֵךְ durch Menschen (eigtl. determiniert) soll sein Blut vergossen werden. (Gen 6,2)

אִם־יַעֲלֶה לַשָּׁמַיִם שִׂיאוֹ Wenn auch hinaufsteigt zum Himmel sein Stolz

וְרֹאשׁוֹ לָעָב יַגִּיעַ und sein Haupt das Gewölk berührt. (Hi 20,6)

② Dann fällt – über die Stilistik hinausgehend – auf, dass in der Poesie

הַ·, die Determinationspartikel (Artikel),
אֶת־/אֵת, das „Akkusativ“-Zeichen,
אֲשֶׁר, die sog. Relativpartikel, und auch
וְ, die Partikel „und, aber, dann“

häufig dort fehlen, wo man sie – von den Prosatexten herkommend – erwarten würde.

③ Selten werden in den poetischen Texten auch abweichende Formen gebraucht;

מוֹ statt הֵם Suffix der 3. *masc.* Pl. (s. Tab XIII)
עֲלֵי statt עַל „auf, über, wegen, gegen“ (ca. 36 mal), <* *alay*; hier – bei dem y – ist auch die Ursache zu suchen, warum an die Partikel die Suffixe angefügt werden wie an eine Pluralform (s.u. und Tab XIII); entsprechend
אֱלֵי statt אֶל „zu, nach“ (4 mal) und
עֲדֵי statt עַד „bis, bis zu“ (11 mal).

④ Bisweilen findet sich in den poetischen Texten auch ein besonderes *Vokabular*. Mit aller Vorsicht seien hier einige in der Literatur angeführten Beispiele genannt:

אֱנוֹשׁ	neben bzw. statt	אָדָם	„Mensch, Menschheit“,
אֹ֫רַח	neben bzw. statt	דֶּ֫רֶךְ	„Weg, Wandel“,
מִלָּה	neben bzw. statt	דָּבָר	„Wort, Rede“,
אָתָה	neben bzw. statt	בּוֹא	„kommen“,
זוּ	neben bzw. statt	זֶה	„dieser“,
בַּל	neben bzw. statt	לֹא	„nicht“.

⑤ Generell muss damit gerechnet werden, dass in der Poesie ein abweichender Zustand der Sprache bewahrt ist (vgl. unsere Gesangbuchlieder).

5.1.2 Textarten (Gattungen)

Um in einem Text das Gesagte bzw. Geschriebene nicht misszuverstehen, muss man unbedingt die vorliegende *Textart(-sorte)*, d.h. die *Gattung* (Form), des Textes kennen (vgl. im Deutschen etwa Gebrauchsanleitungen mit Reklameanzeigen, Märchen mit Nachrichten, Todes- und Hochzeitsanzeigen); nur dann können die überindividuellen, formtypischen Merkmale (etwa im Deutschen: „Plötzlich und unerwartet verstarb im Alter von ...“) sachgemäß gedeutet werden.
Die Herausarbeitung der jeweiligen Gattung ist ein schwieriges Geschäft und kann meist nicht im Hebräischunterricht selbst geübt und durchgeführt werden. Hier soll nur dazu angeregt und angeleitet werden, auf einige wichtige Text- bzw. Gattungssignale und makrosyntaktische Zeichen zu achten und diese in der Erstübersetzung festzuhalten (s.o. zur Notetik), um sie später bei den einzelnen exegetischen Arbeitsschritten nutzen zu können.

Besonders ist zu achten auf

① die Eingangssituation eines Textes;
z.B. (Es werden hier nur wenige Beispiele aus den Basis- bzw. Folgetexten des Textteils gegeben.):

וַיְהִי אַחַר הַדְּבָרִים הָאֵלֶּה	Und es geschah nach diesen Ereignissen ... (Gen 22,1) Mit dieser (Verbindungs-)Formel und ähnlichen (Eingangs-)Formeln wird signalisiert, dass es sich bei dem nachfolgenden Text um einen erzählenden handelt.
וַיִּפְשַׁע מוֹאָב בְּיִשְׂרָאֵל	Und es lehnte sich auf (?) Moab gegen Israel
אַחֲרֵי מוֹת אַחְאָב׃	nach dem Tod Ahabs.
וַיִּפֹּל אֲחַזְיָה בְּעַד הַשְּׂבָכָה...	Und es fiel Ahasja durch das Gittergeflecht (2 Kön 1,1f.).

	Schon der Narrativ (s. § 8.3) allein kann bisweilen den Eingang einer Erzählung bilden.
וְהָאֱלֹהִים נִסָּה אֶת־אַבְרָהָם	Und der Gott versuchte Abraham ... (Gen 22,1) Auch der zweite Satz eines Textes hat häufig eine Signalfunktion. Hier weist der Nicht-Narrativsatz (*IVS* s.u.) auf den Inhalt der Erzählung (*Themenangabe*) hin.

Die Aussagesituation eines Textes ist auf der Ausdrucksseite meist nicht besonders gekennzeichnet. Sie wird vornehmlich auf der semantischen Ebene bestimmt.

② *Formeln* und form(gattungs-)typische Wörter (hier aus dem Bereich der prophetischen Sprache):

כֹּה אָמַר יְהוָה	So hat YHWH gesprochen (2 Kön 1,4.6.15)
נְאֻם יְהוָה	(Das ist der) Ausspruch YHWHs (Gen 22,16)
שְׁמַע דְּבַר־יְהוָה	Höre das Wort YHWHs (Am 7,16)
יַעַן	weil (Gen 22,16; 2 Kön 1,15)
לָכֵן	darum, deshalb (2 Kön 1,4.6.15; Am 7,17)
כִּי	denn, weil (2 Kön 1,4.6.15)

③ *textgliedernde* (*makrosyntaktische*) Signale wie:

הִנֵּה	(und) siehe, da (s. Tab XIII), oft verbunden mit Partizip oder Nominalsatz (Gen 22,13 (?); 28,12.15)
וְעַתָּה	(und) jetzt (Am 7,16)
וַיְהִי	Und es geschah/war (s.o.), auch zur Gliederung innerhalb des Textes gebraucht (2 Sam 11,2)
וַיְהִי מִקֵּץ יָמִים רַבִּים	Und es geschah nach vielen Tagen (Jer 13,6)

oder Wechsel des *Satztyps*:

וְהִיא מִתְקַדֶּשֶׁת מִטֻּמְאָתָהּ	sie aber heiligte sich gerade von ihrer Unreinheit (2 Sam 11,4: *Verbalsatz [VS]-VS-VS – partizipialer Nominalsatz [NS]-VS-VS*)
וּמַלְאַךְ יְהוָה דִּבֶּר אֶל־אֵלִיָּה הַתִּשְׁבִּי	Der Bote YHWHs aber hatte zu Elija, dem Tischbiter, gesagt: (2 Kön 1,3: *VS-VS-VS-Invertierter Verbalsatz [IVS]*)

oder *Verweise* innerhalb des Textes:

– *anaphorisch* (weist auf Erwähntes zurück [„hinauf"])

וַיְהִי בַּיָּמִים הָהֵם	Und es geschah in jenen (den erwähnten, bekannten) Tagen: (Ex 2,11 *separates Personalpronomen der 3. Person mit „Artikel" nachgestellt*)

וְקָנִיתָ לְּךָ אֵזוֹר	und kaufe dir einen Gürtel ...
וָאֶקְנֶה אֶת־הָאֵזוֹר	Und ich kaufte den Gürtel ... (Jer 13,1f. *Verweis durch die Determinationspartikel „Artikel“*)
וַיִּבֶן אֶת־הַמִּזְבֵּחַ	und er baute den Altar. (Gen 22,9)
וַיִּבֶן מִזְבֵּחַ	*dagegen:* er baute einen Altar (Gen 12,7.8)

– *kataphorisch* (weist auf Folgendes hin [„hinab“]; ein gravierender Unterschied zum Indogermanischen ist hier nicht erkennbar)

לֵאמֹר	folgendermaßen, mit folgenden Worten (s. § 10.2.5)
כֹּה	So ...
מִי, מֶה, מָה	Wer, was, wie? u.ä. (zu den Fragewörtern s.u.) wie Leit-/Beziehungswörter in einem Text, vgl. Gen 22:
הַמֹּרִיָּה	Morija (bzw. Hammorija, Wurzel ראה; V. 2)
וַיַּרְא	und er sah, (V. 4)
אֱלֹהִים יִרְאֶה־לּוֹ	Gott wird sehen für sich (sich ersehen), (V. 8)
כִּי עַתָּה יָדַעְתִּי כִּי־יְרֵא	denn jetzt weiß ich, dass fürchtend Gott
אֱלֹהִים אַתָּה	(ein Gottesfürchtender) du (bist). (V. 12)

Um sich bei der „Erstübersetzung“ in dem Text(gefüge) angemessen zurechtzufinden, muss man

– möglichst alle (Kontext-)Informationen verwerten,
– (ganz wichtig!) mit einer *kontrollierten Erwartungshaltung* arbeiten und
– vom Bekannten zum Unbekannten bzw. vom Leichteren zum Schwierigeren gehen, vgl. in Gen 22:

וַיְהִי אַחַר הַדְּבָרִים הָאֵלֶּה	V. 1 Satztyp / Formel, Information: Es folgt eine Erzählung,
וְהָאֱלֹהִים נִסָּה אֶת־אַבְרָהָם	Satztyp (*IVS*), Information: Themenangabe,
וַיֹּאמֶר אַבְרָהָם אֶל־נְעָרָיו	V.5 Satztyp / Satzart, vom Bekannten zum Unbekannten ... „Und es sprach Abraham zu seinen Knechten“,
שְׁבוּ־לָכֶם פֹּה עִם־הַחֲמוֹר	Erwartungshaltung: Wörtliche Rede, Befehl (Impt. *masc.* Pl.; Kontrolle Tab I und Bestätigung; Folgerung: Es liegt eine *schwache Verbform* vor; s. § 10 Faustregel 3⑦),
וַאֲנִי וְהַנַּעַר נֵלְכָה	Vom Bekannten zum Unbekannten: „Ich aber und der Knabe...“ Erwartungshaltung: es folgt das Verb in der 1. *com.* Pl. PK; Kontrolle Tab I und Bestätigung; (systemimmanente falsche) Folgerung: Das Lexem lautet לכה; Folgerung: ה ist Bildungsbuchstabe, es liegt eine 1. *com.* Pl. PK mit ה - cohortativum vor ... weiter s. § 10 Faustregel 1② usw.;
עַד־כֹּה	„bis so“, hier ist mit einer Zeigebewegung (*Deixis*) zu rechnen und mit „bis dorthin“ zu übersetzen...

5.2 Satz

Was ist ein *Satz*? Das Hebräische kennt keine Satzzeichen in unserem Sinne. Es werden zwar die „Akzente“ gesetzt (s. § 3.3.2), die sehr hilfreich sein können bei der Suche nach den Satzgrenzen. Doch in unpunktierten Texten fehlen diese Zeichen, und man ist auf andere Signale angewiesen. Von diesen gibt es nur wenige. Das wichtigste Signal ist das ו, eine proklitische Verbindungspartikel, die meist mit „und“ (oder mit „da, dann“, auch mit „aber“) wiedergegeben wird. Sie wird häufiger gebraucht als das deutsche „und“ und kann – sehr vereinfacht gesagt – dazu dienen, den *Satz* als den Bereich zwischen zwei *Waws* zu bezeichnen.
Weiteres s. bei den Satzarten.

5.2.1 Satztypen

Unterscheiden lässt sich der Verbalsatz von dem Nominalsatz.

1. Der Verbalsatz (VS)

Der *Verbalsatz* ist dadurch definiert, dass er eine *finite Verbform* enthält, d.h. eine Verbform mit genauer Personenkennzeichnung (ausgenommen sind also die Partizipien und die Infinitive).
Die *Funktion* des Verbalsatzes ist, *Handlungen und Vorgänge* zu schildern.

Erzählende Texte werden durch narrative Verbalsätze bestimmt.
Der *Narrativ* (das „Erzähltempus“; auch *Imperfectum consecutivum* genannt) wird gebildet durch

וַ· + PK	Waw mit ***pátaḥ*** und nachfolgendem ***dāgeš*** forte = *Narrativ-Kennzeichen* und einer finiten Verbform in der *Präformativ-Konjugation* (PK; s. § 8.3); z.B.

וַיֹּאמֶר „und er sprach“, „da sprach er“.

Der Narrativ steht immer in Erstposition eines Satzes, d.h., er eröffnet den Satz, ihm kann im Satz nichts vorausgehen*;

וַיֹּאמֶר אֵלָיו אַבְרָהָם ... und er sprach zu ihm: „Abraham!“
וַיֹּאמֶר הִנֵּנִי Und (d)er sprach: „Siehe, ich (höre)!“ (Gen 22,1a)

Wird das Subjekt zusätzlich genannt, steht es – meist direkt – nach dem Narrativ;

וַיַּשְׁכֵּם אַבְרָהָם בַּבֹּקֶר Und es machte sich früh auf Abraham am (nächsten) Morgen. (Gen 22,3)

Aber vgl. z.B. Gen 22,11 mit 15:

וַיִּקְרָא אֵלָיו מַלְאַךְ יְהוָה Und es rief (zu ihm, V. 11) der Bote YHWHs …

* Als Ausnahme werden Zeitbestimmungen diskutiert, doch lassen sich diese auch als eigenständige Sätze (NS s.u.) bestimmen;

בַּיּוֹם הַשְּׁלִישִׁי וַיִּשָּׂא Am dritten Tag (geschah es): Da erhob ... (Gen 22,4)

2. Der Nominalsatz (NS)

Der *Nominalsatz* enthält *keine finite Verbform*. Im Deutschen ist dann allermeist eine Form der Verben „sein" oder (seltener) „haben" zu ergänzen.
Der Nominalsatz kann auf *allen Zeitstufen* (Gegenwart, Vergangenheit, Zukunft) gebraucht sein. Die gemeinte Zeitstufe muss aus dem Kontext erschlossen werden.
Besonders häufig kommt der NS in poetischen Texten und in der Eingangssituation von Erzählungen vor.
Mit dem NS werden – vor allem im erzählenden Kontext – „Hintergründe", d.h. *Zustände, Verhältnisse und Eigenschaften*, geschildert.

Wichtiger als die Frage nach dem *Satzbau*, der Frage nach Subjekt und Prädikat (bisweilen auch das „Bekannte" = *Mubtada'* oder *Thema* und das „Neue" = ***Ḫabar*** oder ***Rhema*** genannt), dürfte die Frage nach der Determination der Satzteile sein. Denn hieraus ergibt sich:
Stimmen *beide* Nomina bzw. Nominalgruppen bei der Frage nach der Determination überein (= beide sind determiniert oder – selten – beide indeterminiert), handelt es sich um eine *Identifikation,*

אֲנִי יְהוָה Ich (bin) YHWH. (Selbstvorstellungsformel) (Gen 28,13)

אֲחֹתִי הִוא Meine Schwester (ist) sie. (Gen 12,19)

Stimmen diese aber bei der Determinationsfrage *nicht* überein, handelt es sich um eine *Klassifikation,*

כִּי־עָפָר אַתָּה denn (fürwahr) Staub (bist) du … (Gen 3,19) oder um eine *Qualifikation,*

טוֹב הַדָּבָר	Gut (ist) das Wort (die Sache ist in Ordnung)! (1 Kön 2,38)

Steht die proklitische Partikel לְ (s.u.), wird ein *Besitzverhältnis* bzw. *Vorhandensein* ausgedrückt,

וּלְרִבְקָה אָח	Und Rebekka (hatte) einen Bruder … (Gen 24,29)

Weitere Differenzierungen wären durchaus möglich, sind hier aber nicht notwendig. Genannt werden aber sollte noch der

3. Partizipiale Nominalsatz (PNS)

> Er steht meist – mit ו verbunden – in Zweitposition, d.h. nach einem VS, und beschreibt einen *gleichzeitigen Zustand* oder eine *andauernde Handlung* (Durativ) mit oft *kontrastierendem Charakter*. (Hier ist eine gewisse Nähe zum invertierten Verbalsatz (s. unten) gegeben.)

וַיָּבֹאוּ שְׁנֵי הַמַּלְאָכִים סְדֹמָה בָּעֶרֶב וְלוֹט יֹשֵׁב בְּשַׁעַר־סְדֹם	Und es kamen die zwei Boten nach Sodom am Abend, während Lot (gerade) im Stadttor Sodoms saß. (Gen 19,1)
וַיִּשְׁלַח דָּוִד אֶת־יוֹאָב … וְדָוִד יוֹשֵׁב בִּירוּשָׁלָםִ	Und es sandte aus David Joab … David (selbst aber) blieb in Jerusalem. (2 Sam 11,1)

Die *Negation* des NS ist אַיִן/אֵין das Nichtvorhandensein = „nicht (vorhanden) ist (als)“. Seltener wird die inhaltliche Opposition יֵשׁ das Vorhandensein = „es ist (vorhanden)/es gibt“ verwendet.

וַתְּדַבֵּר אֵלָיו מַה־זֶּה רוּחֲךָ סָרָה וְאֵינְךָ אֹכֵל לָחֶם	Und sie sprach zu ihm: „Warum ist dein Geist verbittert (bist du verbittert) und bist du nicht (vorhanden als) ein Essender (und isst keine) Speise?“ (1 Kön 21,5)
וַיַּרְא יַעֲקֹב כִּי יֶשׁ־שֶׁבֶר	Und es sah Jakob, dass vorhanden (war) Getreide. (Gen 42,1)

Zu achten ist auch auf solche Nominalsätze, die Verbformen von היה nur als „Zeitmarker“ enthalten:

כֶּרֶם הָיָה לְנָבוֹת	Ein Weinberg gehörte Nabot … (1 Kön 21,1)
וְהָאָרֶץ הָיְתָה תֹהוּ וָבֹהוּ	Und die Erde war wüst und leer (Gen 1,2)

und solche die nur *eingliedrig*, bzw. *elliptisch* (= unvollständig) sind

וַיֹּאמֶר אֵלָיו	Und er sprach zu ihm:
אַבְרָהָם	„Abraham (hörst du mich ? … o.ä.)“,
וַיֹּאמֶר	und (d)er sprach:
הִנֵּנִי	„Siehe mich / hier (bin) ich (ja, ich höre).“ (Gen 22,1)

4. Der invertierte Verbalsatz (IVS)

Vieles im Zusammenhang mit dem invertierten Verbalsatz ist umstritten, sogar der Begriff selbst. Hier wird er wie folgt gebraucht:
Der *invertierte Verbalsatz* enthält eine *finite Verbform*, die aber *nicht in Erstposition* im Satz steht. Der finiten Verbform geht ein Satzteil voraus, der im „normalen“ Verbalsatz hinter dem Verb steht.
Das aber heißt: Sätze, in denen „zwangsweise“ nur ein Wort (z.B. לֹא, כֹּה, כֵּן, wohl auch וְעַתָּה) vor dem Verb steht, gelten nicht als IVS.

Die invertierten Verbalsätze unterbrechen im Erzählzusammenhang den Erzähl- bzw. Handlungsfortschritt (= *kein Progress!*) und haben so einen hohen Aufmerksamkeitswert.

Sie stehen u.a. bei *Inhalts-/Themenangaben*,

וְהָאֱלֹהִים נִסָּה אֶת־אַבְרָהָם	Und Gott (mit Art.) versuchte (AK) Abraham. (Gen 22,1)
בְּרֵאשִׁית בָּרָא אֱלֹהִים אֵת הַשָּׁמַיִם וְאֵת הָאָרֶץ	Am Anfang (ohne Art.) schuf (AK) Gott den Himmel und die Erde. (Gen 1,1)

bei *Gleichzeitigkeit* bzw. wenn zwei Handlungen als *ein Handlungsakt* gesehen werden sollen (*„Parallelität“*),

וַיִּקְרָא אֱלֹהִים לָאוֹר יוֹם וְלַחֹשֶׁךְ קָרָא לָיְלָה	Und es nannte Gott das (mit לְ) Licht „Tag“, die (mit לְ) Finsternis aber nannte (AK) er „Nacht“ (während er die Finsternis Nacht nannte). (Gen 1,5)
וַיִּקַּח מֹשֶׁה חֲצִי הַדָּם וַיָּשֶׂם בָּאַגָּנֹת וַחֲצִי הַדָּם זָרַק עַל־הַמִּזְבֵּחַ	„Und es nahm Mose die Hälfte des Blutes, und er tat (goss*) es** in die Becken, die (andere) Hälfte des Blutes aber sprengte (AK) er über den Altar (während er die …)“. (Ex 24,6)

* Hier liegt ein gutes Beispiel vor, dass Vokabelgleichungen (שִׂים = setzen, stellen, legen) nicht ohne Weiteres aufgehen und dass auch hier die „kontrollierte Phantasie“ eingesetzt werden muss.

** Das Objekt fehlt im Text. Es kann im Hebräischen, wenn es den Hörenden „vor Augen steht“ – bes. bei שִׂים (vgl. auch Gen 22,6) – ungenannt bleiben.

wenn etwas betont (auch kontrastierend wiedergegeben) werden soll

וְאֶת־בִּנְיָמִין אֲחִי יוֹסֵף | Benjamin aber, den Bruder Josephs,
לֹא־שָׁלַח יַעֲקֹב | sandte Jakob nicht mit seinen Brüdern ...
אֶת־אֶחָיו | (Gen 42,4)

וַיַּכֵּר יוֹסֵף אֶת־אֶחָיו | und es erkannte Joseph seine Brüder,
וְהֵם לֹא הִכִּרֻהוּ | sie aber erkannten ihn nicht. (Gen 42,8)

und bei einem Rückblick bzw. bei einer veränderten Handlungssituation:

וּמַלְאַךְ יְהוָה דִּבֶּר | Aber der Bote YHWHs sprach zu Elia…
אֶל־אֵלִיָּה | (hatte zu Elia gesprochen). (2 Kön 1,3)

וַאֲבִימֶלֶךְ הָלַךְ אֵלָיו | Abimelech aber ging zu ihm… (war zu ihm gegangen). (Gen 26,26)

5.2.2 Satzfolgen (Neben- und Unterordnung)

Der überwiegende Teil der *erzählenden Texte* wird beherrscht durch die *Parataxe* (Nebenordnung), Ketten von Narrativ-Sätzen, die nur durchbrochen werden durch

- *makrosyntaktische Signale* (wie oben genannt)
- direkte *Rede* (s. dazu unten) und
- die Unterordnungen (*Hypotaxe*) bzw. die Einbettungen, die eingeleitet werden durch nur wenige Partikeln, die aber meist vieldeutig (*polysem* bzw. *polyvalent*) sind, vor allem durch:

אֲשֶׁר	Relativpartikel-Ersatz („wovon gilt“), selten: dass

אֲשֶׁר ist unveränderlich (kann aber mit כְּ ,לְ ,בְּ ,אֵת u.a. verbunden werden; spätere Form: präfigiertes שֶׁ); אֲשֶׁר signalisiert meist eine nähere Bestimmung oder eine Kommentierung des vorangegangen Wortes. Von Haus aus hat אֲשֶׁר einen lokalen Bezug. Es entspricht weitgehend dem umgangssprachlichen deutschen „Wo“ (Tucholsky: „Die Arbeit, wo der Deutschen liebstes Kind ist“). In einer vorläufigen Hilfsübersetzung kann man zunächst „wovon gilt“ benutzen, um dieses durch die angemessene Relativpartikel zu ersetzen;

אֲשֶׁר־אָהַבְתָּ אֶת־יִצְחָק | den du liebhast, den Isaak,
(...auf einem Berge,)
אֲשֶׁר אֹמַר אֵלֶיךָ | den ich dir nennen werde;
(Gen 22,2)

כִּי ja, fürwahr

כִּי ist von Haus aus eine *Bekräftigungspartikel*. So steht sie noch bisweilen, vor allem am Anfang einer wörtlichen Rede

	(Und er sagte zu Nathan: „So wahr YHWH lebt!)
כִּי בֶן־מָוֶת הָאִישׁ	Fürwahr, ein Sohn des
הָעֹשֶׂה זֹאת	Todes (indet.) (ist) der Mann, der dieses getan hat"; (2 Sam 12,5)

denn, weil, dass

oft leitet כִּי einen *Kausal-* oder einen *Objektsatz* ein

	(... und tue ihm nicht [*Vetitiv* s.u.] etwas an,)
כִּי עַתָּה יָדַעְתִּי	denn nun habe ich erfahren,
כִּי־יְרֵא אֱלֹהִים	dass „gottesfürchtig"
אַתָּה	du (bist); (Gen 22,12)

wenn

seltener findet sie sich am Beginn eines *Konditionalsatzes* (s. dazu u. § 5.2.3 bei den „Rechtssätzen");

אִם wenn

אִם nennt die Voraussetzungen im *Bedingungssatz*, d.h., אִם steht im Vordersatz eines Konditionalgefüges („wenn …, dann …");

אִם־תַּעֲלֶה	Wenn aufsteigt der
חֲמַת הַמֶּלֶךְ	Zorn des Königs, und
וְאָמַר לְךָ	er sagt zu dir …,
וְאָמַרְתָּ גַּם עַבְדְּךָ	dann sollst du sagen: „Auch
אוּרִיָּה הַחִתִּי מֵת	dein Knecht Uria, der Hetiter, ist tot." (2 Sam 11,20f.)

(zu אִם im ellipt. Schwursatz und der Doppelfrage § 5.2.3).

כִּי אִם sondern, außer

אֵין זֶה	Nichts ist dieser außer
כִּי אִם־בֵּית אֱלֹהִים	(nichts anderes ist dieser als) das Haus Gottes (ohne Art.). (Gen 28,17)

לֹא יַעֲקֹב יֵאָמֵר	Nicht Jakob soll (wird)
עוֹד שִׁמְךָ	man deinen Namen weiter-
כִּי אִם־יִשְׂרָאֵל	hin nennen, sondern Israel. (Gen 32,29)

פֶּן damit nicht, dass nicht

Die Negation פֶּן wird gemeinhin abgeleitet von פנה = „Abwendung".

	(„Esst nicht von ihm…,)
פֶּן־תְּמֻתוּן	damit ihr nicht sterbt!" (Gen 3,3)

Weiterhin sind zu nennen:

כַּאֲשֶׁר	wie, als, weil (vgl. כִּי)	יַעַן אֲשֶׁר	weil
לְמַעַן	um ... willen, wegen, dass	בַּעֲבוּר	um ... willen, wegen, damit

Zu den Unterordnungen durch den Infinitiv mit einer Partikel (לְ, בְּ, כְּ, מִן) oder durch ein Partizip (mit Artikel) s.u.

Einen besonderen Einschnitt markiert in Einzelfällen die *wörtliche Rede.* Diese wird meist angekündigt durch Formen von Verben wie אָמַר (sagen, sprechen), עָנָה (antworten), דִּבֶּר (reden).
Da es im Hebräischen keinen Doppelpunkt bzw. keine Anführungszeichen gibt, gilt:
Für den Beginn der *wörtlichen Rede* ist besonders zu achten auf:

– לֵאמֹר (zur Form s. § 4.3.2.2), das auf den nachfolgenden Beginn der wörtlichen Rede hinweisen kann. Übersetzt wird es mit Wendungen wie „folgendermaßen, mit folgenden Worten, indem er/sie sagte“ oder wird durch einen Doppelpunkt und Anführungszeichen wiedergegeben;

וַיְהִי דְבַר־יְהוָה אֵלַי שֵׁנִית לֵאמֹר	Und es geschah das Wort YHWHs zu mir ein zweites Mal folgendermaßen: … (Jer 13,3)
וּדְבַר־יְהוָה הָיָה אֵלָיו לֵאמֹר	und das Wort YHWHs geschah zu ihm (Jesaja) mit folgenden Worten: … (2 Kön 20,4)

(Steht וַיֹּאמֶר direkt vor der wörtlichen Rede, haben die Masoreten es meist als Pausalform vokalisiert: וַיֹּאמַר).

– Wortfolge und Kontext;

וַיֹּאמֶר אֵלָיו אַבְרָהָם וַיֹּאמֶר הִנֵּנִי	… und er sprach zu ihm: „Abraham!“ Und (d)er sprach: „Siehe, hier (bin) ich (ja, ich höre).“ (Gen 22,1)
וַיֹּאמֶר קַח־נָא אֶת־בִּנְךָ אֶת־יְחִידְךָ … וְלֶךְ־	Und er sprach: „Nimm doch deinen Sohn, deinen einzigen … und geh!“ (Gen 22,2)

– ein כִּי, das bisweilen die wörtliche Rede eröffnet (s.o. 2 Sam 12,5);

– die erste Verbform, häufig ein Imperativ, auf den dann weitere Imperative (z.B. oben Gen 22,2) oder ***w***^{e}***qatal*/**וAK-*Formen* folgen;

שׁוּב וְאָמַרְתָּ אֶל־חִזְקִיָּהוּ	Kehre um und sage zu Hiskijahu … (2 Kön 20,5)
וְאֶל־מֹשֶׁה אָמַר עֲלֵה אֶל־יְהוָה אַתָּה וְאַהֲרֹן וְהִשְׁתַּחֲוִיתֶם מֵרָחֹק	Zu Mose aber hatte er gesagt: „Steige hinauf zu YHWH, du und Aaron … und werft euch nieder (betet an) von ferne …“ (Ex 24,1)

In der wörtlichen Rede kann die erste Verbform bisweilen auch eine „reine“ AK-Form (qatal) sein; z.B.

כֹּה־אָמַר יְהוָה שָׁמַעְתִּי אֶת־תְּפִלָּתֶךָ רָאִיתִי אֶת־ דִּמְעָתֶךָ הִנְנִי רֹפֵא לָךְ	So hat YHWH gesprochen: „Ich habe dein Gebet gehört, ich habe deine Tränen (Sg.) gesehen, siehe, ich heile dich, …“ (2 Kön 20,5)

– bei den „Akzenten“ besonders auf den ***zāqep̄ qāṭôn***, der auffällig häufig vor dem Beginn der wörtlichen Rede steht (s. z.B. oben Gen 22,1).

– Innerhalb der Rede herrschen dann „auslösende Verbformen“, Formen mit futurischer Konnotation vor, also Imperativ, Kohortativ, Jussiv, „reine“ PK- (selten auch AK-)Formen (s. § 8.3.1).

5.2.3 Zu den Satzarten

1. Fragesätze

Fragesätze werden meist eingeleitet durch

das ה *interrogativum*	die proklitische Partikel הֲ – auch הַ und הֶ (mit oder ohne *dāgeš* forte) kommen vor –	
	*הַרְּאִיתֶם אֲשֶׁר בָּחַר־בּוֹ יְהוָה	Habt ihr gesehen, wen gewählt hat YHWH …? (1 Sam 10,24)
	* *dāgeš* forte dirimens (§ 3.2.2, 4. Anm.), um eine Verwechslung mit dem *Hif.* zu vermeiden.	
אִם in der Doppelfrage	הֲמָלֹךְ תִּמְלֹךְ עָלֵינוּ אִם־מָשׁוֹל תִּמְשֹׁל בָּנוּ	Willst du wahrlich König sein über uns oder wahrlich uns beherrschen? (Gen 37,8)
הֲלֹא Negation	הֲלֹא הוּא אָמַר־לִי אֲחֹתִי הִוא	Hat nicht er selbst zu mir gesagt: „Meine Schwester ist sie“? (Gen 20,5)

Fragewörter wie:

מִי wer?	מִי אַתְּ	Wer (bist) du? (Ruth 3,9)
מִי wessen?	בַּת־מִי אַתְּ	Wessen Tochter (bist) du? (Gen 24,23)
לְמִי wem?	לְמִי־אַתָּה וְאָנָה תֵלֵךְ וּלְמִי אֵלֶּה לְפָנֶיךָ	(Zu) wem (gehörst) du, und wohin gehst du, und wem (gehören) diese vor dir (was vor dir herzieht)? (Gen 32,18)
אֶת־מִי wen?	וְאֶת־מִי עָשַׁקְתִּי אֶת־מִי רַצּוֹתִי	und wen habe ich unterdrückt, wen misshandelt? (1 Sam 12,3)
מַה was?	(mit oder ohne *dāgeš* forte), es kommen auch מָה und מֶה vor;	
	מֶה עָשִׂיתָ	Was hast Du getan? (Gen 4,10)
	מַה־לִּי וָלָךְ אִישׁ הָאֱלֹהִים	(Und sie sagte zu Elija:) „Was (ist) mir und dir (gemeinsam/was habe ich mit dir zu schaffen), Mann Gottes? (determiniert)“ (1 Kön 17,18)
מַה wie?	מַה־נּוֹרָא הַמָּקוֹם הַזֶּה	Wie furchtbar (Ehrfurcht gebietend) ist dieser Ort! (Gen 28,17)
מַה־זֶּה warum?	מַה־זֶּה שַׁבְתֶּם	Warum seid ihr zurückgekehrt? (2 Kön 1,5)
לָמָה warum?	auch לָמָּה und לָמֶה kommen vor;	
	אֵלִי אֵלִי לָמָה עֲזַבְתָּנִי	Mein Gott, mein Gott, warum hast du mich verlassen? (Ps 22,2)

Weitere Fragewörter sind:

מֵאַיִן woher (von wo, אַיִן)?		אֵי־זֶה/אַיֵּה/אֵי wo?
אָנָה wohin?	מָתַי wann?	מַדּוּעַ warum?

2. Bedingungssätze, Konditionalgefüge

Konditionalgefüge werden auf verschiedene Weise ausgedrückt, meist aber gilt:

אִם wenn	אִם weist auf die Voraussetzungen hin (s.o. § 5.2.2) und leitet normalerweise den „Wenn-Satz“ (*Protasis*) ein.
וְ dann, so	Der Folgesatz (*Apodosis*) wird meist syndetisch, d.h. mit וְ (bisweilen auch asyndetisch) angeschlossen; z.B.

אִם־תֵּלְכִי עִמִּי וְהָלָכְתִּי	Wenn du mit mir gehen wirst, dann werde (auch) ich gehen,
וְאִם־לֹא תֵלְכִי עִמִּי לֹא אֵלֵךְ	und wenn du nicht mit mir gehen wirst, werde ich (auch) nicht gehen. (Ri 4,8)

– Statt durch אִם wird das Konditionalgefüge (der „Wenn-Satz“) bisweilen auch eingeleitet durch:

כִּי,

כִּי תִקְנֶה עֶבֶד עִבְרִי שֵׁשׁ שָׁנִים יַעֲבֹד	Wenn du kaufst einen hebräischen Sklaven, (dann) soll er sechs Jahre dienen. (Ex 21,2)

לוּ (Negation: לוּלֵי „wenn nicht“ meist + AK) steht bei als *irreal* gedachten Bedingungen, z.B.

לוּ חָפֵץ יְהוָה לַהֲמִיתֵנוּ לֹא־לָקַח מִיָּדֵנוּ עֹלָה	Wenn YHWH uns hätte töten wollen, so hätte er nicht aus unserer Hand ein Brandopfer angenommen. (Ri 13,23)

– Bisweilen können aber auch Sätze, die nur durch (oder auch ohne) וְ verbunden sind, ein Konditionalgefüge ausdrücken;

וְיֵשׁ יְהוָה עִמָּנוּ וְלָמָּה מְצָאַתְנוּ כָּל־זֹאת	Und wenn YHWH mit uns (ist), warum hat dann uns all dieses getroffen? (Ri 6,13)

– Besonders häufig begegnen Konditionalgefüge in der Rechtssprache, und zwar bei den „Kasuistischen Rechtssätzen“.

In der Sekundärliteratur wird meist unterschieden zwischen dem Apodiktischen Recht (z.B.: der Dekalog, formuliert im Prohibitiv = לֹא + PK; s. dazu u.) und dem Kasuistischen Recht, dem stärker differenzierten Einzelfallrecht.

Durch einen mit כִּי „wenn“ eingeleiteten Satz wird der Fall (oder Hauptfall) mitgeteilt:

כִּי תִקְנֶה עֶבֶד עִבְרִי	Wenn du einen hebräischen Sklaven kaufst … (Ex 21,2)

Oft wird der Hauptfall erweitert durch mit אִם „falls“ angeschlossene Unterfälle, so die Fortführung des eben zitierten Satzes:

אִם בְּגַפּוֹ יָבֹא בְּגַפּוֹ יֵצֵא	Falls er allein gekommen ist (PK), soll er allein ausziehen … (Ex 21,3)

3. Der elliptische Schwursatz

Der elliptische (unvollständige) Schwursatz ist ein Sonderfall des Bedingungssatzes. Ein Schwursatz wird signalisiert durch Merkmale wie:

שׁבע *Nif.*	„schwören“
חַי יהוה	„So wahr YHWH lebt …“ (lebendig ist) (*Schwurformel, Beschwörung*),
בְּ(נַפְשִׁי)	„bei (meiner Seele/meinem Leben o.ä.)“ (*Schwurgegenstand*),
כֹּה	„So möge YHWH mir tun …“ (s.u.) (*Selbstverfluchung*, mit *Zeigebewegung*),
אִם	„wenn ich …“ (s.u.) (*Schwurinhalt*);

Beispiel:

וַיִּשָּׁבַע דָּוִד לֵאמֹר כֹּה יַעֲשֶׂה־לִּי אֱלֹהִים וְכֹה יֹסִיף כִּי אִם־לִפְנֵי בוֹא־הַשֶּׁמֶשׁ אֶטְעַם־לֶחֶם אוֹ כָל־מְאוּמָה	Und es schwor David folgendermaßen: „So möge/wird mir Gott tun und so möge er fortfahren (mir zu tun) (*Zeigebewegung*), (wahrlich,) wenn vor Sonnenuntergang ich Brot zu mir nehme oder irgend etwas (sonst).“ (2 Sam 3,35)

Wohl aus Angst vor der Wirkmächtigkeit des ausgesprochenen Wortes דָּבָר wird meist die *Selbstverfluchung* fortgelassen. Durch diesen Verzicht (*Aposiopese*) wird dann im elliptischen Schwursatz mit

אִם = nicht	ein negativer Schwurinhalt, mit
אִם לֹא = ja, o.ä.	ein positiver, affirmativer Schwurinhalt eingeleitet.

Beispiele:

	(Und es schwor Saul:)
חַי־יְהוָה אִם־יוּמָת	„So wahr YHWH lebt, er wird nicht getötet werden!“ (1 Sam 19,6)

חַי־אָנִי נְאֻם אֲדֹנָי יְהוִה אִם־לֹא בְּיָד חֲזָקָה… אֶמְלוֹךְ עֲלֵיכֶם	So wahr ich lebe, Ausspruch des Herrn YHWH: mit starker Hand … werde ich (gewiss) König über euch sein (Ez 20,33)

4. Temporalsätze, Zeitgefüge

Auch das zeitliche Verhältnis zweier Sätze zueinander wird – wie das konditionale – auf unterschiedliche Art und Weise ausgedrückt:
Häufig wird der Temporalsatz eingeleitet durch:

כַּאֲשֶׁר als, auch: wenn, nachdem

Bei Gleichzeitigkeit:

וַיֹּאמֶר יַעֲקֹב כַּאֲשֶׁר רָאָם מַחֲנֵה אֱלֹהִים זֶה	Und es sagte Jakob, als er sie (die Boten Gottes) sah: „Gottes Heerlager (ist) dieses (hier).“ (Gen 32,3)

כִּי wenn (seltener)

oder

אִם wenn

כִּי תַעֲבֹד אֶת־הָאֲדָמָה לֹא־תֹסֵף תֵּת־כֹּחָהּ לָךְ	Wenn du den Acker bearbeiten wirst, soll er dir seinen Ertrag nicht mehr geben … (Gen 4,12)

\+ { וַיְהִי / וְהָיָה } (selten)

Häufig geht der Konjunktion ein וַיְהִי (auch וְהָיָה) voraus. Da dieses dann als semantisch entleert gilt, wird vielfach vorgeschlagen, in diesem Fall auf eine Übersetzung des וַיְהִי zu verzichten. Hiervon wird dringend abgeraten, da dann die makrosyntaktische Funktion des וַיְהִי (s. dazu o.) leicht übersehen werden könnte. Zumindest aber sollte ein notetischer Vermerk gemacht werden;

וַיְהִי כַּאֲשֶׁר קָרַב אֶל־הַמַּחֲנֶה וַיַּרְא אֶת־הָעֵגֶל	Und es geschah: Als er sich dem Lager näherte, da sah er das Kalb. (Ex 32,19)
וְהָיָה כַּאֲשֶׁר יָרִים מֹשֶׁה יָדוֹ וְגָבַר יִשְׂרָאֵל וְכַאֲשֶׁר יָנִיחַ יָדוֹ וְגָבַר עֲמָלֵק	Und es geschah: Jedes Mal, wenn Mose seine Hand erhob, dann war Israel stark, und wenn er seine Hand sinken ließ, dann war Amalek stark. (Ex 17,11)

בְּ, כְּ *mit Inf. cons.* als, wenn

Oft drückt auch der Inf. cons. mit בְּ oder כְּ verbunden ein Zeitgefüge aus (s. dazu auch § 8.3):

כִּי שָׁם נִגְלוּ אֵלָיו הָאֱלֹהִים בְּבָרְחוֹ מִפְּנֵי אָחִיו	… denn dort hatte sich ihm (Jakob) Gott (+ Art.) offenbart, als er floh vor seinem Bruder. (Gen 35,7)

\+ וַיְהִי

וַיְהִי כְּבוֹא אַבְרָם מִצְרָיְמָה וַיִּרְאוּ	(Und es geschah,) als Abraham nach Ägypten kam, da sahen sie … (Gen 12,14)

עַד־אֲשֶׁר (אִם) עַד־כִּי bis, bis dass, solange bis (בְּ)טֶרֶם ehe, bevor	*Bei Nachzeitigkeit:* כִּי לֹא אֶעֱזָבְךָ עַד אֲשֶׁר אִם־עָשִׂיתִי אֵת אֲשֶׁר־דִּבַּרְתִּי לָךְ וַיֹּאמֶר יִשְׂרָאֵל אֵלְכָה וְאֶרְאֶנּוּ בְּטֶרֶם אָמוּת	 Denn ich werde dich nicht verlassen, bis dass ich getan haben werde, das, was ich dir (zu-)gesagt habe. (Gen 28,15) Und Israel sprach: „Ich will gehen, und ich will ihn sehen, bevor ich sterben werde.“ (Gen 45,28)
אַחֲרֵי/אַחַר אֲשֶׁר nachdem	*Bei Vorzeitigkeit:* וַיְהִי מִיָּמִים רַבִּים אַחֲרֵי אֲשֶׁר־הֵנִיחַ יְהוָה לְיִשְׂרָאֵל מִכָּל־אֹיְבֵיהֶם מִסָּבִיב וִיהוֹשֻׁעַ זָקֵן בָּא בַּיָּמִים׃ וַיִּקְרָא יְהוֹשֻׁעַ לְכָל־יִשְׂרָאֵל...	 Und es geschah nach vielen Tagen, nachdem YHWH Israel Ruhe verschafft hatte von allen seinen (Pl.) Feinden ringsum, und Josua alt war, gekommen in die Tage (Jahre), (dass er) da rief Josua ganz Israel zusammen. (Jos 23,1f.)

Bisweilen ist auch bei beigeordneten Sätzen ein Satzgefüge zu vermuten. Hier gilt erneut, dass im Hebräischen stark auf den Kontext zu achten ist (und mit kontrollierter Erwartungshaltung übersetzt werden muss);

וְנֹחַ בֶּן־שֵׁשׁ מֵאוֹת שָׁנָה וְהַמַּבּוּל הָיָה מַיִם עַל־הָאָרֶץ׃	Und Noah (war) ein Sohn von sechshundert Jahren (Sg., 600 Jahre alt), als die Sintflut kam (als Wasser? s. BHS) über die Erde. (Gen 7,6f.)

5. Zu den **Final-(Absichts-)Sätzen** bzw. den **Konsekutiv-(Folge-)Sätzen** und den **Kausal-(Begründungs-)Sätzen** sei erwähnt: Auch diese

– stehen bisweilen einfach (mit וְ) beigeordnet,
– werden durch einen Inf. cons. mit präfigierter Partikel (s. dazu § 8.4.3.2) ausgedrückt oder aber
– mit einer Konjunktion eingeleitet (s. dazu auch o.):

final/konsekutiv		**kausal**	
לְמַעַן אֲשֶׁר אֲשֶׁר בַּעֲבוּר כִּי	damit, (um zu)	כִּי יַעַן/כִּי אֲשֶׁר עֵקֶב אֲשֶׁר עַל כִּי/אֲשֶׁר	da, weil, denn, wegen (auch: darum dass)

5.3 Wort und Element

Was ist ein *Wort*? Auch hier ist die Antwort für das Hebräische nicht ganz einfach, denn die Zwischenräume innerhalb eines Textes bzw. eines Satzes geben nur einen sehr vagen Anhalt. Besser ist, man fragt nach dem „*Nachschlagewort*“ bzw. dem *Lexem* (der *Wurzel*). Zum Auffinden dieser hilft vor allem die sichere Kenntnis

1. derjenigen Konsonanten, die immer zum Lexem (zur Wurzel) gehören (s. § 1.2.3), also:
   ג ד ז ח ט ס ע פ צ ק ר שׁ und
   derjenigen, die auch als Bildungskonsonanten (s. § 1.2.3) gebraucht werden, also: א ה ו י מ נ ת und – in Anfangsposition – ב כ ל;

2. des „Baukastensystems“ des Hebräischen:

Suffixe	Afformative		Lexem	Präformative		Präfixe
	Verb	Nomen		Nomen	Verb	
נִי/ ִי/ י ךָ ךְ הוּ/ו הָ/הּ נוּ כֶם כֶן הֶם/ם הֶן/ן	§ 8	§ 6 ָה ַת/ ֶת ָן/וֹן וּת/ ִית	III II I	§ 6 מ ת א	§ 8	מִן + מ + לְ בְּ כְּ (הֶהָ הַ) הַ · : ו

= hier kann das Wort beginnen
= Nachschlagewort bzw. Wurzel

Alle Konsonanten der Präfixe, Präformative, Afformative und Suffixe sind *Bildungskonsonanten* und gehören zu den grammatischen Morphemen, hier auch nur Morpheme genannt.

(Extrem-)Beispiele מִמּוֹשְׁבוֹתֵיכֶם und וְהַעֲלֵהוּ:

כֶם	י	וֹתֵ	מּוֹשְׁב	מִ	„aus euren Wohnsitzen“ (Lev 23,17)
eure	Pl.	*fem.* Pl.	Nachschlage-wort	aus	Lexem: ישׁב (s. § 4.1.1)

הוּ	עֲלֵ	הַ	וְ	„und lasse ihn hinaufsteigen“ (Gen 22,2)
ihn	Nachschlage-wort	lasse (*Hif.*)	und	Lexem: עלה (s. § 10.6)

5.3.1 Worttypen

Es wäre möglich, anhand der oben genannten „Bausteine“ verschiedene Worttypen zu unterscheiden. Sinnvoller ist aber erfahrungsgemäß auch hier,

- mit der kontrollierten Erwartungshaltung zu arbeiten,
- sich zu fragen: Erkenne ich, wo das Verb steht? Welche Bildungskonsonanten sind erkennbar bzw. welche Morpheme lassen sich abtrennen, welche Wortart könnte vorliegen und welches sind die Lexem- bzw. Wurzelkonsonanten?

5.3.2 Wortarten

An Wortarten sind vor allem zu unterscheiden:
① Nomen,
② Verb,
③ Partikel.
Da das Nomen und das Verb und ihre verschiedenen „Klassen“ nachfolgend in mehreren Paragraphen dargestellt werden, stehen hier allein die Partikeln im Vordergrund.

Die Partikeln

Der Begriff Partikel ist sehr weit gefasst. Er umschließt Konjunktionen, Interjektionen, Präpositionen, Adverbien usw., das heißt vereinfacht: Alles, was kein Nomen oder Verb ist, ist Partikel.
Die Partikeln sind im Lexikon relativ leicht nachschlagbar. Aber es bereitet oft erhebliche Schwierigkeiten, sich innerhalb der einzelnen Lexikonartikel schnell zu orientieren und eine angemessene Bedeutung für die Übersetzung herauszufinden. Deshalb werden im Nachfolgenden zu einigen Partikeln Anmerkungen als Übersetzungshilfen gegeben. Am Ende des Buches werden die am häufigsten gebrauchten Partikeln alphabetisch als Vokabeln aufgeführt.

1. Die einkonsonantigen Partikeln (Präpositionen)

Die präfigierten (auch: proklitischen) Partikeln לְ, בְּ und כְּ können nicht für sich alleine stehen, sondern werden nur mit einem Suffix verbunden (s. dazu u.) oder – wie es der Begriff schon sagt – vorn an das folgende Wort angelehnt (vgl. dazu § 4, bes. § 4.1.4; zu וְ s. § 4.3.1.1).

לְ und בְּ sind die bei weitem am häufigsten gebrauchten Präpositionen im Hebräischen, das im Vergleich mit dem Deutschen nur relativ wenige

Präpositionen besitzt. Sie haben folglich einen sehr weiten Anwendungsbereich. Das heißt wiederum, dass die Beachtung des Kontextes auch hier von größter Bedeutung ist, wenn es darum geht, die Beziehung (auch R, Relation genannt) zwischen zwei Bezugsgrößen (auch x und y genannt), die durch לְ bzw. בְּ oder כְּ dargestellt werden, genauer zu erfassen (für die spezielleren Fragen kann auf die vorliegenden ausführlichen Untersuchungen zu den einzelnen Präpositionen verwiesen werden.)

> לְ „hinsichtlich, für, zu“ (*auch Dativersatz*)

Die Präposition לְ (sie kommt mehr als 20.000 Mal vor) drückt eine wenig spezifizierte, allgemeine Beziehung zwischen zwei Bezugsgrößen aus. Als Hilfsübersetzung bietet es sich oft an, לְ erst einmal mit „hinsichtlich, in Bezug auf“ o.ä. wiederzugeben, um dann unter Berücksichtigung der weiteren im Text auf der x- und/oder y-Seite gegebenen Informationen, nach einem angemessenen deutschen Äquivalent zu suchen;

וּלְאַבְרָם הֵיטִיב בַּעֲבוּרָהּ וַיְהִי־לוֹ צֹאן־וּבָקָר	Abram aber tat er (der Pharao) Gutes (IVS) um ihretwillen, und er erhielt Kleinvieh und Rindvieh. (Gen 12,16)
כֶּרֶם הָיָה לְנָבוֹת הַיִּזְרְעֵאלִי	Ein Weinberg gehörte Nabot, dem Jesreeliter … (zu הָיָה als Tempusmarker s. § 5.2.1.3); (1 Kön 21,1)
וַיִּגְדַּל הַיֶּלֶד וַתְּבִאֵהוּ לְבַת־פַּרְעֹה	Und der Junge wurde größer, und sie (die Mutter) brachte ihn zu der Tochter des Pharaos. (Ex 2,10)
וַתְּהִי־לוֹ כְּבַת	… und es (das Lamm) war für ihn wie eine Tochter. (2 Sam 12,3)
וְעַתָּה הִתְיַצְּבוּ לִפְנֵי יְהוָה לְשִׁבְטֵיכֶם וּלְאַלְפֵיכֶם׃	… und jetzt stellt euch hin vor YHWH nach euren Stämmen und nach euren Sippen (Tausendschaften). (1 Sam 10,19)

Weiteres:

– Sehr häufig begegnet der Inf. cons. mit präfigiertem לְ („zu, um zu, damit“); s. dazu § 8.4.3.2.
– Nicht selten steht nach einem Imperativ ein לְ mit Suffix; man nimmt hier meist einen *dativus ethicus* an, die handelnde Person solle betont werden (im Deutschen können wir in so einem Fall den Nominativ des Personalpronomens gebrauchen);

וַיֹּאמֶר קַח־נָא אֶת־בִּנְךָ אֶת־יְחִידְךָ אֲשֶׁר־אָהַבְתָּ אֶת־יִצְחָק וְלֶךְ־לְךָ אֶל־אֶרֶץ הַמֹּרִיָּה	Und er sprach: „Nimm doch deinen Sohn, deinen einzigen, den du lieb hast, den Isaak, und geh du zu dem Land (Ham-)Moriah.“ (Gen 22,2)

Es fällt allerdings auf, dass der sog. dat. eth. wie auch die Partikel נָא besonders häufig bei einsilbigen bzw. zweikonsonantigen Imperativen begegnen. Es könnte sich hier also auch um ein phonetisches oder metrisches Problem handeln. Weiterhin geht es hier wahrscheinlich um sprachliche Nuancierungen (Abtönungen), die wir heute kaum noch erheben können.

– Zu berücksichtigen ist auch, dass in einigen (meist späteren) Textbereichen der Gebrauch der Partikel לְ zunimmt und bisweilen eine andere Partikel (meist אֶל) durch sie verdrängt wird:

וְאֶת־בַּת־פַּרְעֹה הֶעֱלָה שְׁלֹמֹה מֵעִיר דָּוִיד לַבַּיִת אֲשֶׁר בָּנָה־לָהּ	Die Tochter des Pharaos aber führte Salomo herauf aus der Stadt Davids zu (לְ) dem Haus, das er für sie gebaut hatte. (2 Chr 8,11; anders 1 Kön 9,24)

Dagegen aber:

וַיֹּאמֶר שָׁאוּל אֶל־נֹשֵׂא כֵלָיו	Und es sprach Saul zu (אֶל) seinem Waffenträger. (1 Chr 10,4). In dem parallelen Text 1 Sam 31,4 steht לְ; ein weiteres Beispiel für die Notwendigkeit der Notetik bei der Arbeitsübersetzung (s. S. 59).

בְּ „in, an, mit“ (*auch instrumental*)

Die Präposition בְּ (sie kommt mehr als 15.000 Mal vor) drückt vornehmlich eine Beziehung aus, die im Deutschen auf **zwei** Zielfragen hin **vierfach** differenziert wiedergegeben werden kann:

	in einem Raum (*Dativ*)		in einen Raum (*Akkusativ*)
wo ?		**wohin ?**	
	an einem Ort (*Dativ*)		an einen Ort (*Akkusativ*)

הָלוֹךְ וְקָנִיתָ לְּךָ אֵזוֹר פִּשְׁתִּים וְשַׂמְתּוֹ עַל־מָתְנֶיךָ וּבַמַּיִם לֹא תְבִאֵהוּ׃	Geh (Inf. abs.) und kaufe (ʾAK) dir einen Gürtel (aus) Leinen und lege ihn (ʾAK) auf deine Hüften, in (das) Wasser aber darfst du ihn nicht hineinbringen (IVS). (Jer 13,1)

וָאֵלֵךְ וָאֶטְמְנֵהוּ בִּפְרָת כַּאֲשֶׁר צִוָּה יְהוָה אוֹתִי׃	Und ich ging, und ich verbarg ihn am Euphrat, wie YHWH mir befohlen hatte. (Jer 13,5)

Ansonsten gilt auch hier, dass unter Heranziehung des Kontextes (der x- und/oder y-Seite) – und das auch mit Hilfe des Lexikons – eine stimmige Übersetzung gesucht werden muss;

כִּי־כֹה אָמַר עָמוֹס בַּחֶרֶב יָמוּת יָרָבְעָם	Denn so hat Amos gesprochen: „Durch das Schwert wird sterben Jerobeam …“ (Am 7,11)
וְהִנֵּה מַלְאֲכֵי אֱלֹהִים עֹלִים וְיֹרְדִים בּוֹ	Und siehe (וְהִנֵּה) die Boten Gottes (ohne Art.) stiegen hinauf (Part.) und stiegen hinab (Part.) auf ihr (*masc.*; gemeint ist die Himmelsleiter). (Gen 28,12)

Weiteres:

– Sehr häufig begegnet der Inf. cons. mit präfigiertem בְּ („während, als“); s. dazu § 8.4.3.2;

– Seltener (aber schwieriger zu erkennen) begegnet im Text ein בְּ, das als

בְּ - pretii (des Preises)	„für/um/gegen“ oder
בְּ - essentiae (des Wesens)	„als/in der Gestalt von“

zu interpretieren ist;

וָאֹמַר לוֹ תְּנָה־לִּי אֶת־כַּרְמְךָ בְּכֶסֶף	Und ich sprach zu (לְ) ihm: „Gib doch (adhort.) mir deinen Weinberg für Geld (Silber).“ (1 Kön 21,6)
אֲנִי יְהוָה׃ וָאֵרָא אֶל־אַבְרָהָם אֶל־יִצְחָק וְאֶל־יַעֲקֹב בְּאֵל שַׁדָּי וּשְׁמִי יְהוָה לֹא נוֹדַעְתִּי	Ich (אֲנִי) (bin) YHWH. Und ich bin erschienen (אֶל) Abraham, Isaak und Jakob als El Schadday, aber (mit) meinem Namen YHWH habe ich mich nicht bekannt gemacht. (Ex 6,2f.)

– Zu בַּאֲשֶׁר („weil, dadurch dass“), das nur selten begegnet, s.o. zu אֲשֶׁר.

– Bisweilen steht kein בְּ, wo man eines erwarten würde (bzw. es an Parallelstellen auch steht);

וּבֵית־אֵל לֹא־תוֹסִיף עוֹד לְהִנָּבֵא כִּי	(In) Bethel aber sollst du nicht länger fortfahren zu prophezeien, denn … (Am 7,13)
וְהוּא יֹשֵׁב פֶּתַח־הָאֹהֶל	… er aber saß (gerade) (in) der Öffnung des Zeltes. (Gen 18,1; vgl. dagegen Gen 19,1)

Es gibt verschiedene Erklärungsversuche für dieses Phänomen. Am wahrscheinlichsten ist die Vermutung, dass בְּ in bestimmten (späteren?) Zeiten vor Labialen (ב, מ, פ) assimiliert und daher in der Verschriftung ausgelassen werden konnte.

כְּ	„(*vergleichsweise*) wie, gemäß, entsprechend, etwa" (*bei ungefähren Zahlangaben*)

Die Präposition כְּ (sie kommt mehr als dreitausend Mal vor) drückt eine Beziehung aus, die auf eine partielle Übereinstimmung zielt (d.h. x + y werden in verschiedenem Umfang gleichgestellt):

וְהַרְבָּה אַרְבֶּה אֶת־ זַרְעֲךָ כְּכוֹכְבֵי הַשָּׁמַיִם	… und ich werde wahrlich so zahlreich machen deine Nachkommenschaft (gleich/ähnlich) wie die Sterne des Himmels. (Gen 22,17)
וַיָּמָת כִּדְבַר יְהוָה אֲשֶׁר־דִּבֶּר אֵלִיָּהוּ	Und er (Ahasja) starb gemäß (nach) dem Wort YHWHs, das Elijahu geredet hatte. (2 Kön 1,17)
וַיֵּלֶךְ אַבְרָם כַּאֲשֶׁר דִּבֶּר אֵלָיו יְהוָה	Und es ging Abram, wie YHWH zu ihm gesagt hatte … (Gen 12,4)
וַיְהִי כַּעֲשֶׂרֶת הַיָּמִים וַיִּגֹּף יְהוָה אֶת־נָבָל וַיָּמֹת	Und es geschah nach etwa 10 Tagen, dass YHWH den Nabal schlug, so dass er starb. (1 Sam 25,38)

– Zu כַּאֲשֶׁר als Konjunktion („als, weil") s. oben zu אֲשֶׁר.
– Zum Inf. cons. mit präfigiertem כְּ („während, als") s. § 8.4.3.2.

2. Die zweikonsonantigen, einsilbigen Partikeln (Präpositionen)

Die folgenden Präpositionen sind in ihrer Bedeutung spezialisierter und „präziser" als לְ, בְּ und כְּ. Die meisten sind an einem bestimmten *Raumschema* orientiert.

אֶל zu, nach	Zeigt die Richtung auf etwas hin an („auf … zu", „nach … hin"); z.B. וְלֶךְ־לְךָ אֶל־אֶרֶץ הַמֹּרִיָּה — Und geh du zu dem Land (Ham)Morija. (Gen 22,1) וַיְפַלַּח אֶל־סִיר הַנָּזִיד — Und er schnitt (sie, die Früchte) in den Esstopf. (2 Kön 4,39) Jüngere Belegstellen legen nahe, dass in späteren Zeiten die Partikeln אֶל und עַל nicht (mehr) sicher unterschieden wurden; s. z.B. Gen 22,12.

עַל auf, über

Zeigt eine *überragende* bzw. *überlegene* Position an; z.B.

וַיִּשְׁכַּב עַל־מִטָּתוֹ	Und er legte sich auf sein Lager. (1 Kön 21,4)

an, am, bei

Bei niedriger gelegenen Objekten: „an, am, bei“ u.ä.; z.B.

וַתָּשֶׂם בַּסּוּף עַל־שְׂפַת הַיְאֹר׃	Und sie (die Mutter) setzte (es) in das Schilf am Ufer des Nils. (Ex 2,3)
וְהוּא־עֹמֵד עֲלֵיהֶם תַּחַת הָעֵץ וַיֹּאכֵלוּ׃	Er aber stand (Part.) bei ihnen unter dem Baum, und sie aßen. (Gen 18,8)

Abraham steht, während sie sitzen; im Deutschen könnte man statt *bei* auch *vor* sagen. Hebräisch לִפְנֵי „vor“ würde aber beinhalten, dass alle sitzen; s. u.

wegen, gegen

Oft in abgeleiteter, übertragener Bedeutung; z.B.

וַיֹּאמֶר לוֹ הִנְּךָ מֵת עַל הָאִשָּׁה אֲשֶׁר־לָקַחְתָּ	Und er (Gott) sprach zu (ל) ihm (zu Abimelech): „Siehe du bist des Todes (sterbend; Part.) wegen der Frau, die du genommen hast“ (Gen 20,3)
קָשַׁר עָלֶיךָ עָמוֹס בְּקֶרֶב בֵּית יִשְׂרָאֵל	Aufruhr hat gegen dich Amos in der Mitte des Hauses Israel gestiftet. (Am 7,10)

In so einem Fall die angemessene Übersetzung zu finden ist oft schwierig. Erneut hilft neben der „kontrollierten Fantasie“ auch das Lexikon weiter.

מִ·/מֵ/מִן

von ... aus (gesehen), von ... weg, wegen

מִן die Partikel der Scheidung und Unterscheidung (der Richtung von …) – mehr als siebentausend Mal gebraucht – ist in mehrfacher Hinsicht ein Problemfall:

① Die Partikel מִן steht

– für sich oder durch ***maqqep̄*** mit dem folgenden Wort verbunden; z.B.
Gen 22,11 מִן־הַשָּׁמַיִם „von/aus dem Himmel“

– mit assimiliertem Nun (und ***dāgeš*** forte); z.B.
Jer 13,6 מִקֵּץ יָמִים רַבִּים „nach vielen Tagen“ („von dem Ende vieler Tage aus [gesehen]“);
Jes 53,5 מִפְּשָׁעֵנוּ „wegen unserer Missetaten“;

– bei Laryngalen und ר meist mit compensatio; z.B.
Gen 22,4 מֵרָחֹק „von ferne“;
oder selten mit virtueller Verdopplung; z.B.
Gen 6,14 מִבַּיִת וּמִחוּץ „von (dr)innen und von (dr)außen“;

– oder bei der Erstsilbe ׳ mit Kontraktion (s. § 4.3.2.2); z.B.
Gen 49,10 מִיהוּדָה „von Juda“;
– zu מֵיְהוָה s. § 3.4.2; 3. Anm.

(einer/etwas) einige von

② Die Partikel מִן steht
partitivisch (zur Kennzeichnung nur *eines Teils von* …) z.B.

וַיִּקַּח מֵאַבְנֵי הַמָּקוֹם	Und er (Jakob) nahm einen von den Steinen des Ortes. (Gen 28,11)

(größer u.ä.) als

③ Die Partikel מִן steht
komparativisch (zur Umschreibung der Steigerungsformen, die das Hebräische nicht kennt); z.B.

וִיגַדֵּל אֶת־כִּסְאוֹ מִכִּסְאֶךָ	Und er (Gott) mache größer seinen (Salomos) Thron als deinen (Davids) Thron. (1 Kön 1,47)
וְאֶתְּנָה לְךָ תַּחְתָּיו כֶּרֶם טוֹב מִמֶּנּוּ	Und ich will dir statt seiner (deinem Weinberg) einen besseren Weinberg als ihn geben (gut von ihm aus gesehen). (1 Kön 21,2)

zu (groß u.ä.)

④ Die Partikel מִן steht selten auch
elativisch (zur Umschreibung des Unvergleichbaren); z.B.

וַיֹּאמֶר קוּם אֱכֹל כִּי רַב מִמְּךָ הַדָּרֶךְ׃	Und er sprach: „Stehe auf, iss, denn zu weit für dich (von dir aus gesehen) (ist) der Weg“. (1 Kön 19,7)

ohne (weg von)

⑤ Die Partikel מִן steht selten auch
privativ („weg/fern von …“ im Sinne „ohne, außer“); z.B.

כִּי־אָז תִּשָּׂא פָנֶיךָ מִמּוּם	Denn dann wirst du dein Antlitz erheben (können) ohne Makel. (Hi 11,15)

– Zum Inf. cons. mit מִן („dass [nicht]“) s. § 8.4.3.2.
– Angemerkt sei noch, dass vermutet wird, dass die Partikel מִן – sie fehlt z.B. im Ugaritischen – (und eventuell auch ihre semantische Opposition אֶל) dem Hebräischen erst relativ spät zugewachsen ist.

Weitere häufig (ca. tausend bis mehr als vierhundert Mal) gebrauchte Partikeln sind:

עַד bis, bis zu

עַד wird lokal, aber auch temporal gebraucht (das Ziel wird meist als erreicht angesehen); z.B.

וַיָּבֹאוּ עַד־חָרָן וַיֵּשְׁבוּ שָׁם	Und sie kamen bis Haran, und sie wohnten dort; (Gen 11,31)
עַד הַיּוֹם הַזֶּה	… bis zu diesem Tag; (Gen 26,33)
לְמִן־עוֹלָם וְעַד־עוֹלָם	… von Ewigkeit und bis zu Ewigkeit. (Jer 7,7)

עִם/אֵת mit, bei

עִם und אֵת sind Partikeln der Gemeinschaft, der Zusammengehörigkeit. Wesentliche Unterschiede in der Bedeutung und im Gebrauch sind bisher nicht sicher feststellbar.

וַיִּקַּח אֶת־שְׁנֵי נְעָרָיו אִתּוֹ	Und er nahm seine zwei Knechte mit sich …;
וַיֹּאמֶר אַבְרָהָם אֶל־נְעָרָיו שְׁבוּ־לָכֶם פֹּה עִם־הַחֲמוֹר	… und es sprach Abraham zu (אֶל) seinen Knechten „Bleibt ihr hier mit/bei dem Esel …“ (Gen 22,3.5)

Auffällig ist, dass in jüngeren Texten der Gebrauch von עִם zu- der von אֵת aber abnimmt (möglicherweise hängt dieses mit dem zunehmenden Gebrauch von אֵת, der sog. *nota accusativi* zusammen; s. dazu § 6.3).

3. Zweisilbige, dreikonsonantige Partikeln und solche, die aus einem Nomen plus präfigierter Partikel bestehen.

Die wichtigsten sind:

אַחַר/אַחֲרֵי	nach(her), hinter ... her	לִפְנֵי	(angesichts) vor*
תַּחַת	unter(halb), anstelle von, statt		
בְּקֶרֶב	(Inneres) inmitten, mitten unter		
מִתָּוֶךְ/תּוֹךְ	(Mitte) mitten aus	בֵּין/בַּיִן	(Zwischenraum), zwischen**

* לִפְנֵי setzt sich zusammen aus פָּנִים „Gesicht, Oberfläche“ im st. cons. (s. § 6.7) und לְ.

** Im Hebräischen wird das „zwischen“ meist doppelt gesetzt: Gen 1,4 „und es trennte Gott zwischen dem Licht und (zwischen) der Finsternis“; wichtig: בֵּין „zwischen“ und בֵּן „Sohn“ sind durch den Vokalbuchstaben י eindeutig unterschieden.

Hinzuweisen ist noch auf

① die relativ große Anzahl von *Doppelpräpositionen*, die anfangs bisweilen schwierig zu erkennen und zu übersetzen sind, z.B.:

מֵאַחֲרֵי	fort von hinter*	מֵעַל	von auf (oben)
מֵאֵת	von mit, vonseiten	מֵעִם	von bei, vonseiten
מִלִּפְנֵי	fort von vor	מִתַּחַת	von unter

* Meist reicht für die Übersetzung das „von“ aus, es sollte aber in der Arbeitsübersetzung unbedingt auch die „zusätzlich“ beschriebene lokale Richtung (das räumliche Bezugsverhältnis) notiert werden.

Weiterhin könnte dieses Phänomen der Doppelpräpositionen auf etwas hindeuten, was sich schon bei den meisten anderen Präpositionen nahelegte, dass nämlich im Hebräischen das *lokale Bezugssystem* im Vordergrund zu stehen scheint, lokale Bezüge und räumliche Veränderungen präziser als etwa im Deutschen festgehalten würden.

וַיֹּרְאוּ הַמּוֹרְאִים מֵעַל הַחוֹמָה אֶל־עֲבָדֶךָ — Und es schossen die Schützen auf (אֶל) deine Knechte von (auf) der Mauer ... (2 Sam 11,24)

הַדָּבָר אֲשֶׁר הָיָה אֶל־יִרְמְיָהוּ מֵאֵת יְהוָה — Das Wort, das an Jeremia von (bei) YHWH her erging (lautete) ... (Jer 7,1)

vgl. auch

וַיַּעֲקֹד אֶת־יִצְחָק בְּנוֹ וַיָּשֶׂם אֹתוֹ עַל־הַמִּזְבֵּחַ מִמַּעַל לָעֵצִים — ... und er fesselte (band) Isaak, seinen Sohn, und er legte ihn auf den Altar von oben auf (לְ) das Holz. (Gen 22,9)

② die Partikel אֵין/אַ֫יִן „nicht (vorhanden) ist, es gibt nicht, nicht“, die Partikel des Nichtvorhandenseins, der Nicht-Existenz* und die Negation im Nominalsatz (s. auch dort); z.B.

אֵין אִישׁ עִמָּנוּ — Wir haben keinen (Zeugen) (nicht ist vorhanden ein Mann bei uns). (Gen 31,50)

וַתְּהִי שָׂרַי עֲקָרָה אֵין לָהּ וָלָד — Und Sarai war unfruchtbar, sie hatte kein Kind (nicht war ihr ein Kind **). (Gen 11,30)

* Die semantische Opposition ist יֵשׁ „es (ist) vorhanden, es gibt“ (s.o. zum Nominalsatz), zum Teil auch הִנֵּה.

** Zu ולד s. § 4.1.1.

③ הִנֵּה/הֵן „siehe!“ steht vor allem als satzbildende Partikel (das Suffix hat dann die Rolle des Subjekts), als Betonungszeichen und als Interjektion, die den Textzusammenhang unterbricht bzw. gliedert* (s. dazu oben § 5.1.2); z.B.

וַיֹּאמֶר הִנֵּנִי — Und er sprach: „Siehe, hier bin ich!“ (Gen 22,1)

וַיֹּאמֶר אֱלֹהִים הִנֵּה נָתַתִּי לָכֶם	Und es sprach Gott: „Siehe, ich habe euch gegeben …“ (Gen 1,29)

* Achtung! הִנֵּה ist kein Imperativ, sondern eine Partikel (bisweilen steht allerdings רְאֵה in entsprechender Funktion).

5.3.3 Element / Morphem

Unter *Element/Morphem* wird hier nur ein **Teil** eines Wortes verstanden, und zwar der, der eine grammatische Funktion besitzt. Oder anders gesagt: Mit *Monem* wird oft die kleinste bedeutungstragende Einheit bezeichnet; hier wird ein *grammatisches Monem* **Morphem** genannt.
Um ein Morphem möglichst schnell als ein solches identifizieren zu können, hilft (worauf bereits oben – § 1.2.3 – unter etwas anderem Blickwinkel hingewiesen wurde) weiter:

① Die Fähigkeit, sicher die „*Nur*-Lexem-(Wurzel-)Konsonanten“ von den „*Auch*-Bildungs-(Morphem-)Konsonanten“* unterscheiden zu können, also:

Morphem-Konsonanten** oder *Lexem-Konsonanten*	**Lexem-**Konsonanten *gehören immer zur Wurzel*
א	ג
ה	ד
ו	ז
י	ח
כ	ט
מ	ס
נ	ע
ת	פ
	צ
in Anfangsposition	
ב	ק
כ	ר
ל	ש

* Im Deutschen kommen wohl alle Buchstaben (abgesehen von „y“) als Bildungs-Buchstaben (Morpheme) vor.

** S. dazu auch § 1.2.3.

② Die ganz sichere Kenntnis der verschiedenen Morpheme, die bei den einzelnen Wortarten auftauchen (s.o. zum „Baukasten-system“).

Da zu *Nomen* und *Verb* noch eigene Paragraphen (§ 6 bis 8) folgen, geht es hier nur um die Morpheme der *Partikeln*, das heißt: um die *Suffixe* (die „Nachsilbe(n)“; lat.: suffigere „anheften“). Letztere begegnen andererseits aber auch beim *Nomen* (dort als Possessivpronomen: „mein, dein“ usw.) oder beim *Verb* (dort als Personalpronomen im Akkusativ: „mich, dich“ usw.).

Die Suffixe sind von den separaten Personalpronomina (Pp) abgeleitet (zu diesen und vor allem zur Form der Suffixe s. Tab XIII).

Einige Anmerkungen seien noch gemacht:

1. Zu den *selbstständigen Personalpronomina*:

① Das selbstständige Pp („ich, du“ usw.) steht unveränderlich, für sich alleine, im Nominativ. Verbunden wird es nur mit וְ „und“, der proklitischen Fragepartikel הֲ (dem ה-interrogativum) und ganz selten mit שֶׁ (der sog. Relativpartikel).

② *com./c.* steht für communis, d.h. „gemeinsam“ für *fem.* und *masc.*

③ Achtung! Bei der 2. Person maskulin und feminin („du“ bzw. „ihr“) gibt es – im Gegensatz zum Deutschen – kein *communis*, sondern unterschiedliche Formen.

④ אֲנִי „ich“, wird selten gebraucht; es begegnet vor allem in späteren Texten (ist sprachgeschichtlich aber alt).

⑤ אַתָּה „du“ *masc.*, mit ***dāgeš*** forte, hier wurde wahrscheinlich ein נ assimiliert.

⑥ אַתְּ „du“ *fem.*, das ***dāgeš*** forte ist wohl ein dirimens (s. dazu § 3.2.2); die Ausgangsform ist אַתִּי (vgl. etwa Ri 17,2; 1 Kön 14,2 und § 8.7.2 zur 2. *fem.* AK). Konventionellerweise wird es aber gelesen als: ***'at.***

⑦ הִוא „sie“ (***hi'***) ist Qere perpetuum; s. dazu § 3.4.2.

⑧ Im Hebräischen wird beim *Genus* (Geschlecht) nur *feminin* und *maskulin* unterschieden, nicht aber *neutrum* (sächlich), d.h., ein „es“ gibt es nicht.

⑨ נַחְנוּ „wir“, hier gilt das zu ④ Gesagte entsprechend.

⑩ אַתֵּ֫נָה „ihr“ *fem.*, ist extrem selten gebraucht.

2. Zu den *Suffixformen* und den *Partikeln mit Suffixen* (vgl. Tab XIII)

① Dass die Suffixe von dem selbstständigen Personalpronomen abgeleitet sind, ist gut erkennbar. Zu achten aber ist bei der 2. Pers. (*fem./masc.* und Sg./Pl.) auf den Wechsel zwischen ת und כ.

② Da einerseits das sichere Erkennen der Suffixe für das Übersetzen sehr wichtig ist, sich andererseits die Suffixformen so isoliert schlecht lernen lassen, empfiehlt sich folgendes Vorgehen:

1. Die Pp lernen wie Vokabeln.

2. Die Pp wie zum Aufsagen lernen.

3. Die Partikeln mit Suffixen solange einprägen, bis man (ganz wichtig!) das deutsche Äquivalent mithört, dieses gilt v.a. für בְּ (Nr. 2, Tab XIII) und לְ (Nr. 1, Tab XIII), dann aber auch für

③ אֵת (Nr. 3, Tab XIII) das „Akkusativ-Zeichen" (sog. *nota accusativi*); bei Suffixformen („mich, dich") usw., ist die Ausgangsform ***'ot*** (s. § 6.3; 1. Anm.), dieses gilt aber *nicht bei der 2. Pl.* (selten auch bei der 3. Pl.).

④ אֵת „(zusammen) mit, bei" (Nr. 4, Tab XIII), hier ist bei den Suffixformen auf das ***dāgeš*** forte im ת und auf das „i" in der ersten Silbe zu achten.

⑤ עַל/אֶל haben Suffixformen wie das Nomen im Plural (s. § 6.7), d.h. mit dem typischen י vor dem Suffix. Das י gehörte bei diesen beiden Partikeln zum ursprünglichen Lexem (z.B. * עֲלֵי).

⑥ לִפְנֵי „vor" ist das Nomen פָּנִים „Gesicht" im st. cons. (s. § 6.4; § 6.7) verbunden mit der Partikel לְ („angesichts von ...").

⑦ אַחֲרֵי „hinter, nach" bildet die Suffixform wahrscheinlich in Analogie zu לִפְנֵי.

⑧ מִן „von … aus" bildet die Suffixformen von einer reduplizierten, verdoppelten Wortbasis (***minmin***) aus. Besondere Beachtung verdient die 3. *masc.* Sg. (hier = 1. *com.* Pl.).

⑨ כְּ „wie" hat bei einigen Suffixformen eine um ein ***ma*** (***mo***) erweiterte Ausgangsform.

⑩ אַ֫יִן „nicht ist", die Suffixformen werden von אֵין aus – bisweilen erweitert durch ein ***aen*** – gebildet. Besondere Beachtung verdient wiederum die 3. *masc.* Sg. (hier = 1. *com.* Pl.).

⑪ הִנֵּה „siehe (hier ist)", hier ist vor allem die Suffixform der 1. *com.* Sg הִנְנִי / הִנֵּנִי (i.p.: הִנֵּ֫נִי) zu beachten.

Formensammlung (zur Auflösung s. S. 189)

א) לָכֶם   בָּכֶן   אִתּוֹ   אִתָּהּ   בְּךָ
ב) אֵלָיו   עֲלֵיהֶם   לְפָנַי   לָךְ   עָלֵינוּ
ג) מִמֶּנּוּ (2x)   אַחֲרֵיכֶם   עָלָיו   הִנְנִי   כָּמוֹךָ
ד) אֵינְךָ   עָלֶיהָ   אִתָּם   לְפָנָיו   אֵינֶנּוּ (2x)

Seltenere Formen

ה) עִמִּי   עִמָּדִי   תַּחְתָּיו   עוֹדֶנִּי   לִקְרָאתֵנוּ
ו) נֶגְדּוֹ   לָמוֹ   לְבַדּוֹ   עֲלֵי   יֶשְׁךָ

Vokabeln (§ 5) und Formen unterschiedlicher Herkunft

ז) כֹּה   כִּי   פֶּן   אִם   לְמַעַן
ח) יַעַן אֲשֶׁר   מִי   הֲלֹא   לָמָּה   מָתַי
ט) בַּעֲבוּר   בְּטֶרֶם   מִתּוֹךְ   בְּקֶרֶב   מֵאֵת
י) אָז   יַחְדָּו   בַּעֲדָם   מְאֹד   בְּשֶׁלְּמִי

Wendungen und Sätze (vorausgesetzt wird die Kenntnis von TAB XIII)

כ) אִישׁ חָכָם   אִישׁ צַדִּיק   וְנַעַר קָטֹן   בַּיּוֹם הַזֶּה
ל) אַחַר הַדְּבָרִים הָאֵלֶּה   בַּיּוֹם הַהוּא
מ) כִּי קָדוֹשׁ אֲנִי יְהוָה אֱלֹהֵיכֶם׃   כָּל־מַלְכֵי הָאָרֶץ
נ) עַם־רַב אַתָּה וְכֹחַ גָּדוֹל לָךְ   כְּכֹל הַתּוֹרָה הַזֹּאת

Zur Wiederholung (vorausgesetzt werden die Verbklassen פ"נ; ל"ה; פ"י/ו)

לֵ֤ךְ וְאָֽמַרְתָּ֙ אֶל־עַבְדִּ֣י אֶל־דָּוִ֔ד כֹּ֖ה אָמַ֣ר יְהוָ֑ה
הַאַתָּ֛ה תִּבְנֶה־לִּ֥י בַ֖יִת לְשִׁבְתִּֽי׃
וַיֹּ֣אמֶר אֵלָ֔יו אִם־נָ֛א מָצָ֥אתִי חֵ֖ן בְּעֵינֶ֑יךָ
וְעָשִׂ֤יתָ לִּי֙ א֔וֹת שָׁאַתָּ֖ה מְדַבֵּ֥ר עִמִּֽי׃
וַיִּשְׁמַ֤ע פַּרְעֹה֙ אֶת־הַדָּבָ֣ר הַזֶּ֔ה וַיְבַקֵּ֖שׁ לַהֲרֹ֣ג אֶת־מֹשֶׁ֑ה
וַיִּבְרַ֤ח מֹשֶׁה֙ מִפְּנֵ֣י פַרְעֹ֔ה וַיֵּ֥שֶׁב בְּאֶֽרֶץ־מִדְיָ֖ן וַיֵּ֥שֶׁב עַל־הַבְּאֵֽר׃
וַיֹּ֕אמֶר מִ֚י הִגִּ֣יד לְךָ֔ כִּ֥י עֵירֹ֖ם אָ֑תָּה
הֲמִן־הָעֵ֗ץ אֲשֶׁ֧ר צִוִּיתִ֛יךָ לְבִלְתִּ֥י אֲכָל־מִמֶּ֖נּוּ אָכָֽלְתָּ׃

§ 6 Nomen und Pronomen

6.1 Allgemeines

Hat man ein Nomen oder Pronomen als solches erkannt, gibt es beim Nachschlagen meist keine Schwierigkeiten mehr.*
Wichtig zum Erkennen des Wortes aber ist, dass man die einzelnen *Morpheme* (die grammatischen Elemente) sicher identifizieren kann.

* Achtung aber bei Wörtern mit **i**, **e**, **æ** und **u**, **o**! Diese können *plene* oder *defektiv* geschrieben sein (s. § 3.1.2.5); z.B.
Gen 22,4 מֵרָחֹק im Lexikon unter רָחוֹק

Übersicht zum Aufbau des Nomens

Suffixe	Affixe Endungen			Nachschlagewort			Präfixe / proklitische Elemente
s. § 5.3		Sg. *fem.*	*masc.*	*Afformative*		*Präformative*	s. § 5.3
u. TAB XIII		st. abs. ָה st. cons. ַת	– –	ֵת/ָת/ָה ָן/וֹן וּת/ִית	*Lexem*	מ ת א	
	י*	Pl. st. abs. וֹת st. cons. וֹת	ִים ֵי	ָם/וֹם ִי(ת)			
z.B.	מִזְבְּחוֹתֵיכֶם „eure Altäre“						
כֶם	י	וֹת			זֶבַח	מִ	

* „Pluralzeichen“

6.2 Zur Herkunft der Nomina

6.2.1 Besonders häufig werden die einsilbigen, zweikonsonantigen Nomina gebraucht, und zwar:

אָב	Vater	דָּם	Blut(tat)
אָח	Bruder	הַר	Berg, Gebirge
אֵל	Gott	יָד	*fem.* Hand
אֵם	Mutter	יָם	Meer
אַף	Nase, Zorn	כֹּל/כָּל־	Gesamtheit, alle, jeder, ganz
אֵשׁ	Feuer	כַּף	Hand(fläche)
בֵּן	Sohn	לֵב	Herz
עָם	Volk	שַׂר	Oberster, Befehlshaber
עֵץ	Baum, Pl. Holz(stücke)	שֵׁם	Name
עֵת	Zeit(punkt)		

mit Vokalbuchstabe:

גּוֹי	Volk	עִיר	*fem.* Stadt
פֶּה	Mund	קוֹל	Stimme, Laut, Geräusch
צֹאן	Kleinvieh (Schafe, Ziegen)	רֹאשׁ	Kopf, Gipfel
טוֹב	gut, Schönheit	רוּחַ	*fem.* Hauch, Geist, Wind
יוֹם	Tag		

6.2.2 Die Mehrzahl der Nomina wird von einer Verbal-Wurzel (einem Lexem) her gebildet, und zwar:

① direkt aus dem Lexem (der Wurzel)

מלך* (König sein/werden, herrschen) → מֶלֶךְ König

דבר (reden, sprechen) → דָּבָר Wort, Sache

* Ist ein Lexem unvokalisiert, spricht man es ā – a aus, also ***mālak̲***, ***lāmad*** usw.

oder

② durch Zufügung eines *Präformativs*

– *vor allem durch ein* מ (das man auch Nomenkennzeichen nennen kann); z.B.

זבח (schlachten, opfern) → מִזְבֵּחַ Altar (מ *loci*)
אכל (essen, fressen) → מַאֲכֶלֶת Messer (מ *instrumenti*)
אכל (essen, fressen) → מַאֲכָל Speise (מ *obiecti*);

– seltener durch ת; z.B.

למד (lernen) → תַּלְמִיד Schüler;

– noch seltener durch א; z.B.

שׁמר (bewahren, bewachen) → אַשְׁמֹרֶת Nachtwache;

③ durch Zufügung eines *Afformativs*

– וֹן oder ָן ; z.B.

זכר (sich erinnern) → זִכָּרוֹן Gedenken
קרב (nahe sein, sich nähern) → קָרְבָּן Opfergabe

oder

– ִית oder וּת; z.B.

ראשׁ (Haupt, Gipfel) → רֵאשִׁית Anfang, Erstes
מֶלֶךְ (König) → מַלְכוּת Königtum

④ durch besondere *Afformative* wie

– ָם , וֹם (wahrscheinlich eine alte Adverbial-Endung); z.B.
יוֹמָם bei Tage, חִנָּם umsonst, vergeblich, ohne Grund, אוּלָם dagegen, jedoch: פִּתְאֹם plötzlich;

– ִי , ִית (das i der Zugehörigkeit oder Herkunft und *Gentilizium-* oder *nisbe-Endung*); z.B.
מִצְרַיִם (Ägypten) → מִצְרִי ein Ägypter; הַמִּצְרִי der Ägypter,
מִצְרִית eine Ägypterin, ägyptisch (→ § 7.7, Ordinalzahlen),
רֶגֶל (Fuß) → רַגְלִי Fußgänger, Fußvolk; (so besonders nach Zahlen).

6.3 Kasus

Nach Abfall der alten Kasus-Endungen

unbetontes **u** für Nominativ, **i** für Genitiv, **a** für Akkusativ

gilt:

① Der *Nominativ* bleibt unbezeichnet.

② Der *Genitiv* wird durch die Constructus-Verbindung ausgedrückt (→ § 6.4).

③ Der *Dativ* wird durch die Partikel לְ umschrieben (einen „eigentlichen“ Dativ gibt es im Hebräischen nicht).

④ Der *Akkusativ* wird in Prosa, wenn das Nomen *determiniert* (bestimmt) ist, meist durch אֵת, אֶת־ (die sog. *nota accusativi* bzw. das *Akkusativ-Zeichen*) gekennzeichnet.

1. Anm.: Wahrscheinlich ist אֵת auf eine *Hervorhebungs*-Partikel zurückzuführen, die ein betontes (Pro-)Nomen anzeigen sollte. Diese Herkunft könnte auch erklären,

– warum es eine Reihe von Belegstellen gibt, in denen auf אֵת kein Akkusativ folgt (z.B. 2 Sam 11,25: „Es soll nicht böse sein in deinen Augen diese Sache“ אֶת־הַדָּבָר הַזֶּה), und

– warum in den poetischen Texten (und der älteren Prosa) die *nota accusativi* seltener gebraucht wird.

2. Anm.: Selten wird das direkte Objekt auch mit לְ verbunden; z.B. Jes 11,9: „Wie die Wasser, die das Meer bedecken“ כַּמַּיִם לַיָּם מְכַסִּים.

⑤ Durch das an das Nomen angehängte sog. ה-*locale* (ein unbetontes ה ָ) wird ein *Richtungsweiser* (*Richtungsakkusativ?*) gebildet; z.B.

אֶרֶץ	Erde	→	אַרְצָה	zur Erde (indet.), zu Boden
			אַרְצָה מִצְרַיִם	zu dem Land Ägypten (det.)
יָם	Meer	→	יָמָּה	meerwärts, nach Westen
לַיִל	Nacht	→	לַיְלָה	nachts, Nacht (temporal)
שָׁם	dort	→	שָׁמָּה	dorthin (abgenutzt: dort).

6.4 Constructus-Verbindung

6.4.1 An Stelle der Genitiv-Verbindung steht im Hebräischen die Constructus-Verbindung. Eine solche besteht aus mindestens zwei (bisweilen drei oder vier) Nomina, die unverbunden aufeinander folgen.
Das letzte Wort einer Constructus-Verbindung steht im status absolutus (st. abs.), d.h., unverändert, so wie es auch im Lexikon bzw. Vokabular zu finden ist. Der st. abs. trägt den Hauptton, und
allein am st. abs. entscheidet sich, ob die Constructus-Verbindung als ganze als determiniert oder indeterminiert zu gelten hat.

Die vorausgehenden Nomina stehen jeweils im *status constructus* (st. cons.), d.h., sie lehnen sich an den st. abs. an. Sie

- werden, wenn möglich, in der Aussprache verkürzt und verlieren dabei den Hauptton,
- können nicht mit dem Artikel verbunden werden bzw. ein Eigenname sein
- und erhalten zum Teil besondere Endungen (→ TAB XIII);

Constructus-Verbindung

⟵ Leserichtung

st. abs.	st. cons.	st. cons.	st. cons.	
כֹּהֵן	וּבַת־			und eine Tochter eines Priesters (Lev 22,12)
שָׁאוּל	בַּת			die Tochter Sauls (1 Sam 18,20)
יְהוָה	דְּבַר־			das Wort YHWHs
יְהוָה	עֲבָדֵי	כָּל־	וּדְמֵי	und das Blut (der Gesamtheit der =) aller Knechte YHWHs (2 Kön 9,7)

1. Anm.: In der Sekundärliteratur werden oft – von der lateinischen Grammatik herkommend – die Begriffe *Nomen rectum* für den st. abs. und *Nomen regens* für den st. cons. verwendet.

2. Anm.: Abgesehen von der Determinations-Frage (s. Anm. 3), ist bisher das Bestimmungsverhältnis innerhalb der Constructus-Verbindung nur unzureichend bestimmt (handelt es sich um einen Genitivus *subjectivus* [das Wort des HERRN], Gen. *objectivus* [die Ehrfurcht vor dem Herrn] oder Gen. *epexegeticus*, der eine nähere Erläuterung gibt zum Material, Namen, Zweck usw. [vgl. ähnliche Unbestimmtheiten im Deutschen z.B. bei Schoß-/Schäfer-Hund, Apfel-/Husten-Saft, Feuer-/Bundes-Wehr]).

3. Anm.: Ist der st. abs. determiniert und soll der st. cons. indeterminiert bleiben, so kann das nicht durch die Constructus-Verbindung ausgedrückt werden, sondern wird durch einen אֲשֶׁר-Satz oder mit לְ umschrieben (z.B. 1 Sam 16,18: „… Siehe, ich habe einen Sohn Isais gesehen …“ הִנֵּה רָאִיתִי בֵּן לְיִשַׁי)

4. Anm.: In einigen (meist späteren) Texten begegnet auch sonst statt einer Constructus-Verbindung eine Konstruktion mit לְ; z.B.: 1 Sam 14,16: „Und es schauten die Späher Sauls ...“ (וַיִּרְאוּ הַצֹּפִים לְשָׁאוּל) oder 2 Kön 1,17: „... im zweiten Jahr Jorams ...“ (בִּשְׁנַת שְׁתַּיִם לִיהוֹרָם).

5. Anm.: Selten – vor allem in poetischen Texten – findet sich an ein Partizip oder einen st. cons. angefügt das sog. י oder ו compaginis (י bzw. ו der Beziehung); z.B. Gen 49,11: „(Ein Bindender = Part.) Er wird seinen Esel an (לְ) den Weinstock binden und an (לְ) die Rebe das Füllen (Jungtier) seiner Eselin“ (אֹסְרִי לַגֶּפֶן עִירֹה וְלַשֹּׂרֵקָה בְּנִי אֲתֹנוֹ).

6.4.2 Stehen zwei Nomina im st. abs. nebeneinander, handelt es sich nicht um eine Constructus-Verbindung, sondern um ein appositionelles Verhältnis.

וְנָתָן הַנָּבִיא… וְצָדוֹק הַכֹּהֵן…	Und Natan, der Profet … ; und Zadok, der Priester, … (1 Kön 1,8)
וְהִנֵּה־שָׁם אִשָּׁה אַלְמָנָה מְקֹשֶׁשֶׁת עֵצִים	… und siehe dort (war) eine Frau, eine Witwe (eine verwitwete Frau), die sammelte (Part.) Hölzer. (1 Kön 17,10)

Ganz entsprechend wird das Adjektiv attributiv gebraucht, es steht nach dem Nomen und stimmt mit diesem in der Determination (bestimmt oder unbestimmt), aber auch beim Numerus (Sg./Pl.) und Genus (*masc./fem.*) überein.

וְיִקְבְּצוּ אֶת־כָּל־אֹכֶל הַשָּׁנִים הַטֹּבֹת הַבָּאֹת הָאֵלֶּה	Und sie sollen sammeln die ganze Nahrung der guten Jahre, die jetzt kommen werden (der Jahre, der guten, der kommenden [Part.], [nämlich] dieser [+ Art.]). (Gen 41,35)

Dieses Beispiel zeigt auch, dass das (Demonstrativ-)Pronomen (זֶה „dieser“, זֹאת „diese“, אֵלֶּה „diese [Pl.]“) wie ein Adjektiv gebraucht wird; z.B.

וַיֹּאמֶר אָכֵן יֵשׁ יְהוָה בַּמָּקוֹם הַזֶּה	Und er (Jakob) sprach: „Fürwahr, YHWH ist anwesend an diesem Ort …“ (an dem Ort, [nämlich] diesem); (Gen 28,16)

וַיֹּאמֶר לְזַרְעֲךָ אֶתֵּן אֶת־הָאָרֶץ הַזֹּאת	Und er (YHWH) sprach: „Deiner Nachkommenschaft werde ich dieses Land geben …“ (Gen 12,7)

Wird auf bereits Bekanntes oder Genanntes zurückverwiesen (Hilfsübersetzung: jener, jene, jenes), dann meist mit der 3. Person des Personalpronomens (+ Artikel nachgestellt, Sg.: הַהוּא, הַהִיא; Pl.: הָהֵם, הָהֵנָּה); z.B.

וַיְהִי בָּעֵת הַהִוא	Und es geschah in jener Zeit ... (in der Zeit, [nämlich] der bekannten; zur Punktation s. § 3.4.2); (Gen 21,22)
וַיְהִי בַּיָּמִים הָהֵם	Und es geschah in jenen Tagen ... (Ex 2,11)

6.4.3 Stimmen Adjektiv und Nomen vor allem bei der Determination (bestimmt oder unbestimmt?) *nicht* überein, so ist das Adjektiv prädikativ gebraucht. Meist steht das Adjektiv voraus (entsprechendes gilt wieder für das [Demonstrativ-]Pronomen; vgl. o. auch zum *Nominalsatz*);

וַיֹּאמֶר שִׁמְעִי לַמֶּלֶךְ טוֹב הַדָּבָר	Und es sprach Schimi zu dem König: „Gut (ist) das Wort! ...“ (1 Kön 2,38)
זֹאת אִיזָבֶל	Diese (ist/war) Isebel; (2 Kön 9,37)
אֵלֶּה בְּנֵי גִלְעָד	Dies(e) (sind) die Söhne Gileads. (Num 26,30)

6.5 Zur Determination

Determiniert (näher bestimmt) ist ein Nomen (bzw. Pronomen)

① durch den Artikel (die Determinationspartikel),
② als Eigenname
③ durch ein Suffix (s. oben und TAB XIII),
④ wenn das letzte Glied einer Constructus-Verbindung, der status absolutus, determiniert ist (s.o. § 6.4).

Zur Form: Der **Artikel** ist unveränderlich (vgl. engl. „the"). Er steht proklitisch und hat die Form:

			z.B.:
הַ·	mit nachfolgendem ***dāgeš*** forte (< ***han**** ?) = *Normalform*;	הַמֶּ֫לֶךְ	der König
		הַהוּא	jener (s.o.)
הַ	ohne ***dāgeš*** forte meist vor ה, ח = *virtuelle Verdoppelung* (s. § 3.2.2; 3. Anm.)	הַחָכְמָה	die Weisheit
הָ	meist vor א, ר, ע = *compensatio*, Ersatzdehnung	הָאֱלֹהִים	Gott (+ Art.)
		הָרֹאשׁ	das Haupt
		הָעִיר	die Stadt
הֶ	vor ה und ע mit unbetontem ***qā́mæṣ*** und vor ח mit jedem ***qā́mæṣ***, nicht aber mit ***qā́mæṣ ḥāṭûp̄*** = Ablautung	הֶעָרִים	die Städte
		הֶהָרִים	die Berge
		הֶחָג	das Fest
(Ähnlich sind die Formen des ה *interrogativum*, S. 71.)			

Ausnahmen: Die wichtigsten sind:
הָהָר (der Berg, das Gebirge), הָהֵ֫מָּה, הָהֵם, הָהֵ֫נָּה („jene" Pl.).

Einige Wörter haben nach dem Artikel eine leicht veränderte Vokalisation („Pausalform"):

אֶ֫רֶץ	aber	הָאָ֫רֶץ	die Erde, das Land
עַם	aber	הָעָם	das Volk
הַר	aber	הָהָר	der Berg, das Gebirge
חַג	aber	הֶחָג	das Fest
אֲרוֹן	aber	הָאָרוֹן	die Lade

In Verbindung mit den Partikeln לְ, בְּ, כְּ gilt: Das ה des Artikels wird elidiert (ausgestoßen), und die Partikel erhält die Vokalisation des Artikels! z.B.

הָאָ֫רֶץ + בְּ   בָּאָ֫רֶץ im Land, auf der Erde; *aber*: בְּאֶ֫רֶץ in einem Land

* Weitere Beispiele s. § 4.1.4.

Zur Funktion:

① Der Artikel ist dem Hebräischen erst relativ spät zugewachsen. Er fehlt wohl deshalb auch sehr häufig in der (älteren) *Poesie* an Stellen, wo er in Prosa-Texten stehen würde.

② Ursprünglich hatte der „Artikel“ demonstrative Bedeutung; diese hat sich bisweilen noch gehalten; z.B.

הַיּוֹם	der Tag	≈ dieser Tag	≈ heute
הַלַּיְלָה	die Nacht	≈ diese Nacht	≈ heute Nacht
הַפַּעַם	das Mal	≈ dieses Mal	

③ *„Doppeldetermination“ wird im Hebräischen strikt vermieden* (weil nur so die Constructus-Verbindung funktionieren kann). Dennoch begegnet der Artikel bisweilen bei Eigennamen, dieses erklärt sich folgendermaßen:

– *Gentilizia* (s.o. § 6.2.2) werden wie Adjektive behandelt und können so auch den Artikel haben; vgl. z.B.

בָּא־אֵלַי … gekommen ist zu mir
הָעֶבֶד הָעִבְרִי der hebräische Knecht (der Knecht, [nämlich] der …; (Gen 39,17)

aber: vgl. Gen 39,14: אִישׁ עִבְרִי (ein hebräischer Mann).

– *Landschafts- und Ortsnamen* haben häufig den Artikel, vor allem dann, wenn sie von *Appellativen* (Gattungsbezeichnungen) bzw. von *Konkreta* abgeleitet werden können (vgl. im Deutschen etwa „die Mauer“ in Berlin); z.B.

Flüsse/Orte/	הַיְאֹר	Nil (der Fluss);	הַיַּרְדֵּן	Jordan (der Hinabsteigende?)
Landschaften:	הָרָמָה	Rama (die Anhöhe);	הַמֹּרִיָּה	Morija (er/sie ראה, ירא?)

④ Der Artikel wird im Hebräischen – abweichend vom Deutschen – auch gebraucht:

– beim *Vokativ* (Kasus [Fall] der Anrede: „Oh König!, Du Herrscher!“); z.B.

וַיְדַבֵּר אֵלָיו … und er sagte zu (אֶל) ihm:
אִישׁ הָאֱלֹהִים „(Du/Oh) Mann Gottes, der König hat gesagt:
הַמֶּלֶךְ דִּבֶּר רֵדָה ‚Steige doch herab!‘ “ (2 Kön 1,9)

Anm.: Fehlt der Artikel bei der Anrede, dürfte das interpretationsrelevant sein (wie z.B. Am 7,12 bei חֹזֶה).

– beim *Superlativ*; z.B.

וַיִּקְרָא אֶת־עֵשָׂו בְּנוֹ הַגָּדֹל	Und er rief Esau, seinen ältesten Sohn (seinen Sohn, den großen) … (Gen 27,1)

Anm.: Da es im Hebräischen keine „Steigerungsformen" des Adjektivs gibt (im Deutschen: „groß, größer, am größten" und „sehr groß"), wird

- der Komparativ mit מִן umschrieben (s. § 5.3.2.2),
- der Superlativ wie oben oder bisweilen auch durch Wendungen ausgedrückt, wie 2 Chr 21,17: קְטֹן בָּנָיו „der kleine (= der jüngste) seiner Söhne" (*Gen. partitivus*) oder Hld 1,1: שִׁיר הַשִּׁירִים „das Lied der Lieder" (= das beste, schönste Lied [*Paronomasie*]);
- der *Elativ* (= ohne Vergleich) oft durch nachgestelltes מְאֹד „sehr" gekennzeichnet, wie Ez 37,10: חַיִל גָּדוֹל מְאֹד־מְאֹד „ein sehr, sehr großes Heer".

– bei Stoff- und Gattungsbezeichnungen, auch Abstrakta wie „Silber und Gold, Feuer und Wasser, Schnee, Blindheit usw."; z.B.

וַתַּחְמְרָה בַחֵמָר	… und sie verpichte es (das Kästchen) mit Pech (+ Art.); (Ex 2,3)
וַיַּצִּתוּ עַבְדֵי אַבְשָׁלוֹם אֶת־ הַחֶלְקָה בָּאֵשׁ׃	… und es verbrannten (יצת !) die Knechte Absaloms das Feldstück mit Feuer (+ Art.). (2 Sam 14,30)

– Auch sonst ist es ganz wichtig, auf die Frage der *Determination* und dabei auf die Verwendung des Artikels zu achten. *Notetische Bemerkungen* (wie oben) können hier weiterhelfen.

6.6 Numerus

Das Hebräische unterscheidet *drei Numeri*: Singular, Plural und – selten – Dual.

① Der **Dual** begegnet nur bei Zeit- und Maßangaben und paarweise vorkommenden Dingen, vor allem bei Körperteilen, z.B.

עַיִן Auge עֵינַיִם (zwei) Augen (st. cons. = wie beim Pl. עֵינֵי);

שְׁנָתַיִם אַחַר הַמַּבּוּל Zwei Jahre (שָׁנָה) nach der Sintflut … (Gen 11,10)

Zu den grammatischen Endungen und weiteren Beispielen s. TAB XIII u. XIV!

② Der **Singular** steht für eine *Ein*heit bzw. *Ein*zahl, bisweilen auch für ein *Kollektivum* (eine Mehrzahl wird zu einer Einheit zusammengefasst); z.B.

אָדָם	Mensch, Menschheit	פְּרִי	Frucht, Früchte
בָּקָר	Rindvieh	צֹאן	Kleinvieh, Schafe u. Ziegen
עוֹף	Geflügel, Vögel	רֶכֶב	(Streit-)Wagen(zug);

weiterhin findet sich häufig der Singular bei Volksbezeichnungen (Gentilizia s. § 6.2), d.h., eine Einzelperson steht für eine Gruppe bzw. ein ganzes Volk (*corporate personality*):

וַיָּבֹא עֲמָלֵק וַיִּלָּחֶם עִם־יִשְׂרָאֵל בִּרְפִידִם Und es kam Amalek (die Amalekiter), und er kämpfte mit Israel (den Israeliten) in Refidim. (Ex 17,8)

③ Der **Plural** wird für eine *Mehr*heit bzw. *Mehr*zahl gebraucht, bisweilen aber auch für ein (deutsches) Kollektivum; z.B.

זְקוּנִים Alter(szeiten) נְעוּרִים Jugend(zeiten);

weiterhin bei dem sog. **Hoheitsplural**; z.B.

אֱלֹהִים (der) Gott (Ist der Plural „Götter" gemeint, erkennt man das an der Verbform bzw. an nachgestellten näheren Bestimmungen wie אֲחֵרִים „andere");

אָדוֹן Herr das **mit Suffixen** – auch für den Sg. – **immer im Pl.** gebraucht wird; die einzige Ausnahme ist m. W. אֲדֹנִי „*mein* Herr"; (s. auch § 3.4.2).

6.7 Genus

Das Hebräische unterscheidet *zwei Genera*: männlich (*masc.*) und weiblich (*fem.*); sächlich (*neutr.*) gibt es nicht.

Es gibt

① ein *natürliches* Genus, das ohne besondere Genuskennzeichnungen auskommt;
z.B. *fem.*: אֵם Mutter
בַּת Tochter;

feminin sind im Hebräischen meist auch:
Städte (vgl. auch עִיר „Stadt"), *Länder* (vgl. auch אֶ֫רֶץ „Land, Erde"), *Abstrakta* (z.B. עֵת „Zeit"), *Werkzeuge* (z.B. אֶבֶן „Stein") und *Körperteile* (z.B. נֶ֫פֶשׁ „Kehle, Seele, Lebenskraft");

② ein *grammatisches Genus*, d.h., es sind besondere Genuskennzeichnungen gegeben:

		masc.	*fem.*
Sg.	st. abs.	–	ָה
	st. cons.	–	ַת
Pl.	st. abs.	ִים	וֹת
	st. cons.	ֵי	וֹת

1. Anm.: Zum *Dual* s.o. und TAB XIII.

2. Anm.: Die Endung ת (*at* bzw. *ot*) dürfte älter sein als die Endung ָה. Letztere diente wahrscheinlich ursprünglich (auch) als Vereinzelungsendung, d.h., zur Kennzeichnung eines *Einzeldinges* (*nomen unitatis*), und wurde erst später mit der *fem.*-Endung gleichgesetzt;

z.B. צֶ֫דֶק gemeinschaftsgemäßes Verhalten — צְדָקָה gemeinschaftsgemäße Tat
שִׁיר Lied(er), Gesang — שִׁירָה einzelnes Lied.

Von dieser Annahme her ließe sich auch erklären, warum im Hebräischen relativ viele Nomina einen doppelten Plural haben (beachte aber auch die 3. Anm.!) bzw. bisweilen zu einem *masc.* Wort ein *fem.* Plural und zu einem *fem.* Nomen ein *masc.* Plural gebildet wird. (Das gilt übrigens nicht für die Adjektive.);

z.B. שֵׂעָר Behaarung, Haar — שַׂעֲרָה ein einzelnes Haar
שַׂעֲרוֹת ראשׁי) die (einzelnen) Haare meines Kopfes);
אָב Vater — אָבוֹת Väter
אִשָּׁה Frau — נָשִׁים Frauen
בָּקָר עָלוֹת säugendes Rindvieh — בָּקָר בְּרִאִים gemästetes Rindvieh

3. Anm.: Möglicherweise sind im Hebräischen aber auch grammatische Kategorien wie Sg./Pl. und *fem./masc.* großzügiger gebraucht worden als im Deutschen.

6.8 Suffixe am Nomen

① Suffixe am Nomen bezeichnen die Zugehörigkeit (Possessivpronomen „mein, dein, sein“ usw.).

② Suffixe determinieren das Nomen (s. auch § 6.4)

③ Zur Form der Suffixe → Tab XIII

④ Unterschiede in der Form der Suffixe am Singular und Plural finden sich in der 3. *masc.* und *fem.* Sg. und Pl.:

	am Sg.	am Pl.
3. *masc.* Sg.	וֹ	ָיו
3. *masc.* Pl.	ָם	ֵיהֶם
3. *fem.* Sg.	ָהּ	ֶיהָ
3. *fem.* Pl.	ָן	ֵיהֶן

⑤ Für das Nomen im **Singular** gilt:
Beim Femininum werden die Suffixe an die Endung ַת (st. cons.) angefügt. In der offenen Silbe wird das ***pátaḥ*** zu ***qā́mæṣ*** gedehnt.

סוּסָתִי meine Stute

⑥ Für das Nomen im **Plural** gilt:
Das Kennzeichen des Plurals (*masc.* und *fem.*) ist das י (Vokalbuchstabe) vor dem Suffix.

סוּסוֹתֵינוּ/סוּסֵינוּ unsere Pferde/Stuten

Ausnahme 1. *com.* Sg. סוּסִי (*sûsî*) mein Pferd; aber:
סוּסַי (*sûsay*) meine Pferde

Beim Femininum werden die Suffixe an die Endung וֹת angefügt.

סוּסוֹתֵינוּ unsere Stuten

⑦ Unterschieden werden die *schweren Suffixe* (־כֶם/־כֶן und ־הֶם/־הֶן), die stets den Ton tragen, von den *leichten Suffixen* (alle weiteren).

6.9 Nomen-Analysehilfe (vgl. oben zu § 6.1)

Suffixe und	Endungen	Nach-schlage-wort	Proklitische Elemente
Sg. 1. *com.* ִי / ַי	**fem. Sg.:**		וְ (וּ) und;
2. *masc.* ְךָ	st. abs.: ָה		הֲ ([·]הַ / הֶ) =
2. *fem.* ךְ	st. cons.: ַת(ָ)		ה *interrogativum*;
3. *masc.* וֹ/ָיו	ה-locale: ָה		·הַ (הַ / הָ / הֶ) Artikel;
3. *fem.* ָהּ / הָ			לְ/כְּ/בְּ Präpositionen;
Pl. 1. *com.* נוּ	**Pluralkennzeichen:**		·לַ Art. + Präp.: usw.
2. *masc.* כֶם	(bei Suffixen) י		
2. *fem.* כֶן	*fem.* st. cons.: וֹת		מ = Partizip
3. *masc.* ָם/הֶם	*masc.* st. abs.: ִים		·מִ (מֵ) (= מִן)
3. *fem.* ָן / הֶן	*masc.* st. cons.: ֵי		von … aus gesehen

Analysebeispiele (Leserichtung von rechts nach links)

1. מִדָּמָהּ = מִן + Nachschlagewort דָּם Blut + ָהּ ihr (*fem.* Sg.)
2. וְאַדְמָתְךָ = וְ + Nachschlagewort אֲדָמָה Land + ת st. cons. + ךָ dein (*masc.* Sg.)
3. וְלַאֲבוֹתֵיהֶם = וְ + לְ + Nachschlagewort אָב Vater + וֹת (unregelmäßiger) Plural + י Plural-Kennzeichen + הֶם ihr (*masc.* Pl.)
4. וּבַעֲוֹנוֹתֵינוּ = וְ + בְּ + Nachschlagewort עָוֹן Sünde, Strafe + וֹת + י + נוּ unser

Zur Übung: Beispiele aus Gen 22, 1-6

1. בִּנְךָ ....
2. חֲמֹרוֹ ....
3. נְעָרָיו ....
4. אִתּוֹ ....
5. עֲצֵי ....
6. הַמָּקוֹם ....
7. מֵרָחֹק ....
8. אֲלֵיכֶם ....

Vokabel- und Formensammlung (zur Auflösung s. S. 190)

א)	אֵשׁ	אִישׁ	יָם	יוֹם	כּוֹל/כָּל
ב)	רֹאשׁ	רוּחַ	צֹאן	עִיר	אַף
ג)	סוּסִי	סוּסַי	סוּסוֹתֵיכֶן	יָמָּה	יוֹמָם
ד)	טוֹבַת	הַהוּא	זִכָּרוֹן	כַּמַּיִם	מְאֹד

Vokabeln und Formen unterschiedlicher Herkunft

ה)	צֶדֶק	צְדָקָה	נְעָרָיו	אֵינֶנּוּ	עֵינַיִם
ו)	מֵרָחוֹק	עִמָּדִי	כְּמוֹהֶם	סוּסוֹתֵיהֶן	מִמְּקוֹמְךָ

Wendungen und Sätze

אֶת־הָאָרֶץ הַטּוֹבָה הַזֹּאת

יְהוָה אֱלֹהֵינוּ

אֶת־דְּבָרַי הַטּוֹב

אִישׁ מִבֵּית לֵוִי

בַּסּוּף עַל־שְׂפַת הַיְאֹר

כִּי־כָבֵד הָרָעָב בָּאָרֶץ

אִשָּׁה יְפַת־מַרְאֶה אָתְּ

*וַיְהִי־לוֹ צֹאן־וּבָקָר וַחֲמֹרִים

יָמָּה וָקֵדְמָה וְצָפֹנָה וָנֶגְבָּה

בָּרוּךְ עַמִּי מִצְרַיִם וּמַעֲשֵׂה יָדַי אַשּׁוּר וְנַחֲלָתִי יִשְׂרָאֵל

* hier: "es gehörten ihm", zur Übersetzung von וַיְהִי־לוֹ vgl. § 5.3.2

§ 7 Nomina mit veränderlichen Vokalen, Nomina besonderer Bildung und Zahlwörter

Bei den Nomina gibt es relativ wenig Probleme zu bewältigen (vorausgesetzt allerdings, Tab XIII wird beherrscht), da das „Nachschlagewort“ im Konsonantenbestand weitestgehend erhalten ist und man sich so beim Übersetzen leicht mit guten Vokabelkenntnissen oder – mit einer gekonnten Nachschlagetechnik – über das Lexikon weiterhelfen kann. Deshalb wird in diesem Paragraphen nur auf die zentralen Phänomene der wichtigsten Nomenklassen aufmerksam gemacht.

7.1 Segolata (Tab XIV)

① Die am häufigsten gebrauchte Klasse dieser Nomina ist die der *Segolata* (nach dem s^{e}*gôl* benannt, an der Pänultimabetonung erkannt – s. § 3.3.1 u. § 4.3.2.3). Sie lässt sich in folgende **Typen** untergliedern:

qaṭl *qiṭl* *quṭl**	mit Laryngal	II (mediae) *waw/yod*	III (tertiae) *yod*

* Benannt nach dem Verb-Paradigma קטל und einem der ursemitischen Vokale **a**, **i**, **u** (s. § 4.2.1) als „Stammvokal“.

② Zur **Entstehung** der Segolata:

Ausgangsform war z.B. *málk* { u (Nominativ) / i (Genitiv) / a (Akkusativ) }

Nach Abfall der alten Kasus-Endungen entstand eine doppelt geschlossene Silbe (s. § 4.3.1), die zur deutlicheren Aussprache der Konsonanten „aufgesprengt“ wurde, besser: bei der sich ein Hilfs- bzw. Sprossvokal einschlich, nämlich das s^{e}*gôl*. Dieses wiederum bewirkte, dass der

Stammvokal							
a	zu	**æ**	abgelautet,	z.B. *malk*	→	מֶ֫לֶךְ	(st. abs. u. cons.)
i	zu	**e**	in der offenen Silbe	*šibṭ*	→	שֵׁ֫בֶט	(- " -)
u	zu	**o**	gedehnt wurde	*qudš*	→	קֹ֫דֶשׁ	(- " -)

Achtung: Die Pänultimabetonung bleibt bestehen!

– Der Bildungstyp *qiṭl* ist seltener; er wurde meist durch *qaṭl* ersetzt. Gelegentlich kommt es bei der Formbildung zu Vermischungen: נֶ֫דֶר (Gelübde) *neben* נֵ֫דֶר, *daher:* נִדְרוֹ.

– Bei den Segolata mit einem *Laryngal* als zweitem Konsonanten ist der Hilfsvokal meist kein *s*^{e}*gôl*, sondern ein *pátaḥ*. Der Stammvokal **a** bleibt so erhalten; z.B. נַ֫עַר (Knabe, Knecht).

– Bei den II (mediae) *waw/yod* erinnert nur noch das Nachschlagwort (Sg. st. abs.) mit der Pänultimabetonung an die Segolata; z.B.
מָ֫וֶת (Tod); זַ֫יִת* (Olive).
Ansonsten gilt, da **a + waw** zu unveränderlich langem **ô** (מוֹת) und
a + yod zu unveränderlich langem **ê** (זֵית) kontrahieren (s. § 4.2.2),
dass alle weiteren Formen gebildet werden wie beim unveränderlichen Nomen.

* Der Hilfsvokal ist wegen des *yod* ein **i** (s. § 4.3.2.3)

– Bei den III (Tertiae) *yod* war die Ausgangsform z.B. bei פְּרִי *páry* (u/i/a). Die doppelt geschlossene Silbe wurde wegen des Semivokals *yod* mit **i**, dem homogensten Vokal, „aufgesprengt". Das **i** kontrahierte dann mit dem *yod* zu unveränderlich langem **i**. Da der Kontraktionsvokal aber den Ton auf sich zog, wurde der vorausgehende Stammvokal **a** reduziert (s. § 4.3.2.3.c; s. dort auch zu den seltenen III *waw* Segolata).

③ Bei den Formen mit *Suffixen* hält sich *im Singular** der ursprüngliche Stammvokal, also das **a**, das **i** oder das **u****, da ja die doppelt geschlossene Silbe gar nicht entsteht; z.B.:
מֶ֫לֶךְ → מַלְכִּי; שֵׁ֫בֶט → שִׁבְטְךָ.

* Entsprechendes gilt für
– die Dualform, z.B. (רֶ֫גֶל, Fuß) → רַגְלַ֫יִם; (אֹ֫זֶן, Ohr) → אָזְנַ֫יִם. Vgl. auch בִּרְכַּ֫יִם (Knie) mit der Nachschlageform בֶּ֫רֶךְ, die vom üblichen Muster abweicht.
– die Formen mit dem sogenannten ה-locale, z.B. אֶ֫רֶץ (Erde, Land) → אַ֫רְצָה בַּ֫יִת (Haus) → בַּ֫יְתָה.

** Bei den *quṭl*-Formen steht meist nicht das ursprüngliche **u**, sondern ein *qāmæṣ ḥāṭûp*.

④ Problematischer ist der Plural.

> Im *status absolutus* und *vor den leichten Suffixen** ist die Ausgangsform um eine Silbe erweitert**; z.B.
>
> | | *malk* | *šibṭ* | *qudš* | *'arṣ* |
> |---|---|---|---|---|
> | *aber* | מְלָכִים | שְׁבָטִים | קֳדָשִׁים | אֲרָצוֹת |
> | *und* | מְלָכַי | שְׁבָטַי | קֳדָשַׁי | |

* Als „leicht" gelten alle Suffixe außer כֶן/כֶם und הֶן/הֶם.

** Möglicherweise handelt es sich um eine Analogiebildung zu der Klasse der Nomina mit zwei veränderlichen Vokalen, also z.B. zu דְּבָרִים (s. dazu u.).

> Im *status constructus* und *vor den schweren Suffixen** findet sich dagegen die (erwartete) Ausgangsform; z.B.
>
> | *malk* | *šibṭ* | *qudš* | *'arṣ* |
> |---|---|---|---|
> | מַלְכֵי | שִׁבְטֵי | קָדְשֵׁי | אַרְצוֹת |

* Also כֶן/כֶם und הֶן/הֶם, s.o.

⑤ Häufig vorkommende Segolata

אֶבֶן	*fem.* Stein
אֹהֶל	Zelt
אֶלֶף	Rind, Tausend(schaft)
אֶרֶץ	*fem.* Erde, Land
בֶּגֶד	Kleid(ung)
בַּיִת	Haus
בַּעַל	Besitzer, Herr, Ehemann, Baal (Gott)
דֶּרֶךְ	Weg, Wandel
זֶרַע	Same, Saat, Nachkommenschaft
חֹדֶשׁ	Neumond, Monat
חַיִל	Kraft, Vermögen, Heer
חֶסֶד	Güte, Gnade, Treue, Loyalität
חֶרֶב	*fem.* Schwert
יֶלֶד	Kind, Junge
כְּלִי	Gefäß, Werkzeug, Waffe
כֶּסֶף	Silber, Geld
לֶחֶם	Brot, Speise, Nahrung
לַיְלָה/לַיִל	Nacht, nachts
מָוֶת	Tod
מַיִם	Wasser
מֶלֶךְ	König
נַעַר	Junge, Knecht, Knabe
נֶפֶשׁ	*fem.* „Seele", (Kehle, Schlund), Leben(skraft)
עֶבֶד	Knecht, Diener
עַיִן	*fem.* Auge, Quelle
פְּרִי	Frucht, Früchte
קֹדֶשׁ	Heiliges, Heiligtum
קֶרֶב	Inneres, Mitte
רֶגֶל	Fuß
שֵׁבֶט	Stab, Stamm
שַׁעַר	(Stadt-)Tor
תָּוֶךְ	Mitte

7.2 Nomina mit zwei veränderlichen Vokalen (Tab XIV)

① Diese Klasse des Nomens wurde ausführlich in § 4.3.1f. behandelt. Folgendes nur zur (Nach-)Hilfe:

Ausgangsform ist ein Nomen mit *zwei kurzen* (d.h., veränderlichen) *Vokalen* (hier vom Typ *qaṭal*), z.B.

dabar { u / i / a } Nach Abfall der Kasusendungen wird

– das 1. a in offener Vortonsilbe zu einem *Vortonqā́mæṣ*,
– das 2. **a** in der (Haupt-)Tonsilbe zu *qā́mæṣ* gedehnt; → דָבָר,

– rückt der Ton weiter (beim st. cons. oder bei Anfügung von Suffixen), wird
  1. der Vortonvokal zu *šᵉwa'* reduziert und
  2. der Tonsilbenvokal in geschlossener Silbe zu einem kurzen Vokal (*páṭaḥ*) verkürzt; → דְבַר־
     in offener Silbe zu *Vortonqā́mæṣ* gedehnt; → דְבָרִי;
– rückt der Ton abermals weiter (im st. cons. Pl. und im Pl. bei den „schweren" Suffixen), kämen zwei Vorschlagsilben hintereinander zu stehen. Um das zu vermeiden (s. dazu § 4.3.2.2), erhält
  die 1. Silbe einen vollen Vokal, meist i,
  die 2. Silbe *šᵉwa' quiescens* (bzw. sog. *šᵉwa'* medium) → דִבְרֵי.

② Bei Nomina dieser Klasse, die als zweiten Vokal ein **e** haben (*qaṭil*-Nomina), taucht dieses e nur dort auf, wo beim *qaṭal*-Typ in der zweiten Silbe das *qā́mæṣ* steht (ansonsten sind diese Formen in der Vokalisation weitgehend identisch); z.B.

זָקֵן (Sg. st. abs.) *aber* זְקֵן (st. cons.);
זְקֵנִים (Pl. st. abs.) *aber* זִקְנֵי (st. cons.).

③ Bei den III (tertiae) *yod/he* dieser Klasse wird **ay** (so noch in der Poesie, z.B. שָׂדַי) meist zu ֶה kontrahiert (im st. cons. zu ֵה), ansonsten aber elidiert, ausgestoßen; z.B.

שָׂדֶה (Sg. st. abs.) *und* שְׂדֵה (st. cons.); *aber*
שָׂדוֹת (Pl. st. abs.) שְׂדוֹת (st. cons.).

④ Häufig vorkommende Nomina dieser Klasse

אָדָם	Mensch, Menschheit	צָבָא	Heer; Pl. Heerscharen
בָּקָר	Rindvieh	קָהָל	Versammlung, Gemeinde
בָּשָׂר	Fleisch		
דָּבָר	Wort, Sache, Ereignis	Verbaladjektive wie:	
זָהָב	Gold	כָּבֵד	schwer
לֵבָב	Herz	זָקֵן	alt, Ältester
חָכָם	weise, Weiser	חָזָק	fest, stark, hart

7.3 Nomina mit verdoppeltem Endkonsonanten (Tab XIV)

Hier gilt es nur, zwei Sachverhalte zu beachten (s. § 3.2.2 u. § 4.3.2b),

① bei allen Formen – abgesehen von dem Nachschlagewort, das im Sg. st. abs. steht – taucht der dritte Radikal (wenn er kein Laryngal oder ר ist) als *dāgeš forte* wieder auf und mit ihm

② der ursprüngliche kurze Vokal; z.B.

עַם/עָם	Volk	*aber*	עַמִּי	(ā → **a**; auch → **i**)
עֵת	Zeit		עִתִּים	(ē → **i**)
חֹק	Satzung		חֻקִּי	(ō → **u**; auch → **å**)

③ Häufig vorkommende Nomina dieser Klasse

אֵם	Mutter	כַּף	Hand(fläche)
אַף	Nase, Zorn (Du. אַפַּ֫יִם, auch: Angesicht)	לֵב	Herz
הַר	Berg, Gebirge	עַם/עָם	Volk
חַי	lebendig, lebend	עֵת	Zeit(punkt)
חַיִּים	Leben	רַב	viel, zahlreich, groß
חֹק	Satzung, Festgesetztes	רֹב	Menge
יָם	Meer	רַע/רָע	schlecht, böse
כֹּל/כָּל־	Gesamtheit, alle, jeder, ganz	שַׂר	Oberster, Befehlshaber, Beamter

7.4 Nomina mit einem veränderlichen Vokal in der vorletzten Silbe (Tab XIV)

① Bei dem veränderlichen Vokal in der vorletzten Silbe handelt es sich meistens um ein *Vortonqā́mæṣ* (VQ), seltener um ein *Vortonṣêrê* (VS). So gibt es eigentlich nur das Problem, dass man wissen muss (s. § 4.3.1.3), dass der Vortonvokal bei weiterrückendem Ton* zu *šᵉwa'* (simplex oder compositum) reduziert wird; z.B.

קָדוֹשׁ Heilig(er)	*aber*	קְדוֹשׁ	(ָ VQ → ְ)
מֵקִים Aufstellend(er)**	*aber*	מְקִים	(ֵ VS → ְ)

* Also bei **allen** Formen außer dem Nachschlagewort, dem Sg. st. abs.

** Part. Hif. von קוּם (s. § 10.5.2)

② Häufig vorkommende Nomina dieser Klasse

אָדוֹן	Herr, Gebieter
גָּדוֹל	groß, Großer
כָּבוֹד	Gewicht, Ansehen, Herrlichkeit, Ehre
לָשׁוֹן	Zunge, Sprache
מָשִׁיחַ	Gesalbter, gesalbt
נָבִיא	Prophet
סָבִיב	Umkreis, ringsum
עָוֹן	Sünde, Schuld, Unheil
קָדוֹשׁ	Heilig(er)
קָרוֹב	nahe, Nächster
רָחוֹק	fern, Ferne
שָׁלוֹם	Heil, Friede, Wohlergehen

vgl. auch Nomina wie

זִכָּרוֹן	Andenken, Gedächtnis, Gedenken
בָּרוּךְ	gesegnet, gepriesen (Part. Pass. *Qal* → בָּרַךְ)
מָקוֹם	Ort, Stelle, Platz

7.5 Nomina mit einem veränderlichen Vokal in der letzten oder einzigen Silbe (Tab XIV)

① *Qā́mæṣ* (ָ) wird bisweilen zu *pátaḥ* (ַ) verkürzt (so meist im Sg. st. cons. und vor den „schweren" Suffixen) oder zu *šᵉwā'* reduziert (so im Pl. st. cons. und vor den „schweren" Suffixen); z.B.

		Sg. st. cons.		Pl. st. cons.
מִשְׁפָּט	*aber*	מִשְׁפַּט	*aber*	מִשְׁפְּטֵי (ָ → ַ → ְ)
דָּם	*aber*	דַּם	*aber*	דְּמֵי

② *Ṣêrê* (ֵ) wird meist zu *šᵉwā'* reduziert, seltener zu *sᵉgôl* (ֶ) oder auch *ḥîræq* (ִ) verkürzt;

		Pl. st. cons.		mit Suffix
יֹשֵׁב*	*aber*	יֹשְׁבֵי	*aber*	יֹשֶׁבְכֶם
שֵׁם*	*aber*	שְׁמוֹת	*aber*	שִׁמְכֶם

* So auch Sg. st. cons.

③ *Sᵉgôl* in der letzten Silbe weist auf die Herkunft von Verba Tertiae (III) *he/yod* hin; → dort § 10.6.2;

		Sg. st. cons.		Pl. st. abs.
רֹאֶה	*aber*	רֹאֵה	*aber*	רֹאִים

④ Häufig vorkommende Nomina dieser Klasse

אוֹיֵב	Feind	עוֹלָם	Ewigkeit; unbestimmte, ferne Zeit
דָּם	Blut; Pl. Blut, Blutschuld	עֵץ	Baum, Bäume; Pl. Holz(stücke)
יָד	*fem.* Hand, Gewalt	פָּנִים	Gesicht, Oberfläche
כֹּהֵן	Priester	קָרְבָּן	Darbringung, Opfergabe
מִדְבָּר	Wüste, Steppe	רֹאֶה	(Part.) Seher, Sehend(er)
מִזְבֵּחַ	Altar	רֹפֵא	(Part.) Arzt, Heilend(er)
מַלְאָךְ	Bote, Engel	שֵׁם	Name
מִסְפָּר	Zahl	שָׁנָה	Jahr
מִשְׁפָּט	Gericht, Recht(ssache), (das) Wesenseigene, -gemäße	שֹׁפֵט	(Part.) Richter, Retter
עוֹלָה	(Brand-)Opfer		

Anm.: Abschließend sei noch einmal darauf hingewiesen, dass
- hier nur eine *Auswahl* der Nomen-Klassen erwähnt wurde,
- man die Klassifizierung und die Beschreibung der Details der Vokalisation noch erheblich erweitern könnte. Darauf wurde bewusst verzichtet, da andere Lernstoffe von erheblich größerer Bedeutung sind.

7.6 Nomina besonderer Bildung (Tab XV)

Diese Nomina sind sehr häufig, im Kontext aber bisweilen nur schwer zu erkennen. Es ist deshalb von besonderer Wichtigkeit, dass
– diese Nomina als *Vokabeln* (hauptsächlich 15) sicher beherrscht werden und
– man sich zusätzlich einige Formen (ca. 30) wie *Vokabeln* einprägt.

① אָב „Vater"; der st. cons. endet merkwürdigerweise auf ein î*: אֲבִי

(dagegen אָבִי „mein Vater“; אָבִיו – auch אָבִ֫יהוּ – „sein Vater“); der Plural hat die Endung ôt**: אָבוֹת „Väter“.

* Die Herkunft dieses î wird unterschiedlich erklärt (zu einem Versuch s. § 6.4; 5. Anm. „î compaginis“).

** Entsprechendes gilt für die Endung ôt (s. § 6.7; 2. Anm. „Vereinzelungsendung“).

② אָח „Bruder“ wird im Sg. wie אָב gebildet, also: st. cons. אֲחִי (dagegen אָחִי „mein Bruder“); der Pl. aber lautet אַחִים (st. cons. אֲחֵי).

③ אָחוֹת „Schwester“; der Pl. st. abs. ist nicht belegt. Er müsste aber אֲחָיוֹת* lauten, wie aus den Suffixformen leicht zu erschließen ist, z.B. אַחְיוֹתֵךְ.

④ בֵּן „Sohn“; als st. cons. begegnet entweder בֶּן oder בִּן; der Pl. st. abs. hat ein *Vortonqāmæṣ* (בָּנִים), dementsprechend der st. cons. ein *šewā’* (בְּנֵי). Wie zu erwarten (s.o. bei den Segolata) werden die „leichten“ Suffixe an die Form des st. abs. angefügt (בָּנַי), die „schweren“ dagegen an die Form des st. cons. (בְּנֵיכֶם).

⑤ בַּת „Tochter“ geht auf *bînt** zurück. Das assimilierte *nun* taucht bei den Formen mit Suffix im Singular als *dāgeš forte* auf (בִּתִּי). Der Pl. st. abs. hat ein *Vortonqāmæṣ* (בָּנוֹת), der st. cons. folglich ein *šewā’* (בְּנוֹת).

⑥ אִישׁ „Mann“ bildet den unregelmäßigen Pl. אֲנָשִׁים, st. cons. אַנְשֵׁי.

⑦ אִשָּׁה „Frau“. Das *dāgeš forte* weist auf ein assimiliertes *nun* hin. Unregelmäßig werden der st. cons. (אֵ֫שֶׁת, mit Suffix אִשְׁתּוֹ „seine Frau“) und der Pl. (נָשִׁים, st. cons. נְשֵׁי → § 6.7; 2. Anm.) gebildet.

⑧ בַּ֫יִת „Haus“ (st. cons. בֵּית) hat den merkwürdigen Pl. בָּתִּים (*qāmæṣ*, das oft durch *mætæg* gesichert wird, und *dāgeš forte* im *taw*; vgl. den st. cons. בָּתֵּי). Vorsicht! Pluralformen werden oft mit בַּת (Tochter) verwechselt.

⑨ עִיר „Stadt“ bildet ebenfalls den Pl. mit *qāmæṣ* עָרִים, עָרֵי.

⑩ יוֹם „Tag“ hat im Pl. auch ein *qāmæṣ* (יָמִים), dieses aber ist ein Vorton*qāmæṣ*; der st. cons. lautet also יְמֵי, mit בְּ → § 4.3.2.2a בִּימֵי „in den Tagen des …“ (vgl. dagegen יָם „Meer“, Pl. יַמִּים).

⑪ פֶּה „Mund“ bildet den Sg. st. cons. auf î: פִּי (die Form mit Suffix der 1. *com.* Sg. ist gleichlautend!).

⑫ מַ֫יִם „Wasser“, der st. cons. lautet מֵי oder redupliziert (so immer vor Suffixen) מֵימֵי.

⑬ שָׁמַ֫יִם „Himmel“ hat (entsprechend zu מַ֫יִם) den st. cons. שְׁמֵי.

⑭ רֹאשׁ „Haupt, Gipfel, Spitze“ bildet (wie ⑧ u. ⑨) einen Pl. mit *qā́mæṣ* : רָאשִׁים.

⑮ אָמָה „Magd“ (nicht zu verwechseln mit אַמָּה „Elle“) hat den unregelmäßigen Pl. אֲמָהוֹת.

7.7 Zahlwörter (Tab XVI)

Das Zählsystem des Hebräischen ist etwas befremdlich, ziemlich kompliziert und sehr variantenreich. Auf Details einzugehen ist daher nicht hilfreich.

① Wichtig ist, dass man die Zahlen 1 bis 10 (besser bis 12) wie die ***-Vokabeln beherrscht und diese auswendig aufsagen kann (am leichtesten lernt sich die dritte Kolumne Tab XVI).

② Die hebräischen Zahlwörter sind Abstrakt-Nomina („Dreiheit, Vierheit“ usw.) und können dementsprechend im *st. abs.* oder *st. cons.* gebraucht sein und Suffixe haben (z.B. שְׁנֵיהֶם „ihre Zweiheit, sie beide“, Gen 22,6.8).

Ausnahmen gelten für „eins“ und „zwei“: Nachgestelltes אֶחָד/אַחַת ist oft betont: „ein(e) einzige(r)“; z.B. בְּנֵי אִישׁ־אֶחָד Söhne eines einzigen Mannes (Gen 42,13);
אִשָּׁה אַחַת (und es warf) eine einzige Frau (Ri 9,53);
שְׁתַּיִם/שְׁנַיִם sind Abstrakt-Duale (zur Vokalisation und den Aussprachemöglichkeiten → § 4.4.1).

③ Merkwürdigerweise steht bei den Zahlwörtern ab 3
– ein „feminines“ Zahlwort, wenn das Gezählte maskulin ist und umgekehrt
– ein „maskulines“ Zahlwort, wenn das Gezählte feminin ist; z.B.:

שְׁלֹשָׁה בָנִים „drei Söhne“ (eine Dreiheit, näml. Söhne)
בָּנוֹת שָׁלוֹשׁ „drei Töchter“ (Töchter, näml. eine Dreiheit)

Diese Merkwürdigkeit erklärt sich möglicherweise über die Annahme, dass die sog. Feminin-Endung ת/ה ursprünglich (auch) als Vereinzelungsendung diente (→ § 6.7; 2. Anm.). Da beim Zählen beispielhaft „vereinzelt" wird, gilt, dass in der Verbindung von Zahlwort und Gezähltem ein Vereinzelungssignal auftauchen muss. Entweder steht das Signal (ת/ה) beim Zahlwort oder aber beim Gezählten.

④ Die Verbindung von Zahlwort und Gezähltem wird unterschiedlich realisiert:

1. das Zahlwort steht im st. cons.; z.B.
   שְׁלֹ֫שֶׁת יָמִים „drei Tage" (eine Dreiheit von Tagen)
2. das Gezählte ist Apposition
   שְׁלֹ֫שָׁה בָנִים „drei Söhne" (eine Dreiheit, näml. Söhne)
3. das Zahlwort ist Apposition
   בָּנוֹת שָׁלוֹשׁ „drei Töchter" (Töchter, näml. eine Dreiheit)

⑤ Die *Zahlen größer als 10* lassen sich meist erschließen bzw. errechnen. Wissen muss man noch:

1. Zu den Normalformen von 11 und 12 gibt es je eine Variante:
   11 (אַחַד עָשָׂר *bzw.* אַחַת עֶשְׂרֵה): עַשְׁתֵּי עָשָׂר *bzw.* עַשְׁתֵּי עֶשְׂרֵה
   12 (שְׁנֵים עָשָׂר *bzw.* שְׁתֵּים עֶשְׂרֵה): שְׁנֵי עָשָׂר *bzw.* שְׁתֵּי עֶשְׂרֵה
2. Die Zahlwörter lauten für:

20	עֶשְׂרִים	(→ dazu unten),
100	מֵאָה	(Pl. מֵאוֹת)
1.000	אֶלֶף	(Pl. אֲלָפִים)
10.000	רְבָבָה	(auch רִבּוֹ(א))

3. Die Pluralbildung ִים entspricht im Deutschen „…zig", z.B. שִׁשִּׁים „sechzig"
4. 200 (מָאתַ֫יִם) und 2.000 (אַלְפַּ֫יִם) werden jeweils mit dem *Dual* gebildet. (Das dürfte wohl auch für 20 gelten, sodass mit עֶשְׂרִים möglicherweise eine Fehlvokalisation für עֶשְׂרַ֫יִם vorliegt).

⑥ Die *Ordinalia* („erstens, zweitens, usw.")

1. werden nur von den Zahlen 1 bis 10 gebildet, und zwar durch
2. das ִי (fem. ִית) der *Zugehörigkeit* (→ § 6.2.2) und einem î vor dem letzten Konsonanten, z.B. חֲמִישִׁי(ת) „fünfter (fünfte)".*
3. Nur für „erster, erste" wird eine eigene Vokabel gebraucht רִאשׁוֹן/רִאשׁוֹנָה (auch für „frühere, vormalige, erstere").

* שֵׁנִי/שֵׁנִית haben nur die Endung der Zugehörigkeit, שֵׁנִית steht auch als Abkürzung für „ein zweites Mal" (z.B. Gen 22,15).

⑦ Sonstiges:

1. Das Gezählte steht meist im Plural. Einige im Zusammenhang mit Zahlen häufig benutzte Wörter wie אִישׁ „Mann“, יוֹם „Tag“, חֹדֶשׁ „Monat“, שָׁנָה „Jahr“, פַּעַם „Mal“ und נֶפֶשׁ „Seele, Leben“ bleiben im Singular, vgl. im Deutschen „tausend Mann“.
2. Man beachte noch Wendungen wie: שְׁנַיִם שְׁנַיִם „je zwei“ (Gen 7,9), שֶׁבַע פְּעָמִים „sieben Mal“ (Gen 33,3); כְּעֶשֶׂר שָׁנִים „ungefähr zehn Jahre“ (Ruth 1,4).

Vokabel- und Formensammlung (zur Auflösung s. S. 191)

א) מָשִׁיחַ הַנְּבִיאִים דְּבָרֶיךָ יָם יוֹם

ב) יַמִּים יָמִים אָבוֹת אֲחוֹתִי בִּתִּי

ג) בָּתֵּי אֶלֶף נָשִׁים אַנְשֵׁי פַּעַם

ד) מֵאוֹת שְׁלֹשִׁים אָזְנַיִם אֲרָצוֹת זִקְנֵי

Seltenere Formen und Vokabeln

ה) בִּלְבָבָם אַחְיֹתָיו אַפַּיִם וַעֲבָדַי רָאשֵׁיהֶם

ו) אַמּוֹת אֲמָהוֹת עַלְמָה אַלְמָנָה בְּעָרֵיהֶם

Vokabeln und Formen unterschiedlicher Herkunft

ז) עִמָּם עַמִּים מַלְאֲכֵי מַלְכָּה מְלָכֵינוּ

ח) מִמְּךָ בְּנִי בֵּינִי מִדְבָּר מִדְבַּר

Wendungen und Sätze

בִּימֵיכֶם וְאִם בִּימֵי אֲבֹתֵיכֶם׃ — בַּיָּמִים הָהֵם חָלָה חִזְקִיָּהוּ לָמוּת

וְאֵשֶׁת נֹחַ וּשְׁלֹשֶׁת נְשֵׁי־בָנָיו אִתָּם — אָנֹכִי מָגֵן לָךְ שְׂכָרְךָ הַרְבֵּה מְאֹד׃

וְאַבְרָם כָּבֵד מְאֹד בַּמִּקְנֶה בַּכֶּסֶף וּבַזָּהָב׃

Zur Wiederholung (vorausgesetzt werden die Verbklassen: ל״ה; פ״נ)

עַל־כֵּן יַעֲזָב־אִישׁ אֶת־אָבִיו וְאֶת־אִמּוֹ וְדָבַק בְּאִשְׁתּוֹ וְהָיוּ לְבָשָׂר אֶחָד׃

וַיְהִי אַבְרָם בֶּן־תִּשְׁעִים שָׁנָה וְתֵשַׁע שָׁנִים

בַּיּוֹם הַשְּׁלִישִׁי וַיִּשָּׂא אַבְרָהָם אֶת־עֵינָיו וַיַּרְא אֶת־הַמָּקוֹם מֵרָחֹק׃

וַיִּפְּלוּ מִבִּנְיָמִן שְׁמֹנָה־עָשָׂר אֶלֶף אִישׁ אֶת־כָּל־אֵלֶּה אַנְשֵׁי־חָיִל׃

כֹּה־אָמַר יְהוָה אֱלֹהֵי דָּוִד אָבִיךָ שָׁמַעְתִּי אֶת־תְּפִלָּתֶךָ

רָאִיתִי אֶת־דִּמְעָתֶךָ הִנְנִי רֹפֶא לָךְ בַּיּוֹם הַשְּׁלִישִׁי תַּעֲלֶה בֵּית יְהוָה׃

§ 8 Das Verb

8.1 Allgemeines

Das Verb („Zeitwort, Tätigkeitswort“) wird meist unterteilt in:

① *transitive Verben*, d.h., solche Verben, die ein Akkusativobjekt „fordern“ und die in das *Passiv* transformiert werden können (z.B. „schlagen“, „suchen“), und

② *intransitive Verben*, d.h., solche Verben, die nicht „zielorientiert“ sind, also keinen Akkusativ „fordern“ und kein persönliches *Passiv* bilden können (z.B. „blühen“, „gehen“).

Für das Hebräische ist es sinnvoll, eine weitere Unterscheidung vorzunehmen, die zwischen den genannten *Handlungsverben** (*Qal* I) und den

③ *Zustandsverben*** (*Qal* II) wie כָּבֵד „schwer, angesehen sein/werden“, זָקֵן „alt sein/werden“. Solche Verben werden im Deutschen meist durch ein Adjektiv und eine Form der Hilfsverben „sein/werden“ ausgedrückt.

* Diese Verben werden bisweilen auch *fientische Verben* genannt.

** Die Bezeichnung „Zustandsverben“ zielt im Hebräischen auf eine andere Gruppe von Verben (→ dazu u. § 8.3) als im Deutschen (z.B. „wissen, verstehen“); deshalb spricht man besser von *stativischen Verben*.

8.1.1 Übersicht zum Aufbau einer Verbform

Suffixe	Affixe	Afformative	Lexem*	Präformative	Präfixe
s. § 5.3	nur	Personen-	(Wurzel)	Stammes-	proklitische Elemente
u.	beim	kennzeichen	III. II. I.	kennzeichen	
Tab	Part.	ה		נ	s. § 5.3; abgesehen
XIII	s.	ת	Radikal	ה	von ו und ה-inter.
	§ 6.1	תִּי		הת	kommen diese nur
		וּ		(ת)מ**	bei den Nominalfor-
		תֶּם/תֶּן		Personenk.***	men (Inf. und Part.)
		נוּ		י	vor.
		ִי		ת	
		וּ		א	
		נָה		נ	

z.B. וַיִּמְשָׁחֲךָ (1. Sam 15,17); וּמְשַׁחְתּוֹ (1. Sam 9,16)

ך			משח	י	ו
ו		ת	משח		ו

* Im Lexikon unvokalisiert.
** Nur beim Part.
*** Alle Personenkennzeichen + ת = Stamm-*Hitpa'el*.

8.1.2 Das Nachschlage„wort" und die Zitationsform

Das Nachschlagewort (Lexem, Wurzel) besteht in der Regel aus drei Konsonanten (Radikalen), die meist ohne Vokale aufgeführt werden. Wird die Wurzel vokalisiert, so geschieht dieses nach der 3. *masc.* Sg. der Afformativkonjugation (s. dazu u.); z.B. das Lexem

ב ת כ „schreiben" (vokalisiert: כָּתַב „er hat geschrieben");

oder: ל ט ק „töten" (vokalisiert קָטַל „er hat getötet").

III. II. I. Radikal

8.2 Präformativ- und Afformativkonjugationen (PK und AK)

Das Hebräische hat zwei Konjugationen. Eine bezeichnet die Person (er, sie, du, ich …) vor allem durch ein Element vor der Wurzel (Präformativ).
Terminus: Präformativkonjugation (PK)
(herkömmliche Bezeichnung: Imperfekt).
Die andere durch ein Element, das hinter der Wurzel steht (Afformativ).
Terminus: Afformativkonjugation (AK*)
(herkömmliche Bezeichnung: Perfekt).

* Bisweilen auch SK (Suffixkonjugation) genannt; die Begriffe „Suffixe, Afformative“ werden dann anders als hier verwendet.

Übersicht über die finiten Verbformen (Formen mit Personenbezeichnung):

		PK	Imperativ	AK
Sg.				
3. *masc.*	er	xxx י		xxx
3. *fem.*	sie	xxx תּ		ָה xxx
2. *masc.*	du	xxx תּ	**(ה)xxx	***(ה)תָּ xxx
2. *fem.*	du	*(ן)י xxx תּ	י xxx	תְּ xxx
1. *com.*	ich	xxx א		תִּי xxx
Pl.				
3. *masc.*	sie	*(ן)וּ xxx י		*com.* וּ xxx
3. *fem.*	sie	נָה xxx תּ		
2. *masc.*	ihr	*(ן)וּ xxx תּ	וּ xxx	תֶּם xxx
2. *fem.*	ihr	נָה xxx תּ	נָה xxx	תֶּן xxx
1. *com.*	wir	xxx נ		נוּ xxx

* *nun* paragogicum = Endungs-*nun*. Die Funktion dieses *nun* ist weitgehend unbekannt. Es findet sich vor allem bei Pausal-Formen in altertümlichen oder altertümelnden Texten.

** Zum sog. *he*- paragogicum vgl. § 8.2 + 8.5.3+4

*** Besonders bei der 2.m.Sg. Qal von נתן und entsprechenden Formen der ל"ה Verben, aber auch sonst gelegentlich findet sich statt תָּ das Afformativ תָּה.

8.3 Zum Gebrauch der Konjugationen (PK/AK)

8.3.1 Übersetzungs- und Analysehilfe

Bislang ist weitgehend nicht zureichend geklärt, was durch die Präfomativ- und Afformativkonjugation ausgedrückt werden soll*. Als Übersetzungshilfe kann vor allem für erzählende Texte** folgende Übersicht dienen:

Form	*Beispiel*	*Bezeichnung* (herkömmlich)	*Wiedergabe*
PK + וַ·	וַיִּקְטֹל	Narrativ (Impf. + ו-consecutivum)	*Imperfekt* / Perfekt
PK + וְ	וְיִקְטֹל	PK + וְ (Impf. + ו-copulativum)	*Futur* / Präsens
(x)PK	יִקְטֹל	PK (Impf.)	*Futur* / Präsens
וAK	וְקָטַל	וAK (Perf. + ו-consecutivum + ו-copulativum)	*„Folgetempus"* In Anlehnung an das vorausgehende bzw. übergeordnete Verb
(x)AK	קָטַל	AK (Perf.)	*Perfekt/Plusquamperfekt/* Imperfekt

1. Anm.: (*) Es wird immer wieder versucht, durch neue Fragestellungen und feinere Kategorisierungen die „Tempusfrage" für das Hebräische besser zu klären. In den folgenden Abschnitten werden einige Differenzierungen erwähnt; hier sei aber schon darauf hingewiesen, dass es sehr sinnvoll ist, bei dem Gebrauch von PK bzw. AK zu unterscheiden (wie das auch in anderen Sprachen geschieht) zwischen

Hauptfunktion, z.B. im Deutschen das Präsens	„Du trinkst (gerade Tee)", Gegenwart, unabgeschlossen;
Nebenfunktion	„Du trinkst (jetzt die Milch, oder Du ...)", Zukunft, direktiv/imperativ;
Leerlauffunktion	„Du trinkst", Gewohnheit, Beruf, genereller, allgemeingültiger Sachverhalt usw.; extratemporal, unabgeschlossen.

In der hier gegebenen Übersicht geht es zunächst nur um die *Hauptfunktion.*

2. Anm.: (**) Mit der Prosa wird nur eine der *Großgattungen* (s. § 5.1.1 *Texttypen*, s. dort auch zur *Poesie*) herausgegriffen. Doch auch hier ist auf mehr als nur auf den AK-/PK-Gebrauch zu achten, z.B. auf die besonderen Signale für die *Gattung* (s. § 5.1.2 *Textart*), bzw. die einzelnen Sprechakte (1. Wird dar- bzw. festgestellt? [*repräsentativ, darstellend*]; 2.

Wird gebeten, befohlen oder geraten? [*direktiv*, *auslösend*]; 3. Wird gedroht, versprochen oder gelobt? [*kommissiv*]; 4. Wird gedankt, beglückwünscht oder entschuldigt? [*expressiv*]; oder fallen 5. Sprechhandlung und Wirklichkeit zusammen? [*deklarativ*; s.u. zum *Koinzidenzfall*]).
Auf jeden Fall sind die gegebenen Hintergrundinformationen zu berücksichtigen und ist mit einer kontrollierten Erwartungshaltung dem Text(gefälle) zu folgen. Im Zweifelsfalle sollte man auf die *Notetik* (s. S. 59) zurückgreifen und die un- bzw. missverständlichen Sachverhalte notieren.

8.3.2 Zur Übersetzung der Konjugationen

① Narrativ (Narr.) wird das *Erzähltempus* – im Deutschen Imperfekt (umgangssprachlich auch Perfekt) bzw. Präteritum – genannt. Weiterhin drückt der Narrativ den *Progress* – also den Handlungs- bzw. Erzählfortschritt – in der Vergangenheit aus.
Wichtig: Ein Narr. steht regelhaft in Erstposition im Satz, d.h., dem Narr. kann im Normalfall kein Satzteil vorausgehen. So gibt es auch keinen verneinten Narr.; an seine Stelle tritt ein Satz mit (x)AK.

② Die Bezeichnungen *Imperfekt* (*Impf.*) und *Perfekt* (*Perf./Pf.*) finden sich vor allem in der älteren Sekundärliteratur, aber auch in den wichtigsten Lexika. Sie beziehen sich auf die „ältere Aspekttheorie“, die annimmt, dass im Hebräischen durch AK und PK ursprünglich an erster Stelle *nicht die Tempora, die Zeitstufen* (Gegenwart, Vergangenheit, Zukunft), sondern die **Aspekte** *unabgeschlossen* (Imperfekt) oder *abgeschlossen* (Perfekt) bezeichnet werden sollten. Die Frage nach dem Aspekt (den Zeitablaufverhältnissen) bleibt weiterhin von großer Bedeutung. Zusätzlich bezeichnet in der älteren Terminologie *consecutivum* die Folge (Folgetempus) und *copulativum* die Aneinanderreihung oder Verbindung.

③ Bei PK + וְ wird diskutiert, ob dadurch eine „zeitliche/logische Folge“ („sodass, damit“) ausgedrückt werden kann oder soll; z.B.

לֹא אִישׁ אֵל וִיכַזֵּב	Nicht ein Mensch ist Gott, dass er lüge,
וּבֶן־אָדָם וְיִתְנֶחָם	und (nicht) ein Menschenkind, dass er anderer Meinung würde. (Num 23,19a)

Diese Frage ist wahrscheinlich
- nur im Zusammenhang mit der (PK) Langform (LF)- / Kurzform (KF)-Debatte (s. dazu unten) und
- vor allem der nach der Ein- und Zuordnung des Untersuchungsmaterials (s. § 5.0.1) zu klären.

④ (x) PK (das x steht für jeden beliebigen Satzteil, der vor dem Verb steht) wird in *Nebenfunktion* für die wiederholte Handlung (den *Iterativ* bzw. *Frequentativ*)* gebraucht, dieses dann extratemporal, also auf allen drei Zeitstufen. Der Satz mit (x)PK wird meist durch einen Satz mit וAK fortgesetzt; z.B.

וַיַּרְא וְהִנֵּה בְאֵר בַּשָּׂדֶה	Und er (Jakob) schaute, und siehe (da war) ein Brun-
וְהִנֵּה־שָׁם שְׁלֹשָׁה עֶדְרֵי	nen auf (בְּ) dem Feld, und siehe, dort lagerten (Part.)
צֹאן רֹבְצִים עָלֶיהָ כִּי	drei Kleinvieh-Herden an (עַל) ihm; denn von jenem
מִן־הַבְּאֵר הַהִוא יַשְׁקוּ	Brunnen tränkten sie (x PK = pflegten sie zu tränken)
הָעֲדָרִים ... וְנֶאֶסְפוּ־שָׁמָּה	die Herden … Und es versammelten sich (וAK)
כָל־הָעֲדָרִים	dorthin alle Herden …“ (Gen 29,2f.)

* Entsprechendes gilt auch für die andauernde (*durative*) Handlung (die aber häufiger – wie auch oben – durch ein Partizip ausgedrückt wird). (x)PK steht auch nach טֶרֶם „noch nicht“ und meist auch bei generellem bzw. allgemeingültigem Sachverhalt; z.B.

תַּאֲוָה נִהְיָה תֶּעֱרַב לְנָפֶשׁ	Erfülltes Verlangen tut der Seele gut … (Prov 13,19)

Weiterhin wird die PK in Neben- bzw. Leerlauffunktion in *modaler* Bedeutung („wollen, sollen, können, dürfen usw.“) gebraucht, z.B.

וֶאֱלִישָׁע חָלָה אֶת־חָלְיוֹ	Elisa aber war erkrankt an (אֶת־) der (seiner) Krank-
אֲשֶׁר יָמוּת בּוֹ	heit, an (בְּ) der er sterben würde / sollte (PK).
	(2 Kön 13,14)
וַיַּעַשׂ לוֹ שָׁם סֻכָּה וַיֵּשֶׁב	… und er (Jona) baute sich dort eine Hütte, und er
תַּחְתֶּיהָ בַּצֵּל עַד אֲשֶׁר	setzte sich in sie (תַּחַת) in den Schatten, bis dass er
יִרְאֶה מַה־יִּהְיֶה בָּעִיר	sähe (PK), was geschehen würde (PK) mit/in (בְּ) der Stadt.
	(Jon 4,5)

Auch nach אָז „damals, dann“ – hier wohl in der Funktion des Narrativ-Kennzeichens – steht häufig die PK; z.B.

אָז יִבְנֶה שְׁלֹמֹה בָּמָה	Damals baute Salomo eine Kulthöhe … (1 Kön 11,7)

⑤ וAK ist wohl die problematischste, aber auch interessanteste Form, die noch sehr viel Forschungsarbeit verlangen dürfte. Quasi als Übergangslösung wird hier empfohlen, וAK als *Folgetempus* zu nehmen. וAK ist dem Kontext entsprechend (also wie die vorausgehende Verbform, oder wie es der übergeordnete Satz erwarten lässt) temporal und auch modal zu übersetzen (s. schon oben zum Iterativ). Allermeist ist die Zeitstufe *Präsens/Futur* z.B.

שְׁמַע יִשְׂרָאֵל יְהוָה	Höre (Impt.), Israel, YHWH (ist)
אֱלֹהֵינוּ יְהוָה אֶחָד׃	unser Gott, YHWH allein.
וְאָהַבְתָּ אֵת יְהוָה	Und du sollst liebhaben (וAK) YHWH
אֱלֹהֶיךָ	deinen Gott … (Dtn 6,4f.)

Bei weitem seltener ist *Vergangenheit* die Zeitstufe; z.B.

וַיְצַו הַמֶּלֶךְ אֶת־חִלְקִיָּהוּ	Und es befahl (Narr.) der König (dem) Hilkijahu, …
לְהוֹצִיא מֵהֵיכַל יְהוָה	hinauszubringen aus dem Tempel YHWHs
אֵת כָּל־הַכֵּלִים	alle Geräte …
וַיִּשְׂרְפֵם וְנָשָׂא	und er verbrannte sie (Narr.) … und er trug (וAK)
אֶת־עֲפָרָם בֵּית־אֵל׃	ihre Asche (nach) Bethel. (2 Kön 23,4)

⑥ (x)AK* unterbricht im erzählendem Kontext den Erzählfortschritt (*Progress*) z.B. bei

– Sätzen mit לֹא „nicht" (zu anderen Partikeln, die der AK vorausgehen s. § 5.2.1.4) und vor allem beim

– IVS (invertierter Verbalsatz, hierzu s. § 5.2.1.4).

* *Reine AK*, d.h., AK in Erstposition des Satzes begegnet in narrativen Texten nur in der direkten (wörtlichen) Rede; z.B.

וַיַּעַשׂ יְהוָה תְּשׁוּעָה גְדוֹלָה	… und es vollbrachte YHWH eine große Rettungstat für
לְכָל־יִשְׂרָאֵל רָאִיתָ וַתִּשְׂמָח	ganz Israel; du hast (es) gesehen (AK) und (dann) dich gefreut … (1 Sam 19,5)

In Neben- bzw. Leerlauffunktion steht (x)AK

– im sog. **Koinzidenzfall** – Sprechakt und Handlung fallen in eins zusammen (Deutsch z.B. „*Hiermit* eröffne *ich* das Büfett!"); z.B.

וַיֹּאמֶר לוֹ חֲגֹר מָתְנֶיךָ	Und (Elisa) sprach zu (לְ) ihm: „Gürte (Impt.) deine
וְלָקַחְתָּ פַּךְ־הַשֶּׁמֶן	Hüften … und nimm (וAK) die Ölflasche, und gieße
וְיָצַקְתָּ עַל־רֹאשׁוֹ	(וAK) (sie) aus über (עַל) seinem Haupt, und sprich
וְאָמַרְתָּ כֹּה־אָמַר יְהוָה	(וAK): ‚So hat YHWH gesprochen:
מְשַׁחְתִּיךָ לְמֶלֶךְ אֶל	‚Hiermit salbe ich dich (AK) zu einem König für (אֶל)
־יִשְׂרָאֵל	Israel …' " (2 Kön 9,1.3)

Der Koinzidenzfall (auch deklarativer Sprechakt oder performatorische Rede genannt) kommt besonders häufig im Zusammenhang mit folgenden Verben vor:

משׁח	salben	שׁבע	*Nif.* schwören
נתן	geben	ברך	*Pi.* segnen
ידע	„erkennen, wissen, erfahren"; hier ist besonders auf den Kontext zu achten, denn die Schritte von „ich habe erkannt, erfahren" zu „ich weiß" und dann zu „ich wusste" sind klein (s. z.B. u. zu Gen 27,1f.).		

– bei dem seltenen **Irrealis** (dem Modus des Unwirklichen, des Unerfüllbaren; im Deutschen „Konjunktiv"), häufig verbunden mit einer Form von היה, z.B.

כִּי זָקַנְתִּי מִהְיוֹת לְאִישׁ אָמַרְתִּי יֶשׁ־לִי תִקְוָה גַּם הָיִיתִי הַלַּיְלָה לְאִישׁ וְגַם יָלַדְתִּי בָנִים הֲלָהֵן תְּשַׂבֵּרְנָה עַד אֲשֶׁר יִגְדָּלוּ	Denn ich bin zu (§ 5.3.2.2) alt (AK s.u.), um für einen Mann (da) zu sein. (Selbst) wenn ich dächte (AK), ich bin (noch) hoffnungsvoll, (und sogar) auch (da) wäre (AK) dieselbe Nacht für einen Mann, und (dann) sogar Söhne gebären würde (AK), würdet ihr warten (PK) auf sie (mit App.), bis sie groß geworden (PK) wären …?“ (Rut 1,12f.)

Wichtig ist noch: Bei den **stativischen** *Verben* (auch Zustandsverben genannt; s.u. *Qal* II) wird durch die AK der Zustand in allen drei Zeitstufen ausgedrückt; z.B.

וַיְהִי כִּי־זָקֵן יִצְחָק וַיֹּאמֶר הִנֵּה־נָא זָקַנְתִּי לֹא יָדַעְתִּי יוֹם מוֹתִי	(Und es geschah), als Isaak alt (geworden) war (AK) … Und er sprach: „Siehe, ich bin alt (geworden) (AK); nicht kenne (AK) ich den Tag meines Todes“. (Gen 27,1f.)

⑦ Nochmals: Vieles bleibt bei der „Tempusfrage“ noch zu klären, darauf weisen auch

– der bisweilen unterschiedliche AK=PK-Gebrauch in *Parallel-Texten* (2 Chr 22,6 AK = 2 Kön 8,29 PK; Jes 37,34 AK = 2 Kön 19,39 PK; vgl. auch Lev 4,31 AK = 4,35 PK; Lev 11,5 AK mit 11,6 PK); oder PK = Part.-Gebrauch (2 Chr 9,1 PK = 1 Kön 10,1 Part.)
– das noch nicht gelöste Problem, welche (Eingangs-)Elemente in der *Poesie* fortfallen können: Nur das ו vor dem Narrativ oder auch das ו vor AK? (s. z.B. Ps 31,6; s. auch § 5.1.1)
– anzunehmende sprachgeschichtliche Entwicklungen innerhalb des Hebräischen (vgl. u.a. die Abnahme des Gebrauchs des Narr. zugunsten der וAK).

8.4 Zu den Nominalformen

Als Nominalform begegnen im Hebräischen die Partizipien (aktiv und passiv) und die Infinitive (absolutus und constructus).

8.4.1 Das Partizip

1. Zur Form

Das Partizip (*Mittelwort*) ist ein Mittelding zwischen Verb und Nomen, es partizipiert an beidem („lesend, ein Lesender“).

Das **Partizip aktiv** des Grundstammes (*G-Stamm* oder *Qal I* genannt) hat als

> Hauptkennzeichen ein **ô** (unveränderliches langes o) nach dem 1. Radikal
>
> קֹטֵל   קֹטְלָה
>
> nach dem 2. Radikal steht **e**, das bei Anfügungen zu *šᵉwā'* verflüchtigt wird.

Die Afformative (Endungen für st. abs. und st. cons., für *fem.* und *masc.*, Sg. und Pl.) und die Suffixe entsprechen beim Part. akt./pass. denen des Nomens (s. Tab XIII und XIV).

Das relativ seltene **Partizip passiv** des G-Stammes (*Qal I*) hat als

> Hauptkennzeichen ein **û** (=Passiv-Vokal) nach dem 2. Radikal
>
> קָטוּל   קְטוּלָה
>
> nach dem 1. Rad. steht **ā**, das bei Anfügungen zu *šᵉwā'* verflüchtigt wird.

2. Zum Gebrauch

① Das Partizip drückt u.a. die andauernde Handlung (Durativ) aus – dies theoretisch auf allen drei Zeitstufen, meist aber gleichzeitig zu der des erzählten Sachverhalts. Der Aspekt ist imperfektiv; z.B.

וְהִיא מִתְקַדֶּשֶׁת מִטֻּמְאָתָהּ	… sie aber heiligte sich (gerade) von ihrer Unreinheit (2 Sam 11,4); weitere Beispiele s. o. § 5.2.2 (PNS)
שְׁאַל מָה אֶתֶּן־לָךְ וְנָתַתָּ לְעַבְדְּךָ לֵב שֹׁמֵעַ לִשְׁפֹּט אֶת־עַמְּךָ	(Gott sprach zu Salomo): „Bitte, was ich dir geben soll!" (Und Salomo sprach): „Du mögest deinem Knecht ein verständiges (hörendes) Herz geben, zu richten dein Volk" (1 Kön 3,5b.9)
וּבְיָד חֲזָקָה וּבִזְרוֹעַ נְטוּיָה	Und mit starker Hand und mit ausgestrecktem Arm … (Dtn 4,34)

② Häufig – vor allem, wenn es (durch den Artikel oder ein Suffix) *determiniert* ist – ist das Partizip *relativisch* zu übersetzen; z.B.

וַיִּבֶן שָׁם מִזְבֵּחַ לַיהוָה הַנִּרְאֶה אֵלָיו	Und er (Abraham) baute dort einen Altar für YHWH, der ihm (dort) erschienen war. (Gen 12,7)

③ Nicht selten ist das Partizip zu einem Nomen erstarrt (wiederum ist aber auf den Gebrauch des Artikels zu achten); z.B.

רֹפֵא Arzt, רֹעֶה Hirte, הַיֹּשֵׁב der Bewohner, חֹזֶה Seher.

④ In Nebenfunktion kann das Partizip (vor allem nach הִנֵּה, meist verbunden mit der 1. *com.* Sg.) einen unmittelbar bevorstehenden Sachverhalt (*futurum instans*) ausdrücken; z.B.

הִנֵּה אָנֹכִי שֹׁלֵחַ מַלְאָךְ לְפָנֶיךָ לִשְׁמָרְךָ בַּדָּרֶךְ	Siehe, ich schicke einen Boten vor dir her, um dich zu bewahren auf dem Weg … (Ex 23,20)

8.4.2 Der Infinitivus absolutus

1. Zur Form

Der **Inf. abs.** hat im G-Stamm (*Qal* I), in dem er besonders häufig begegnet, zwei

Kennzeichen: ein **ô** nach dem *2. Radikal* und ein **ā** nach dem *1. Radikal*;
כָּתוֹב* schreiben   קָטוֹל* töten

* Auch defektive Schreibung kommt vor.

2. Zum Gebrauch

Der Inf. abs. steht absolut, d.h., er kann mit „nichts“ verbunden werden, ausgenommen sind ו „und“ und die Fragepartikel ה (s. § 5.2.3.1). Was durch den Inf. abs. ausgedrückt werden soll, lässt sich bisher nicht präzise erfassen; wiederum ist der Kontext sorgfältig zu beachten.
Häufig geht der Inf. abs. einer finiten Verbform gleicher Wurzel unmittelbar voraus (man spricht von einer *figura etymologica*). Er bestimmt dann die Aussage der finiten Verbform näher. In welche Richtung diese Näherbestimmung geht, muss der Kontext zeigen. Übersetzungshilfen sind u.a. „gewiss, bestimmt“, in einer Frage „etwa, gar“, modal „können, dürfen“. Als Hilfe für die Erstübersetzung sei „wahrlich“ vorgeschlagen; z.B.

כֹּל אֲשֶׁר־יְדַבֵּר בּוֹא יָבוֹא	… alles, was er (der Gottesmann) sagt, trifft wahrlich ein. (1 Sam 9,6)
הֲיָדוֹעַ נֵדַע כִּי יֹאמַר הוֹרִידוּ אֶת־אֲחִיכֶם	Konnten wir denn wissen, dass er sagen würde: „Bringt euren Bruder herab“? (Gen 43,7)

① Einem aus gleicher oder anderer Wurzel gebildeten Verb nachgestellt, drückt der Inf. abs. oft ein andauerndes, wiederholtes, auch nachhaltiges Tun aus; z.B.

וַיִּסַּע אַבְרָם הָלוֹךְ וְנָסוֹעַ הַנֶּגְבָּה	Und es zog Abram immer weiter und weiter in Richtung Negeb. (Gen 12,9)
הָרְגֵנִי נָא הָרֹג	„… töte mich doch (lieber) ganz!“ (Num 11,15)

② Bisweilen kann der Inf. abs. eine finite Verbform (häufig einen Impt.) oder ein Nomen ersetzen. In diesem Fall ist die Kontextsituation meist eindeutig; z.B.

כֹּה־אָמַר יְהוָה אֵלַי הָלוֹךְ וְקָנִיתָ לְּךָ	So hat YHWH zu mir gesprochen: „Geh und kaufe dir (ואK) …“ (Jer 13,1)
אָכֹל דְּבַשׁ הַרְבּוֹת לֹא־טוֹב	Essen von zu viel Honig ist nicht gut … (Prov 25,27)

③ Bisweilen ist der Inf. abs. zu einem Adverb erstarrt; z.B.

הַרְבֵּה (*Hif.*) viel, in Fülle   מַהֵר (*Pi.*) eilends

8.4.3 Der Infinitivus constructus

1. Zur Form

Der **Inf. cons.** hat im G-Stamm (*Qal* I), in dem er besonders häufig begegnet, zwei

> Kennzeichen: ein o nach dem 2. Radikal und ein *šᵉwā'* nach dem 1. Radikal;
>
> כְּתֹב schreiben קְטֹל töten

2. Zum Gebrauch

Der Inf. cons. wird ähnlich gebraucht wie der Infinitiv im Deutschen, bisweilen als Nomen, bisweilen als Verb: „(ein) Schreiben, (zu) schreiben". Besondere Aufmerksamkeit bedarf

– der Gebrauch des Inf. cons. mit Suffixen. In nominaler Verwendung bezeichnet dann das Suffix den Genitiv, in verbaler Verwendung den Akkusativ (s. dazu u.),
– der Gebrauch des Inf. cons mit den Partikeln לְ, בְּ, כְּ und מִן; als Übersetzungshilfe gilt

für לְ:	vor dem Inf. cons.: „um zu, zu" (zum Ausdruck vor allem von Final- und Konsekutivsätzen); auch „indem" (zur näheren Bestimmung des vorangehenden Verbs);
für בְּ, כְּ:	„als, wenn" (zum Ausdruck von Temporalsätzen),
für מִן:	„dass" (zum Ausdruck von Objektsätzen); auch „so dass nicht" (bei verneintem Konsekutivsatz); z.B.

וַיֹּאמֶר יְהוָה אֱלֹהִים לֹא־טוֹב הֱיוֹת הָאָדָם לְבַדּוֹ	Und YHWH Gott sprach: „(Es ist) nicht gut (das Sein des Menschen für sich allein), dass der Mensch alleine sei …" (Gen 2,18)
מֵיְהוָה יָצָא הַדָּבָר לֹא נוּכַל דַּבֵּר אֵלֶיךָ רַע אוֹ־טוֹב׃	… von YHWH ist dieses (die Sache) ausgegangen; wir vermögen nichts dir zu sagen (*Pi.*), (weder) Böses noch Gutes. (Gen 24,50)
וַאֲנִי אָבוֹא אֶל־בֵּיתִי לֶאֱכֹל וְלִשְׁתּוֹת	Ich aber soll hineingehen in (אֶל) mein Haus um zu essen und zu trinken …?! (2 Sam 11,11)
חָלִילָה לִּי מֵיְהוָה מִתִּתִי אֶת־נַחֲלַת אֲבֹתַי לָךְ	Fern sei es mir bei (מִן) YHWH, dass ich gebe dir den Erbbesitz meiner Väter. (1 Kön 21,3)
וַיְהִי כִּי־זָקֵן יִצְחָק וַתִּכְהֶיןָ עֵינָיו מֵרְאֹת	Und es geschah, als Isaak alt war und seine Augen schwach geworden waren, so dass er nicht (mehr) sehen konnte. (Gen 27,1)

Zu weiteren Beispielen (auch zu בְּ und כְּ vor dem Inf. cons.) s. § 5.2.3.4.

8.5 Die Modi

Im Hebräischen sind – abgesehen von dem Imperativ – nur noch Reste alter Modusformen erhalten. Diese finden sich nur im PK-Bereich.

8.5.1 Imperativ

Der **Imperativ** des G-Stammes (*Qal*) wird gebildet wie die 2. *masc./fem.* Sg./Pl. der Präformativkonjugation (PK) ohne das Präformativ, z.B.

	PK	Impt.			
Sg. *masc.*	תִּכְתֹּב	כְּתֹב	„schreib!“	vgl.:	קְטֹל
fem.	תִּכְתְּבִי	כִּתְבִי *			קִטְלִי
Pl. *masc.*	תִּכְתְּבוּ	כִּתְבוּ	„schreibt!“		קִטְלוּ
fem.	תִּכְתֹּבְנָה	כְּתֹבְנָה			קְטֹלְנָה

* Zu dem **i** unter dem ersten Radikal s. § 4.3.2.2 (vgl. § 3.1.4; 2. Anm.).

8.5.2 Jussiv

Der **Jussiv** ist ein Modus der Aufforderung, des Befehls und des Wunsches, der nur von der 2. (und selten der 3.) Person gebildet wird.

Zu Form und Gebrauch

Der Jussiv steht in der *Kurzform* (KF) der PK. Da aber beim starken Verb die *Langform* (LF) und die Kurzform im Lauf der Zeit identisch geworden sind (Ausnahme PK *Hif'il* = H-Stamm s.u.), lässt sich an der Form nicht mehr erkennen, ob ein Jussiv oder normale PK (Indikativ) vorliegt; z.B.

יִכְתֹּב	kann also „er *wird* schreiben“ oder „er *soll* schreiben“ bedeuten.

Erkennbar ist der Jussiv an der *Negation*.
Im Hebräischen kann der Imperativ nicht verneint werden. An die Stelle des verneinten Imperativs tritt entweder:

אַל + Jussiv	אַל תִּקְטֹל	töte nicht! *(Vetitiv)* oder
לֹא + PK	לֹא תִקְטֹל	du tötest nicht*; du *wirst* nicht töten; du *sollst* nicht töten! *(Prohibitiv)*.

* Eine ähnliche Konstruktion wendet man im Deutschen oft bei Kindern an (statt Impt.).

אַל־תִּשְׁלַח יָדְךָ אֶל־ הַנַּעַר וְאַל־תַּעַשׂ לוֹ מְאוּמָּה	Strecke deine Hand nicht aus in Richtung auf (App: gegen) den Knaben und tue ihm nichts (nicht irgendetwas). (Gen 22,12)
לֹא תִּרְצָח׃	Du sollst nicht morden.
לֹא תִּנְאָף׃	Du sollst nicht ehebrechen.
לֹא תִּגְנֹב׃	Du sollst nicht stehlen. (Ex 20,13-15)

8.5.3 Kohortativ

Durch ein an die 1. Person Sg./Pl. betont angefügtes ָה (ה-*cohortativum*) wird ein Modus der Selbstaufforderung bzw. Selbstermunterung gebildet. Der PK-Vokal – also der Vokal beim 2. Radikal – verflüchtigt sich (wie bei den Formen mit vokalischem Afformativ):

אֶכְתֹּב → אֶכְתְּבָה	ich will schreiben
נִכְתֹּב → נִכְתְּבָה	lasst uns schreiben, wir wollen schreiben

וְאֶשְׁמְעָה מַה־יְצַוֶּה יְהוָה לָכֶם	… und ich will hören, was YHWH euch befehlen wird. (Num 9,8)
וְנִשְׁמְעָה מַה־בְּפִיו	… und lasst uns hören, was er zu sagen hat (was in seinem Munde ist). (2. Sam 17,5)

Nicht selten begegnet die Kohortativ-Form der 1. *com.* Sg. auch im Narrativ (gelegentlich als ה-paragogicum bezeichnet). Ein Bedeutungsunterschied zur „Normal-Form" (KF) lässt sich nicht erkennen; z.B.:

וָאַכְרִתָה אֶת־כָּל־אֹיְבֶיךָ מִפָּנֶיךָ	… Und ich habe ausgerottet alle deine Feinde vor dir … (2. Sam 7,9)

8.5.4 Adhortativ

Auch die Grundform des Imperativs (2. *masc.* Sg.) kann durch ein betont angefügtes ָה (ה-*adhortativum* bzw. *paragogicum*) erweitert werden, z.B.:

כְּתֹב → כָּתְבָה	schreibe doch!

Auffällig und wichtig zum Erkennen der Form ist, dass beim 1. Radikal ein *qā́mæṣ ḥāṭûp̄* (< aus u/o) steht, eine sog. *Qåtl-Form* (der Stammvokal ist von der zweiten zur ersten Silbe vorgerückt; beim Stammvokal **a** steht in der ersten Silbe ein **i** [< aus a]).
Die *Übersetzung* des Adhortativs mit „doch" ist eine traditionelle. Es geht hier wohl um eine Nuancierung (Abtönung) innerhalb des Textes (s. dazu § 5.3.2.1 zu לְ); z.B.:

קוּם־נָא שְׁבָה וְאָכְלָה מִצֵּידִי	… (steh) auf doch, setze dich (doch) und iss (doch) von meinem Wildbret! (Gen 27,19)

Achtung! Die Form des Adhortativs ist leicht mit der Form der 3. *fem.* Sg. AK zu verwechseln (zu achten ist auf *mǽtæg* und natürlich auf den Kontext); z.B.:

וְאָכְלָה אַרְמְנוֹת יְרוּשָׁלָם ... und es (das Feuer, *fem.*) wird fressen die Paläste Jerusalems. (Jer 17,27)

8.6 Die Stämme

8.6.1 Die Bedeutung der Stämme

Im Hebräischen finden sich neben dem Grundstamm, dem *Qal*, noch weitere Stämme, die die Bedeutung des Lexems (der Wurzel) in je typischer Weise modifizieren (vgl. im Deutschen etwa: krank sein – kränken – kränkeln; fahren – führen; sitzen – setzen; trinken – tränken). Diese „abgeleiteten" Stämme sind durch bestimmte Präformative, Veränderungen in der Vokalisation und „Verdoppelung" von Konsonanten gekennzeichnet. Unverändert aber bleiben die Personen- und Tempuskennzeichen. Benannt werden die Stämme entweder nach dem alten Paradigma פעל („tun, machen") jeweils in der 3. *masc.* Sg. AK oder nach ihrem „Hauptkennzeichen" (HK): N-Stamm, HK ein נ (*nun*) im Präformativ; D-Stämme = Doppelungs-Stämme, HK die „Verdoppelung" des mittleren Lexem-Konsonanten; H-Stämme, HK ein ה (*he*) im Präformativ. (Ausgenommen ist von dieser Art der Benennung das *Qal* [hebr.: „leicht"] auch G-Stamm = Grundstamm genannt.)

Die gebräuchlichsten 7 Stämme sind:

G-Stamm	N-Stamm	D-Stämme (3)	H-Stämme (2)
Qal (aktiv) Part. pass.	*Nif'al* manifestativ (passiv/reflexiv)	*Pi'el* resultativ (faktitiv/sukzessiv) *Pu'al* Passiv des *Pi.* *Hitpa'el* reflexiv	*Hif'il* kausativ *Hå/uf'al* Passiv des *Hif.*

1. Anm.: Das *Qal* drückt entweder eine Handlung (*Qal* I) oder einen Zustand (*Qal* II) aus. Näheres s.u.

2. Anm.: (Zu dieser und den folgenden Anm. s. E. Jenni, Aktionsarten und Stammformen im Althebräischen, ZAH 13, 2000, S. 67-90). Zum *Nif'al* (*Nif.*): Manifestativ meint: Der

Urheber (das Agens) einer Handlung tritt in den Hintergrund. Der Vorgang wird so dargestellt, als ob er keinen Urheber hätte, d.h., der Vorgang manifestiert sich am Objekt, das nun zum Subjekt wird. Da es im Deutschen keine exakte Entsprechung zum Manifestativ gibt, müssen wir uns mit Ersatzkonstruktionen (passiv, reflexiv, reziprok, tolerativ, inchoativ u.a.) behelfen; z.B.

ראה	*Qal* „sehen"	*Nif.* „gesehen werden" (passiv) oder „sich sehen lassen, erscheinen" (tolerativ);
שׁפט	*Qal* „richten"	*Nif.* „ sich (miteinander) einen Rechtsstreit liefern, rechten" (reziprok);
חלה	*Qal* „krank sein"	*Nif.* „erkranken" (inchoativ).

3. Anm. : Die Bedeutung der D-Stämme ist schwierig zu bestimmen. Die früher gemachte Annahme, die (Haupt-)Funktion des *Pi'el* (*Pi.*) sei die Intensivierung des Verbalbegriffes – man sprach deshalb auch von „Intensivstämmen" – hat sich nicht bewahrheitet. Inzwischen kann man davon ausgehen, dass, wie beim *Nif'al* der Urheber einer Handlung (das Agens) in den Hintergrund tritt, so beim *Pi'el* der Hergang einer Handlung nicht betont wird. Das *Resultat* der Handlung steht im Vordergrund. Bei Zustandsverben (*verba stativa*) mit kausativem *Hif'il* hat das *Pi. faktitive*, bei Handlungsverben, die schon vom Lexem her kausativ sind, *resultative* Bedeutung. Letztere Verben haben kein *Hif.*, wie andererseits jene bedeutende Gruppe von Verben, die bereits vom Lexem her auf das Resultat der Handlung zielen, so gut wie nie im *Pi.* vorkommen (נתן „geben", לקח „nehmen", אמר „sagen" usw.).
Eine besondere Gruppe bilden die sog. „komplexen Handlungsverben" – wiederholte Bewegungen des Körpers oder seiner Teile („hüpfen, tanzen, lachen, zittern" u.ä.), wiederholte Äußerungen von Lauten („schreien, singen, klagen, jubeln" u.ä.). Diese (intransitiven) Verben, die im *Qal* und *Pi.* vorkommen, bezeichnen wohl im *Pi.* die Summe der sukzessiven einzelnen Bewegungen bzw. Laute. Zu dieser Gruppe sind möglicherweise auch הלך „gehen" (*Pi./Hitp.* „umhergehen, wandeln") und die Verben des Wünschens, Hoffens, Erwartens usw. zu rechnen; z.B.

גדל	*Qal* „groß sein/werden"	*Pi.* „groß machen/ziehen" (faktitiv), „für groß erklären" (deklarativ);
דבר	(denominiert von דָּבָר)	*Pi.* „Worte machen, reden" (faktitiv);
רפא	*Qal* „heilen"	*Pi.* „veranlassen, dass etwas gesund wird, gesund machen" (resultativ);
רנן	*Qal* „in Jubel ausbrechen"	*Pi.* „jubeln" (sukzessiv).

4. Anm.: Das *Hif'il* (*Hif.*) hat kausative Bedeutung, d.h., das Subjekt veranlasst oder bewirkt am Objekt eine Handlung, bei der – anders als im *Pi.* – der Hergang der Handlung bis zum Erreichen des Handlungszieles mit ausgedrückt wird; z.B.

וְהַעֲלֵהוּ שָׁם לְעֹלָה	… und lasse ihn hinaufsteigen (opfere ihn; mit Suffix) dort als Brandopfer … (Gen 22,2);
הַחֲזֵק מִלְחַמְתְּךָ אֶל־הָעִיר וְהָרְסָהּ וְחַזְּקֵהוּ׃	… lasse stark werden (*Hif.*) deinen Kampf gegen (אֶל) die Stadt und reiße sie nieder und mache ihn (Joab) stark (*Pi.*)! (2 Sam 11,25)

Die Bedeutungsangabe bei den einzelnen Stämmen ist äußerst vage. Oft muss die nähere Bedeutung eines Stammes eines bestimmten Lexems im Lexikon nachgeschlagen werden. Weiterhin ist es keinesfalls so, dass von jedem Verb alle sieben Stämme gebräuchlich wären (s. schon oben die 3. Anm.). Im Gegenteil: Es gibt lediglich 8 Lexeme in der Biblia Hebraica, von denen alle sieben Stämme (teilweise mit nur wenigen Formen) belegt sind! Von diesen wiederum haben nur vier außerdem auch das Part. pass. (ein Relikt des alten *Qal*-Passiv-Stammes). Diese vier sind: גלה „entblößen, fortgehen müssen“, ידע „erkennen, wissen erfahren“, ילד „gebären, erzeugen“ und פקד „suchen, besuchen, heimsuchen“.

8.6.2 Kennzeichen der Stämme

„Eckformen“

	Qal	*Nif'al*	*Pi'el*	*Pu'al*	*Hitpa'el*	*Hif'il*	*Håf'al*
AK	קָטַל	נִקְטַל	קִטֵּל*	קֻטַּל	הִתְקַטֵּל	הִקְטִיל	הָקְטַל
PK	יִקְטֹל	יִקָּטֵל	יְקַטֵּל	יְקֻטַּל	יִתְקַטֵּל	יַקְטִיל	יָקְטַל
Impt.**	קְטֹל	הִקָּטֵל	קַטֵּל	–	הִתְקַטֵּל	הַקְטֵל	–
Part.	קֹטֵל	נִקְטָל	מְקַטֵּל	מְקֻטָּל	מִתְקַטֵּל	מַקְטִיל	מָקְטָל

* aber: דִּבֵּר, כִּפֶּר, כִּבֵּס   ** = Inf. cons., aber im *Hif.* הַקְטִיל.

① *Qal* (*G-Stamm*):
- Beim ersten Radikal steht **ā** oder *šᵉwā'* (zum Part. s.o. § 8.4.1).
- In der PK steht **i** in der (durch den ersten Radikal) *geschlossenen Präformativsilbe.*
- Der Stammvokal in der PK ist **o** (bei *Qal* II **a**).

② *Nif'al* (*N-Stamm*):
- AK und Partizip haben das *Präformativ* נִ Die *Präformativsilbe* ist *geschlossen.*
- PK, Imperativ und Infinitiv haben ein *dāgeš* forte im ersten Radikal. Die Vokalfolge ist **i** – **ā** – (**e**).
  Der Imperativ (und der Infinitiv) haben ein ה als Präformativ.

③ sog. *Intensivstämme* (*D-Stämme*):
Bei allen D-Stämmen steht ein *dāgeš* forte im mittleren Radikal. (Das *dāgeš* forte kann bei einem Konsonanten mit *šᵉwā'* ausfallen.) Weiterhin gilt die „Hörprobe“: Höre ich 1. kein *„Hit-jit-tit“* o.ä., 2. kein *„u“* beim ersten Radikal, so handelt es sich um ein *Pi.*!

– *Pi'el*: Beim ersten Radikal steht **i** (in der AK) oder **a** (bei allen anderen Formen).
– *Pu'al*: Beim ersten Radikal steht durchgängig **u**.
– *Pi'el* und *Pu'al*: Die PK hat ein *šᵉwā'* mobile im Präformativ. (1. Pers. Sg.: ְֲ)
– *Hitpa'el*: Alle Formen haben als Präformativ ת(הִ)
Achtung! Bei einem S-Laut als erstem Radikal tauschen der S-Laut und das ת die Position (→ § 4.1.3 Metathesis/Transpositio).

④ *Kausativstämme* (*H-Stämme*):
– Die *Präformativsilbe* ist in allen Formen *geschlossen*.
AK, Imperativ und Infinitiv haben ein ה im Präformativ.
– *Hif'il*: In der geschlossenen *Präformativsilbe* steht **i** (in der AK) oder **a** (bei allen anderen Formen).
– *Hå/uf'al*: In der geschlossenen *Präformativsilbe* steht in allen Formen **å** oder **u**.

8.7 Die Suffixe am Verb (Tab II)

8.7.1 Bedeutung

Suffixe am Verb bezeichnen das pronominale Akkusativ-Objekt (= *nota accusativi* + Suffix). z.B.

קְטָלוֹ er hat ihn getötet (nie: er hat *sich* getötet)

Suffixe befinden sich deshalb – von Ausnahmen abgesehen – nur in den aktiven Stämmen *Qal*, *Pi'el* und *Hif'il*.
Suffixe am *Infinitiv* können das Objekt oder das Subjekt der Handlung bezeichnen. Ein Unterschied in der Form des Suffixes findet sich nur bei der 1. *com.* Sg.:

קָטְלִי* mein Töten קָטְלֵנִי* mich zu töten

* Das *qắmæṣ* ist ein *qắmæṣ ḥāṭûp̄*.

8.7.2 Form

① Suffixe am Verb haben die gleiche Form wie Suffixe am Nomen. (s. Tab XIII) Nur das Suffix der 1. *com.* Sg. lautet נִי (statt ִי).

② Findet sich ein Bindevokal zwischen der Verbform und dem Suffix, so ist dieser **a** in der AK vor Suffixen der 1. und 3. Pers.; **e** oder **æ** in allen anderen Fällen.

③ Die Suffixe:

ךָ	(2. *masc.* Sg.	bei afformativlosen Formen)
כֶם	(2. *masc.* Pl.	schweres Suffix)
וֹ / ִיו	(3. *masc.* Sg.	kontrahierte Suffixe)
ָהּ	(3. *fem.* Sg.	kontrahierte Suffixe)

tragen den Ton. Sonst wird der Vokal vor dem Suffix betont.

④ Veränderungen am Verb
Vor Suffixen haben sich alte Verbformen erhalten (Beispiele vom *Qal*):

AK	Form ohne Suffix	alte Verbform	Form vor Suffix
	3. *fem.* Sg.: קָטְלָה	< *qaṭalat* >	…קְטָלַת
	2. *fem.* Sg.: קָטַלְתְּ	< *qaṭalti* >	…קְטַלְתִּי (= 1. *com.* Sg.)
	2. *masc.* Pl.: קְטַלְתֶּם	< *qaṭaltu* >	…קְטַלְתּוּ (kein *fem.* belegt)
PK			
	Für die 3. und 2. *fem.* Pl. wird vor Suffixen die Form תִּקְטְלוּ gebraucht.		

⑤ kontrahierte Suffixformen:
Suffixe der 3. *masc.* Sg. und 3. *fem.* Sg. kontrahieren bisweilen mit dem Afformativ- bzw. Bindevokal:

			Dieses kommt vor bei der/beim
ָהוּ	→	וֹ	3. *masc.* Sg. und 2. *masc.* Sg. AK; Inf.
ֵהוּ	→	ֵיו	1. *com.* Sg. AK
ָהָ(ֶ)	→	ָהּ	3. *masc.* Sg., 2. *masc.* Sg. AK, 3. *masc.* Sg. PK; Inf. u. Impt.;
ַתְ)הוּ)	→	ַתּוּ	3. *fem.* Sg. AK } selten
ַתְ)הָ)	→	ַתָּה	3. *fem.* Sg. AK } selten

8.7.3 Zur Bestimmung des Stammes

① *Hif'il*
Die Vokalisation entspricht der des Verbs ohne Suffixe (s. aber Impt. *masc.* Sg. und Jussiv: **i** statt **e**).

② *Pi'el*
Der Vokal beim *ersten Radikal* ist regelmäßig erhalten.
Der Vokal beim *zweiten Radikal*, der ja meist dageschiert ist,
- entspricht in der AK dem des Verbs ohne Suffix (s. aber 3. *masc.* Sg.), z.B.: קִטַּלְתַּ֫נִי (קִטְּלוֹ)
- ist in der PK, im Inf. und Impt. verflüchtigt, z.B.: יְקַטְּלֵ֫הוּ
- ist bei den afformativlosen Formen vor ךָ und כֶם zu *s*e*gôl* geworden; z.B. קַטֶּלְךָ.

③ *Qal*
- In der AK
  ist das Vorton-*qā́mæṣ* beim 1. Radikal verflüchtigt.
  Beim 2. Radikal steht *qā́mæṣ* (*Qal* II: *ṣêrê*) in offener, *pátaḥ* in geschlossener Silbe.
- In der PK
  ist vor leichten Suffixen der Stammvokal verflüchtigt.
  Vor den Suffixen ךָ und כֶם ist der Stammvokal zu *qā́mæṣ ḥāṭûp̄* verkürzt. (Gleiches gilt für den Inf.)

  יִקְטְלֵ֫נִי *aber* יִקְטָלְךָ

- Im *Qal* II ist der Stammvokal regelmäßig als *qā́mæṣ* erhalten. (Gleiches gilt für den Impt. und den Inf.); z.B.

  יִלְבָּשֵׁ֫נִי *und* יִלְבָּשְׁךָ

- Infinitiv und Imperativ *masc.* Sg. *Qal* I werden wie der Adhortativ (s. § 8.5.4) mit *qā́mæṣ ḥāṭûp̄* gebildet; z.B.:

  קָטְלוֹ *und* קָטְלְךָ (aber daneben קְטָלְךָ; vgl. dazu die PK)

8.7.4 *Nun* energicum

Bei afformativlosen Formen der PK wird bisweilen (vor allem i.p.) zwischen Suffix und Verbalform ein נ als Zeichen eines alten *modus energicus* eingefügt. Es wird entweder an das folgende Suffix assimiliert (①+②) oder das ה des folgenden Suffix wird an das נ assimiliert (③, bei ④ mit zusätzlichem ה als *mater lectionis*). Ein Bedeutungsunterschied zu den entsprechenden Suffixformen ohne *Nun* energicum ist nicht erkennbar.

Übersicht über die Formen mit נ-energicum:

①	נִי	+	ֶנ	→	ֶנִּי	(1. Sg.)
②	ךָ	+	ֶנ	→	ֶךָּ	(2. *masc.* Sg.)
③	הוּ	+	ֶנ	→	ֶנּוּ	(3. *masc.* Sg.)
④	הָ	+	ֶנ	→	ֶנָּה	(3. *fem.* Sg.)

Als Faustregel gilt: *dāgeš* forte im Suffix = נ-energicum; z.B.

וַיִּבְחָרֶךָּ	… und er (YHWH) hat dich erwählt (Jes 49,7).
כִּי תִדְרְשֶׁנּוּ בְּכָל־ לְבָבְךָ וּבְכָל־נַפְשֶׁךָ׃	… wenn du ihn suchen wirst mit deinem ganzen Herzen und deiner ganzen Seele. (Dtn 4,29)

Formensammlung Starkes Verb (Auflösung: S. 191)

א)	וְאָמַרְתָּ	כְּתֻבִים	בָּרוּךְ	שָׁמְעוּ	יוֹשֵׁב
ב)	וַיִּמְלֹךְ	לִשְׁמוֹר	יִשְׂמְחוּ	עֹמְדִים	דָּרֹשׁ
ג)	וְיִצְּקוּ	תִּזְרָ֑עוּ	תְּגַדֵּל	זְכֹר	תִּשְׁבַּת

א)	נִשְׁבַּע	יִקָּרֵא	הִנָּבֵא	וְנִכְרְתָה	לְהִלָּחֵם
ב)	נִפְלָאוֹת	יִכָּרֵת	הַנִּמְצָא	נִבְהָ֑לוּ	יִכָּשְׁלוּ
ג)	יִכָּתֵ֑בוּ	תִּזָּכַרְנָה	נִמְשָׁ֑לְתָּ	נִכְבָּד	הַנִּשְׁאָרִים

א)	דַּבֵּר	זַמְּרוּ	יֻלַּד	מְבַקְשִׁים	וַיִּתְחַזֵּק
ב)	יְמַלֵּא	יִתְהַלֵּל	וַיְשַׁלְּחוּ	סִפְּרוּ	יִתְקַדְּשׁוּ
ג)	לְהִתְפַּלֵּל	וַאֲשַׁלֵּם	הִתְהַלְּכוּ	וִיקַטֵּר	לְקַדֵּשׁ

א)	תַּלְבִּישׁ	מֻשְׁלֶ֫כֶת	וְהִרְכַּבְתֶּם	נַשְׁאֵר	הִקְדִּ֫ישׁוּ
ב)	מַשְׂכִּיל	אַשְׂכִּ֫ילָה	נַשְׂכִּ֫ימָה	הִשְׁלַ֫כְתָּ	וַיַּקְרֵב
ג)	וְהִכְרַ֫תִּי	הָרְעָ֑לוּ	הָכְלַ֫מְנוּ	הַקְשִׁיבָה	הָשְׁלְמָה
ד)	הַמְּפֻקָּדִים	מַקְטִירוֹת	לְהַשְׁחִית	אַזְכִּיר	הִגְדִּל

Formen unterschiedlicher Stämme:

א)	כֹּשְׁלוֹת	דִּבֶּר	הֵימָּלֵט	וַיַּקְרִ֫יבוּ	וַתִּכְתֹּב
ב)	הַסְתֵּר	נִטְמָ֑אָה	נִבְרְכָה	מְדַבֵּר	מַכְעִיסִים
ג)	נִצְטַדָּ֑ק	תִּשְׁכֹּן	הָבְדְּלוּ	דָּרַשְׁנוּ	הַשְׁמִ֫יעוּ
ד)	וַיְדַבֵּר	בְּהִקָּבֵץ	וְלַנִּשְׁבֶּ֫רֶת	וָאַכְרִית	וָאֶשְׁתַּמֵּר

Suffixe am starken Verb: *Qal*

א)	רְדָפ֫וּנִי	יְלָדַ֫תּוּ	וּקְבַרְתַּ֫נִי	וּקְשַׁרְתָּם	מְלָאָה
ב)	יְכָלְתִּיו	בְּחָנַ֫נִי	יְדָעוֹ	פְּקָד֫וּךְ	וּכְתַבְתָּם
ג)	וּלְכָדָהּ	שְׁפַטְתִּיךְ	בְּלָמְדִי	מְצָאוּךְ	פְּרַצְתָּנוּ

Suffixe am starken Verb: *Pi'el*, *Hif'il*

א) תַּכְרִיתֵךְ הִשְׁבַּתִּיךָ יִסַּרְתּוֹ בִּקַּשְׁתִּיהוּ אֲזַמֶּרְךָּ

ב) הִכְבַּדְתִּים דִּבְּרוֹ שִׂמַּחְתַּנִי גִּדְּלוֹ הִשְׁבִּיעֶךָּ

Suffixe am starken Verb: *Qal*, *Pi'el* oder *Hif'il*

א) וְחַזְּקֵנִי אֶסְפְּרֵם תִּלְקְטֵהוּ הִבְדַּלְתָּם בְּחַנְתִּים

ב) עָבְרִי וַיְאַבְּדֵם בְּחַרְתִּיךָ תִּצְפְּנֵם וַאֲגַדְּלֶנּוּ

ג) וַיְבָרְכֵךְ תִּדְרְשֶׁנּוּ נַשְׁלִיכֵהוּ וַיִּרְדְּפֵהוּ זָכְרֵנִי

Wendungen und Sätze

וַיִּשְׁלַח יְהוָה אֶת־נָתָן אֶל־דָּוִד

וַיֹּאמֶר שְׁמוּאֵל אֵת כָּל־דִּבְרֵי יְהוָה אֶל־הָעָם

וַיִּשְׁלַח שָׁאוּל מַלְאָכִים אֶל־יִשָׁי וַיֹּאמֶר שִׁלְחָה אֵלַי אֶת־דָּוִד בִּנְךָ אֲשֶׁר בַּצֹּאן׃

וַיֹּאמֶר יְהוָה אֶל־מֹשֶׁה *פְּסָל־לְךָ שְׁנֵי־לֻחֹת אֲבָנִים כָּרִאשֹׁנִים וְכָתַבְתִּי
עַל־הַלֻּחֹת אֶת־הַדְּבָרִים אֲשֶׁר הָיוּ** עַל־הַלֻּחֹת הָרִאשֹׁנִים אֲשֶׁר שִׁבַּרְתָּ׃

* hauen (Impt.); ** die gewesen sind (3. com. Pl. AK Qal היה)

Zur Wiederholung (vorausgesetzt werden die Verbklassen ע"ו/י, ל"ה und פ"א)

וַתֹּאמֶר בַּת־שֶׁבַע טוֹב אָנֹכִי אֲדַבֵּר עָלֶיךָ אֶל־הַמֶּלֶךְ׃

הָבִיאָה לִּי צַיִד וַעֲשֵׂה־לִי מַטְעַמִּים וְאֹכֵלָה

וַאֲבָרֶכְכָה לִפְנֵי יְהוָה לִפְנֵי מוֹתִי׃

אָנֹכִי הֹלֵךְ בְּדֶרֶךְ כָּל־הָאָרֶץ וְחָזַקְתָּ וְהָיִיתָ לְאִישׁ׃

וַיֹּאמֶר יְהוָה אֶל־אַבְרָם לֶךְ־לְךָ מֵאַרְצְךָ וּמִמּוֹלַדְתְּךָ

וּמִבֵּית אָבִיךָ אֶל־הָאָרֶץ אֲשֶׁר אַרְאֶךָּ׃

§ 9 Verba laryngalis bzw. ר

Die Gutturale /Laryngale und ר
① können nicht verdoppelt werden,
② haben gerne einen *a*-Laut vor oder nach sich und
③ statt *šᵉwāʾ* simplex (mobile oder quiescens) meist ein *šᵉwāʾ* compositum (*ḥāṭep̄* -Laut) bei sich (vgl. § 4.3.2.5).

9.1 Verba Primae (I) laryngalis (Tab III)

①	In der *PK und im Impt. und Inf. cons. Nif.* tritt statt der Verdoppelung des 1. Radikals stets Ersatzdehnung (compensatio) ein (§ 4.2.2), d.h., statt **i** steht **e** im Präformativ.
	PK *Nif.* יִקָּטֵל *aber* יֵעָמֵד Inf. cons./Impt. *Nif.* הִקָּטֵל *aber* הֵעָמֵד *Die Vokalfolge* **e → ā → (e)** *ist jetzt besonderes Stammeskennzeichen (sogenannte Séparée-Formen)!*
②	Statt **i** steht in der durch den 1. Radikal geschlossenen Präformativsilbe **ă** oder **æ**. Das ist der Fall in der *PK Qal*, in der *AK und im Part. Nif'al.* und im *ganzen Hif'il.* Die geschlossene Präformativsilbe (= *harte Verbindung*) wird häufig durch den dem Präformativvokal entsprechenden *ḥāṭep̄*-Vokal aufgesprengt (= *weiche Verbindung*; vgl. § 4.3.2.4).
–	In der *PK Qal* steht bei dem Stammvokal *u/o* (= *Qal* I) meist der Präformativvokal **ă** (selten æ); z.B. יִקְטֹל *aber* יַעֲמֹד

bei dem Stammvokal **ă** (=*Qal* II) *immer* der Präformativvokal æ, der aber häufig bei fortrückendem Ton zu a wird; z.B.

יִכְבַּד *aber* יֶחֱזַק

— In der *AK und im Part. Nif.* und in der *AK Hif.* steht *meist* æ, selten ă als Präformativvokal; z.B.

נִקְטַל *aber* נֶעֱמַד

הִקְטִיל *aber* הֶעֱמִיד

③ Statt *šᵉwāʾ* mobile steht beim 1. Radikal *ḥāṭep̄-pátaḥ* (bei א häufig *ḥāṭep̄-sᵉgôl*); z.B.

קְטַלְתֶּם *aber* עֲמַדְתֶּם

Inf. cons./ Impt.

קְטֹל *aber* עֲמֹד *und* אֱמֹר

1. Anm.: Wird bei fortrückendem Ton der Vokal beim 2. Radikal verflüchtigt, erhält bei weicher Verbindung der 1. Radikal den vollen Vokal des *ḥāṭep̄-Vokals* (§ 4.3.2.4); z.B.:

יַעֲמֹד aber יַעַמְדוּ

2. Anm.: Ein *qā́mæṣ*, das vor einem *qā́mæṣ ḥāṭûp̄* oder einem *ḥāṭep̄-qā́mæṣ* steht, wird als *qā́mæṣ ḥāṭûp̄* gelesen (§ 3.1.1; 2. Anm.); z.B.:

Håf. מָעֳמָד *må'ᵃmād*

9.2 Verba Mediae (II) laryngalis bzw. ר (Tab IV)

① In den Intensivstämmen (D-Stämmen) tritt statt der Verdoppelung des mittleren Radikals

– bei ר immer, bei א und ע meist Ersatzdehnung (*compensatio*)

– bei ה und ח (selten bei א und ע) virtuelle Verdoppelung ein.

Die Vokalfolge ist jetzt besonderes Stammeskennzeichen! z.B.:

			Ersatzdehnung		virtuelle Verdopplung
Pi.	קִטֵּל	i → e	בֵּרֵךְ	*aber*	נִחַם
	קִטַּל	ă → ā	בָּרֵךְ	*aber*	נַחֵם
Hitp.	הִתְקַטֵּל		הִתְבָּרֵךְ	*aber*	הִתְנַחֵם
Pu.	קֻטַּל	u → o	בֹּרַךְ	*aber*	נֻחַם

② Der Stammvokal der PK *Qal* ist stets ă (= wie *Qal* II); z.B.

יִקְטֹל *aber* יִשְׁחַט

Die Infinitive werden auf o gebildet; z.B.

שְׁחֹט (Inf. cons.) שָׁחֹט (Inf. abs.)

Der Imperativ wird dagegen auf ă gebildet; z.B.: שְׁחַט

9.3 Verba Tertiae (III) laryngalis (Tab V)

Zu dieser Gruppe gehören nur die Verben, die als 3. Radikal ein הּ, ח oder ע haben.

① Statt *šᵉwāʾ* simplex steht meist ein *ḥāṭep̄-pátaḥ* beim 3. Radikal; z.B.

קְטָֽלְךָ *aber* שְׁלָֽחֲךָ

קָטַלְתָּ *und* שָׁלַחְתָּ

② Die „doppelt geschlossene“ Silbe der 2. *fem.* Sg. AK wird durch *pátaḥ* aufgesprengt (§ 4.3.2.3); z.B.

קָטַלְתְּ aber שָׁלַחַתְּ

Dāgeš und *šᵉwāʾ* bleiben dennoch erhalten. Dieses und vor allem dass als „Aufsprengvokal“ in der Nachschlagsilbe ַ nicht aber ֲ verwendet wird, weist darauf hin, dass die 2. *fem.* Sg. von den Masoreten nicht als „doppelt geschlossene“ Silbe verstanden wurde. Vielmehr ist das *dāgeš* in dem תּ ein *dāgeš* forte dirimens und das *šᵉwāʾ* dann ein mobile; und da zwei Vorschlagsilben nicht hintereinander stehen können, enthält die erste Silbe einen vollen Vokal, hier ַ (→ § 4.3.2.2b).

③ Der Stammvokal der PK *Qal* ist stets a (= wie *Qal* II); z.B.

יִקְטֹל *aber* יִשְׁלַח

Nur die Infinitive werden auf o gebildet; z.B.:

שְׁלֹחַ (Inf. cons.) שָׁלוֹחַ (Inf. abs.)

Der Imperativ dagegen auf ă; z.B.: שְׁלַח.

④	Steht der Laryngal am Ende der Form, muss ihm ein a-Laut vorausgehen.
a)	Entweder wird ein *pátaḥ furtivum* eingeschoben, das ist der Fall nach den unveränderbaren Vokalen **o**, **u**, **i** und nach **e** bei den Pausal-Formen des finiten Verbs, beim Inf. abs. und beim Part. im st. abs.; z.B.:
	קָטוּל *aber* שָׁלוּחַ (Part. pass. *Qal*)
	יַקְטִיל *aber* יַשְׁלִיחַ (PK *Hif.*) (*aber* וַיַּשְׁלַח)
	קֹטֵל *aber* שֹׁלֵחַ (Part. akt. *Qal*)
b)	oder es wird der dem Laryngal vorausgehende Vokal durch **a** verdrängt. Das ist der Fall bei **e** in den oben nicht genannten Formen, d.h. den Kontextformen des finiten Verbs, beim Part. in st. cons. und beim Inf. cons. – hier oft neben Formen mit unverdrängtem **e**; z.B.
	קִטֵּל *aber* שִׁלַּח (AK *Pi.*)
	הִתְקַטֵּל *aber* הִשְׁתַּלַּח (AK *Hitp.* [mit transpositio])
	הִקָּטֵל *aber* הִשָּׁלַח (Impt./Inf. cons. *Nif.*; als Inf. cons. auch הִשָּׁלֵחַ)

Anm.: Bisweilen wird ein **e** oder **æ** auch dann durch ein **a** verdrängt, wenn der Laryngal nicht am Wortende steht; z.B.:

תַּקְטֵלְנָה *aber* תַּשְׁלַחְנָה (PK *Hif.*)

קֹטֶלֶת *aber* שֹׁלַחַת (Part. *fem.* *Qal*)

קִטֶּלְךָ *aber* שִׁלַּחֲךָ (AK *Pi.* + Suffix)

9.4 Zusammenfassung

Bei den Verben, die einen Laryngal (ע, ח, ה, א) oder ר enthalten, finden sich einige Besonderheiten bei der Vokalisation. Die wichtigsten dieser Besonderheiten sind:

① Der Stamm-Vokal in der PK *Qal* ist **a**, wenn der 2. oder 3. Radikal ein Laryngal oder ר ist; z.B.

יִקְטֹל *aber* יִשְׁחַט *und* יִשְׁלַח

② Statt *šᵉwāʼ* simplex (mobile oder quiescens) steht meist ein *šᵉwāʼ* compositum (*ḥāṭep̄*-Laut); z.B.:

יִקְטֹל *aber* יַעֲמֹד (PK *Qal*)

קְטֹל *aber* אֱמֹר *und* עֲמֹד (Impt./Inf. cons. *Qal*)

קָטְלָה *aber* שָׁחֲטָה (AK *Qal*)

③ Ist der 1. Radikal ein Laryngal, steht im PK *Qal*, AK *Nif'al* und dem AK *Hif'il* statt **i** ein **a** oder **æ** im Präformativ; z.B.:

יִקְטֹל *aber* יַעֲמֹד *und* יֶחֱזַק (PK *Qal*)

נִקְטַל *aber* נֶעֱמַד

④ Müsste *dāgeš* forte in dem Laryngal stehen, tritt entweder

– Ersatzdehnung (der vorausgehende Vokal wird gedehnt: **ă → ā, ĭ → ē, ŭ → ō**) oder
– virtuelle Verdoppelung ein (es steht kein *dāgeš* forte, die Vokalisation bleibt unverändert); z.B.:

יִקָּטֵל *aber* יֵעָמֵד (PK *Nif.*)

קַטֵּל *aber* בָּרֵךְ *aber* מַהֵר (Impt./Inf. cons. *Pi.*)

Das ist beim starken Verb der Fall im *Nif'al* (im 1. Radikal) und in den sog. Intensivstämmen (D-Stämmen) (im 2. Radikal).

Formensammlung (Auflösung: S. 198)

Verba primae (I) laryngalis

א)	חֲשַׁבְנֻהוּ	יַאֲמִין	וַיֵּהָפֵךְ	חֲדָלוּ	נֶחְשַׁבְתִּי
ב)	הַחֲרִישִׁי	יַעַבְדֻנוּ	אֶעֱזָבְךָ	תֵּאָסֵר	בֶּאֱמָרְכֶם
ג)	הֶחֱזִיק	וְהַאֲבַדְתִּיךָ	הָעֹבְרִים	תַּחֲרִים	וַתַּחֲבֹשׁ
ד)	וַיַּעַמְדוּ	הַאֲזִינָה	תֶּאֱבַל	יֵאָסְפוּ	אֲכָלַתְהוּ

Verba mediae (II) laryngalis und ר

א)	וּבֵרַכְתִּיךָ	וּגְאָלֵנִי	וְנִחַמְתִּים	לְבַהֲלֵנִי	גֵּרְשָׁה
ב)	נִלְחֲמוּ	וְהִתְנַחֲלוּם	וַיְמָאֲנוּ	וְזַעֲקוּ	מַהֲרוּ
ג)	וַיִּנְהֲגוּ	וְטִהַרְתִּי	וַתִּבְחַר	וַיְכַהֵן	יְעָצֻהוּ
ד)	צְעָקָה	יְרַחֵם	וְנִלָּחֲמָה	וּבְחָנוּנִי	בָּעֲרָה

Verba tertiae (III) laryngalis:

א)	תִּזְבַּח	תִּזָּרַע	לְהַשְׂבִּיעַ	הַצְלַח	וְיִמָּנַע
ב)	וְנִטְעוּ	יְדַעֲנוּם	הִשְׂבִּיעַנִי	מִכְּרֹעַ	בֹּרַחַת
ג)	תִּפְרַחְנָה	וַיְנַגַּע	תַּכְנִיעַ	לִבְלֹעַ	בּוֹטֵחַ
ד)	כְּגָבֹהַּ	יִמְשָׁחוּ	וַיִּבְקַע	מַפְגִּיעַ	יָגַעַתְּ

Wendungen und Sätze

וַיִּשְׁלְחוּ וַיַּאַסְפוּ אֶת־כָּל־סַרְנֵי פְלִשְׁתִּים
וַיֹּאמְרוּ שַׁלְּחוּ אֶת־אֲרוֹן אֱלֹהֵי יִשְׂרָאֵל
כִּי־בָרֵךְ אֲבָרֶכְךָ וְהַרְבָּה אַרְבֶּה אֶת־זַרְעֲךָ כְּכוֹכְבֵי הַשָּׁמַיִם
יַעַן מָאַסְתָּ אֶת־דְּבַר יְהוָה וַיִּמְאָסְךָ מִמֶּלֶךְ
בְּכָל־יוֹם אֲבָרְכֶךָּ וַאֲהַלְלָה שִׁמְךָ לְעוֹלָם וָעֶד׃
וְעַתָּה יִשְׂרָאֵל שְׁמַע אֶל־הַחֻקִּים וְאֶל־הַמִּשְׁפָּטִים אֲשֶׁר אָנֹכִי מְלַמֵּד אֶתְכֶם
*לַעֲשׂוֹת

* zu tun/erfüllen (Inf. cons. Qal + לְ von עשׂה)

§ 10 Das Schwache Verb

10.1 Die Verbklassen und ihre Hauptkennzeichen

10.1.1 Definition

Als schwach gilt	
①	ein Verb, das nur *zwei* Radikale (Wurzelkonsonanten) aufweist *oder*
②	ein drei-radikaliges Verb, bei dem durch die Formenbildung (Flexion) ein Wurzelkonsonant als solcher „verloren geht“ (d.h., elidiert, assimiliert oder kontrahiert wird → § 4).

10.1.2 Die Verbklassen und ihre Benennung

Übersicht

ל hinten	ע innen	פ vorne
ל"א ל"ה	ע"ו/י ע"ע	פ"י/ו פ"נ פ"א*
Verba Tertiae (III) *'àlæf* ***infirmae	Verba Mediae (II) **u, o, i** **geminatae	Verba Primae (I) *yod/waw* *nun* *'álæf*
= III *yod/he*	= Hohle Wurzel = III=II	
Paradigmata מָצָא גָּלָה	Paradigmata שִׂים קוּם סבב	Paradigmata יטב ישב נפל אמר

* " ist Abkürzungszeichen.
** verdoppelt (lat. gemini = Zwillinge).
*** schwach.

Die Schwäche eines Verbs wurde herkömmlicherweise durch die Radikale des Paradigmas פעל (tun, machen) benannt. Ist z.B. der *erste* Radikal (= פ) schwach und dieser ein נ, spricht man von einem *pe-nun*-Verb (geschrieben פ"נ); ist der *dritte* Radikal (= ל) schwach und dieser ein א, handelt es sich um ein *lámæd-'álæf*-Verb (ל"א). Zunehmend setzt sich stattdessen die Bezeichnung „Verba primae (I) *nun*“ bzw. „tertiae (III) *'álæf*“ usw. durch.

10.1.3 Die 22 am häufigsten gebrauchten schwachen Verben

אכל		essen, fressen (וַיֹּ֫אכַל)
אמר		sagen, sprechen (וַיֹּ֫אמֶר)
נָשָׂא		erheben, tragen, nehmen (וַיִּשָּׂא)
נתן		geben, (ein)setzen (וַיִּתֵּן)
לקח	(!)	nehmen (וַיִּקַּח) → פ"נ = I *nun*
ידע		erkennen, wissen, erfahren (וַיֵּ֫דַע)
ילד		gebären, (er)zeugen (וַיֵּ֫לֶד)
יָצָא		hinausgehen, -ziehen (וַיֵּצֵא); *Hif.* herausführen (וַיֹּצֵא)
ירד		hinabgehen, -steigen (וַיֵּ֫רֶד); *Hif.* hinabführen, -steigen lassen (וַיּ֫וֹרֶד)
ישב		sich setzen, sitzen bleiben, wohnen (וַיֵּ֫שֶׁב)
הלך	(!)	gehen (וַיֵּ֫לֶךְ) → פ"ו = I *waw*
בוא		kommen, hineingehen (וַיָּבֹא); *Hif.* bringen (וַיָּבֵא)
מות		sterben (וַיָּ֫מָת*)
קום		aufstehen, sich erheben (וַיָּ֫קָם*)
שׂים		setzen, stellen, legen (וַיָּ֫שֶׂם)
שׁוב		umkehren, zurückkehren (וַיָּ֫שָׁב*)
הָיָה		sein, werden, geschehen (וַיְהִי)
עָלָה		hinaufgehen, -steigen (וַיַּ֫עַל) *Hif.* hinaufführen, -steigen lassen (וַיַּ֫עַל)
עָשָׂה		tun, machen (וַיַּ֫עַשׂ)

* In der letzten Silbe steht ָ -*ḥāṭûp̄* → § 3.1.1.

צִוָּה	*Pi.* befehlen, beauftragen (וַיְצַו)
רָאָה	sehen (וַיַּרְא**) *Nif.* sich sehen lassen, erscheinen (וַיֵּרָא)
קָרָא	rufen, nennen, lesen (וַיִּקְרָא)

** Zu lesen ist: *wayyar'* → § 2; § 4.3.2.3.

10.1.4 Erste Faustregeln zum Erkennen schwacher Verbformen

Formen *mit* Präformativ

① *Dāgeš* forte im ersten sichtbaren Radikal = I *nun* = פ"נ, z.B.

וַיִּשָּׂא → נָשָׂא

② ָ in offener Präformativ-Silbe = II schwach = ע-Verb
Nachschlagefolge:

1. II *waw*	= ע"ו	*z.B.*	וַיָּקָם	→	קוּם
2. II *yod*	= ע"י		וַיָּשֶׂם	→	שִׂים
3. III = II	= ע"ע		וַיָּסָב	→	סבב

③ Treffen ① und ② nicht zu = III *he*
oder
Vorne stark, hinten schwach, d.h., die Präformativsilbe bzw. der 1. Radikal ist vokalisiert wie beim starken Verb = III *he* = ל"ה, z.B.

וַיְגַל → גָּלָה

Formen *ohne* Präformativ

④	Zweiradikalige Formen			
–	(Impt.) I *nun* = פ"נ, z.B.	גַּשׁ	→	נגשׁ
	oder I *yod/waw* = פ"י/ו; z.B.	שֵׁב	→	ישׁב
–	3. *masc.* Sg. AK (Part.) = ע"י/ו, z.B.	בָּא	→	בּוֹא

⑤ Unbedingt die 22 häufigsten Verben (→ 10.1.3) kennen!

Weitere Faustregeln zum Erkennen schwacher Verbformen → § 10.9.

10.2 Verba Primae (I) *'álæf* = פ"א (Tab VI)

Merkmale der schwachen Formen:

① In der PK *Qal* quiesziert das א im Präformativvokal **o**.

② Die Verba I *'álæf* sind als solche immer erkennbar, da das א im Schriftbild erhalten ist.
Ausnahme: regelmäßig die 1. *com.* Sg. PK *Qal*, z.B.
אֹמַר ich werde sagen

10.2.1 Nur folgende Verben bilden regelmäßig schwache Formen:

אמר	אָבָה	אָפָה	אכל	אבד
sagen	wollen	backen	essen	zugrunde gehen

(Merksatz: Er sagte, er wolle backen, essen und zugrunde gehen.)

Außerdem begegnen bei einigen Verben neben starken auch schwache Formen, so bei:

אחז	אסף	אהב
ergreifen	sammeln	liebhaben

10.2.2 Schwache Formen finden sich *nur in der PK Qal*. Dort verliert silbenschließendes א seine konsonantische Funktion (→ § 4.1.4) und quiesziert (→ § 2) im Präformativvokal **o**. Der Thema- bzw. Stammvokal ist **a**, seltener **e** (so vor allem bei den Pausalformen); z.B.

יֹאכַל   i.P. יֹאכֵל   Narr. וַיֹּאכַל

Herkömmliche Ableitung: *ya'kul* > *yā kul* > *yo kōl* > Vokaldissimilation zu > *yō kal* bzw. *yō kel*, um die Vokalfolge **o-o** zu vermeiden; oder: < *yāū kel* < *yāō kel*.

10.2.3 In der 1. *com.* Sg PK *Qal* fällt das א meist auch bei der Schreibung aus; z.B.

אֹכַל (für אֹאכַל)   i.P. אֹכֵל (= Part.)

10.2.4 Sonst werden die פ"א-Verben wie die Verba Primae laryngalis gebildet (→ § 9.1); z.B.

Inf./Impt. *Qal*:	אֱמֹר	AK *Nif‘al*:	נֶאֱמַר
AK *Hif‘il*:	הֶאֱמִיר	PK *Nif‘al*:	יֵאָמֵר

10.2.5 Verben mit Besonderheiten

אמר „sagen, sprechen“

a) Im *Narrativ Qal* steht bei den Formen mit Tonzurücknahme (→ § 3.3.1) als Stammvokal **æ**; z.B.
וַיֹּ֫אמֶר *aber* וַיֹּאמַר (i.P.); וָאֹמַר (1. *com.* Sg.)

b) Der *Inf. cons. Qal* mit לְ wird schwach gebildet:
לֵאמֹר (statt לֶאֱמֹר → § 4.3.2.2)

לֵאמֹר steht meist zur Einführung der wörtlichen Rede und kann dann mit Wendungen wie „folgendermaßen“, „mit folgenden Worten“, „indem er/sie sagte“ oder nur durch Doppelpunkt und Anführungszeichen wiedergegeben werden (vgl. § 5.1.2).

Formensammlung (Auflösung: S. 201)

א)	וַתֹּ֫אמֶר	נֹאמַר	תֹּאבֵד	אִמְרִי	לֶאֱכֹל
ב)	יֵאָמֵר	וַתֹּאמַ֫רְנָה	וָאֹהַב	וַתֹּ֫אכַל	נֶאֱחַז
ג)	אֹחֶ֫זֶת	וַיֵּאָסֵף	נֹאבְדָה	לֵאמֹר	וָאֹמַר
ד)	אֹהֵב	אֲהַבְתָּ	וַיֹּאמְרוּ	וַיֹּאמַר־	אֱכָל־

Seltenere Formen

ה)	תֹּאמְרוּן	וַתֹּאמַ֫רְןָ	הֲיֹאבֶה	הֶאָכֹל	אֹכָל
ו)	הֵאָסְפִי	וְאָכְלָה	לְאֹהֲבַי	מֵהָאֹכֵל	הֶאֱכַלְתִּיךָ

Wendungen und Sätze

וְהַנָּחָשׁ הָיָה עָרוּם מִכֹּל חַיַּת הַשָּׂדֶה אֲשֶׁר עָשָׂה יְהוָה אֱלֹהִים
וַיֹּאמֶר אֶל־הָאִשָּׁה אַף כִּי־אָמַר אֱלֹהִים
לֹא תֹאכְלוּ מִכֹּל עֵץ הַגָּן׃
וַתֹּאמֶר הָאִשָּׁה אֶל־הַנָּחָשׁ מִפְּרִי עֵץ־הַגָּן נֹאכֵל׃
וּמִפְּרִי הָעֵץ אֲשֶׁר בְּתוֹךְ־הַגָּן אָמַר אֱלֹהִים לֹא תֹאכְלוּ מִמֶּנּוּ …

10.3 Verba Primae (I) *nun* = פ"נ (Tab VII)

Merkmale der schwachen Formen:	
①	*Dāgeš* forte im 1. sichtbaren Radikal (= assimiliertes *nun*).
②	Zweiradikaliger Impt. *Qal* (meist mit **a**; z.B. גַּשׁ).
③	Zweiradikaliger Inf. cons. *Qal* mit ת erweitert.

10.3.1 Schwache Formen finden sich (vgl. פ"י):

① überall dort, wo der 1. Radikal die Präformativsilbe schließen müsste, also in der PK *Qal*, in der AK und bei dem Part. *Nif'al*, im ganzen *Hif'il* und *Håf'al.*

Hier wird das *nun* dem 2. Radikal assimiliert; dieser erhält *dāgeš* forte (→ § 4.1.2); z.B. von נפל / נגשׁ :

PK *Qal*:	*yin͜pol* →	יִפֹּל	AK *Hif.*:	*hin͜giš*	→	הִגִּישׁ
	yin͜gaš →	יִגַּשׁ	PK:	*yan͜giš*	→	יַגִּישׁ
AK *Nif.**:	*nin͜gaš* →	נִגַּשׁ	AK *Håf.*:	*hun͜gaš*	→	הֻגַּשׁ
Part.:	*nin͜gāš* →	נִגָּשׁ	PK:	*yun͜gaš*	→	יֻגַּשׁ

② im Impt. und Inf. cons. *Qal* der Verben mit dem PK-Stammvokal **a.**

Hier ist das *nun* elidiert (→ § 4.1.4)**; z.B. Impt. *Qal* von נגשׁ

גַּשׁ (גְּשָׁה) גְּשִׁי גְּשׁוּ גַּשְׁנָה***

Der Inf. cons. *Qal* wird durch ת erweitert und segoliert; z.B.

gaš > *gašt* > *gaš$_{æ}$t* > גֶּשֶׁת

mit לְ: לָגֶשֶׁת (→ § 4.3.2.1)

mit Suff.: גִּשְׁתִּי (→ § 4.3.2.3)

Dagegen lautet der Impt. bzw. Inf. cons. *Qal* beim PK-Stammvokal o < u wie beim starken Verb; z.B.

נְפֹל von נפל *aber*: PK *Qal*: יִפֹּל

* = AK *Pi.*

** Bei einigen I *nun*-Verben ist auch von einer zweiradikaligen Basis auszugehen.

*** Das *dāgeš* ist ein *dāgeš* lene.

10.3.2 Verben mit Besonderheiten

① נתן „geben"

a) In der AK *Qal* wird auch das vokallose *nun* des 3. Radikals vor konsonantischem Afformativ assimiliert:

נָתַתָּה/נָתַתְּ, נָתַתְּ, נָתַתִּי, נְתַתֶּם, נָתַנּוּ

b) Der Stammvokal der PK *Qal* ist **e** < **i**; z.B.

PK: יִתֵּן, תִּתֵּן usw. Narr.: וַיִּתֵּן

Impt.: תֵּן (תְּנָה), תְּנִי, תְּנוּ (*fem.* Pl. ist nicht belegt.)

Inf. cons.: תֵּת (< *tint*); mit: לְ: לָתֵת; mit Suff.: תִּתִּי (→ § 4.3.2.1)

c) Bei den als PK *Håf.* vokalisierten Formen handelt es sich um das alte Pass. *Qal*; z.B.

יֻתַּן „gegeben werden"

② לקח „nehmen"

a) לקח wird in Analogie zu נתן gebildet, d.h., das ל wird wie das נ der Verba I *nun* behandelt (§ 4.1.2); z.B.

PK *Qal*: יִקַּח, תִּקַּח usw. Narr.: וַיִּקַּח

Impt.: קַח (קְחָה), קְחִי, קְחוּ (*fem.* Pl. ist nicht belegt.)

Inf. cons.: קַחַת; mit לְ: לָקַחַת; mit Suff.: קַחְתִּי

b) AK *Pu.* (לֻקַּח) bzw.

PK *Håf.* (יֻקַּח) = Pass. *Qal* „genommen werden"

③ Verben ohne Assimilation

a) Bei den verba mediae (II) laryngalis wird das *nun* nicht assimiliert (§ 1.2.2), d.h., die entsprechenden Formen werden stark gebildet;

z.B. נהג „treiben, führen"

PK *Qal*: יִנְהַג Impt.: נְהַג

b) Auch sonst begegnen bei einigen Verben Formen *ohne*, neben solchen *mit* Assimilation bzw. Elision;

z.B. נטר „zürnen"

PK *Qal*: יִנְטֹר neben יִטֹּר

aber auch: לִקְחִי neben קְחִי s.o.

10.3.3 Häufig vorkommende Verben

נתן	geben, (ein)setzen
לקח	nehmen
נשׂא	erheben, tragen, nehmen
נגד	*Hif.* mitteilen, berichten
נטה	ausstrecken, neigen, abbiegen; *Hif.* = *Qal* und: beugen
נכה	*Hif.* (er)schlagen
נפל	fallen
נצל	*Hif.* entreißen, retten
נבא	*Nif.* profezeien, als Profet auftreten; *Hit.* sich als Profet gebärden
נבט	*Hif.* blicken, ansehen
נגע	berühren, schlagen
נגשׁ	herantreten, sich nähern; *Hif.* herbei-, darbringen
נדר	geloben
נחל	Besitz erhalten/nehmen/verteilen
נחם	*Pi.* trösten; *Nif.* sich trösten, bereuen
נטע	(be)pflanzen
נכר	*Hif.* (er)kennen
נסע	herausreißen, aufbrechen, weiterziehen
נצב	*Hif.* hinstellen; *Nif.* sich hinstellen, stehen
נצר	bewachen, bewahren
נקה	*Nif.* frei/schuldlos sein, straflos bleiben
נקם	(sich) rächen
נשׂג	*Hif.* erreichen, einholen

Formensammlung (Auflösung: S. 202)

א)	וַיֻּגַּד	וַיִּקַּח	לָתֵת	וַיַּגֵּד	לְהַצִּיל
ב)	יִנְאַף	אֶתֵּן	לָגֶשֶׁת	מֻצָּב	לָקַחַת
ג)	*וַיִּשְׂאוּ	קַח	תִּבֹּל	וַיַּגִּידוּ	נִגְּשׁוּ
ד)	וָאַגִּיד	וַיִּתְּנֵם	וָאֶקַּח	לְהַגִּיד	וַיִּתְּנוּ

Seltenere Formen

ה)	לְקַח	וּמַפִּיל	*יִקְחוּ	*תִּשְׂאוּן	הִפִּילֻהוּ
ו)	הֻנְטַע	תַּצֵּל	וְנִגְּשָׁה	הַגִּידִי	תַּצִּילֵנוּ

Formen unterschiedlicher Herkunft

ז)	הִנֶּנּוּ	אֶתֵּן	אַתֵּנָה	נֹאמַר	יֵאָמֵר

* *Dāgeš* forte kann bei Konsonaten mit *š^{e}wā'* ausfallen (→ § 3.2.2).

Wendungen und Sätze

וַיְדַבֵּר אַחְאָב אֶל־נָבוֹת לֵאמֹר תְּנָה־לִּי אֶת־כַּרְמְךָ
... וְאֶתְּנָה לְךָ תַּחְתָּיו כֶּרֶם טוֹב מִמֶּנּוּ
אִם טוֹב בְּעֵינֶיךָ אֶתְּנָה־לְךָ כֶסֶף מְחִיר* זֶה
וַיֹּאמֶר נָבוֹת אֶל־אַחְאָב חָלִילָה לִּי מֵיהוָה
מִתִּתִּי אֶת־נַחֲלַת אֲבֹתַי לָךְ׃

Eigennamen: Ahab, Nabot
* מְחִיר = Kaufpreis

10.4 Verba Primae (I) *yod/waw* = פ"י/ו (Tab VIII)

Merkmale der schwachen Formen:			
①	Bildungen nach dem Muster	**e - e**	(וַיֵּשֶׁב / יֵשֵׁב) bzw.
		i - a	(וַיִּיטַב / יִיטַב)
②	Zweiradikaliger Impt. *Qal* (meist mit **e**; z.B. שֵׁב).		
③	Zweiradikaliger Inf. cons. *Qal* mit ת erweitert.		
④	Präformativvokale meist plene geschrieben:		
	ô (*Nif./Hif.* I *waw*)	**î** (*Qal* I *yod*)	
	û (*Håf.* I *waw*)	**ê** (*Hif.* I *yod*)	

10.4.1 Verba primae (I) *yod* = פ"י

1. Als eigentliche verba primae *yod* gelten nur die folgenden 5 (sog. Säuglings-) Verben:

יקץ	ילל (*Hif.*)	ינק	ימן (*Hif.*)	יטב
aufwachen	heulen	saugen	sich nach rechts wenden	gut sein

2. Schwache Formen sind nur belegt für die PK *Qal* und das ganze *Hif'il*. Hier kontrahieren der Präformativvokal und das *yod* (→ § 4.2.2):

In der PK *Qal** **i + y → î**	Im ganzen *Hif'il* **a + y → ê** z.B.
PK: יִיטַב < *yiyṭab*	AK**: הֵיטִיב < *hayṭib*
Narr.: וַיִּיטַב***	PK: יֵיטִיב < *yayṭib*
	Narr.: וַיֵּיטֶב

* Der PK-Stammvokal ist **a**.

** In der AK ist es das ursprüngliche, in der PK das noch vorhandene **a** des Präformativs.

*** Ohne Tonzurücknahme gegen § 3.3.1.

10.4.2 Verba Primae (I) *waw* = פ״ו

1. Wurzelanlautendes ו ist in י übergegangen (→ § 4.1.1), d.h., die Verba Primae *waw* sind (wie die I *yod*) im Lexikon unter י als 1. Radikal aufzusuchen; z.B.

* w š b	→	יָשַׁב	sich setzen, sitzen, bleiben, wohnen
* w b š	→	יָבֵשׁ	trocken sein, vertrocknen, verdorren

2. Schwache Formen finden sich (vgl. פ״נ)

① überall dort, wo der 1. Radikal die Präformativsilbe schließen müsste, also in der PK *Qal*, in der AK und dem Part. *Nif'al*, im ganzen *Hif'il* und *Håf'al*.

In der PK *Qal* sind zwei Bildungsweisen zu unterscheiden:

Verben

mit PK-Stammvokal **a***	*mit PK-Stammvokal* **e** < **i****
werden wie die Verba Primae *yod* gebildet;	haben ein unveränderlich langes **ê** im Präformativ;
z.B. von יָבֵשׁ	z.B. von ישׁב
וַיִּיבַשׁ / יִיבַשׁ	וַיֵּשֶׁב / יֵשֵׁב

In der AK und dem Part. *Nif'al* und dem ganzen *Hif'il* kontrahieren der Präformativvokal*** und das *waw* (→ § 4.2.2):

a + w → ô

z.B.	*Nif'al*		*Hif'il*
AK:	נוֹשַׁב < *nawšab*	AK:	הוֹשִׁיב < *hawšîb*
Part:	נוֹשָׁב < *nawšāb*	PK:	יוֹשִׁיב < *yawšîb*
		Narr.:	וַיּוֹשֶׁב

Im ganzen *Håf'al* kontrahieren der ursprüngliche Präformativvokal und das *waw* (→ § 4.2.2):

u + w → û

z.B.

AK:	הוּשַׁב < *huwšab*	PK:	יוּשַׁב < *yuwšab*

② Im Impt. und Inf. cons. *Qal* der Verben mit dem PK-Stammvokal **e** < **i**.

Hier ist das *waw* elidiert (→ § 4.1.4)*; z.B. Impt. *Qal* von ישׁב

שֵׁב (שְׁבָה), שְׁבִי, שְׁבוּ, שֵׁבְנָה

Der Inf. cons. *Qal* wird durch ת erweitert und segoliert; z.B.

šeb > *šebt* > *šeb*$_{æ}$*t* > שֶׁבֶת
mit לְ: לָשֶׁבֶת (→ § 4.3.2.1)
mit Suff.: שִׁבְתּוֹ (→ § 4.3.2.3)

Dagegen lautet der Impt. bzw. Inf. cons. *Qal* beim PK-Stammvokal **a** wie bei den Verba primae *yod* bzw. wie beim starken Verb (*Qal* II);

z.B. יְבַשׁ bzw. יְבֹשׁ

* Möglicherweise handelt es sich hier bei einigen Verben um eigentliche Verba Primae *yod*.

** Wahrscheinlich ist bei diesen Verben von einer zweiradikaligen Basis auszugehen: PK *Qal* < *yašib*.

*** In der AK ist es das ursprüngliche, in der PK *Hif.* das noch vorhandene **a** des Präformativs.

3. Alle anderen Formen werden *stark* gebildet, wobei in der PK *Nif.* (bisweilen auch im *Hitp.*) das *waw* als Konsonant erhalten ist; z.B.

PK *Nif.*: יִוָּשֵׁב Inf. cons./Impt. *Nif.*: הִוָּשֵׁב

10.4.3. Verben mit Besonderheiten

① הלך „gehen"

הלך wird in der PK, im Impt., Inf. cons. *Qal* und im ganzen *Hif.* wie ein Verb I *waw* (Stammvokal **e** < **i**) gebildet; z.B.

PK *Qal*: יֵלֵךְ Narr.: וַיֵּלֶךְ
Impt.: לֵךְ (לְכָה), לְכִי, לְכוּ, לֵכְנָה
Inf. cons.: לֶכֶת; mit לְ: לָלֶכֶת
AK *Hif.*: הוֹלִיךְ
PK: יוֹלִיךְ; Narr.: וַיּוֹלֶךְ

② ידע „erkennen, wissen, erfahren“

ידע hat in der PK *Qal* (wegen des Laryngals) den Stammvokal **a**, wird aber wie ישב gebildet; z.B.

PK *Qal*: יֵדַע   Narr.: וַיֵּ֫דַע

Impt.: דַּע (דְּעָה), דְּעִי, דְּעוּ (*fem.* Pl. ist nicht belegt.)

Inf. cons.: דַּ֫עַת   mit לְ: לָדַ֫עַת

AK *Hif.*: הוֹדִיעַ

PK: יוֹדִיעַ

③ ירשׁ „in Besitz nehmen, (be)erben“

ירשׁ hat im *Qal* den PK-Stammvokal **a**, bildet aber einen schwachen Impt. und Inf. cons. *Qal*; z.B.

PK *Qal*: יִירַשׁ   Narr.: וַיִּירַשׁ

Impt.: רֵשׁ

Inf. cons.: רֶ֫שֶׁת (לָ)

④ יָכֹל „können, vermögen, überlegen sein“

יָכֹל hat in der PK (Pass.?) *Qal* ein unveränderliches **u** im Präformativ; z.B. יוּכַל. Besonderheiten der Formbildung:

AK:

3. *masc.* Sg. AK *Qal*: יָכֹל   3. *com.* Pl. AK *Qal*: יָכְלוּ

PK:

3. *masc.* Sg. PK *Qal*: יוּכַל   2. *masc.* Sg. PK *Qal*: תּוּכַל

1. *masc.* Sg. PK *Qal*: אוּכַל

3. *masc.* Pl. PK *Qal*: יוּכְלוּ   1. *com.* Pl. PK *Qal*: נוּכַל

⑤ Verben mit צ als 2. Radikal

Einige Verben – vor allem solche mit צ als 2. Radikal – bilden Formen in Analogie zu den Verba Primae *nun*, d.h., mit *dāgeš* forte im 1. sichtbaren Radikal; z.B.

a) יִצֹּק* 3. *masc.* Sg. PK *Qal* יצק „(aus)gießen“

b) אֶצֹּר 1. *com.* Sg. PK *Qal* יצר „formen, bilden, schaffen“

c) הִצַּתִּי 1. *com.* Sg. AK *Hif.* יצת „anzünden, verbrennen“

* Achtung, bisweilen fehlt *dāgeš* forte, d.h., es werden Formen ohne Verdoppelung (Längung) gebildet.

⑥ Von יהב „geben“ sind nur Formen des Imperativs belegt:

הַב (הָ֫בָה), הָבִי, הָבוּ (*fem.* Pl. ist nicht belegt.)

Diese sind häufig nur als Interjektion (auf!, wohlan!, vgl. Gen 11,4) zu übersetzen.

⑦ Zu יצא „hinausgehen, -ziehen“ und יָרֵא „(sich) fürchten, ehrfürchtig sein“ → § 10.8.2.

10.4.4 Häufig vorkommende Verben

1. Eigentliche Verba Primae *yod*; z.B. *Qal* יִיטַב, *Hif.* הֵיטִיב

ילל	*Hif.* heulen, wehklagen	ימן	*Hif.* sich nach rechts wenden
יקץ	aufwachen	יטב	gut sein/gehen, gefallen; *Hif.* gut handeln/machen
ינק	saugen; *Hif.* säugen		
(יָשֵׁן	schlafen; ohne *Hif.*)	(הפ״י	schön sein; vgl. § 10.8)

2. Eigentliche Verba Primae *waw*; z.B. *Qal* יֵשֵׁב, *Hif.* הוֹשִׁיב

ישב	sich setzen, sitzen, bleiben, wohnen	ילד	gebären, erzeugen
הלך	gehen	יצא	hinausgehen, -ziehen
ידע	erkennen, wissen, erfahren	ירד	hinabgehen, -steigen

3. Verba Primae *waw/yod*; *Qal* wie I *yod*, *Hif.* usw. wie I *waw*

יָכֹל können, vermögen, überlegen sein

יסף *Qal/Hif.* hinzufügen, fortfahren

יָרֵא fürchten, sich fürchten, ehrfürchtig sein

ירשׁ in Besitz nehmen, (be)erben; *Hif.* vertreiben, in Besitz nehmen

ישׁע *Hif.* helfen, retten

יָבֵשׁ trocken sein, vertrocknen, verdorren (etymologisch wohl פ״י)

ידה *Hif.* preisen, loben, bekennen, danken; *Hit.* bekennen

יסר *Pi.* züchtigen, zurechtweisen

יעץ raten, beraten, Planen

יצק (aus)gießen

יצר formen, bilden, schaffen

ירה II *Hif.* lehren, unterweisen

יתר *Nif.* übrig sein/bleiben; *Hif.* übrig haben/lassen

Formensammlung (Auflösung: S. 203)

א)	וַיֵּשְׁבוּ	וַיֵּרֶד	אוֹבִישׁ	וַיֵּצֵא	הֵיטֵב
ב)	וְיָדַעְתִּי	מוֹכִיחַ	נוּכַל	וָאֵדַע	יֶֽלְדָה
ג)	נוֹעָצִים	הֵילִילִי	הוֹלִיד	יוּצַּר	אֵרֵד
ד)	הֵינִיקָה	וַתֵּלֶד	נֵלֵךְ	וְיִרַשׁ	לָלֶכֶת

Seltenere Formen

ה)	לְדַעְתָּהּ	יֻלַּד	הוֹעִיל	הִוָּֽלְדוֹ	הָבוּ
ו)	יְסַדְתּוֹ	יִירָשׁוּהָ	יְלָדַתּוּ	הֲיִוָּדַע	הַלְיָֽרְשֵׁנוּ

Formen unterschiedlicher Herkunft

ז)	אִישַׁן	אִשָּׁה	אִישָׁהּ	דַּע	מַדּוּעַ
ח)	צַק	אוּכַל	אֹכֵל	וַיֹּסֶף	יֹשֶׁבֶת

Wendungen und Sätze

וַיִּיקַץ יַעֲקֹב מִשְּׁנָתוֹ וַיֹּאמֶר אָכֵן יֵשׁ יְהוָה בַּמָּקוֹם הַזֶּה
וְאָנֹכִי לֹא יָדָעְתִּי׃
וַיִּירָא וַיֹּאמַר מַה־נּוֹרָא הַמָּקוֹם הַזֶּה
אֵין זֶה כִּי אִם־בֵּית אֱלֹהִים וְזֶה שַׁעַר הַשָּׁמָיִם׃ …
וַיִּדַּר יַעֲקֹב נֶדֶר לֵאמֹר אִם־יִהְיֶה אֱלֹהִים עִמָּדִי
וּשְׁמָרַנִי בַּדֶּרֶךְ הַזֶּה אֲשֶׁר אָנֹכִי הוֹלֵךְ
וְנָתַן־לִי לֶחֶם לֶאֱכֹל וּבֶגֶד לִלְבֹּשׁ׃
… וְהָיָה יְהוָה לִי לֵאלֹהִים׃

Eigenname: Jakob

10.5 Verba Mediae (II) geminatae bzw. vocalis = ע – Verben (Tab IX/X)

Gemeinsame Merkmale:

① a) Gedehnter Präformativvokal
überall dort, wo der 1. Radikal die Präformativsilbe schließen müßte, also in der PK *Qal*, in der AK und dem Part. *Nif'al*, im ganzen *Hif'il* und *Håf'al*.

Vorton	
ָ < a*	in der PK *Qal*; AK (+ Part.) *Nif.*
	PK (+Impt. und Inf.) *Hif.*;
ֵ < i	in der PK *Qal* II; AK (+ Part.) *Hif.*
וּ < u	im ganzen *Håf.*

b) Reduzierter Präformativvokal ֲ (bzw.) ְ bei fortrückendem Ton.

② Vokalische Afformative sind unbetont angefügt.

③ Vor konsonantischen Afformativen steht meist ein betonter Infixvokal.

ô (וֹ) in der AK **æ** (ֶי) in der PK und im Impt.

* Ursprüngliches oder noch vorhandenes **a**.

10.5.1 Verba Mediae (II) geminatae (III=II) = ע"ע (Tab IX)

Besondere Merkmale:

① Verdoppelter 2. Radikal (*dāgeš* forte).

② Der Stammvokal ist in der PK *Qal* I **o**, im ganzen *Nif'al* **a** und im ganzen *Hif'il* **e** (Merkwort: Tomate).

10.5.1.1. Die Verba Mediae geminatae haben eine *zwei*konsonantige Basis mit *kurzem* Vokal und *gelängtem*, d.h., verdoppeltem 2. Radikal (**sabb*).

10.5.1.2. Durch Wiederholung des 2. Radikals werden *starke* Formen gebildet

① in den *Doppelungsstämmen*, in denen dann der 2. Radikal dreifach begegnet; z.B.

Pi. הִלֵּל *Pu.* הֻלַּל *Hit.* הִתְהַלֵּל

② in den *Parallelstämmen*, die häufig anstelle der Doppelungsstämme verwendet werden; z.B.

Polel	*Polal*	*Hitpolel*
סוֹבֵב	סוֹבַב	הִסְתּוֹבֵב

→ zur Metathesis vgl. § 4.1.3

③ im Inf. abs. und Part. *Qal*; z.B.

Inf. abs.	Part. akt.	Part. pass.
סָבוֹב	סֹבֵב	סָבוּב

④ bisweilen in der 3. Sg. und Pl. AK *Qal* (meist *Qal* I); z.B.

סָבַב סָֽבְבָה סָֽבְבוּ

10.5.1.3. Alle anderen Formen sind *schwach* und weisen die oben genannten Merkmale auf.

Der *Stammvokal* entspricht dem Vokal, der beim starken Verb beim 2. Radikal steht;

Ausnahmen: PK (+ Impt.) *Nif'al* und das ganze *Hif'il.*

In der PK *Qal* I steht in der *unbetonten* geschärften Silbe [→ § 4.3.2.1] **u**, im *Hif'il* **i**, das in der *betonten* Silbe zu **a** werden kann [→ § 4.2.1.2].

Paradigma: סבב / קלל

		Qal I	*Qal II*	*Nif'al*	*Hif'il*	*Håf'al*
AK	3. *masc.**		קַל	נָסַב	הֵסֵב	הוּסַב
	2. *masc.***	סַבּוֹתָ	קַלּוֹתָ	נְסַבּוֹתָ	הֲסִבּוֹתָ	הוּסַבּוֹתָ
	Pl. 3. *com.*		קַ֫לּוּ	נָסַ֫בּוּ	הֵסַ֫בּוּ	הוּסַ֫בּוּ
PK	3. *masc.**	יָסֹב	יֵקַל	יִסַּב	יָסֵב	יוּסַב
	Pl. 3. *fem.***	תְּסֻבֶּ֫ינָה	תְּקַלֶּ֫ינָה	תִּסַּבֶּ֫ינָה	תְּסִבֶּ֫ינָה	תּוּסַבֶּ֫ינָה
Narr.		וַיָּ֫סָב	וַיֵּ֫קַל	-	וַיָּ֫סֶב	וַיּ֫וּסַב
Impt.		סֹב	קַל	הִסַּב	הָסֵב	-
Inf. cons.		(לָ)סֹב	לְקַל	הִסֵּב	הָסֵב	-
Part.			קַל	נָסָב	מֵסֵב***	מוּסָב

* Kein *dāgeš* forte im letzten Konsonanten (→ § 3.2.2), d.h., bei den afformativ- und suffixlosen Formen.
** Der Infixvokal trägt den Ton; Ausnahme: 2. *masc./fem.* Pl. AK.
*** Das Partizip ist der AK (und nicht der PK) entsprechend gebildet.

10.5.1.4 Problemformen

① Vor allem in der PK *Qal*, *Hif'il* und *Håf'al* ist bisweilen – wie im Aramäischen, aber auch in anderen semitischen Sprachen - nicht der zweite, sondern der *erste Radikal dageschiert**. Man spricht dann von sog. *aramaisierenden* Formen; z.B.

	„normal"	„aramaisierend"	
Qal	יָסוֹב	יִסֹּב	→ I *nun*; *Nif.* II vocalis
Hif.	יָסֵב	יִסֵּב	→ I *nun* im Jussiv
Håf.	יוּסַב	יֻסַּב	→ I *nun*

* Möglicherweise wollten die Masoreten hier durch Sicherung des kurzen Präformativvokals auf Bedeutungsunterschiede aufmerksam machen.

② PK *Nif.* יִסַּב → I *nun*

③ Narr. *Qal* II {Nebenf.} וַיֵּ֫קַל → I *waw* und III *yod/he*

④ AK *Qal* II קַל → Impt. *Qal* I *nun* und *Pi.* III *yod/he*

⑤ Nicht selten begegnen Formen mit *Reduplikation* der zweikonsonantigen Basis; z.B. גלל rollen, wälzen

Pilpel	*Hitpalpel*
גִּלְגַּל	הִתְגַּלְגֵּל

10.5.1.5 Häufiger vorkommende Verben

הלל	*Pi.* loben, preisen; *Hitp.* sich rühmen
חלל	*Pi.* entweihen
חנן	gnädig sein
מדד	messen
מרר	bitter sein
סבב	umgeben, umgehen, sich wenden; *Hif.* wenden
פלל	*Hitp.* beten
צרר[I]	zusammenschnüren, eng sein; *Hif.* bedrängen
קלל	gering/schnell/leicht sein; *Pi.* verfluchen, für verflucht erklären
רנן	jubeln, jauchzen
רעע	schlecht / böse sein; *Hif.* schlecht handeln, schaden
שׁמם	verödet sein, sich entsetzen
תמם	vollständig / fertig sein, ein Ende nehmen

Formensammlung (Auflösung: S. 204)

א)	וַיָּ֫מָד	קַלּוּ	וַיִּסֹּב	וּלְהַלֵּל	וַיָּבֹ֫זּוּ
ב)	כְּחֹם	סְבָבוּ֫נִי	וָאֶתְפַּלֵּל	וַיֵּ֫צֶר	לָרֹב
ג)	מָ֫רָה	וַיֵּ֫רַע	רָנִּי	וַיָּ֫רַע	תֹּם
ד)	הַלְלוּ֫יָהּ	וַיָּסֹ֫בּוּ	וַהֲצֵרֹ֫תִי	תְּסוֹבֵב	חָנֵּ֫נִי

Seltenere Formen

ה)	תִּתְהַלְלִי	חַקֹּתִ֫יךְ	וְגִלְגַּלְתִּ֫יךָ	יִמַּד	וְחִלַּלְתָּ
ו)	יֵחַם	יָחֹם	אֶשְׁתַּעֲשָׁע	וּכְהָצֵר	יְהַלֲלֶ֫ךָּ

10.5.2 Verba Mediae (II) vocalis (**û**, **ô**, **î**) = ע"ו/י (Hohle Wurzeln) (Tab X)

> *Besondere Merkmale der Verba Mediae û*:
>
> ① Zitationsform קוּם (Inf. cons. *Qal*). AK *Qal*: קָם, קָ֫מָה, קַ֫מְתָּ usw.
>
> ② Der Stammvokal ist in der PK *Qal* **u**, im ganzen *Nif'al* **o** und im ganzen *Hif'il* **i** (Merkwort: Utopie).

10.5.2.1 Die verba mediae vocalis haben eine *zwei*konsonantige Basis mit von Haus aus *langem* Vokal.

Da die mediae û, ô, î in der 3. *masc.* Sg. AK *Qal* nicht voneinander zu unterscheiden sind (קָם, בָּא, שָׂם), werden sie im Inf. cons. (= Impt.) zitiert: קוּם, בּוֹא, שִׂים usw.

1. Anm.: Bisweilen geht man auch von einer *drei*radikaligen Wurzel aus, in der das *waw/yod* schwach geworden sei (**qwum* → *qûm*).

2. Anm.: Verben mit konsonantischem *waw/yod* als zweitem Radikal (z.B. קָוָה „hoffen", הָיָה „sein, werden, geschehen") gehören nicht zu den Verba Mediae vocalis.

10.5.2.2 *Starke* Formen werden nur in den *Parallelstämmen* zu den Doppelungsstämmen, die selbst kaum gebräuchlich sind, gebildet (→ II geminatae); z.B.

Polel	*Polal*	*Hitpolel*
קוֹמֵם	קוֹמַם	הִתְקוֹמֵם

10.5.2.3 Alle anderen Formen sind *schwach* und weisen die oben genannten Merkmale auf. (Der *Infixvokal* vor konsonantischem Afformativ findet sich allerdings fast nur in der AK *Nif.* und *Hif.* und in der PK *Qal* und *Hif.*)

Der lange *Stammvokal* ist vor konsonantischem Afformativ ohne Infixvokal *gekürzt*; das *Håf'al* wird in Analogie zu den verba I *waw* mit *kurzem* Stammvokal gebildet.

Paradigma: קוּם

		Qal	*Nif'al*	*Hif'il*	*Håf'al*
AK	3. *masc.*	קָם	נָקוֹם	הֵקִים	הוּקַם
	2. *masc.*	קַמְתָּ	נְקוּמוֹתָ**	הֲקִימוֹתָ*	הוּקַמְתָּ
Pl.	3. *com.*	קָמוּ	נָקוֹמוּ	הֵקִימוּ	הוּקְמוּ
PK	3. *masc.*	יָקוּם	יִקּוֹם	יָקִים	יוּקַם
Pl.	3. *fem.*	תְּקוּמֶינָה	תִּקֹּמְנָה	תְּקִימֶינָה	תּוּקַמְנָה
Impt.		קוּם	הִקּוֹם	הָקִים	
Inf.cons.		קוּם	הִקּוֹם	הָקִים	
Part.		קָם	נָקוֹם	***מֵקִים	מוּקָם

* Der Infixvokal trägt den Ton; Ausnahme: 2. *masc./fem.* Pl. AK.
** In der 2. *masc./fem.* Sg. und 1. *com.* Sg./Pl. *Nif.* wird wegen des Infixvokals **o** der Stammvokal zu **u** (Dissimilation).
*** Das Part. ist der AK (und nicht der PK) entsprechend gebildet.

Im *Qal* und *Hif.* werden in der PK für den Jussiv und Narrativ Formen ohne den typischen langen Vokal gebildet (Kurzformen [KF]); z.B.

PK *Qal*:	יָקוּם	KF (Jussiv):	יָקֹם	Narr.:	וַיָּקָם
PK *Hif.*:	יָקִים	KF (Jussiv):	יָקֵם	Narr.:	וַיָּקֶם

10.5.2.4 Besonderheiten der Verba Mediae ô und î

Besonderheiten begegnen vor allem im *Qal*:

① Bei den *verba mediae ô*, die sehr selten sind (אוֹר hell werden, leuchten; בּוֹשׁ sich schämen, zuschanden werden; טוֹב gut sein [nur AK; zum PK → יטב]; zu בּוֹא → 6.), ist der Stamm- bzw. Themavokal im *Qal* durchgängig **o**, der Präformativvokal **e**; z.B.

AK *Qal*: בּוֹשׁ (= Impt./Inf./Part.)

PK *Qal*: יֵבוֹשׁ Narr.: וַיֵּאֹר

② Die *Verba Mediae î* bilden die AK und das Part. *Qal* wie die Mediae û; z.B.

שָׂם (= Part.), שָׂ֫מָה, שַׂ֫מְתָּ usw.

Selten begegnen auch Formen mit **i** wie z.B. בִּינֹ֫תִי.

In der PK, im Impt. und Inf. cons. *Qal* ist der Stamm- bzw. Themavokal **i**, der Präformativvokal **ā** (vgl. die Mediae û im *Hif.*); z.B.

PK *Qal*: יָשִׂים   KF (Jussiv): יָשֵׂם   Narr.: וַיָּ֫שֶׂם

Impt.: שִׂים   Inf. cons.: שִׂים (aber auch שׂוּם)

10.5.2.5 Problemformen

① קָם 3. *masc.* Sg. AK *Qal* = Part. *Qal*

② קָ֫מָה 3. *fem.* Sg. AK *Qal*; dagegen aber: קָמָה *fem.* Part. *Qal*

③ קָ֫מוּ 3. *com.* Pl. AK *Qal*; dagegen aber: קָמוּ → III *yod/he*

④ קוּם Impt. = Inf. cons. = (selten) Part. Pass. *Qal*

⑤ קוֹם Inf. abs. *Qal* → Inf. cons. *Qal* Med. geminatae

⑥ יָקֹם Jussiv (KF) *Qal* → PK *Qal* Med. geminatae

יָקֵם Jussiv (KF) *Hif.* → PK *Hif.* Med. geminatae

⑦ יִקּוֹם 3. *masc.* Sg. PK *Nif.* → PK *Qal* Prim. *nun* oder Med. geminatae (aram. Form)

⑧ Gelegentlich (vor allem im *Hif.*) begegnen wie bei den Verba Mediae geminatae sog. *aramaisierende Formen*, d.h., Formen mit dageschiertem ersten Radikal und kurzem Präformativvokal in der geschärften Silbe. Bei diesen ist mit einer von der „Normalform" abweichenden Bedeutung zu rechnen (→ § 10.1.4.1);

z.B. נוּחַ im *Hif.*:

AK: הֵנִיחַ   PK: יָנִיחַ „Ruhe verschaffen"

הִנִּיחַ   יַנִּיחַ „stellen, setzen, legen, (be)lassen"

⑨ Bisweilen finden sich wie bei den Verba Mediae geminatae Stämme mit Reduplikation der zweikonsonantigen Basis;

z.B. von כּוּל „fassen, versorgen":

Pilpel	*Pulpal*
כִּלְכֵּל	כֻּלְכַּל

Auch sonst sind die Verba Mediae vocalis bisweilen nicht von den Verba Mediae geminatae zu unterscheiden. So bei den afformativ- und suffixlosen Formen im Narr. *Qal* und *Hif.* im ganzen *Håf.* und im Impt. und Inf. *Hif.* Hier helfen nur Vokabelkenntnisse bzw. Nachschlagen in der Reihenfolge

1. קום (II *waw*) 2. קים (II *yod*) 3. קמם (III=II)

weiter (→ Faustregeln, § 10.9).

10.5.2.6 Verben mit Besonderheiten

① בּוֹא „kommen, hineingehen“

a) In der AK und dem Part. *Qal* steht **a** in der Stammsilbe; z.B.

AK: בָּא Part.: בָּא
בָּ֫אָה בָּאָה

b) In der PK, im Impt. und Inf. cons./abs. *Qal* steht **o** in der Stammsilbe, als Präformativvokal aber **a** ; z.B.

PK: יָבֹא Narr.: וַיָּבֹא Impt./Inf.: בּוֹא

② מוּת „sterben, tot sein“

מוּת wird wie קוּם gebildet; nur in der AK und dem Part. *Qal* steht **e** in der Stammsilbe; z.B.

AK: מֵת Part.: מֵת
מֵ֫תָה מֵתָה
מַ֫תָּ(ה) (zum **a** → § 4.2.1)

③ Laryngal-Verben

a) Bei den Verba Primae laryngalis kommen in der AK *Hif.* Formen vor, die *pátaḥ* anstelle von *ḥāṭep̄-pátaḥ* haben;

z.B. von עוּד *Hif.:* הַעִידֹ֫תִי „als Zeugen anrufen“

b) Bei den Verben mit einem Laryngal oder ר als Endkonsonanten wird im Narr. und Jussiv *Qal* und *Hif.* der Stammvokal durch **a** verdrängt; dadurch kommt es hier zu identischen Formen;

z.B. von נוּחַ „ruhen“

PK *Qal*: יָנוּחַ }
PK *Hif.*: יָנִיחַ } KF (Jussiv): יָנַח Narr.: וַיָּ֫נַח

10.5.2.7 Häufig vorkommende Verben

בּוֹא	kommen, hineingehen, (von der Sonne:) untergehen; *Hif.* bringen
מוּת	sterben, tot sein; *Hif.* sterben lassen, töten
קוּם	aufstehen, sich erheben; *Hif.* aufstellen, erstehen lassen
שִׂים/שׂוּם	setzen, stellen, legen
שׁוּב	um-, zurückkehren, etwas wieder tun
כּוּן	*Nif.* fest stehen / sein, Bestand haben, bereit sein
סוּר	(ab)weichen, sich wenden, einkehren; *Hif.* entfernen, abschaffen
רוּם	hoch/erhaben sein, sich erheben; *Hif.* erheben, erhöhen, aufrichten
אוֹר	hell werden, leuchten
בּוֹשׁ	sich schämen, zuschanden werden
טוֹב	gut sein (PK → יטב)
בִּין	verstehen, einsehen, (be)merken; *Hif.* verstehen, belehren
גּוּר	sich als Schutzbürger aufhalten, weilen
גִּיל	jubeln, jauchzen
דִּין	Recht schaffen, Gericht halten
לִין/לוּן	übernachten, wohnen
נוּחַ	ruhen; *Hif.* Ruhe verschaffen (הֵנִיחַ); stellen, setzen, legen, (be)lassen (הִנִּיחַ)
נוּס	fliehen
עוּד	*Hif.* als Zeugen anrufen / bestellen, bezeugen, ermahnen
עוּר	wach sein, sich regen; *Pol.* / *Hif.* (auf)wecken, erregen
פּוּץ	sich ausbreiten / zerstreuen; *Hif.* zerstreuen
רוּץ	laufen
רִיב	einen Rechtsstreit führen, streiten, hadern
שִׁיר	singen
שִׁית	setzen, legen, machen zu

Formensammlung (Auflösung: S. 205)

א) וַיָּגָר בֹּאוּ לְהָאִיר נָכוֹן תָּלִין

ב) כּוֹנֵן וַיָּנָס וַיָּסַר וָאָבוֹא וַהֲסִרֹתִי

ג) תֵּבוֹשִׁי לָדִין נָמוּת אֶמּוֹט קוּמִי

ד) נָגִילָה נָמֹגוּ הַעִדֹתִי רִיבָה יוּמָת

Seltenere Formen

ה) וַיָּפֻצוּ יְבֹאוּן נָסָה וַאֲמֹתְתֵהוּ מֵלִים

ו) וְגוּרִי וּכְנוֹחַ יָגֵל הֲטוֹב הַזָּב

Formen mit unterschiedlicher Herkunft

ז) בִּינוּ בֵּינֵינוּ הֵיטֵב וְהֵסֵב וַיְשִׁבֵנִי

ח) וִישַׁבְתֶּם לִינוּ לָנוּ וְהַקּוֹל הֲקַלּוּ

Wendungen und Sätze

קוּמִי אוֹרִי כִּי בָא אוֹרֵךְ …
וַיִּפְגַּע בַּמָּקוֹם וַיָּלֶן שָׁם כִּי־בָא הַשֶּׁמֶשׁ
וַיִּקַּח מֵאַבְנֵי הַמָּקוֹם וַיָּשֶׂם מְרַאֲשֹׁתָיו וַיִּשְׁכַּב בַּמָּקוֹם הַהוּא:
וַיָּבֶן דָּוִד כִּי מֵת הַיָּלֶד
וַיֹּאמֶר דָּוִד אֶל־עֲבָדָיו הֲמֵת הַיֶּלֶד וַיֹּאמְרוּ מֵת:
וַיֹּאמֶר מֹשֶׁה אָסֻרָה־נָּא וְאֶרְאֶה אֶת־הַמַּרְאֶה הַגָּדֹל הַזֶּה
מַדּוּעַ לֹא־יִבְעַר הַסְּנֶה:

Eigenname: Mose

* סְנֶה Dornbusch

10.6 Verba Tertiae (III *yod/he*) infirmae = ל"ה (Tab XI)

Merkmale der schwachen Formen:
① Vorne stark, d.h., die Präformativsilbe und der 1. Radikal sind vokalisiert wie beim starken Verb (→ aber zu den Kurzformen).
② Vokalische Afformative sind *betont* direkt an den 2. Radikal angefügt (→ dagegen II vocalis).
③ Vor konsonantischen Afformativen steht י als Vokalbuchstabe für **i** oder **e** in der AK, für **æ** in der PK und im Impt.
④ Der Inf. cons. hat die Endung וֹת.

10.6.1 Die Verba Tertiae infirmae (ל"ה) waren *ursprünglich starke Verben* mit י als 3. Radikal (oder auch ו, das zu י geworden ist; vgl. § 4.1.1). Dieses wird noch sichtbar:

① an der einzig regelmäßig stark gebildeten Form, dem Part. pass. *Qal*; z.B. von גָּלָה

גָּלוּי גְּלוּיָה

② an den Formen mit *konsonantischem Afformativ*, bei denen das י noch als Vokalbuchstabe steht; z.B.

גָּלִיתָ תִּגְלֶינָה

③ an der *Nomenbildung*, bei der das י ebenfalls häufig als Vokalbuchstabe (bisweilen auch als Konsonant) steht; z.B.

פְּרִי Frucht, vgl. פָּרָה fruchtbar sein
עֲלִיָּה Obergemach, vgl. עָלָה hinaufgehen

④ im sprachgeschichtlichen Vergleich (z.B. mit dem Ugaritischen oder Moabitischen).

10.6.2 Das ursprüngliche י (bzw. ו) wurde elidiert oder kontrahiert (→ § 4.1.4 und § 4.2.2), so dass nun – bis auf das Part. pass. – *alle Formen schwach*, also zweiradikalig gebildet werden.

Da die Vokalisation der Präformativsilbe und des 1. Radikals (und die Dageschierung des 2. Radikals in den D-Stämmen) der des starken Verbs entspricht, die Schwäche also nur das Formenende betrifft, ergibt sich ein sehr systematischer (vielleicht auch sekundär vereinheitlichter) Aufbau des Paradigmas: Was für *einen* Stamm gilt, gilt für *alle* Stämme.

① *Vokalische Afformative* treten *betont* direkt an den 2. Radikal (entsprechend die Suffixe mit ihren Bindevokalen); z.B.

Qal	*Nif'al*	*Pi'el*
גָּלוּ	נִגְלוּ	גִּלּוּ
תִּגְלִי	תִּגָּלִי	תְּגַלִּי

(Suffixformen z.B. יַגְלֵם, יַגְלֶהָ)

Einen *Sonderfall* stellt die 3. *fem.* Sg. AK dar: Sie wird mit der älteren Femininendung ת gebildet (z.B. גָּלָת, so immer vor Suffixen → § 8.7.4), an die dann noch zuallermeist die Endung ָה angefügt ist; z.B.

גָּלְתָה	נִגְלְתָה	גִּלְּתָה

② *Konsonantische Afformative* haben das ursprüngliche י als Vokalbuchstaben mit einem dem *yod* homogenen Vokal vor sich. Dieser *betonte* Vokal ist:

		Qal	*Nif'al*	*Pi'el*
ִי oder ֵי	in der AK	גָּלִיתָ	נִגְלִיתָ נִגְלֵיתָ	גִּלִּיתָ
ֶי	in der PK im Impt.	תִּגְלֶינָה גְּלֶינָה	תִּגָּלֶינָה הִגָּלֶינָה	תְּגַלֶּינָה גַּלֶּינָה

③ Die *afformativlosen* Formen haben das ה als Vokalbuchstaben* für einen jeweils typischen auslautenden *langen* Vokal**. Dieser Vokal ist:

		Qal	*Nif'al*	*Pi'el*
ָה	in der AK	גָּלָה	נִגְלָה	גִּלָּה
	im Part. *fem.*	גֹּלָה	נִגְלָה	מְגַלָּה
ֶה	in der PK***	יִגְלֶה	יִגָּלֶה	יְגַלֶּה
	im Part. *masc.* st. abs.	גֹּלֶה	נִגְלֶה	מְגַלֶּה
ֵה	im Impt.	גְּלֵה	הִגָּלֵה	גַּלֵּה
	im Part. *masc.* st. cons.	גֹּלֵה	נִגְלֵה	מְגַלֵּה
וֹת	im Inf. cons.	גְּלוֹת	הִגָּלוֹת	גַּלּוֹת

* Verben mit ה als Konsonanten (z.B. גבהּ) sind starke Verben (verba tertiae laryngalis).

** Bisweilen wird wegen des langen Vokals (analog zu II voc.) hier eine Verbklasse III vocalis angenommen.

*** Besondere Kohortativ- bzw. Adhortativformen sind so gut wie nicht belegt (→ aber ④).

Der *Inf. cons.* ist durch die Endung וֹת erweitert.

Der *Inf. abs.* endet auf ֹה (*Qal*, *Nif.*, *Pi.*, *Pu.*) oder ֵה (*Nif.*, *Pi.*, *Hit.*, *Hif.*, *Håf.*) und selten auf ָה (*Hif.*).

④ Bei den afformativlosen Formen der PK und des Impt. finden sich neben den genannten Langformen (LF) sog. apokopierte Formen, *Kurzformen* (KF), bei denen der auslautende Vokal und das ה fortgefallen (apokopiert) sind; z.B.

	Qal	*Nif'al*	*Pi'el*
PK	יִגֶל	יִגָּל	יְגַל
Impt.			גַּל

Die Kurzformen der PK sind vor allem als *Narr.* und *Jussiv* verwendet worden.

Das Nebeneinander von LF und KF beim Impt. und das nicht seltene Vorkommen gerade der 1. *com.* Sg./Pl. LF im Narr. könnten möglicherweise darauf hinweisen, daß auch bei den III *yod/he* – jedenfalls teilweise – zwischen Formen mit und ohne ה cohortativum bzw. adhortativum unterschieden worden ist.

Im *Qal* und *Hif'il* entsteht durch den Fortfall des ה eine doppelt geschlossene Silbe (Typ a), die meist aufgesprengt ist (Typ b; → § 4.3.2.3). Bisweilen – beim *Qal* – wurde auch nur der Präformativvokal gedehnt (Typ c; → § 4.2.1.2), oder aber es finden sich beide Veränderungen (Typ d); z.B.

KF/Narr.	*Qal*	*Hif'il*
a)	וַיִּגְל	וַיַּגְל
b)	וַיִּ֫גֶל	וַיֶּ֫גֶל*
c)	וַיֵּגְל	
d)	וַיֵּ֫גֶל	

* Zum *s^e gôl* im Präformativ → § 4.3.2.3 Segolata; § 7.1.

10.6.3 Verben mit Besonderheiten

① Verba Primae laryngalis

a) Der Aufsprengungsvokal bei den KF ist **a** (→ § 4.3.2.3.b); z.B.

וַיַּ֫עַל וַיַּ֫עַשׂ

b) Wenn in der PK *Qal* der Präformativvokal **a** ist (auch **æ** und **i** kommen vor*), sind die Formen der PK *Qal* und der PK *Hif'il* weitgehend identisch; z.B. עלה

	PK	KF/Narr.	KF/Impt.
Qal	יַעֲלֶה **	וַיַּ֫עַל	-
Hif.	יַעֲלֶה	וַיַּ֫עַל	הַ֫עַל

* Z.B. יֶחֱזֶה oder וַיִּ֫חַן bzw. וַיִּ֫חַר (vgl. dazu I *yod*; z.B. וַיִּיטַב ohne Tonzurücknahme; → § 10.4.1).

** Zur „weichen Verbindung“ bzw. „Nachschlagsilbe“ → § 4.3.2.4.

② היה „sein, werden, geschehen“; חיה „leben, am Leben bleiben“

a) In der PK *Qal* (und der AK *Nif.*) ist der Präformativvokal (trotz des Laryngals) **i**; z.B.

PK *Qal*:	יִהְיֶה	AK *Nif.*:	נִהְיָה
	יִחְיֶה		

b) Bei den *Kurzformen* wird – wegen des Semivokals *yod* – als Aufsprengungsvokal **i** verwendet (→ § 4.3.2.3.c), das mit dem *yod* zu langem **î** kontrahiert (→ § 4.2.2) und den Ton auf sich zieht. Letzteres bewirkt, daß der kurze Präformativvokal zu *š^e^wā’* reduziert wird (vgl. auch § 10.5); z.B.

	KF/Jussiv + ו		KF/Narr.	KF i.P.
yah$_i$*y* →	יְהִי	וִיהִי	וָאֱהִי/וַיְהִי *	יֶ֫הִי
yaḥ$_i$*y* →	יְחִי	וִיחִי	וַיְחִי	יֶ֫חִי

* bzw. LF וָאֶהְיֶה

c) Anlautendes ה bzw. ח hat statt *š^e^wā’* simplex meist *ḥāṭēp̄ s^e^gôl*; z.B. היה

AK	Inf. cons.	Impt.
הֱיִיתֶם	הֱיוֹת	הֱיֵה

In der Verbindung mit וְ, בְּ, לְ oder מִן steht (im Gegensatz zu § 4.3.2.2.b) meist *š^e^wā’* simplex bei dem Laryngal und **i** bei der Partikel (Ausnahme: וֶ beim Impt.); z.B.

וAK	Inf. cons.+לְ	Impt.+ו
וִהְיִיתֶם	לִהְיוֹת	וֶהְיֵה

d) חיה bildet in der 3. *masc.* Sg. AK *Qal* neben חָיָה auch eine den Verba Mediae geminatae entsprechende Form: חַי

③ חוה „(sich) beugen, sich niederwerfen, anbeten“

a) חוה begegnet nur in dem Stamm *Hištaf‘el*, der im Hebräischen allein im Zusammenhang mit חוה vorkommt; z.B.

AK	PK (LF)	Inf.cons.(+ל)
הִשְׁתַּחֲוָה	יִשְׁתַּחֲוֶה	(לְ)הִשְׁתַּחֲוֹת

Bevor die Wurzel bzw. der Stamm durch andere semitische Sprachen bekannt wurde, hat man (so noch in den älteren Grammatiken und Lexika) die entsprechenden Formen als *Hitpa‘el* (mit Metathesis → § 4.1.3) der vermuteten Wurzel שחה bestimmt.

b) Bei den Kurzformen wird wegen des Semivokals *waw* als Aufsprengungsvokal **u** verwendet (→ § 4.3.2.3.c), das mit dem *waw* zu langem **û** kontrahiert (→ § 4.2.2.1). Der Ton bleibt auf der vorletzten Silbe; z.B.

	KF/Narr.		3. *masc.* Pl. Narr.
wayyištaḥ$_u$w →	וַיִּשְׁתַּ֫חוּ	aber	וַיִּשְׁתַּחֲווּ

④ ראה „sehen"; *Nif.* „sich sehen lassen, erscheinen"; *Hif.* „sehen lassen, zeigen"

a) In der PK *Qal* begegnen *Kurzformen* mit unterschiedlichem Präformativvokal (**a** oder **e**) und mit **æ** als Aufsprengungsvokal; z.B.

PK (LF)	KF/Narr. (*masc.*)	KF/Narr. (*fem.*)
יִרְאֶה	וַיַּ֫רְא = *Hif.*	וַתֵּ֫רֶא

b) Das *Nif'al* und *Hif'il* wird (unter Berücksichtigung der Besonderheiten der verba primae laryngalis) regelmäßig gebildet; z.B.

	AK	PK (LF)	KF/Narr.
Nif.	נִרְאָה	יֵרָאֶה	וַיֵּרָא
Hif.	הֶרְאָה	יַרְאֶה	וַיַּרְא

Zum Vergleich zwischen Formen von ראה und ירא → Tab XII.

⑤ קרה „begegnen, (an)treffen"

Zwischen den Verba III *yod/he* und III *'álæf* ist es zu zahlreichen Formangleichungen gekommen, so zwischen קרה und קרא „rufen, nennen, lesen"; das wichtigste Beispiel ist לִקְרַאת (Inf. cons. *Qal* + ל von קרה), das als Adverb „entgegen" gebraucht wird; z.B.

mir ...	dir (*masc.*)...	ihm ...	ihr entgegen
לִקְרָאתִי	לִקְרָאתְךָ	לִקְרָאתוֹ	לִקְרָאתָהּ

10.6.4. Häufig vorkommende Verben

היה	sein, werden, geschehen
עלה	hinaufgehen, -steigen; *Hif.* hinaufführen, -steigen lassen
עשׂה	tun, machen
צוה	*Pi.* befehlen, beauftragen
ראה	sehen; *Nif.* sich sehen lassen; *Hif.* sehen lassen, zeigen
בנה	(auf)bauen
גלה	aufdecken, entblößen, fortgehen müssen
חוה	*Hištaf.* (sich) beugen, sich niederwerfen, anbeten
חיה	leben, am Leben bleiben; *Pi./Hif.* am Leben erhalten
כלה	fertig sein / werden, aufhören, enden
ענה I	antworten, (die Stimme) erheben, erhören
ענה II	elend / gebeugt sein; *Pi.* bedrücken, Gewalt antun
רבה	zahlreich sein / werden; *Hif.* zahlreich machen, vermehren
שׁתה	trinken
שׁקה	*Hif.* tränken, zu trinken geben
בכה	(be)weinen
הרה	schwanger sein / werden, empfangen
זנה	huren, Hurerei treiben
חזה	schauen, erblicken
חלה	krank sein / werden
חנה	sich lagern
חרה	entbrennen, heiß / zornig werden
כסה	*Pi.* bedecken
פדה	loskaufen, auslösen
פנה	sich wenden
קוה	*Pi.* hoffen, warten
קנה	kaufen, erwerben

קרה begegnen, (an)treffen

קשׁה hart / schwer sein; *Hif.* verhärten

רעה weiden, hüten

רצה Gefallen haben an

שׁבה gefangen wegführen

Formensammlung (Auflösung: S. 206)

א)	וַיִּבֶן	וַתֵּבְךְּ	בִּהְיוֹת	כָּלוּ	וַיַּעַל
ב)	צַו	וַתַּהַר	וַיִּחַר	נֶעֶשְׂתָה	וַיֵּרָא
ג)	תְּאַוֶּה	וַיִּשְׁתַּחוּ	וּפָנִיתָ	וַיַּרְא	וַיִּרְאוּ
ד)	חָזִיתָ	תַּעֲשׂוּן	צִוָּהוּ	וַתַּשְׁקְ	בְּהַקְשֹׁתָהּ

Seltenere Formen

ה)	הֲיִי	תִּזְנֶינָה	וַיָּחַל	הֶעֱלִיתָנוּ	וְנִרְאֵהוּ
ו)	לְחַיֹּתֵנוּ	יְכַסֶּךָּ	וְתֵעָשׂ	וּבְהַעֲלוֹתִי	הֶהֱיְתָה

Formen unterschiedlicher Herkunft

ז)	וְאָתָה	וְאַתָּה	גִּילוּ	גִּלוּ	גֹּלוּ
ח)	גָּלוּ	בַּזּוֹנוּ	בָּזִינוּ	לִבְנוֹת	בַּנְתָּה

Wendungen und Sätze

וַיַּרְא יְהוָה כִּי סָר* לִרְאוֹת
וַיִּקְרָא אֵלָיו אֱלֹהִים מִתּוֹךְ הַסְּנֶה וַיֹּאמֶר מֹשֶׁה מֹשֶׁה וַיֹּאמֶר הִנֵּנִי׃
וַיֹּאמֶר מֹשֶׁה אֶל־הָאֱלֹהִים הִנֵּה אָנֹכִי בָא אֶל־בְּנֵי יִשְׂרָאֵל
וְאָמַרְתִּי לָהֶם אֱלֹהֵי אֲבוֹתֵיכֶם שְׁלָחַנִי אֲלֵיכֶם
וְאָמְרוּ־לִי מַה־שְּׁמוֹ מָה אֹמַר אֲלֵהֶם׃
וַיֹּאמֶר אֱלֹהִים אֶל־מֹשֶׁה אֶהְיֶה אֲשֶׁר אֶהְיֶה
וַיֹּאמֶר כֹּה תֹאמַר לִבְנֵי יִשְׂרָאֵל אֶהְיֶה שְׁלָחַנִי אֲלֵיכֶם׃
תַּאֲוָה נִהְיָה תֶּעֱרַב** לְנָפֶשׁ

* Subjekt: Mose   ** ערב III süß/angenehm sein

Dornbusch: סְנֶה

10.7 Verba Tertiae (III) *'álæf* = ל"א

> *Merkmale der schwachen Formen:*
>
> Die Verba III *'álæf* sind als solche meist erkennbar, da das **א** normalerweise im Schriftbild erhalten ist.

10.7.1 Die von Haus aus starken Verba Tertiae *'álæf* bilden *schwache Formen* überall dort, wo der 3. Radikal, das **א**, die Silbe schließen müsste, d.h.

① bei den afformativlosen Formen und

② bei den Formen mit konsonantischem Afformativ.

Hier verliert das **א** seine konsonantische Funktion (→ § 4.1.4) und quiesziert (→ § 2).

10.7.2 Der dem quieszierenden **א** *vorausgehende Vokal* ist

① der des starken Verbs bei den *afformativlosen* Formen; allerdings wird in der nun offenen Endsilbe **a** zu **ā** gedehnt. Der Stammvokal der PK *Qal* ist **a** (entsprechend den verba III laryngalis).

② **e** in der AK* (und im Part.), **æ** in der PK (und im Impt.) bei den Formen mit *konsonantischem Afformativ*; z.B.

	Qal		*Nif'al*	*Pi'el*	*Hif'il*
AK	מָצָא	שָׂנֵא	נִמְצָא**	מִצֵּא	הִמְצִיא
	מָצָאתָ*	שָׂנֵאתָ	נִמְצֵאתָ	מִצֵּאתָ	הִמְצֵאתָ
PK	יִמְצָא	wie *Qal* I	יִמָּצֵא	יְמַצֵּא	יַמְצִיא
	תִּמְצֶאנָה		תִּמָּצֶאנָה	תְּמַצֶּאנָה	תַּמְצֶאנָה
Impt.	מְצָא		הִמָּצֵא	מַצֵּא	הַמְצֵא
	מְצֶאנָה		הִמָּצֶאנָה	מַצֶּאנָה	הַמְצֶאנָה
Part. *masc.*	מֹצֵא		נִמְצָא	מְמַצֵּא	מַמְצִיא
fem.	מֹצֵאת		-	מְמַצֵּאת	מַמְצֵאת

* Ausnahme: AK *Qal* I; hier steht **ā** vor dem quieszierenden **א**!

** Formgleich mit dem Partizip.

10.7.3. Häufig vorkommende Verben

קרא*	rufen, nennen, lesen; *Nif.* gerufen / genannt werden
חטא	sündigen, sich fehlverhalten
מָלֵא	voll sein, (er)füllen; *Pi.* füllen, voll machen
מצא	finden, antreffen; *Nif.* gefunden werden, sich finden lassen
ברא	(er)schaffen
טָמֵא	unrein sein / werden; *Pi.* verunreinigen; *Hit.* sich verunreinigen
פלא	*Nif.* wunderbar sein
רפא	heilen
שָׂנֵא	hassen, Hass haben auf

* Zu לִקְרַאת → § 10.6.3 zu קרה.

10.8 Doppelt schwache Verben (Tab XII)

Merkmale der doppelt schwachen Formen:

① Faustregel: Ist nur *ein Radikal* sichtbar und sonst kein besonderes Merkmal vorhanden, handelt es sich um ein I *nun* und III *yod/he* Verb (פ"נ + ל"ה)

② Ansonsten gilt die Addition der genannten Merkmale schwacher Formen

10.8.1 Doppelt schwache Verben weisen die Eigentümlichkeiten *zweier* schwacher Verbklassen auf, deren Merkmale sozusagen „addiert“ werden;

z.B. נכה (Merkmale ① *Hif'il* + ② I *nun* + ③ III *yod/he*)

Bildungselemente/Merkmale/Form		AK	PK	Impt.
①	*Hif'il*	הִ	יַ	הַ
+ ②	*dāgeš* forte im 1. sichtbaren Radikal (= assimiliertes *nun*) im „starken" Konsonanten (Wurzel)	כּ	כּ	כּ
+ ③	typischer auslautender Vokal + ה	ָה	ֶה	ֵה
=	Langform	הִכָּה	יַכֶּה	הַכֵּה
=	Kurzform		*יַךְ	*הַךְ

* *Dāgeš* forte steht nicht im letzten Konsonanten eines Wortes, wenn dieser vokallos ist; → § 3.2.2.

Nach diesem Verfahren lassen sich auch die meisten Formen anderer doppelt schwacher Verben erklären. Da sie oft aber nicht ohne weiteres erkennbar sind, helfen – neben der Merkmalbeobachtung – vor allem gute Vokabelkenntnisse weiter.

10.8.2 Häufig vorkommende Verben und Formen

① Verba I *nun* und III *yod/he* (פ"נ und ל"ה)

a) נכה *Hif.* „(er)schlagen"

b) נטה „ausstrecken, neigen, abbiegen"; *Hif.* = *Qal* u. „beugen"

Qal	PK:	יִטֶּה, יֵט, וַיֵּט
	Impt.:	נְטֵה
	Inf. cons.:	נְטוֹת (לִ)
	Part. pass.:	נְטוּיָה, נָטוּי
Hif.	AK:	הִטָּה, הִטּוּ
	PK:	יַטֶּה, וַיַּט, אַטֶּה, וָאַט
	Impt.:	הַטֵּה, הַט
	Inf. cons.:	הַטּוֹת(לְ)

c) נקה *Nif.* „frei, schuldlos sein“; *Pi.* „ungestraft lassen“

Nif.	AK:	נִקָּה, נִקְּתָה, נִקֵּ֫יתָ
	PK:	יִנָּקֶה
Pi.	PK:	יְנַקֶּה
	Impt.:	נַקֵּה

② Verba I *yod/waw* und III *yod/he* (פ"י/ו und ל"ה)

a) ידה *Hif.* „preisen, loben, bekennen, danken“; *Hitp.* „bekennen“

Hif.	AK:	הוֹדוּ (= Impt.)
	PK:	אוֹדֶה, יוֹדוּ
	Inf. cons.:	(לְ)הוֹדוֹת
Hit.	AK:	הִתְוַדָּה
	PK:	וָאֶתְוַדֶּה

b) ירה[I] „werfen, schießen“

Qal	AK:	יָרִ֫יתִי
	Inf. cons.:	יְרוֹת, + לְ: לִירוֹת
Hif.	PK:	יוֹרֶה, וַיּוֹר
	Part.:	מוֹרֶה

c) ירה[II] *Hif.* „lehren, unterweisen“

Hif.	AK:	הוֹרֵ֫יתִי
	PK:	יוֹרֶה, וַיֹּרֵנִי; וְתֹרְךָ֫; יוֹרוּ
	Inf. cons.:	(לְ)הוֹרֹת
	Part.:	מוֹרֶה

③ Verba I *'álæf* und III *yod/he* (פ"א und ל"ה)

a) אבה „willig sein, wollen“

Qal	PK:	יֹאבֶה; תֹּאבוּ

b) **אפה** „backen“

Qal	AK:	אָפִ֫יתָ, אָפוּ
	PK:	יֹאפוּ, וַתֹּפֵ֫הוּ (3. *fem.* Sg. + Sf. 3. *masc.* Sg.)
	Part.:	אֹפֶה, אֹפִים

④ Verba I *nun* und III *’álæf* (פ"נ und ל"א)

a) **נשׂא** „erheben, tragen, nehmen“

Qal	AK:	נָשָׂ֫אתִי, נָֽשְׂאוּ (einmal: וְנָשׂוּ)
	PK:	יִשָּׂא; יִשְׂאוּ → zum Fehlen des *dageš* § 3.2.2; תִּשֶּׂ֫אינָה (zweimal: וַתִּשֶּׂ֫נָה)
	Impt.:	שָׂא; שְׂאִי; שְׂאוּ
	Inf. cons.:	שְׂאֵת, + לְ: לָשֵׂאת, + בְּ: בִּשְׂאֵת

b) **נבא** *Nif.* „prophezeien“

Nif.	AK:	נִבָּא; נִבֵּ֫אתָ (einmal: נִבֵּ֫יתָ); נִבְּאוּ
	PK:	יִנָּבֵא; תִּנָּבֵא
	Impt.:	הִנָּבֵא
	Inf. cons.:	(לְ)הִנָּבֵא
	Part.:	נִבָּא; נִבְּאִים

⑤ Verba I *yod/waw* und III *’álæf* (פ"י/ו und ל"א)

a) **יצא** „hinausgehen, -ziehen“

Qal	AK:	יָצָא, יָצָ֫אתָ
	PK:	יֵצֵא, וַיֵּצֵא; וַיֵּֽצְאוּ; וַתֵּצֶ֫אנָה
	Impt.:	צֵא; צְאִי; צְאוּ
	Inf. cons.:	(לְ/לָ)צֵאת
	Part.:	יֹ(וֹ)צֵא, יֹ(וֹ)צֵאת, יֹ(וֹ)צְאִים
Hif.	AK:	הוֹצִיא; הוֹצֵ֫אתָ
	PK:	יוֹצִיא, וַיֹּ(וֹ)צֵא; יֹ(וֹ)צִ֫אוּ
	Impt.:	הוֹצֵא; הוֹצִ֫יאוּ
	Inf. cons.:	(לְ)הוֹצִיא

b) יָרֵא „fürchten, sich fürchten, ehrfürchtig sein“

Qal	AK:	יָרֵא ;יָרְאָה ;יָרֵ֫את ;יָרֵ֫אתִי ;יָרְאוּ
	PK:	יִירָא ,וַיִּ(י)רָא ;(אַל־)תִּירָא ;(אַל־)תִּירְאִי
	Impt.:	יְרָא ;יִרְאוּ
	Inf. cons.:	(לְ)יִרְאָה (je einmal: יְרֹא, לֵרֹא)
	Part.:	יָרֵא ;יְרֵאִים
Nif.	PK:	תִּוָּרֵא
	Part.:	נוֹרָא

Zu בּוֹא kommen – II ô und II *'álæf* (ע"ו und ל"א) – → § 10.5.2.6.

Formensammlung (Auflösung: S. 207)

א)	אֵצֵא	וַיֵּט	וַיַּט	הַט	(אַל־) תִּירְאִי
ב)	וַתִּשָּׂא	יָצְאוּ	יוֹדוּךָ	יוֹרֶה	בְּצֵאתָם
ג)	יְרֵאתֶם	וָאֶשָּׂא	אוֹדֶךָּ	וְנִשָּׂא	וּלְהוֹרֹת

Seltenere Formen

ד)	הַטּוּ	הִטּוּ	הִטַּתּוּ	הִטָּ֫הוּ	יַטֶּ֫נּוּ
ה)	הִנָּקִי	נַקֵּ֫נִי	לְיַדּוֹת	וְיֹרֵם	צֵאתֵ֫נוּ

Formen unterschiedlicher Herkunft

ו)	תּוֹדֶ֫ךָ	תּוֹדָה	תֵּן	תֵּט	יִרְאוּ
ז)	יִירְאוּ	וּנְבִיאֵם	נְבִיאָה	מוֹשְׁבֹתֵיהֶם	
ח)	וּכְהִתְוַדּוֹתוֹ				

Wendungen und Sätze

וַיֹּסִפוּ בְּנֵי יִשְׂרָאֵל לַעֲשׂוֹת הָרַע בְּעֵינֵי יְהוָה
וַיְחַזֵּק יְהוָה אֶת־עֶגְלוֹן מֶלֶךְ־מוֹאָב עַל־יִשְׂרָאֵל
עַל כִּי־עָשׂוּ אֶת־הָרַע בְּעֵינֵי יְהוָה׃ וַיֶּאֱסֹף אֵלָיו אֶת־בְּנֵי עַמּוֹן וַעֲמָלֵק
וַיֵּלֶךְ וַיַּךְ אֶת־יִשְׂרָאֵל וַיִּירְשׁוּ אֶת־עִיר הַתְּמָרִים׃
וַיַּעַבְדוּ בְנֵי־יִשְׂרָאֵל אֶת־עֶגְלוֹן מֶלֶךְ־מוֹאָב שְׁמוֹנֶה עֶשְׂרֵה שָׁנָה׃ וַיִּזְעֲקוּ
בְנֵי־יִשְׂרָאֵל אֶל־יְהוָה וַיָּקֶם יְהוָה לָהֶם מוֹשִׁיעַ אֶת־אֵהוּד בֶּן־גֵּרָא
בֶּן־הַיְמִינִי...

(Seltenere Eigennamen: Eglon, Moab, Amon, Amalek, Ehud, Gera; תָּמָר Palme)

10.9 Faustregeln zum Erkennen schwacher Verbformen

Die Verba I und III *'ālæf* (פ"א und ל"א) bleiben hier unberücksichtigt, da א meist im Schriftbild erhalten bleibt und so die jeweilige Wurzel leicht erkennbar ist (Wichtige Ausnahme: אֹמַר [statt אֶאֱמַר] „ich werde sagen"). Verweise mit → beziehen sich auf Abschnitte innerhalb dieser Übersicht.

1. Formen *mit* Präformativ (P)		
Typ	Erkennungszeichen	Wurzel
① וַיִּפֹּל	*Dāgeš* forte im ersten sichtbaren Radikal = I *nun* (פ"נ)	נפל
	seltener: יִסֹּב PK *Qal* (sog. יָסֵב PK *Hif.* aramaisierende } = III = II (ע"ע) יֻסַּב PK *Håf.* Formen) יִסַּב PK *Nif.*	סבב
	יִקּוֹם PK *Nif.* = II *waw* (ע"ו)	קוּם
	יִגָּל PK *Nif.* (KF*) = III *yod/he* (ל"ה)	גָּלָה
	יִצֹּק in Angleichung an die I *nun* (פ"נ) werden einige verba I *yod/waw* (פ"י/ו) gebildet.	יצק
② וַיָּקָם a)	ָ (ā) in der *offenen* P-Silbe = II schwach (ע-Verben)	קוּם
	Nachschlagefolge: 1. קוּם II *waw* (ע"ו) 2. קִים II *yod* (ע"י) 3. קמם III = II (ע"ע) וַיַּעַל = III *yod/he* (ל"ה) I laryngalis in Pausa (→ auch ③)	עָלָה

b) וַיֵּ֫שֶׁב	ֵי (e/ê) in der *offenen* P-Silbe = I *waw* (פ"ו)	ישׁב
	seltener: יֵ֫גֶל PK *Qal* (KF*) } = III *yod/he* (ל"ה) יֵרָא PK *Nif.* (KF) I laryngalis יֵקַל PK *Qal* II } = III = II (ע"ע) הֵסֵב AK *Hif.* הֵקִים AK *Hif.* = II *waw* (ע"ו) הֵיטִיב / וַיֵּ֫יטֶב ganze *Hif.* = I *yod* (פ"י)	גָּלָה רָאָה קלל סבב קום יטב
c) נוֹשַׁב הוֹשִׁיב	וֹ (o/ô) in der *offenen* P-Silbe = (AK *Nif.*) I *waw* (ganze *Hif.*) (פ"ו)	ישׁב
d) יִיטַב auch יִטַב	ִי (i/î) in der *offenen* P-Silbe = (PK *Qal* II) I *yod/waw* (פ"י/ו)	יטב
הוּשַׁב e) הוּקַם הוּסַב	וּ (u/û) in der *offenen* P-Silbe = (*Håf.*) I *waw* / II gem. bzw. voc. (פ"ו / ע-Verben)	ישׁב קום סבב
f) יֶ֫גֶל**	ֶ (æ) in der *offenen* P-Silbe = (*Hif.* KF) III *yod/he* (ל"ה)	גָּלָה
③ יִגְלֶה וַיִּגֶל וַיַּ֫עַל	Treffen ① und ② nicht zu = III *yod/he* (ל"ה). oder: vorne stark, hinten schwach, d.h., die Präformativsilbe bzw. der 1. Radikal ist vokalisiert wie beim starken Verb = III *yod/he* (ל"ה) oder: *pátaḥ – pátaḥ – pátaḥ* = III *yod/he* (ל"ה) (Narr. *Qal/Hif.* I laryngalis)	גָּלָה עָלָה

* KF = Kurzform

** Bei ְ oder ֲ in der offenen P-Silbe → 3. Weitere Merkmale.

2. Formen *ohne* Präformativ		
Typ	Erkennungszeichen	Wurzel
① גַּשׁ	Zweiradikalig mit (**a**) = Impt. *Qal* I *nun* (פ"נ); Pl. גְּשׁוּ	נגשׁ
	Selten: גַּל Impt. *Pi.* (KF) = III *yod/he* (ל"ה) קַל 3. *masc.* Sg. AK *Qal* II = III=II (ע"ע)	גָּלָה קלל
② שֵׁב	Zweiradikalig mit (**e**) = Impt. *Qal* I *waw* (פ"ו); Pl. שְׁבוּ	ישׁב
	selten: תֵּן Impt. *Qal* } nur von תֵּת Inf. cons. *Qal* } מֵת 3. *masc.* Sg. AK/Part. *Qal* nur von	נתן מוּת
③ סֹב	Zweiradikalig mit (**o/ô**) = Impt./Inf. cons. III = II (ע"ע)	סבב
	selten: בּוֹשׁ Impt./Inf. (3. *masc.* Sg. AK/Part.) *Qal* = II *waw* (ע"ו) קוֹם Inf. abs. *Qal* = II *waw/yod* (ע"ו/י)	בּוֹשׁ קוּם
④ קָם	Zweiradikalig mit (**ā**) = 3. *masc.* Sg. AK/Part. *Qal* II *waw* (ע"ו)	קוּם
	selten: שָׂם 3. *masc.* Sg. AK/Part. *Qal* = II *yod* (ע"י)	שִׂים
⑤ קוּם	Zweiradikalig mit **û** = Impt./Inf. cons. (Part. Pass.) *Qal* II *waw* (ע"ו)	קוּם
⑥ שִׂים	Zweiradikalig mit **î** = Impt./Inf. cons. (Part. Pass.) *Qal* II *yod* (ע"י)	שִׂים
⑦ גֶּשֶׁת	Zweiradikalig mit ת = Inf. cons. *Qal* I *nun* (פ"נ) (+ Suff. גִּשְׁתִּי)	נגשׁ
שֶׁבֶת	I *waw* (פ"ו) (+ Suff. שִׁבְתִּי) selten: גַּעַת Inf. cons. *Qal* (III laryngalis) = I *nun* (פ"נ)	ישׁב נגע

3. Weitere Merkmale (Formen mit oder ohne Präformativ)		
Typ	Erkennungszeichen	Wurzel
① סַבּ֫וֹתָ	Dāgeš forte im *zweiten* Radikal = III = II (ע"ע)	סבב
	seltener: גִּלִּ֫יתָ *Pi.* = III *yod/he* (ל"ה); → aber ④ und 2.1	גָּלָה
② סַבּ֫וֹתָ	וֹ (o/ô) vor *konsonantischem* Afformativ = (AK) II schwach (ע – Verben)	סבב
③ תְּקוּמֶ֫ינָה	ֶי (æ/æ̂) vor *konsonantischem* Afformativ = (PK; vgl. Impt.) II schwach (ע-Verben) und III *yod/he* (ל"ה)	קוּם
	auch: תִּגְלֶ֫ינָה = (PK/Impt.) III *yod/he* (ל"ה); → aber 1.3.	גָּלָה
④ גָּלִ֫יתָ	ִי / ֵי vor *konsonantischem* Afformativ = (AK) III *yod/he* (ל"ה)	גָּלָה
⑤ קַ֫מְתִּי	*Konsonantisches* Afformativ *unbetont* direkt am 2. Radikal* = (AK *Qal* vgl. *Håf.*) II *waw/yod* (י/ו"ע) betont	קוּם
⑥ קָ֫מוּ	*Vokalisches* Afformativ *unbetont* direkt am 2. Radikal* = II *waw/yod* (י/ו"ע)	קוּם
⑦ גָּלוּ	*Vokalisches* Afformativ *betont* direkt am 2. Radikal* = II *yod/he* (ל"ה)	גָּלָה
גְּשׁוּ שְׁבוּ	auch: Impt. *Qal* = I *nun* (פ"נ); → 2.1 Impt. *Qal* = I *yod/waw* (פ"י/ו) → 2.2	נגשׁ ישׁב
⑧ גָּלְתָה	*Doppeltes* Afformativ nach dem 2. Radikal = 3. *fem*. Sg. AK III *yod/he* (ל"ה)	גָּלָה
⑨ גְּלוֹת	וֹת direkt am 2. Radikal = Inf. cons. III *yod/he* (ל"ה)	גָּלָה
⑩ סוֹבֵב	וֹ (o/ô) *nach* dem 1. Radikal = (sog. Intensiv-/ D-Stämme) II schwach (ע-Verben)	סבב
כִּלְכֵּל	Verdoppelung zweier Radikale = II schwach (ע-Verben)	כּוּל

* … ohne dass ein weiteres Erkennungszeichen gegeben wäre.

4. Doppelt schwache Formen und הלך und לקח		
Typ	Erkennungszeichen	Wurzel
① וַיַּךְ	Nur *ein* Radikal ist sichtbar* = I *nun* (פ"נ) und III *yod/he* (ל"ה)	נָכָה
תֵּת	auch: Inf. cons. *Qal* nur von	נתן
② וַיֵּ֫לֶךְ	„gehen" wird wie ein I *waw* (פ"ו) Verb gebildet	הלך
לֵךְ לֶ֫כֶת הוֹלִיךְ	Impt. *Qal*; → 2.2 Inf. cons. *Qal*; → 2.7 (AK) *Hif.*; → 1.2 c	
③ וַיִּקַּח	„nehmen" wird wie ein I *nun* (פ"נ) Verb gebildet	לקח
קַח קַ֫חַת וַיִּקַּח	Impt. *Qal* → 2.1 Inf. cons. *Qal* → 2.7 Narr. *Qal* → 1.1	

* … und sonst ist kein weiteres Erkennungszeichen gegeben.

Analyseübung (Auflösung: S. 208)

א)	וַיַּגֵּד	קַח	וַיָּ֫מָת	וְצֵא	וַיֹּ֫אמֶר
ב)	נֵלֵךְ	וַיַּ֫עַן	וַיֵּ֫רֶד	בָּא	אֶתֵּן
ג)	וַיַּרְא	וַיִּשָּׂא	הָיוּ	עָשִׂיתָ	וַיֵּצֵא
ד)	לִבְנוֹת	בָּנוֹת	קַ֫מְתָּ	וַיַּט	הוֹשַׁבְתִּי
ה)	רֶ֫שֶׁת	תּוֹסִפִי	יְסֹבֻ֫הוּ	וַיְצַוֵּ֫נוּ	שֶׁ֫בוּ
ו)	לָתֵת	הַיּוֹשְׁבִים	וַיּ֫וֹלֶךְ	וַיָּ֫שֶׂם	דַּ֫עַת

Auflösungen zu den Formbestimmungen*

1. Auflösung zu § 4

א)	בַּאדֹנִי	הָאָרֶץ	אֶרֶץ	וּבֵין	בֶּאֱמֶת
ב)	הַחֹשֶׁךְ	הָאוֹר	כֵּאלֹהִים	מְלָכִים	וִיהוּדָה
ג)	רוּחַ	כַּאֲשֶׁר	סוּס	לֵאמֹר	מִירוּשָׁלָיִם
ד)	מֶלֶךְ	כָּל־מַלְכֵי הָאָרֶץ			

2. Auflösung zu § 5

א – ד s. Tab XIII Partikeln mit Suffixen

ה	עִם	mit, bei	+ 1. *com.* Sg.
	עִם	mit, bei	(Nebenform)
	תַּ֫חַת	unter(halb), an Stelle von	+ 3. *masc.* Sg.
	עוֹד	noch(mals), wieder, weiter(hin)	+ 1. *com.* Sg.
	לִקְרַאת	entgegen (→ קרה)	+ 1. *com.* Pl.
ו	נֶ֫גֶד	vor, gegenüber, von	+ 3. *masc.* Sg.
	לְ	(poetisch)	+ 3. Pl.
	לְבַד	allein, für sich (→ בַּד)	+ 3. *masc.* Sg.
	עֲלֵי	poetisch für עַל	
	יֵשׁ	(Vorhandensein), es ist vorhanden, es gibt	+ 2. *masc.* Sg.

ז – ח s. Alphabetisches Vokabular

ט	עֲבוּר	Ertrag + בְּ	um … willen/zu; damit, wegen
	טֶ֫רֶם	noch nicht + בְּ	ehe, bevor
	תָּוֶךְ	Mitte + מִן	mitten aus …
	קֶרֶב	Inneres, Mitte + בְּ	inmitten, mitten unter
	אֵת	(zusammen) mit, bei + מִן	von (her)
י	אָז	damals, dann	
	יַחְדָּו	יַ֫חַד zusammen, miteinander	(erstarrt; urspr. + 3. *masc.* Sg.)

* Es werden nur in der BHS belegte Formen aufgeführt.

בַּ֫עַד	für, hinter, durch	+ 3. *masc.* Pl.
מְאֹד	(Kraft) sehr	

מִי + לְ + שֶׁ· + בְּ: durch das, was (Extrembeispiel Jon. 1,7)

Wendungen und Sätze: → 2 Sam 13,3; Gen 6,9; 1 Sam 20,35; Gen 7,11; Gen 22,1; Gen 15,18; Lev 19,2; 1 Kön 5,14; Jos 17,17; Dtn 4,8

→ 2 Sam 7,5; Ri 6,17; Ex 2,15; Gen 3,11

3. Auflösung zu § 6

א – ב siehe Alphabetisches Vokabular

ג	סוּס	Pferd	*masc.* Sg.	+ 1. *com.* Sg.
	סוּס	Pferd	*masc.* Pl.	+ 1. *com.* Sg.
	סוּס	Pferd	*fem.* Pl.	+ 2. *fem.* Pl.
	יָם	Meer	*masc.* Sg.	+ sog. ה-locale: „meerwärts“
	יוֹם	Tag	*masc.* Sg.	+ Adverbial-Endung: „bei Tage“
ד	טוֹב	gut	*fem.* st. cons.	
	הוּא	er	3. *masc.* Sg.	+ Art. nachgestellt: „jener“
	זִכָּרוֹן	Gedenken, Erinnerung		
	מַ֫יִם	Wasser		+ כְּ + Art.
	מְאֹד	sehr		(meist nachgestellt)
ה	צֶ֫דֶק	gemeinschaftsgemäßes Verhalten		
	צְדָקָה	gemeinschaftsgemäße Tat		
	נְעָרָיו	Knabe, Knecht	*masc.* Pl.	+ 3. *masc.* Sg.
	אֵי֫נֶנּוּ	nicht (vorhanden) sein		+ 3. *masc.* Sg./1. *com.* Pl.
	עֵינַ֫יִם	Augen	*masc.* Dual	
ו	רָחוֹק	fern, Ferne		+ מִן
	עִם	mit, bei		+ 1. *com.* Sg.
	כְּ	wie, gemäß, etwa		+ 3. *masc.* Pl.
	סוּס	Pferd	Pl. *fem.*	+ 3. *fem.* Pl.
	מָקוֹם	Ort, Platz, Stelle		+ מִן + 2. *masc.* Sg.

Wendungen und Sätze → Auszüge aus: Dtn 4,22; 6,4; Jer 29,10; Ex 2,1; 2,3; Gen 12,10.11.16; 28,14; Jes 19,25

4. Auflösung zu § 7

א Gesalbter; gesalbt; die Propheten; deine Worte; Meer; Tag

ב Meere; Tage; Väter; meine Schwester; meine Tochter

ג (die) Häuser von …; tausend, Rind; Frauen; (die) Männer von …; Mal; Schritt

ד hundert (Pl.); dreißig (30); Ohren (Dual); Länder; (die) Ältesten von …

ה in ihrem Herz; seine Schwestern; Nase, Zorn, Gesicht (Dual); und meine Knechte; ihre Häupter (Köpfe)

ו Ellen; Mägde; junge Frau; Witwe; in ihren Städten

ז mit ihnen; Völker; (die) Boten von …; Königin; unsere Könige

ח von dir aus …; mein Sohn; zwischen mir …; Wüste, Steppe; von (dem) Wort von …

Wendungen und Sätze → Joel 1,2; 2 Kön 20,1; Gen 7,13; Gen 15,1; Gen 13,2 → Gen 2,24; 17,1a („Und es war Abram 99 Jahre alt [ein Sohn von 90 Jahr + 9 Jahren]); Gen 22,4; Ri 20,44; 2 Kön 20,5a

5. Auflösung zu § 8

Mit * werden mögliche zusätzliche Lernvokabeln gekennzeichnet, die im Vokabular nicht als Lernvokabel aufgeführt sind.

1. *Qal*

א	2. *masc.* Sg.	וAK	*Qal*		אמר	sagen, sprechen
	Part. *masc.* Pl. pass.		*Qal*		כתב	schreiben
	Part. *masc.* pass.		*Qal*		ברך	segnen
	3. *com.* Pl.	AK	*Qal*		שׁמע	hören
	Part. *masc.* Sg.		*Qal*		ישׁב	sitzen, bleiben, wohnen
ב	3. *masc.* Sg.	Narr.	*Qal*		מלך	König s./w., herrschen
	Inf. cons.		*Qal*	+ ל	שׁמר	bewahren, beobachten, (be)hüten
	3. *masc.* Pl.	PK	*Qal*		שׂמח*	sich freuen
	Part. *masc.* Pl.		*Qal*		עמד	hintreten, stehen, -bleiben

	Inf. abs.		*Qal*		דרשׁ	fragen, fordern
ג	Impt. Pl.		*Qal*	+ ו	יצק	gießen, ausgießen
	2. *masc.* Pl.	PK	*Qal*	i.P.	זרע	säen
	3. *fem.*/2. *masc.* Sg.	PK	*Qal*		גדל	groß s./w.
	Inf. cons. o: Impt. *masc.* Sg.		*Qal*		זכר	denken an, sich erinnern
	3. *fem.*/2. *masc.* Sg.	PK	*Qal*		שׁבת*	ruhen, aufhören

2. *Nif'al*

א	3. *masc.* Sg.	AK	*Nif.*		שׁבע	schwören
	3. *masc.* Sg.	PK	*Nif.*		קרא	rufen, nennen, lesen; *Nif.*: pass.
	Inf. cons./abs. o: Impt. *masc.* Sg.		*Nif.*		נבא	weissagen, prophezeien
	3. *fem.* Sg.	וAK	*Nif.*		כרת	abhauen, abschneiden; *Nif.*: pass.
	Inf. cons.		*Nif.*	+ ל	לחם	kämpfen
ב	Part. *fem.* Pl.		*Nif.*		פלא*	wunderbar sein (Wunder)
	3. *masc.* Sg.	PK	*Nif.*		כרת	s.o.
	Part. *masc.* Sg.		*Nif.*	+ Art.	מצא	finden, antreffen, *Nif.* sich finden lassen
	3. *com.* Pl.	AK	*Nif.*	i.P.	בהל	sich erschrecken
	3. *masc.* Pl.	PK	*Nif.*		כשׁל	straucheln
ג	3. *masc.* Pl.	PK	*Nif.*	i.P.	כתב	schreiben; *Nif.*: pass.
	3./2. *fem.* Pl.	PK	*Nif.*		זכר	denken an, sich erinnern
	2. *masc.* Sg.	AK	*Nif.*	i.P.	משׁל*	herrschen
	Part. *masc.* Sg.		*Nif.*		כָּבֵד	schwer, angesehen sein; *Nif.*: pass.
	Part. *masc.* Pl.		*Nif.*	+ Art.	שׁאר	übrigbleiben

3. *Pi'el*, *Pu'al*, *Hitpa'el*

א	Inf. cons./abs. o: Impt. *masc.* Sg.		*Pi.*		דבר	reden
	Impt. *masc.* Pl.		*Pi.*		זמר*	spielen, singen
	3. *masc.* Sg.	AK	*Pu.*		ילד	gebären
	Part. *masc.* Pl.		*Pi.*		בקשׁ	suchen
	3. *masc.* Sg.	Narr.	*Hitp.*		חזק	stark/fest sein, *Hitp.* sich stark machen
ב	3. *masc.* Sg.	PK	*Pi.*		מָלֵא	voll sein, erfüllen, *Pi.* füllen
	3. *masc.* Sg.	PK	*Hitp.*		הלל*	loben, rühmen, *Hitp.* sich rühmen
	3. *masc.* Pl.	Narr.	*Pi.*		שׁלח	senden, *Pi.* entlassen
	3. *com.* Pl.	AK	*Pi.*		ספר	zählen, *Pi.* erzählen
	3. *masc.* Pl.	PK	*Hitp.*		קדשׁ	heilig sein, *Hitp.* sich heiligen
ג	Inf. cons.		*Hitp.*	+ ל	פלל	beten, bitten
	1. *com.* Sg.	PK	*Pi.*	+ ו	שָׁלֵם	ersetzen, vergelten
	3. *com.* Pl. o: Impt. *masc.* Pl.	AK	*Hitp.*		הלךְ	gehen, *Hitp.* wandeln
	3. *masc.* Sg.	PK	*Pi.*	+ ו	קטר*	opfern, in Rauch aufgehen lassen
	Inf. cons.		*Pi.*	+ ל	קדשׁ	*Pi.* weihen, heiligen

4. *Hif'il*, *Håf'al*, *Huf'al*

א	3. *fem.*/2. *masc.* Sg	PK	*Hif.*	לָבֵשׁ	anziehen, *Hif.* bekleiden
	Part. *fem.* Sg.		*Huf.*	שׁלךְ	werfen, wegtun; *Håf.* pass
	2. *masc.* Pl.	וAK	*Hif.*	רכב*	reiten, fahren, *Hif.* reiten lassen

	1. *com.* Pl.	PK	*Hif.*		שׁאר*	übrig lassen
	3. *com.* Pl.	AK	*Hif.*		קדשׁ	heilig sein, *Hif.* weihen, heiligen
ב	Part. *masc.* Sg.		*Hif.*		שׂכל*	klug, einsichtig sein, -handeln
	1. *com.* Sg.	PK	*Hif.*	+ ה-coh.	שׂכל	s.o.
	1. *com.* Pl.	PK	*Hif.*	+ ה-coh.	שׁכם	sich früh aufmachen
	2. *masc.* Sg.	AK	*Hif.*		שׁלךְ	s.o.
	3. *masc.* Sg.	Narr.	*Hif.*		קרב	sich nähern, *Hif.* nähern lassen
ג	1. *com.* Sg	וAK	*Hif.*	(mit Assimilation des ת)	כרת	abhauen, *Hif.* ausrotten
	3. *com.* Pl.	AK	*Håf.*	i.P.	רעל	schwanken, *Håf.* geschwungen werden
	1. *com.* Pl.	AK	*Håf.*		כלם	sich schämen, *Håf.* beschämt werden
	Impt. *masc.* Sg.		*Hif.*	+ ה-adhor.	קשׁב*	aufmerken, aufmerksam hören
	3. *fem.* Sg.	AK	*Håf.*		שׁלם	s.o. *Håf.* vergolten/bezahlt werden
ד	Part. *masc.* Pl.		*Huf.*	+ Art.	פקד	heimsuchen, besuchen, *Håf.* bestellt werden
	Part. *fem.* Pl.		*Hif.*		קטר	opfern, *Hif.* in Rauch aufgehen lassen
	Inf. cons.		*Hif.*	+ ל	שׁחת*	verderben, zerstören, schlecht handeln
	1. *com.* Sg.	PK	*Hif.*		זכר	gedenken, *Hif.* erwähnen, preisen
	3. *masc.* Sg.	AK	*Hif.*		גָּדֵל	groß sein/werden, *Hif.* etwas groß machen

5. Formen unterschiedlicher Stämme

א	Part. *fem.* Pl.		*Qal*		כשׁל*	straucheln, wanken
	3. *masc.* Sg.	AK	*Pi.*		דבר	reden, sprechen
	3. *masc.* Sg.	PK	*Nif.*	+ ה-inter.	מלט*	retten, *Nif.* sich retten
	3. *masc.* Pl.	Narr.	*Hif.*		קרב	sich nähern, *Hif.* bringen
	3. *fem.*/2. *masc.* Sg.	Narr.	*Qal*		כתב	schreiben
ב	Inf. abs. o: Impt. *masc.* Sg.		*Hif.*		סתר*	verbergen, verstecken
	3. *fem.* Sg.	AK	*Nif.*	i.P.	טָמֵא	unrein s./w., *Nif.* sich verunreinigen
	1. *com.* Pl.	PK	*Qal*	+ ה-cohor.	ברךְ	segnen
	Part. *masc.* Sg.		*Hitp.*		דבר	s.o. (→ § 4.1.2)
	Part. *masc.* Pl.		*Hif.*		כעס*	kränken, beleidigen
ג	1. *com.* Pl.	PK	*Hitp.*	(transp.) i.P.	צדק	gerecht sein, *Hitp.* sich rechtfertigen
	3. *fem.*/2. *masc.* Sg.	PK	*Qal*		שׁכן	(be)wohnen, sich niederlassen
	Impt. *masc.* Pl.		*Nif.*		בדל*	trennen, *Nif.* sich trennen
	1. *com.* Pl.	AK	*Qal*		דרשׁ	fragen, fordern
	Impt. *masc.* Pl.		*Hif.*		שׁמע	hören, *Hif.* hören lassen
ד	3. *masc.* Sg.	Narr.	*Pi.*		דבר	s.o.
	Inf. cons.		*Nif.*	+ ב	קבץ	(ver)sammeln, *Nif.* sich versammeln
	Part. *fem.* Sg.		*Nif.*	+ ל + ו + Art.	שׁבר*	zerbrechen
	1. *com.* Sg.	Narr.	*Hif.*		כרת	s.o.
	1. *com.* Sg.	Narr.	*Hitp.*	(transp.)	שׁמר	beobachten, (be)hüten

6. *Qal* mit Suffixen

א	3. *com.* Pl.	AK	*Qal*	+ 1. *com.* Sg.	רדף*	verfolgen (mit אַחֲרֵי)
	3. *fem.* Sg.	AK	*Qal*	+ 3. *masc.* Sg.	ילד	gebären
	2. *masc.* Sg.	וAK	*Qal*	+ 1. *com.* Sg.	קבר	begraben
	2. *masc.* Sg.	וAK	*Qal*	+ 3. *masc.* Pl.	קשׁר*	sich verschwören
	3. *fem.* Sg.	AK	*Qal*		מָלֵא	voll sein, erfüllen
ב	1. *com.*/2. *fem.* Sg.	AK	*Qal*	+ 3. *masc.* Sg.	יָכֹל	können, vermögen
	3. *masc.* Sg.	AK	*Qal*	+ 1. *com.* Sg.	בחן*	untersuchen, prüfen
	3. *masc.* Sg.	AK	*Qal*	+ 3. *masc.* Sg.	ידע	erfahren, wissen
	3. *com.* Pl.	AK	*Qal*	+ 2. *masc.* Sg.	פקד	heimsuchen, besuchen
	2. *masc.* Sg.	וAK	*Qal*	+ 3. *masc.* Pl.	כתב	schreiben
ג	3. *masc.* Sg.	וAK	*Qal*	+ 3. *fem.* Sg.	לכד	fangen, einnehmen
	1. *com.* Sg.	AK	*Qal*	+ 2. *fem.* Sg.	שׁפט	richten
	Inf. cons.		*Qal*	+ ב + 1. *com.* Sg.	למד	lernen
	3. *com.* Pl.	AK	*Qal*	+ 2. *masc.* Sg.	מצא	finden, erreichen
	2. *masc.* Sg.	AK	*Qal*	+ 1. *com.* Pl.	פרץ*	reißen, einreißen

7. *Pi'el*, *Hif'il* mit Suffixen

א	3. *fem.*/2. *masc.* Sg.	PK	*Hif.*	+ 2. *fem.* Sg.	כרת	abhauen, abschneiden, *Hif.* ausrotten
	1. *com.* Sg.	AK	*Hif.*	+ 2. *fem.* Sg.	שׁבת	ruhen, aufhören, *Hif.* ruhen lassen
	3. *fem.* Sg.	AK	*Pi.*	+ 3. *masc.* Sg.	יסר*	züchtigen, ermahnen
	1. *com.*/2. *fem.* Sg.	AK	*Pi.*	+ 3. *masc.* Sg.	בקשׁ	suchen
	1. *com.* Sg.	PK	*Pi.*	+ 2. *masc.* Sg.	זמר	spielen, singen
ב	1. *com.*/2. *fem.* Sg.	AK	*Hif.*	+ 3. *masc.* Pl.	כָּבֵד	schwer, angesehen sein

	3. *masc.* Sg.	AK	*Pi.*	+ 3. *masc.* Sg.	דבר	reden
	2. *masc.* Sg.	AK	*Pi.*	+ 1. *com.* Sg.	שׂמח	sich freuen, *Pi.* erfreuen, fröhlich machen
	3. *masc.* Sg.	AK	*Pi.*	+ 3. *masc.* Sg.	גָּדֵל	groß s./w., *Pi.* erziehen
	3. *masc.* Sg.	AK	*Hif.*	i.P. + 2. *masc.* Sg.	שׁבע	schwören, *Hif.* schwören lassen

8. *Qal*, *Pi'el* oder *Hif'il* mit Suffixen

א	Impt. *masc.* Sg.		*Pi.*	+ 1. *com.* Sg. + ו	חזק	stark sein; *Pi.* stark machen
	1. *com.* Sg.	PK	*Qal*	+ 3. *masc.* Pl.	ספר	zählen
	2. *masc.* Pl.	PK	*Qal*	+ 3. *masc.* Sg.	לקט	auflesen, sammeln
	2. *masc.* Sg.	AK	*Hif.*	+ 3. *masc.* Pl.	בדל	trennen
	1. *com.*/2. *fem.* Sg.	AK	*Qal*	+ 3. *masc.* Pl.	בחן	untersuchen, prüfen
ב	Inf. cons.		*Qal*	+ 1. *com.* Sg.	עבר	überschreiten, durchziehen
	3. *masc.* Sg.	Narr.	*Pi.*	+ 3. *masc.* Pl.	אבד	verloren gehen
	1. *com.* Sg.	AK	*Qal*	+ 2. *masc.* Sg.	בחר	wählen, erwählen
	3. *fem.*/2. *masc.* Sg.	PK	*Qal*	+ 3. *masc.* Pl.	צפן	verbergen, aufbewahren
	1. *com.* Sg.	PK	*Pi.*	+ 3. *masc.* Sg., +ו, + נ-energ.	גָּדֵל	groß s./w., *Pi.* erziehen
ג	3. *masc.* Sg.	Narr.	*Qal*	+ 2. *masc.* Sg. + נ-energ.	בחר	wählen, erwählen
	3. *fem.*/2. *masc.* Sg.	PK	*Qal*	+ 3. *masc.* Sg. + נ-energ.	דרשׁ	suchen, fragen, fordern
	1. *com.* Pl.	PK	*Hif.*	+ 3. *masc.* Sg.	שׁלךְ	werfen, weglegen
	3. *masc.* Sg.	Narr.	*Qal*	+ 3. *masc.* Sg.	רדף	verfolgen (mit אַחֲרֵי)
	Inf. cons. o: Impt. *masc.* Sg.		*Qal*	+ 1. *com.* Sg.	זכר	gedenken

Wendungen und Sätze → 2 Sam 12,1; 1 Sam 8,10; 1 Sam 16,19; Ex 34,1
→ 1 Kön 2,18; Gen 27,7; 1 Kön 2,2; Gen 12,1

6. Auflösung zu § 9

1. Verba Primae (I) laryngalis

א	1. *com.* Pl.	AK	*Qal*	+ 3. *masc.* Sg.	חשב*	denken, für etw. halten
	3. *masc.* Sg.	PK	*Hif.*		אמן	Bestand haben, treu sein; *Hif.* glauben
	3. *masc.* Sg.	Narr.	*Qal*		הפך*	umkehren, verwandeln
	Impt. *masc.* Pl.		*Qal*	i.P.	חדל*	aufhören, ablassen
	1. *com.* Sg.	AK	*Nif.*		חשב	s.o.
ב	Impt. *fem.* Sg.		*Hif.*		חרש	*Hif.* schweigen,
	o: Inf. cons.		*Hif.*	+ 1. *com.* Sg.		untätig bleiben
	3. *masc.* Sg.	PK	*Qal*	+ 3. *masc.* Sg. + נ energ.	עבד	arbeiten, dienen
	1. *com.* Sg.	PK	*Qal*	+ 2. *masc.* Sg.	עזב	verlassen, loslassen
	3. *fem.*/2. *masc.* Sg.	PK	*Nif.*		אסר*	binden, anbinden; *Nif.* pass.
	Inf. cons.		*Qal*	+ 2. *masc.* Pl. + ב	אמר	sagen, sprechen
ג	3. *masc.* Sg.	AK	*Hif.*		חזק	stark sein; *Hif.* ergreifen, festhalten
	1. *com.* Sg.	וAK	*Hif.*	+ 2. *masc.* Sg.	אבד	zugrunde gehen, *Hif.* zugrunde richten
	Part. *masc.* Pl.		*Qal*	+ Art.	עבד	s.o.
	3. *fem.*/2. *masc.* Sg.	PK	*Hif.*		חרם*	weihen, bannen
	3. *fem.*/2. *masc.* Sg.	Narr.	*Qal*		חבש	satteln
ד	3. *masc.* Pl.	Narr.	*Qal*		עמד	stehen, hintreten
	Impt. *masc.* Sg.		*Hif.*	+ ה adhort.	אזן	aufmerken, hinhören
	3. *fem.*/2. *masc.* Sg.	PK	*Qal*		אבל*	trauern
	3. *masc.* Pl.	PK	*Nif.*		אסף	sammeln
	3. *fem.* Sg.	AK	*Qal*	+ 3. *masc.* Sg.	אכל	essen

2. Verba Mediae (II) laryngalis und ר

א	1. *com.* Sg.	וAK	*Pi.*	+ 2. *masc.* Sg.	ברך	segnen, preisen
	Impt. *masc.* Sg.		*Qal*	+ 1. *com.* Sg. + ו	*גאל	erlösen, einlösen, retten
	1. *com.*/2. *fem.* Sg.	וAK	*Pi.*	+ 3. *masc.* Pl.	*נחם	Mitleid haben, *Pi.* trösten
	Inf. cons.		*Pi.*	+ 1. *com.* Sg. + ל	*בהל	schrecken, erschrecken
	3. *fem.* Sg.	AK	*Pi.*		גרשׁ	vertreiben
ב	3. *com.* Pl.	AK	*Nif.*		לחם	kämpfen
	3. *com.* Pl.	וAK	*Hitp.*	+ 3. *masc.* Pl.	נחל	in Besitz nehmen, erben
	3. *masc.* Pl.	Narr.	*Pi.*		*מאן	sich weigern
	Impt. *masc.* Pl.		*Qal*	+ ו	זעק	schreien
	Impt. *masc.* Pl.		*Pi.*		מהר	eilen
ג	3. *masc.* Pl.	Narr.	*Qal*		*נהג	treiben, führen
	1. *com.* Sg.	וAK	*Pi.*		טהר	rein sein, *Pi.* reinigen
	3. *fem.*/2. *masc.* Sg.	Narr.	*Qal*		בחר	wählen, erwählen
	3. *masc.* Sg.	Narr.	*Pi.*		כהן	als Priester dienen
	3. *com.* Pl.	AK	*Qal*	+ 3. *masc.* Sg.	*יעץ	raten, beschließen
ד	Impt. *fem.* Pl.		*Qal*		צעק	schreien
	3. *masc.* Sg.	PK	*Pu.*		*רחם	sich erbarmen, *Pu.* Erbarmen finden
	1. *com.* Pl.	PK	*Nif.*	+ ה coh. + ו	לחם	s.o.
	Impt. *masc.* Pl.		*Qal*	+ 1. *com.* Sg. + ו	בחן	untersuchen, prüfen
	o: 3. *com.* Pl.	וAK				
	3. *fem.* Sg.	AK	*Qal*		*בער	brennen, verbrennen

3. Verba Tertiae (III) laryngalis

א	3. *fem.*/2. *masc.* Sg.	PK	*Qal*		זבח	schlachten, opfern
	3. *fem.*/2. *masc.* Sg.	PK	*Nif.*		זרע	säen, gesät werden
	Inf. cons.		*Hif.*	+ ל	שׁבע	schwören, *Hif.* schwören lassen
	Impt. *masc.* Sg.		*Hif.*		צלח	gelingen, *Hif.* gelingen lassen
	3. *masc.* Sg.	PK	*Nif.*	+ ו	מנע	zurückhalten, *Nif.* sich zurückhalten
ב	Impt. *masc.* Pl.		*Qal*	+ ו	נטע*	pflanzen
	1. *com.* Pl.	AK	*Qal*	+ 3. *masc.* Pl.	ידע	kennen, erfahren, wissen
	3. *masc.* Sg.	AK	*Hif.*	+ 1. *com.* Sg.	שׂבע	satt s./w., *Hif.* sättigen
	Inf. cons.		*Qal*	+ מִן	כרע*	sich beugen, straucheln
	Part. *fem.*		*Qal*		ברח	fliehen
ג	3./2. *fem.* Pl.	PK	*Qal*	i.P.	פרח	sprossen, ausschlagen
	3. *masc.* Sg.	Narr.	*Pi.*		נגע	schlagen, berühren
	3. *fem.*/2. *masc.* Sg.	PK	*Hif.*		כנע	sich demütigen, *Hif.* unterwerfen
	Inf. cons.		*Qal*	+ ל	בלע	verschlingen, verderben
	Part. *masc.* Sg.		*Qal*		בטח*	vertrauen
ד	Inf. cons.		*Qal*	+ כ	גבה	hoch, erhaben sein
	3. *masc.* Pl.	PK	*Qal*	i.P.	משׁח*	salben
	3. *masc.* Sg.	Narr.	*Qal*		בקע	spalten
	Part. *masc.* Sg.		*Hif.*		פגע	auf/an etw. stoßen, angreifen
	2. *fem.* Sg.	AK	*Qal*		יגע	sich bemühen, ermüdet sein

Wendungen und Sätze →1 Sam 5,8; 1 Sam 5,11; Gen 22,17; 1 Sam 15,23; Ps. 145,2; Dtn 4,1

7. Auflösung zu § 10

zu § 10.2 Verba Primae (I) *'álæf* = פ"א

א	3. *fem.*/2. *masc.* Sg.	Narr.	*Qal*		אמר
	1. *com.* Pl.	PK	*Qal*		אמר
	3. *fem.*/2. *masc.* Sg.	PK	*Qal*	i.P.	אבד
	Impt. *fem.* Sg.		*Qal*		אמר
	Inf. cons.		*Qal*	+ ל	אכל
ב	3. *masc.* Sg.	PK	*Nif.*		אמר
	3./2. *fem.* Pl.	Narr.	*Qal*		אמר
	1. *com.* Sg.	Narr.	*Qal*		אהב
	3. *fem.*/2. *masc.* Sg.	Narr.	*Qal*		אכל
	3. *masc.* Sg.	AK	*Nif.*		אחז
ג	Part. *fem.* Sg.		*Qal*		אחז
	3. *masc.* Sg.	Narr.	*Nif.*	i.P.	אסף
	1. *com.* Pl.	PK	*Qal*	+ ה coh.	אבד
	Inf. cons.		*Qal*	+ ל	אמר
	1. *com.* Sg.	Narr.	*Qal*		אמר
ד	Part. *masc.* Sg.		*Qal*		אהב
	2. *masc.* Sg.	AK	*Qal*		אהב
	3. *masc.* Pl.	Narr.	*Qal*		אמר
	3. *masc.* Sg.	Narr.	*Qal*	i.P.	אמר
	Impt. *masc.* Sg.		*Qal*		אכל
ה	2. *masc.* Pl.	PK	*Qal*	+ נ parag.	אמר
	3./2. *fem.* Pl.	Narr.	*Qal*		אמר
	3. *masc.* Sg.	PK	*Qal*	+ ה interr.	אבה
	Inf. abs.		*Nif.*		אכל
	Part. *masc.* Sg.		*Pu.*	(Sonderform)	אכל
	o: masc. pass.		*Qal*	i.P.	
ו	Impt. *fem.* Sg.		*Nif.*		אסף
	Impt. *masc.* Sg.		*Qal*	+ ה adh. + ו	אכל
	Part. *masc.* Pl.		*Qal*	+ 1. *com.* Sg. + ל	אהב
	Part. *masc.* Sg.		*Qal*	+ מן + Art.	אכל
	1. *com.* Sg.	AK	*Hif.*	+ 2. *fem.* Sg.	אכל

Wendungen und Sätze → Gen 3,1–3a

zu § 10.3 Verba Primae (I) *nun* = פ"נ (Tab VII)

א	3. *masc.* Sg.	Narr.	*Håf.*		נגד	
	3. *masc.* Sg.	Narr.	*Qal*		לקח	
	Inf. cons.		*Qal*	+ ל	נתן	
	3. *masc.* Sg.	Narr.	*Hif.*		נגד	
	Inf. cons.		*Hif.*	+ ל	נצל	
ב	3. *masc.* Sg.	PK	*Qal*		נאף	ehebrechen
	1. *com.* Sg.	PK	*Qal*		נתן	
	Inf. cons.		*Qal*	+ ל	נגשׁ	
	Part. *masc.* Sg.		*Håf.*		נצב	
	Inf. cons.		*Qal*	+ ל	לקח	
ג	3. *masc.* Pl.	Narr.	*Qal*		נשׂא	
	Impt. *masc.* Sg.		*Qal*		לקח	
	3. *fem.* /2. *masc.* Sg.	PK	*Qal*		נבל	welken, zerfallen
	3. *masc.* Pl.	PK	*Hif.*	+ ו	נגד	
	3. *com.* Pl.	AK	*Nif.*		נגשׁ	
ד	1. *com.* Sg.	Narr.	*Hif.*		נגד	
	3. *masc.* Sg.	Narr.	*Qal*	+ 3. *masc.* Pl.	נתן	
	1. *com.* Sg.	Narr.	*Qal*		לקח	
	Inf. cons.		*Hif.*	+ ל	נגד	
	3. *masc.* Pl.	Narr.	*Qal*		נתן	
ה	Impt. *masc.* Sg.		*Qal*		לקח	
	Part. *masc.* Sg.		*Hif.*	+ ו	נפל	
	3. *masc.* Pl.	PK	*Qal*		לקח	
	2. *masc.* Pl.	PK	*Qal*	+ נ-parag.	נשׂא	
	3. *com.* Pl.	AK	*Hif.*	+ 3. *masc.* Sg.	נפל	
ו	Part. *masc.* Sg.		*Qal*	+ ה-interr.	נטע	
	2. *masc.* Sg.	Juss.	*Hif.*		נצל	
	3. *fem.* Sg.	וAK	*Nif.*		נגשׁ	
	Impt. *fem.* Sg.		*Hif.*		נגד	
	3. *fem.*/2. *masc.* Sg.	PK	*Hif.*	+ 3. masc. Sg. + נ-energ.	נצל	
ז	Tab. XIII					
	1. *com.* Sg.	PK	*Qal*		נתן	
	Tab. XIII					
	1. *com.* Pl.	PK	*Qal*		אמר	
	3. *masc.* Sg.	PK	*Nif.*		אמר	

Wendungen und Sätze → 1 Kön 21,2–3

zu § 10.4 Verba Primae (I) *yod/waw* = ו/פ"י (Tab VII)

א	3. *masc.* Pl.	Narr.	*Qal*		ישב	
	3. *masc.* Sg.	Narr.	*Qal*		ירד	
	1. *com.* Sg.	PK	*Hif.*		יָבֵשׁ	
	3. *masc.* Sg.	Narr.	*Qal*		יצא	
	Impt. *masc.* Sg.		*Hif.*		יטב	
	o: Inf. abs.					
ב	1. *com.* Sg.	וAK	*Qal*		ידע	
	Part. *masc.* Sg.		*Hif.*		יכח	*Hif.* richten
	1. *com.* Pl.	PK	*Qal*		יָכֹל	
	1. *com.* Sg.	Narr.	*Qal*		ידע	
	3. *fem.* Sg.	AK	*Qal*		ילד	
ג	Part. *masc.* Pl.		*Nif.*		יעץ	
	Impt. *fem.* Sg.		*Hif.*		ילל	
	3. *masc.* Sg.	AK	*Hif.*		ילד	
	3. *masc.* Sg.	PK	*Håf.*		יצר	
	1. *com.* Sg.	PK	*Qal*		ירד	
ד	3. *fem.* Sg.	AK	*Hif.*		ינק	
	3. *fem.* Sg.	Narr.	*Qal*		ילד	
	1. *com.* Pl.	PK	*Qal*		הלךְ	
	3. *masc.* Sg.	PK	*Qal*	+ ו	ירשׁ	
	Inf. cons.		*Qal*	+ ל	הלךְ	
ה	Inf. cons.		*Qal*	+ ל + 3. *fem.* Sg.	ידע	
	3. *masc.* Sg.	AK	Pu.		ילד	
	o: Pass. *Qal*					
	3. *masc.* Sg.	AK	*Hif.*		יעל	*Hif.* helfen, nützen
	o: Inf. cons.					
	Inf. cons.		*Nif.*	+ 3. *masc.* Sg.	ילד	
	Impt. *masc.* Pl.		*Qal*		יהב	
ו	2. *masc.* Sg.	AK	*Qal*	+ 3. *masc.* Sg.	יסד	gründen
	3. *masc.* Pl.	PK	*Qal*	+ 3. *fem.* Sg.	ירשׁ	
	3. *fem.* Sg.	AK	*Qal*	+ 3. *masc.* Sg.	ילד	
	3. *masc.* Sg.	PK	*Nif.*	+ ה interr.	ידע	
	Inf. cons.		*Qal*	+ ה interr. + ל + 1. *com.* Pl	ירשׁ	
ז	1. *com.* Sg.	PK	*Qal*		יָשֵׁן	
	Tab XV					
	Tab XIII					
	Impt. *masc.* Sg.		*Qal*		ידע	
	§ 5.2.3.1					warum?
ח	Impt. *masc.* Sg.		*Qal*		יצק	
	1. *com.* Sg.	PK	*Qal*		יָכֹל	
	1. *com.* Sg.	PK	*Qal*	i.P.	אכל	
	o: Part. *masc.* Sg.					

3. *masc.* Sg.	Narr.	*Hif.*		יסף	
o: 3. *masc.* Sg.	Narr.	*Qal*		אסף	(nur 2 Sam 6,1)
Part. *fem.* Sg.		*Qal*		ישׁב	

Wendungen und Sätze → Gen 28,16–17.20–21

zu § 10.5 Verba Mediae (II) Geminate bzw. Vokalis = ע – Verben

1. Verba mediae (II) geminatae (III=II) = ע"ע (Tab IX)

א	3. *masc.* Sg.	Narr.	*Qal*		מדד	
	3. *com.* Pl.	AK	*Qal*		קלל	
	3. *masc.* Sg.	Narr.	*Qal*	sog. aram.	סבב	
	Inf. cons.		*Pi.*	+ ו + ל	הלל	
	3. *masc.* Pl.	Narr.	*Qal*		בזז	plündern
ב	Inf.cons.		*Qal*	+ כ	חמם	warm sein
	3. *com.* Pl.	AK	*Qal*	+ 1. *com.* Sg.	סבב	
	1. *com.* Sg.	Narr.	*Hitp.*		פלל	
	3. *masc.* Sg.	Narr.	*Qal*		צרר	
	Inf. cons.		*Qal*	+ ל	רבב	zahlreich sein
ג	3. *fem.* Sg.	AK	*Qal*		מרר	
	3. *masc.* Sg.	Narr.	*Qal*		רעע	
	Impt. *fem.* Sg.		*Qal*	i. P.	רנן	
	3. *masc.* Sg.	Narr.	*Hif.*		רעע	
	Inf. cons.		*Qal*		תמם	
ד	Impt. *masc.* Pl.		*Pi.*	+ יְהוָה (KF)	הלל	
	3. *masc.* Pl.	Narr.	*Qal*		סבב	
	1. *com.* Sg.	וAK	*Hif.*		צרר	
	3. *fem.*/2. *masc.* Sg.	PK	*Pol.*		סבב	
	Impt. *masc.* Sg.		*Qal*	+ 1. *com.* Sg.	חנן	
ה	2. *fem.* Sg.	PK	*Hitp.*		הלל	
	1. *com.* Sg.	AK	*Qal*	+ 2. *fem.* Sg.	חקק	einritzen
	1. *com.* Sg.	וAK	*Pilp.*	+ 2. *masc.* Sg.	גלל	rollen, wälzen
	3. *masc.* Sg.	PK	*Nif.*		מדד	
	2. *masc.* Sg.	וAK	*Pi.*		חלל	
ו	3. *masc.* Sg.	PK	*Qal*	sog. aram.	חמם	warm sein
	3. *masc.* Sg.	PK	*Qal*		חמם	warm sein
	1. *com.* Sg.	PK	*Hitpal.*	(mit transp.)	שׁעע	erfreuen
	Inf. cons.		*Hif.*	+ ו + כ	צרר	
	3. *masc.* Sg.	PK	*Pi.*	+ 2. *masc.* Sg. + נ energ.	הלל	

2. Verba Mediae (II) vocalis (û, ô, î) = ע"ו/ע"י (Tab X)

א	3. *masc.* Sg.	Narr.	*Qal*		גּוּר	
	Impt. *masc.* Pl.		*Qal*		בּוֹא	
	Inf. cons.		*Hif.*	+ לְ	אוֹר	
	3. *masc.* Sg.	AK	*Nif.*		כּוּן	
	o: Part. *masc.* Sg.					
	3. *fem.* Sg.	PK	*Qal*		לִין	
ב	3. *masc.* Sg.	AK	*Pol.*		כּוּן	
	3. *masc.* Sg.	Narr.	*Qal*	i.P.	נוּס	
	3. *masc.* Sg.	Narr.	*Hif.*		סוּר	
	1. *com.* Sg.	Narr.	*Qal*		בּוֹא	
	1. *com.* Sg.	וAK	*Hif.*		סוּר	
ג	2. *fem.* Sg.	PK	*Qal*		בּוֹשׁ	
	Inf. cons.		*Qal*	+ לְ	דִּין	
	1. *com.* Pl.	PK	*Qal*		מוּת	
	1. *com.* Sg.	PK	*Nif.*		מוּט	wanken
	Impt. *fem.* Sg.		*Qal*		קוּם	
ד	1. *com.* Pl.	PK	*Qal*	+ ה-coh.	גִּיל	
	3. *com.* Pl.	AK	*Nif.*		מוּג	schwanken
	1. *com.* Sg.	AK	*Hif.*		עוּד	
	Impt. *masc.* Sg.		*Qal*	+ ה-adh.	רִיב	
	3. *masc.* Sg.	PK	*Håf*	i.P.	מוּת	
ה	3. *masc.* Pl.	Narr.	*Qal*		פּוּץ	
	3. *masc.* Pl.	PK	*Qal*	+ נ-parag.	בּוֹא	
	3. *fem.* Sg.	AK	*Qal*		נוּס	
	1. *com.* Sg.	PK	*Pol.*	+ ו + 3. *masc.* Sg.	מוּת	
	Part. *masc.* Pl. pass.		*Qal*		מוּל	beschneiden
ו	Impt. *fem.* Sg.		*Qal*	+ ו	גּוּר	
	Inf. cons.		*Qal*	+ ו + כ	נוּחַ	
	3. *masc.* Sg.	Juss.	*Qal*	(PK-KF)	גִּיל	
	Inf. abs. (cons.)		*Qal*	+ ה-interr.	טוֹב	
	Part. *masc.* Sg.		*Qal*	+ Art.	זוּב	fließen, triefen
ז	Impt. *masc.* Pl.		*Qal*		בִּין	
	o: בַּיִן / בֵּין			+ 1. *com.* Pl.		zwischen
	Inf.abs.		*Hif.*		יטב	
	3. *masc.* Sg.	וAK	*Hif.*		סבב	
	3. *masc.* Sg.	Narr.	*Hif.*	+ 1. *com.* Sg.	שׁוּב	
ח	2. *masc.* Pl.	וAK	*Qal*		ישׁב	
	Impt. *masc.* Pl.		*Qal*		לִין	
	3. *com.* Pl.	AK	*Qal*		לִין	
				+ ו + Art.	קוֹל	Stimme
	3. *com.* Pl.	AK	*Qal*	+ ה-interr.	קלל	

Wendungen und Sätze → Jes 60,1a; Gen 28,11a; 2 Sam 12,19; Ex 3,3

zu § 10.6 Verba Tertiae (III *yod/he*) infirmae = ל"ה (Tab XI)

א	3. *masc.* Sg.	Narr.	*Qal*		בנה	
	3. *fem.*/2. *masc.* Sg.	Narr.	*Qal*		בכה	
	Inf. cons.		*Qal*	+ ב	היה	
	3. *com.* Pl.	AK	*Qal*		כלה	
	3. *masc.* Sg.	Narr.	*Qal*/*Hif.*		עלה	
ב	Impt. *masc.* Sg.		*Pi.*		צוה	
	3. *fem.* Sg.	Narr.	*Qal*		הרה	
	3. *masc.* Sg.	Narr.	*Qal*		חרה	
	3. *fem.* Sg.	AK	*Nif.*	i.P.	עשׂה	
	3. *masc.* Sg.	Narr.	*Nif.*		ראה	
ג	3. *fem.*/2. *masc.* Sg.	PK	*Pi.*		אוה	*Pi.* wünschen
	3. *masc.* Pl.	Narr.	*Hištaf.*		חוה	
	2. *masc.* Sg.	וAK	*Qal*		פנה	
	3. *masc.* Sg.	Narr.	*Qal*/*Hif.*		ראה	
	3. *masc.* Pl.	Narr.	*Qal*		ראה	
ד	2. *masc.* Sg.	AK	*Qal*		חזה	
	2. *masc.* Pl.	PK	*Qal*	+ נ-parag.	עשׂה	
	3. *masc.* Sg.	AK	*Pi.*	+ 3. *masc.* Sg.	צוה	
	3. *fem.*/2. *masc.* Sg.	Narr.	*Hif.*		שׁקה	
	Inf. cons.		*Hif.*	+ ב + 3. *fem.* Sg.	קשׁה	
ה	Impt. *fem.* Sg.		*Qal*		היה	
	3./2. *fem.* Pl.	PK	*Qal*		זנה	
	3. *masc.* Sg.	Narr.	*Qal*	i.P.	חלה	
	2. *masc.*/*fem.* Pl.	AK	*Hif.*	+ 1. *com.* Pl.	עלה	
	1. *com.* Pl.	PK	*Qal*	+ ו + 3. *masc.* Sg.	ראה	
ו	Inf. cons.		*Pi.*	+ ל + 1. *com.* Pl.	חיה	
	3. *masc.* Sg.	PK	*Pi.*	+ 2. *masc.* Sg. + נ-energ.	כסה	
	3.*fem.*/2. *masc.* Sg.	Juss.	*Nif.*	(KF) + ו	עשׂה	
	Inf. cons.		*Hif.*	+ ו + ב + 1. *com.* Sg.	עלה	
	3. *fem.* Sg.	AK	*Qal*	+ ה-interr.	היה	
ז	3. *masc.* Sg.	וAK	*Qal*		אתה	kommen
	Tab XIII			+ ו		
	Impt. *masc.* Pl.		*Qal*		גִּיל	
	3. *com.* Pl.	AK	*Pi.*		גלה	
	Impt. *masc.* Pl.		*Qal*		גלל	rollen, wälzen
ח	3. *com.* Pl.	AK	*Qal*		גלה	
	1. *com.* Pl.	AK	*Qal*		בזז	plündern
	1. *com.* Pl.	AK	*Qal*		בזה	verachten
	Inf. cons.		*Qal*	+ ל	בנה	

	o: Tab XV				בַּת	Tochter
	2. *masc.* Sg.	AK	*Qal*		בִּין	

Wendungen und Sätze → Ex 3,4.13f.; Prov 13,19a

zu § 10.8 Doppelt schwache Verben (Tab XII)

א	1. *com.* Sg.	PK	*Qal*		יצא	
	3. *masc.* Sg.	Narr.	*Qal*		נטה	
	3. *masc.* Sg.	Narr.	*Hif.*		נטה	
	Impt. *masc.* Sg.		*Hif.*	(KF)	נטה	
	2. *fem.* Sg.	Juss.	*Qal*	(+ Neg.)	יָרֵא	
ב	3. *fem.*/2. *masc.* Sg.	Narr.	*Qal*		נשׂא	
	3. *com.* Pl.	AK	*Qal*		יצא	
	3. *masc.* Pl.	PK	*Hif.*	+ 2. *masc.* Sg.	ידה II	
	3. *masc.* Sg.	PK	*Hif.*		ירה	
	Inf. cons.		*Qal*	+ ב + 3. *masc.* Pl.	יצא	
ג	2. *masc.* Pl.	AK	*Qal*		יָרֵא	
	1. *com.* Sg.	Narr.	*Qal*		נשׂא	
	1. *com.* Sg.	PK	*Hif.*	+ 2. *masc.* Sg. + נ-energ.	ידה II	
	3. *masc.* Sg.	וAK	*Nif.*		נשׂא	
	Inf. cons.		*Hif.*	+ ו + ל	ידה II	
ד	Impt. *masc.* Pl.		*Hif.*		נטה	
	3. *com.* Pl.	AK	*Hif.*		נטה	
	3. *fem.* Sg.	AK	*Hif.*	+ 3. *masc.* Sg.	נטה	
	3. *masc.* Sg.	AK	*Hif.*	+ 3. *masc.* Sg.	נטה	
	3. *masc.* Sg.	PK	*Hif.*	+ 3. *masc.* Sg. + נ-energ.	נטה	
ה	Impt. *fem.* Sg.		*Nif.*		נקה	
	Impt. *masc.* Sg.		*Pi.*	+ 1. *com.* Sg.	נקה	
	Inf. cons.		*Pi.*	+ ל	ידה I	
	3. *masc.* Sg.	PK	*Hif.*	+ ו + 3. *masc.* Pl.	ידה II	
	Inf. cons.	*Qal*		+ 1. *com.* Pl.	יצא	
ו	3. *fem.* Sg.	PK	*Hif.*	+ 2. *masc.* Sg. + נ-energ.	ידה II	
	o:				תּוֹדָה	Danklied
	Impt. *masc.* Sg.		*Qal*		נתן	
	2. *masc.*/3. *fem.* Sg.	Juss.	*Qal*	(KF)	נטה	
	3. *masc.* Pl.	PK	*Qal*		ראה	
ז	3. *masc.* Pl.	PK	*Qal*		יָרֵא	
	1. *com.* Pl.	PK	*Hif.*	+ ו + 3. *masc.* Pl.	בּוֹא	

					נְבִיאָה	Prophetin
	Pl.			+ 3. *masc.* Pl.	מוֹשָׁב	Wohnsitz
ח	Inf. cons.		*Hitp.*	+ ו + כ	ידה II	
				+ 3. *masc.* Sg.		

Wendungen und Sätze → Ri 3,12-15aα

zu § 10.9 Faustregeln

א	3. *masc.* Sg.	Narr.	*Hif.*		נגד	
	Impt. *masc.* Sg.		*Qal*		לקח	
	3. *masc.* Sg.	Narr.	*Qal*		מות	
	Impt. *masc.* Sg.		*Qal*	+ ו	יצא	
	3. *masc.* Sg.	Narr.	*Qal*		אמר	
ב	1. *com.* Pl.	PK	*Qal*		הלך	
	3. *masc.* Sg.	Narr.	*Qal/Hif.*		ענה	
	3. *masc.* Sg.	Narr.	*Qal*		ירד	
	3. *masc.* Sg.	AK	*Qal*		בוא	
	o: Part. *masc.* Sg.					
	1. *com.* Sg.	PK	*Qal*		נתן	
ג	3. *masc.* Sg.	Narr.	*Qal./Hif.*		ראה	
	3. *masc.* Sg.	Narr.	*Qal*		נשׂא	
	3. *com.* Pl.	AK	*Qal*		היה	
	2. *masc.* Sg.	AK	*Qal*		עשׂה	
	3. *masc.* Sg.	Narr.	*Qal*		יצא	
ד	Inf. cons.		*Qal*	+ ל	בנה	
	Pl. von בַּת					Tochter
	2. *masc.* Sg.	AK	*Qal*		קום	
	3. *masc.* Sg.	Narr.	*Hif.*		נטה	
	1. *com.* Sg.	AK	*Hif.*		ישׁב	
ה	Inf. cons.		*Qal*		ירשׁ	
	2. *fem.* Sg.	PK	*Hif.*		יסף	
	3. *masc.* Pl.	PK	*Qal*	+ 3. *masc.* Sg.	סבב	
	3. *masc.* Sg.	Narr.	*Pi.*	+ 1. *com.* Pl.	צוה	
	Impt. *masc.* Pl.		*Qal*		שׁוב	
ו	Inf. cons.		*Qal*	+ ל	נתן	
	Part. *masc.* Pl.		*Qal*	+ Art.	ישׁב	
	3. *masc.* Sg.	Narr.	*Hif.*		הלך	
	3. *masc.* Sg.	Narr.	*Qal*		שׂים	
	Inf. cons.		*Qal*		ידע	

Texte

Vokabulare

Tabellen

Texte

1. Einführungstexte

In den Einführungstexten werden nur die Akzente *'atnāḥ* und *sillûq/sôp̄ pāsûq* gesetzt (§ 3.3.2). Pänultima-Betonungen (§ 3.3.1) werden durch ʹ mitgeteilt.

GENESIS בראשית

Gen 1,1–5

1 בְּרֵאשִׁית בָּרָא אֱלֹהִ֑ים אֵת הַשָּׁמַ֜יִם וְאֵת הָאָֽרֶץ׃

2 וְהָאָ֜רֶץ הָיְתָה תֹ֜הוּ וָבֹ֜הוּ וְחֹ֜שֶׁךְ עַל־פְּנֵי תְה֑וֹם

וְרוּחַ אֱלֹהִים מְרַחֶ֜פֶת עַל־פְּנֵי הַמָּֽיִם׃

3 וַיֹּ֜אמֶר אֱלֹהִים יְהִי א֑וֹר וַֽיְהִי־אֽוֹר׃

4 וַיַּ֜רְא אֱלֹהִים אֶת־הָאוֹר כִּי־ט֑וֹב וַיַּבְדֵּל אֱלֹ֜הִים

בֵּין הָאוֹר וּבֵין הַֽחֹשֶׁךְ׃

5 וַיִּקְרָא אֱלֹהִים לָאוֹר י֜וֹם וְלַחֹ֜שֶׁךְ קָרָא לָ֑֜יְלָה

וַֽיְהִי־עֶ֜רֶב וַֽיְהִי־בֹ֜קֶר יוֹם אֶחָֽד׃

Textfortsetzung siehe S. 213.

Gen 22,1–3

1 וַיְהִי אַחַר הַדְּבָרִים הָאֵלֶּה וְהָאֱלֹהִים
נִסָּה אֶת־אַבְרָהָם וַיֹּאמֶר אֵלָיו אַבְרָהָם וַיֹּאמֶר הִנֵּנִי׃
2 וַיֹּאמֶר קַח־נָא אֶת־בִּנְךָ אֶת־יְחִידְךָ אֲשֶׁר־אָהַבְתָּ
אֶת־יִצְחָק וְלֶךְ־לְךָ אֶל־אֶרֶץ הַמֹּרִיָּה וְהַעֲלֵהוּ שָׁם
לְעֹלָה עַל אַחַד הֶהָרִים אֲשֶׁר אֹמַר אֵלֶיךָ׃
3 וַיַּשְׁכֵּם אַבְרָהָם בַּבֹּקֶר וַיַּחֲבֹשׁ אֶת־חֲמֹרוֹ וַיִּקַּח
אֶת־שְׁנֵי נְעָרָיו אִתּוֹ וְאֵת יִצְחָק בְּנוֹ וַיְבַקַּע עֲצֵי עֹלָה
וַיָּקָם וַיֵּלֶךְ אֶל־הַמָּקוֹם אֲשֶׁר־אָמַר־לוֹ הָאֱלֹהִים׃

Gen 28,10–13

10 וַיֵּצֵא יַעֲקֹב מִבְּאֵר שָׁבַע וַיֵּלֶךְ חָרָנָה׃
11 וַיִּפְגַּע בַּמָּקוֹם וַיָּלֶן שָׁם כִּי־בָא הַשֶּׁמֶשׁ וַיִּקַּח מֵאַבְנֵי
הַמָּקוֹם וַיָּשֶׂם מְרַאֲשֹׁתָיו וַיִּשְׁכַּב בַּמָּקוֹם הַהוּא׃
12 וַיַּחֲלֹם וְהִנֵּה סֻלָּם מֻצָּב אַרְצָה וְרֹאשׁוֹ מַגִּיעַ
הַשָּׁמָיְמָה וְהִנֵּה מַלְאֲכֵי אֱלֹהִים עֹלִים וְיֹרְדִים בּוֹ׃
13 וְהִנֵּה יְהוָה נִצָּב עָלָיו וַיֹּאמַר אֲנִי יְהוָה אֱלֹהֵי
אַבְרָהָם אָבִיךָ וֵאלֹהֵי יִצְחָק הָאָרֶץ אֲשֶׁר אַתָּה שֹׁכֵב
עָלֶיהָ לְךָ אֶתְּנֶנָּה וּלְזַרְעֶךָ׃

Textfortsetzungen siehe S. 214 bzw. 215.

PSALMI תהלים

Psalm 22, 2a

2 אֵלִי אֵלִי לָמָה עֲזַבְתָּנִי...

Psalm 96,1–6

1 שִׁירוּ לַיהוָה שִׁיר חָדָשׁ שִׁירוּ לַיהוָה כָּל־הָאָרֶץ׃

2 שִׁירוּ לַיהוָה בָּרְכוּ שְׁמוֹ בַּשְּׂרוּ מִיּוֹם־לְיוֹם יְשׁוּעָתוֹ׃

3 סַפְּרוּ בַגּוֹיִם כְּבוֹדוֹ בְּכָל־הָעַמִּים נִפְלְאוֹתָיו׃

4 כִּי גָדוֹל יְהוָה וּמְהֻלָּל מְאֹד נוֹרָא הוּא עַל־כָּל־אֱלֹהִים׃

5 כִּי כָּל־אֱלֹהֵי הָעַמִּים אֱלִילִים וַיהוָה שָׁמַיִם עָשָׂה׃

6 הוֹד־וְהָדָר לְפָנָיו עֹז וְתִפְאֶרֶת בְּמִקְדָּשׁוֹ׃

Textfortsetzung siehe S. 216.

Psalm 117

1 הַלְלוּ אֶת־יְהוָה כָּל־גּוֹיִם שַׁבְּחוּהוּ כָּל־הָאֻמִּים׃

2 כִּי גָבַר עָלֵינוּ חַסְדּוֹ וֶאֱמֶת־יְהוָה לְעוֹלָם הַלְלוּ־יָהּ׃

Psalm 136,1–9

1 הוֹדוּ לַיהוָה כִּי־טוֹב   כִּי לְעוֹלָם חַסְדּוֹ׃

2 הוֹדוּ לֵאלֹהֵי הָאֱלֹהִים   כִּי לְעוֹלָם חַסְדּוֹ׃

3 הוֹדוּ לַאֲדֹנֵי הָאֲדֹנִים   כִּי לְעֹלָם חַסְדּוֹ׃

4 לְעֹשֵׂה נִפְלָאוֹת גְּדֹלוֹת לְבַדּוֹ   כִּי לְעוֹלָם חַסְדּוֹ׃

5 לְעֹשֵׂה הַשָּׁמַיִם בִּתְבוּנָה   כִּי לְעוֹלָם חַסְדּוֹ׃

6 לְרֹקַע הָאָרֶץ עַל־הַמָּיִם   כִּי לְעוֹלָם חַסְדּוֹ׃

7 לְעֹשֵׂה אוֹרִים גְּדֹלִים כִּי לְעוֹלָם חַסְדּוֹ׃
8 אֶת־הַשֶּׁמֶשׁ לְמֶמְשֶׁלֶת בַּיּוֹם כִּי לְעוֹלָם חַסְדּוֹ׃
9 אֶת־הַיָּרֵחַ וְכוֹכָבִים לְמֶמְשְׁלוֹת בַּלָּיְלָה כִּי לְעוֹלָם חַסְדּוֹ׃

Textfortsetzung siehe S. 217.

2. Basistexte

GENESIS בראשית

Gen 1,1–13

1בְּרֵאשִׁית[a] בָּרָא אֱלֹהִים אֵת הַשָּׁמַיִם וְאֵת הָאָרֶץ׃ 2וְהָאָרֶץ
הָיְתָה תֹהוּ וָבֹהוּ וְחֹשֶׁךְ עַל־פְּנֵי תְהוֹם וְרוּחַ אֱלֹהִים מְרַחֶפֶת עַל־פְּנֵי
הַמָּיִם׃ 3וַיֹּאמֶר אֱלֹהִים יְהִי אוֹר וַיְהִי־אוֹר׃ 4וַיַּרְא אֱלֹהִים אֶת־
הָאוֹר כִּי־טוֹב וַיַּבְדֵּל אֱלֹהִים בֵּין הָאוֹר וּבֵין הַחֹשֶׁךְ׃ 5וַיִּקְרָא
אֱלֹהִים ׀ לָאוֹר יוֹם וְלַחֹשֶׁךְ קָרָא לָיְלָה וַיְהִי־עֶרֶב וַיְהִי־בֹקֶר יוֹם
אֶחָד׃ פ 6וַיֹּאמֶר אֱלֹהִים יְהִי רָקִיעַ בְּתוֹךְ הַמָּיִם וִיהִי מַבְדִּיל
בֵּין מַיִם לָמָיִם[a]׃ 7וַיַּעַשׂ אֱלֹהִים אֶת־הָרָקִיעַ וַיַּבְדֵּל בֵּין הַמַּיִם אֲשֶׁר
מִתַּחַת לָרָקִיעַ וּבֵין הַמַּיִם אֲשֶׁר מֵעַל לָרָקִיעַ [a]וַיְהִי־כֵן[a]׃ 8וַיִּקְרָא
אֱלֹהִים לָרָקִיעַ שָׁמָיִם וַיְהִי־עֶרֶב וַיְהִי־בֹקֶר יוֹם שֵׁנִי׃ פ
9וַיֹּאמֶר אֱלֹהִים יִקָּווּ הַמַּיִם מִתַּחַת הַשָּׁמַיִם אֶל־מָקוֹם[a] אֶחָד וְתֵרָאֶה
הַיַּבָּשָׁה וַיְהִי־כֵן[b]׃ 10וַיִּקְרָא אֱלֹהִים ׀ לַיַּבָּשָׁה אֶרֶץ וּלְמִקְוֵה הַמַּיִם
קָרָא יַמִּים וַיַּרְא אֱלֹהִים כִּי־טוֹב׃ 11וַיֹּאמֶר אֱלֹהִים תַּדְשֵׁא הָאָרֶץ
[a]דֶּשֶׁא עֵשֶׂב[a] מַזְרִיעַ זֶרַע עֵץ[b] פְּרִי עֹשֶׂה פְּרִי לְמִינוֹ[c] אֲשֶׁר זַרְעוֹ־בוֹ
עַל־הָאָרֶץ וַיְהִי־כֵן׃ 12וַתּוֹצֵא הָאָרֶץ דֶּשֶׁא עֵשֶׂב מַזְרִיעַ זֶרַע לְמִינֵהוּ
וְעֵץ עֹשֶׂה־פְּרִי אֲשֶׁר זַרְעוֹ־בוֹ לְמִינֵהוּ וַיַּרְא אֱלֹהִים כִּי־טוֹב׃ 13וַיְהִי־
עֶרֶב וַיְהִי־בֹקֶר יוֹם שְׁלִישִׁי׃

Cp 1, 1 [a] Orig Βρησιθ vel Βαρησηθ (—σεθ), Samar ***bầrā́šit*** || **6** [a] huc tr 7[a–a] cf 𝔊 et 9.11.15.20.24.30 || **7** [a–a] cf 6[a]; ins וירא אלהים כי־טוב cf 4.10.12.18.21.31 et 8 (𝔊) || **9** [a] 𝔊 συναγωγήν = מִקְוֶה cf מקוה המים 10 || [b] 𝔊 ad καὶ συνήχθη τὸ ὕδωρ τὸ ὑποκάτω τοῦ οὐρανοῦ εἰς τὰς συναγωγὰς αὐτῶν καὶ ὤφθη ἡ ξηρά = וַיִּקָּווּ הַמַּיִם מִתַּחַת הַשָּׁמַיִם אֶל־מִקְוֵיהֶם וַתֵּרָא הַיַּבָּשָׁה || **11** [a–a] 𝔊𝔙 cj עשׂב c דשׁא || [b] l c pc Mss ш𝔊𝔖𝔗𝔙 וְעֵץ cf 12 || [c] prb dl cf 12

Gen 22,1–19

¹וַיְהִי אַחַר הַדְּבָרִים הָאֵלֶּה וְהָאֱלֹהִים נִסָּה אֶת־אַבְרָהָם[a]
וַיֹּאמֶר אֵלָיו אַבְרָהָם וַיֹּאמֶר הִנֵּנִי׃ ²וַיֹּאמֶר קַח־נָא אֶת־בִּנְךָ אֶת־
יְחִידְךָ אֲשֶׁר־אָהַבְתָּ אֶת־יִצְחָק וְלֶךְ־לְךָ אֶל־אֶרֶץ הַמֹּרִיָּה[a] וְהַעֲלֵהוּ
שָׁם לְעֹלָה עַל אַחַד הֶהָרִים אֲשֶׁר אֹמַר אֵלֶיךָ׃ ³וַיַּשְׁכֵּם אַבְרָהָם
בַּבֹּקֶר וַיַּחֲבֹשׁ אֶת־חֲמֹרוֹ וַיִּקַּח אֶת־שְׁנֵי נְעָרָיו אִתּוֹ וְאֵת יִצְחָק בְּנוֹ
וַיְבַקַּע עֲצֵי עֹלָה וַיָּקָם וַיֵּלֶךְ אֶל־הַמָּקוֹם אֲשֶׁר־אָמַר־לוֹ הָאֱלֹהִים׃
⁴בַּיּוֹם הַשְּׁלִישִׁי וַיִּשָּׂא אַבְרָהָם אֶת־עֵינָיו וַיַּרְא אֶת־הַמָּקוֹם מֵרָחֹק׃
⁵וַיֹּאמֶר אַבְרָהָם אֶל־נְעָרָיו שְׁבוּ־לָכֶם פֹּה עִם־הַחֲמוֹר וַאֲנִי וְהַנַּעַר
נֵלְכָה עַד־כֹּה וְנִשְׁתַּחֲוֶה וְנָשׁוּבָה אֲלֵיכֶם׃ ⁶וַיִּקַּח אַבְרָהָם אֶת־עֲצֵי
הָעֹלָה וַיָּשֶׂם עַל־יִצְחָק בְּנוֹ וַיִּקַּח בְּיָדוֹ אֶת־הָאֵשׁ וְאֶת־הַמַּאֲכֶלֶת
וַיֵּלְכוּ שְׁנֵיהֶם יַחְדָּו׃ ⁷וַיֹּאמֶר יִצְחָק אֶל־אַבְרָהָם אָבִיו וַיֹּאמֶר אָבִי
וַיֹּאמֶר הִנֶּנִּי בְנִי וַיֹּאמֶר הִנֵּה הָאֵשׁ וְהָעֵצִים וְאַיֵּה הַשֶּׂה לְעֹלָה׃
⁸וַיֹּאמֶר אַבְרָהָם אֱלֹהִים יִרְאֶה־לּוֹ הַשֶּׂה לְעֹלָה בְּנִי וַיֵּלְכוּ שְׁנֵיהֶם
יַחְדָּו׃ ⁹וַיָּבֹאוּ אֶל־הַמָּקוֹם אֲשֶׁר אָמַר־לוֹ הָאֱלֹהִים וַיִּבֶן שָׁם אַבְרָהָם
אֶת־הַמִּזְבֵּחַ וַיַּעֲרֹךְ אֶת־הָעֵצִים וַיַּעֲקֹד אֶת־יִצְחָק בְּנוֹ וַיָּשֶׂם אֹתוֹ
עַל־הַמִּזְבֵּחַ מִמַּעַל לָעֵצִים׃ ¹⁰וַיִּשְׁלַח אַבְרָהָם אֶת־יָדוֹ וַיִּקַּח
אֶת־הַמַּאֲכֶלֶת לִשְׁחֹט אֶת־בְּנוֹ׃ ¹¹וַיִּקְרָא אֵלָיו מַלְאַךְ יְהוָה מִן־הַשָּׁמַיִם
וַיֹּאמֶר אַבְרָהָם ׀ אַבְרָהָם וַיֹּאמֶר הִנֵּנִי׃ ¹²וַיֹּאמֶר אַל־תִּשְׁלַח יָדְךָ
אֶל־[a]הַנַּעַר וְאַל־תַּעַשׂ לוֹ מְאוּמָּה[b] כִּי ׀ עַתָּה יָדַעְתִּי כִּי־יְרֵא אֱלֹהִים
אַתָּה וְלֹא חָשַׂכְתָּ אֶת־בִּנְךָ אֶת־יְחִידְךָ מִמֶּנִּי׃ ¹³וַיִּשָּׂא אַבְרָהָם אֶת־
עֵינָיו וַיַּרְא וְהִנֵּה־אַיִל אַחַר[a] נֶאֱחַז[b] בַּסְּבַךְ בְּקַרְנָיו וַיֵּלֶךְ אַבְרָהָם
וַיִּקַּח אֶת־הָאַיִל וַיַּעֲלֵהוּ לְעֹלָה תַּחַת בְּנוֹ׃ ¹⁴וַיִּקְרָא אַבְרָהָם שֵׁם־
הַמָּקוֹם הַהוּא יְהוָה ׀ יִרְאֶה[a] אֲשֶׁר יֵאָמֵר הַיּוֹם בְּהַר[b] יְהוָה יֵרָאֶה[c]׃
¹⁵וַיִּקְרָא מַלְאַךְ יְהוָה אֶל־אַבְרָהָם שֵׁנִית מִן־הַשָּׁמָיִם׃ ¹⁶וַיֹּאמֶר בִּי
נִשְׁבַּעְתִּי נְאֻם־יְהוָה כִּי יַעַן אֲשֶׁר עָשִׂיתָ אֶת־הַדָּבָר הַזֶּה וְלֹא חָשַׂכְתָּ
אֶת־בִּנְךָ אֶת־יְחִידֶךָ[a]׃ ¹⁷כִּי־בָרֵךְ אֲבָרֶכְךָ וְהַרְבָּה אַרְבֶּה אֶת־זַרְעֲךָ

Cp 22, 1 [a] prb ins c 2 Mss 𝔊𝔙 אַבְרָהָם || **2** [a] ⅏ המוראה ⅏ *ḥzjth*, σ´(𝔙) τῆς ὀπτασίας = הַמַּרְאָה cf 𝔗, 𝔖 *'mwrj'* = הָאֱמֹרִי || **12** [a] ⅏𝔊𝔙 עַל || [b] sic L, mlt Mss Edd —וּמָה || **13** [a] l c mlt Mss ⅏𝔊𝔖𝔗 אֶחָד || [b] pc Mss Edd ־ז cf 𝔊𝔖 || **14** [a] prp יֵרָאֶה sed cf c || [b] $\mathfrak{G}^{53.75}$ (𝔖𝔗𝔙) ad τούτῳ || [c] prp יִרְאֶה cf 𝔖𝔙 sed cf a **16** [a] prb l c ⅏𝔊𝔖𝔙 יחידך מִמֶּנִּי cf 12 ||

כְּכוֹכְבֵ֣י הַשָּׁמַ֔יִם וְכַח֕וֹל אֲשֶׁ֖ר עַל־שְׂפַ֣ת הַיָּ֑ם וְיִרַ֣שׁ זַרְעֲךָ֔ אֵ֖ת שַׁ֥עַר
אֹיְבָֽיו׃ [18]וְהִתְבָּרְכ֣וּ בְזַרְעֲךָ֔ כֹּ֖ל גּוֹיֵ֣י הָאָ֑רֶץ עֵ֕קֶב אֲשֶׁ֥ר שָׁמַ֖עְתָּ בְּקֹלִֽי׃
[19]וַיָּ֤שָׁב אַבְרָהָם֙ אֶל־נְעָרָ֔יו וַיָּקֻ֛מוּ וַיֵּלְכ֥וּ יַחְדָּ֖ו אֶל־בְּאֵ֣ר שָׁ֑בַע וַיֵּ֥שֶׁב
אַבְרָהָ֖ם בִּבְאֵ֥ר שָֽׁבַע׃ פ

Gen 28,10–22

[10]וַיֵּצֵ֥א יַעֲקֹ֖ב מִבְּאֵ֣ר שָׁ֑בַע וַיֵּ֖לֶךְ חָרָֽנָה׃
[11]וַיִּפְגַּ֨ע בַּמָּק֜וֹם וַיָּ֤לֶן שָׁם֙ כִּי־בָ֣א הַשֶּׁ֔מֶשׁ וַיִּקַּח֙ מֵאַבְנֵ֣י הַמָּק֔וֹם וַיָּ֖שֶׂם
מְרַֽאֲשֹׁתָ֑יו וַיִּשְׁכַּ֖ב בַּמָּק֥וֹם הַהֽוּא׃ [12]וַֽיַּחֲלֹ֗ם וְהִנֵּ֤ה סֻלָּם֙ מֻצָּ֣ב אַ֔רְצָה
וְרֹאשׁ֖וֹ מַגִּ֣יעַ הַשָּׁמָ֑יְמָה וְהִנֵּה֙ מַלְאֲכֵ֣י אֱלֹהִ֔ים עֹלִ֥ים וְיֹרְדִ֖ים בּֽוֹ׃
[13]וְהִנֵּ֨ה יְהוָ֜ה נִצָּ֣ב עָלָיו֮ וַיֹּאמַר֒ אֲנִ֣י יְהוָ֗ה אֱלֹהֵי֙ אַבְרָהָ֣ם אָבִ֔יךָ וֵאלֹהֵ֖י
יִצְחָ֑ק הָאָ֗רֶץ אֲשֶׁ֤ר אַתָּה֙ שֹׁכֵ֣ב עָלֶ֔יהָ לְךָ֥ אֶתְּנֶ֖נָּה וּלְזַרְעֶֽךָ׃ [14]וְהָיָ֤ה
זַרְעֲךָ֙ כַּעֲפַ֣ר הָאָ֔רֶץ וּפָרַצְתָּ֛ יָ֥מָּה וָקֵ֖דְמָה וְצָפֹ֣נָה וָנֶ֑גְבָּה וְנִבְרֲכ֥וּ בְךָ֛
כָּל־מִשְׁפְּחֹ֥ת הָאֲדָמָ֖ה וּבְזַרְעֶֽךָ[a]׃ [15]וְהִנֵּ֨ה אָנֹכִ֜י עִמָּ֗ךְ וּשְׁמַרְתִּיךָ֙ בְּכֹ֣ל
אֲשֶׁר־תֵּלֵ֔ךְ וַהֲשִׁ֣בֹתִ֔יךָ אֶל־הָאֲדָמָ֖ה הַזֹּ֑את כִּ֚י לֹ֣א אֶֽעֱזָבְךָ֔ עַ֚ד אֲשֶׁ֣ר
אִם־עָשִׂ֔יתִי אֵ֥ת אֲשֶׁר־דִּבַּ֖רְתִּי לָֽךְ׃ [16]וַיִּיקַ֣ץ יַעֲקֹב֮ מִשְּׁנָתוֹ֒ וַיֹּ֕אמֶר אָכֵן֙
יֵ֣שׁ יְהוָ֔ה בַּמָּק֖וֹם הַזֶּ֑ה וְאָנֹכִ֖י לֹ֥א יָדָֽעְתִּי׃ [17]וַיִּירָא֙ וַיֹּאמַ֔ר מַה־נּוֹרָ֖א
הַמָּק֣וֹם הַזֶּ֑ה אֵ֣ין זֶ֗ה כִּ֚י אִם־בֵּ֣ית אֱלֹהִ֔ים וְזֶ֖ה שַׁ֥עַר הַשָּׁמָֽיִם׃ [18]וַיַּשְׁכֵּ֨ם
יַעֲקֹ֜ב בַּבֹּ֗קֶר וַיִּקַּ֤ח אֶת־הָאֶ֙בֶן֙ אֲשֶׁר־שָׂ֣ם מְרַאֲשֹׁתָ֔יו וַיָּ֥שֶׂם אֹתָ֖הּ מַצֵּבָ֑ה
וַיִּצֹ֥ק שֶׁ֖מֶן עַל־רֹאשָֽׁהּ׃ [19]וַיִּקְרָ֛א אֶת־שֵֽׁם־הַמָּק֥וֹם הַה֖וּא בֵּֽית־אֵ֑ל
וְאוּלָ֛ם ל֥וּז שֵׁם־הָעִ֖יר לָרִאשֹׁנָֽה׃ [20]וַיִּדַּ֥ר יַעֲקֹ֖ב נֶ֣דֶר לֵאמֹ֑ר אִם־יִהְיֶ֨ה
אֱלֹהִ֜ים עִמָּדִ֗י וּשְׁמָרַ֙נִי֙ בַּדֶּ֤רֶךְ הַזֶּה֙ אֲשֶׁ֣ר אָנֹכִ֣י הוֹלֵ֔ךְ וְנָֽתַן־לִ֥י לֶ֛חֶם
לֶאֱכֹ֖ל וּבֶ֥גֶד לִלְבֹּֽשׁ׃ [21]וְשַׁבְתִּ֥י בְשָׁל֖וֹם אֶל־בֵּ֣ית אָבִ֑י וְהָיָ֧ה יְהוָ֛ה לִ֖י
לֵאלֹהִֽים׃ [22]וְהָאֶ֣בֶן הַזֹּ֗את אֲשֶׁר־שַׂ֙מְתִּי֙ מַצֵּבָ֔ה יִהְיֶ֖ה בֵּ֣ית אֱלֹהִ֑ים וְכֹל֙
אֲשֶׁ֣ר תִּתֶּן־לִ֔י עַשֵּׂ֖ר אֲעַשְּׂרֶ֥נּוּ לָֽךְ׃

Cp 28,14 [a] frt add cf 12,3 18,18 ||

PSALMI תהלים

Psalm 96

1 [a][b]שִׁירוּ לַיהוָה שִׁיר חָדָשׁ[b] שִׁירוּ לַיהוָה כָּל־הָאָרֶץ׃
2 [a]שִׁירוּ לַיהוָה בָּרְכוּ[b] שְׁמוֹ[a] בַּשְּׂרוּ מִיּוֹם־לְיוֹם[c] יְשׁוּעָתוֹ׃
3 [a]סַפְּרוּ בַגּוֹיִם[b] כְּבוֹדוֹ[a] בְּכָל־הָעַמִּים נִפְלְאוֹתָיו׃
4 כִּי גָדוֹל יְהוָה וּמְהֻלָּל מְאֹד נוֹרָא[a] הוּא עַל־כָּל־אֱלֹהִים׃
5 כִּי כָּל־אֱלֹהֵי הָעַמִּים אֱלִילִים וַיהוָה שָׁמַיִם עָשָׂה׃
6 הוֹד־וְהָדָר לְפָנָיו עֹז [a]וְתִפְאֶרֶת בְּמִקְדָּשׁוֹ[a]׃
7 הָבוּ לַיהוָה מִשְׁפְּחוֹת עַמִּים הָבוּ לַיהוָה כָּבוֹד וָעֹז׃
8 הָבוּ לַיהוָה כְּבוֹד שְׁמוֹ שְׂאוּ־מִנְחָה וּבֹאוּ לְחַצְרוֹתָיו[a]׃
9 הִשְׁתַּחֲווּ לַיהוָה בְּהַדְרַת[a]־קֹדֶשׁ[b] חִילוּ[c] מִפָּנָיו[d] כָּל־הָאָרֶץ׃
10 [a]אִמְרוּ[b] בַגּוֹיִם׀ יְהוָה מָלָךְ[a] [c]אַף־תִּכּוֹן[d] תֵּבֵל בַּל־תִּמּוֹט[c]
[e]יָדִין עַמִּים בְּמֵישָׁרִים[e]׃
11 יִשְׂמְחוּ הַשָּׁמַיִם וְתָגֵל הָאָרֶץ יִרְעַם הַיָּם וּמְלֹאוֹ׃
12 יַעֲלֹז[a] שָׂדַי[b] וְכָל־אֲשֶׁר־בּוֹ אָז יְרַנְּנוּ כָּל[c]־עֲצֵי־יָעַר[d]׃
13 לִפְנֵי[a] יְהוָה׀ כִּי בָא [b]כִּי בָא[b] לִשְׁפֹּט[c] הָאָרֶץ
[d]יִשְׁפֹּט־תֵּבֵל בְּצֶדֶק וְעַמִּים בֶּאֱמוּנָתוֹ[d]׃

Ps 96, 1 [a] 𝔊 pr ὅτε ὁ οἶκος ᾠκοδομεῖτο μετὰ τὴν αἰχμαλωσίαν· ᾠδὴ τῷ Δαυιδ || [b–b] > 1 Ch 16,23 || **2** [a–a] > 1 Ch 16,23 || [b] 𝔖𝔙 pr cop || [c] mlt Mss et 1 Ch 16,23 אֶל־יוֹם || **3** [a–a] > 𝔊 || [b] mlt Mss et 1 Ch 16,24 ad ־אֶת || **4** [a] nonn Mss 𝔖𝔗 et 1 Ch 16,25 וְנ׳ || **6** [a–a] pc Mss et 1 Ch 16,27 וְחֶדְוָה בִּמְקֹמוֹ || **8** [a] pc Mss et 1 Ch 16,29 לְפָנָיו; pc Mss 𝔗 pr לְפָנָיו || **9** [a] 𝔊(𝔖) ἐν αὐλῇ = בְּחַצְרַת || [b] 1 קָדְשׁוֹ cf 𝔊𝔖 et 29,2 || [c] 𝔊(𝔖) σαλευθήτω = חִילִי || [d] mlt Mss et 1 Ch 16,30 מִלְּפָנָיו || **10** [a–a] > pc Mss; 1 Ch 16,31 tr post 11[a] || [b] 1 Ch 16,31 וְיֹא׳ || [c–c] prb dl (ex 93,1) || [d] 𝔊(σ´𝔖𝔗 Hier) κατώρθωσεν = תִּכֵּן cf 93,1[c] || [e–e] > 1 Ch 16,31 || **12** [a] 1 Ch 16,32 יַעֲלֹץ || [b] pc Mss et 1 Ch 16,32 הַשָּׂדֶה || [c] > pc Mss et 1 Ch 16,33 || [d] nonn Mss et 1 Ch 16,33 הַיּ׳, Ms 𝔙 הַיְּעָרִים || **13** [a] 1 Ch 16,33 מִלּ׳ || [b–b] > mlt Mss 𝔖 et 1 Ch 16,33, cf 98,9 || [c] nonn Mss et 1 Ch 16,33 ad ־אֶת || [d–d] > 1 Ch 16,33

Psalm 117

1 [a]הַלְלוּ אֶת־יְהוָה כָּל־גּוֹיִם שַׁבְּחוּהוּ כָּל־הָאֻמִּים[b]׃
2 כִּי גָבַר עָלֵינוּ׀ חַסְדּוֹ וֶאֱמֶת־יְהוָה לְעוֹלָם [a]הַלְלוּ־יָהּ[a]׃

Ps 117, 1 [a] mlt Mss cj c 116 || [b] Ms הָעַמִּים; prp לְאֻמִּים || **2** [a–a] ut 116,19[a–a]

Psalm 136

1 הוֹדוּ לַיהוָה כִּי־טוֹב כִּי לְעוֹלָם חַסְדּוֹ׃
2 הוֹדוּ לֵאלֹהֵי הָאֱלֹהִים כִּי לְעוֹלָם חַסְדּוֹ׃
3 הוֹדוּ לַאֲדֹנֵי הָאֲדֹנִים כִּי לְעֹלָם חַסְדּוֹ׃
4 לְעֹשֵׂה נִפְלָאוֹת גְּדֹלוֹת[a] לְבַדּוֹ[b] כִּי לְעוֹלָם חַסְדּוֹ׃
5 לְעֹשֵׂה הַשָּׁמַיִם בִּתְבוּנָה כִּי לְעוֹלָם חַסְדּוֹ׃
6 לְרֹקַע הָאָרֶץ עַל־הַמָּיִם כִּי לְעוֹלָם חַסְדּוֹ׃
7 לְעֹשֵׂה אוֹרִים גְּדֹלִים כִּי לְעוֹלָם חַסְדּוֹ׃
8 אֶת־הַשֶּׁמֶשׁ לְמֶמְשֶׁלֶת בַּיּוֹם כִּי לְעוֹלָם חַסְדּוֹ׃
9 אֶת־הַיָּרֵחַ וְכוֹכָבִים[a] לְמֶמְשְׁלוֹת[b] בַּלָּיְלָה כִּי לְעוֹלָם חַסְדּוֹ׃
10 לְמַכֵּה מִצְרַיִם בִּבְכוֹרֵיהֶם כִּי לְעוֹלָם חַסְדּוֹ׃
11 וַיּוֹצֵא יִשְׂרָאֵל מִתּוֹכָם כִּי לְעוֹלָם חַסְדּוֹ׃
12 בְּיָד חֲזָקָה וּבִזְרוֹעַ נְטוּיָה כִּי לְעוֹלָם חַסְדּוֹ׃
13 לְגֹזֵר יַם־סוּף לִגְזָרִים כִּי לְעוֹלָם חַסְדּוֹ׃
14 וְהֶעֱבִיר יִשְׂרָאֵל בְּתוֹכוֹ כִּי לְעוֹלָם חַסְדּוֹ׃
15 וְנִעֵר פַּרְעֹה וְחֵילוֹ[a] [b]בְיַם־סוּף[b] כִּי לְעוֹלָם חַסְדּוֹ׃
16 לְמוֹלִיךְ עַמּוֹ בַּמִּדְבָּר כִּי לְעוֹלָם חַסְדּוֹ׃
17 לְמַכֵּה מְלָכִים גְּדֹלִים כִּי לְעוֹלָם חַסְדּוֹ׃
18 וַיַּהֲרֹג מְלָכִים אַדִּירִים כִּי לְעוֹלָם חַסְדּוֹ׃
19 לְסִיחוֹן מֶלֶךְ הָאֱמֹרִי כִּי לְעוֹלָם חַסְדּוֹ׃
20 וּלְעוֹג מֶלֶךְ הַבָּשָׁן כִּי לְעוֹלָם חַסְדּוֹ׃
21 וְנָתַן אַרְצָם לְנַחֲלָה[a] כִּי לְעוֹלָם חַסְדּוֹ׃
22 נַחֲלָה לְיִשְׂרָאֵל עַבְדּוֹ כִּי לְעוֹלָם חַסְדּוֹ׃
23 שֶׁבְּשִׁפְלֵנוּ[a] זָכַר לָנוּ כִּי לְעוֹלָם חַסְדּוֹ׃
24 וַיִּפְרְקֵנוּ מִצָּרֵינוּ כִּי לְעוֹלָם חַסְדּוֹ׃
25 נֹתֵן לֶחֶם לְכָל־בָּשָׂר כִּי לְעוֹלָם חַסְדּוֹ׃
26 הוֹדוּ לְאֵל הַשָּׁמָיִם כִּי לְעוֹלָם חַסְדּוֹ׃

Ps 136, 4 [a] > 𝔊[2017] Sa𝔏[p] || [b] > Ms || **9** [a] prb dl || [b] nonn Mss Vrs שֶׁלֶת— || **15** [a] frt dl m cs cf b–b || [b–b] frt dl m cs cf a || **21** [a] nonn Mss 'נ ut 135,12 || **23** [a] 𝔗 om שׁ

3. Unpunktierte Texte

GENESIS בראשית

Gen 1,1–13

[1]בראשית ברא אלהים את השמים ואת הארץ [2] והארץ היתה תהו
ובהו וחשך על פני תהום ורוח אלהים מרחפת על פני המים
[3]ויאמר אלהים יהי אור ויהי אור [4] וירא אלהים את האור כי טוב
ויבדל אלהים בין האור ובין החשך [5] ויקרא אלהים לאור יום
ולחשך קרא לילה ויהי ערב ויהי בקר יום אחד [6]ויאמר אלהים יהי
רקיע בתוך המים ויהי מבדיל בין מים למים [7]ויעש אלהים את
הרקיע ויבדל בין המים אשר מתחת לרקיע ובין המים אשר מעל
לרקיע ויהי כן [8] ויקרא אלהים לרקיע שמים ויהי ערב ויהי בקר
יום שני [9] ויאמר אלהים יקוו המים מתחת השמים אל מקום אחד
ותראה היבשה ויהי כן [10] ויקרא אלהים ליבשה ארץ ולמקוה המים
קרא ימים וירא אלהים כי טוב [11] ויאמר אלהים תדשא הארץ דשא
עשב מזריע זרע עץ פרי עשה פרי למינו אשר זרעו בו על הארץ
ויהי כן [12] ותוצא הארץ דשא עשב מזריע זרע למינהו ועץ עשה
פרי אשר זרעו בו למינהו וירא אלהים כי טוב [13] ויהי ערב ויהי
בקר יום שלישי

Gen 22,1–19

[1] ויהי אחר הדברים האלה והאלהים נסה את אברהם ויאמר אליו
אברהם ויאמר הנני [2] ויאמר קח נא את בנך את יחידך אשר אהבת
את יצחק ולך לך אל ארץ המריה והעלהו שם לעלה על אחד
ההרים אשר אמר אליך [3] וישכם אברהם בבקר ויחבש את חמרו
ויקח את שני נעריו אתו ואת יצחק בנו ויבקע עצי עלה ויקם וילך
אל המקום אשר אמר לו האלהים [4] ביום השלישי וישא אברהם את
עיניו וירא את המקום מרחק [5] ויאמר אברהם אל נעריו שבו לכם
פה עם החמור ואני והנער נלכה עד כה ונשתחוה ונשובה אליכם
[6] ויקח אברהם את עצי העלה וישם על יצחק בנו ויקח בידו את
האש ואת המאכלת וילכו שניהם יחדו [7] ויאמר יצחק אל אברהם

אביו ויאמר אבי ויאמר הנני בני ויאמר הנה האש והעצים ואיה
השה לעלה 8 ויאמר אברהם אלהים יראה לו השה לעלה בני
וילכְו שניהם יחדו 9 ויבאו אל המקום אשר אמר לו האלהים ויבן
שם אברהם את המזבח ויערך את העצים ויעקד את יצחק בנו
וישם אתו על המזבח ממעל לעצים 10 וישלח אברהם את ידו ויקח
את המאכלת לשחט את בנו 11 ויקרא אליו מלאך יהוה מן השמים
ויאמר אברהם אברהם ויאמר הנני 12 ויאמר אל תשלח ידך אל
הנער ואל תעש לו מאומה כיו עתה ידעתי כי ירא אלהים אתה ולא
חשכת את בנך את יחידך ממני 13 וישא אברהם את עיניו וירא והנה
איל אחר נאחז בסבך בקרניו וילך אברהם ויקח את האיל ויעלהו
לעלה תחת בנו 14 ויקרא אברהם שם המקום ההוא יהוהו יראה
אשר יאמר היום בהר יהוה יראה 15 ויקרא מלאך יהוה אל אברהם
שנית מן השמים 16 ויאמר בי נשבעתי נאם יהוה כי יען אשר עשית
את הדבר הזה ולא חשכת את בנך את יחידך 17 כי ברך אברכך
והרבה ארבה את זרעך ככוכבי השמים וכחול אשר על שפת הים
וירש זרעך את שער איביו 18 והתברכו בזרעך כל גויי הארץ עקב
אשר שמעת בקלי 19 וישב אברהם אל נעריו ויקמו וילכו יחדו אל
באר שבע וישב אברהם בבאר שבע

4. Folge- und Übungstexte

GENESIS בראשית

Gen 12,1–20

1 וַיֹּ֤אמֶר יְהוָה֙ אֶל־אַבְרָ֔ם לֶךְ־לְךָ֛ מֵאַרְצְךָ֥ וּמִמּֽוֹלַדְתְּךָ֖ וּמִבֵּ֣ית
אָבִ֑יךָ אֶל־הָאָ֖רֶץ אֲשֶׁ֥ר אַרְאֶֽךָּ׃ 2 וְאֶֽעֶשְׂךָ֙ לְג֣וֹי גָּד֔וֹל וַאֲבָ֣רֶכְךָ֔
וַאֲגַדְּלָ֖ה שְׁמֶ֑ךָ וֶהְיֵ֖ה[a] בְּרָכָֽה׃ 3 וַאֲבָֽרְכָה֙ מְבָ֣רְכֶ֔יךָ וּמְקַלֶּלְךָ֖[a] אָאֹ֑ר
וְנִבְרְכ֣וּ בְךָ֔ כֹּ֖ל מִשְׁפְּחֹ֥ת הָאֲדָמָֽה׃ 4 וַיֵּ֣לֶךְ אַבְרָ֗ם כַּאֲשֶׁ֨ר דִּבֶּ֤ר אֵלָיו֙
יְהוָ֔ה וַיֵּ֥לֶךְ אִתּ֖וֹ ל֑וֹט וְאַבְרָ֗ם בֶּן־חָמֵ֤שׁ שָׁנִים֙ וְשִׁבְעִ֣ים שָׁנָ֔ה בְּצֵאת֖וֹ
מֵחָרָֽן׃ 5 וַיִּקַּ֣ח אַבְרָם֩ אֶת־שָׂרַ֨י אִשְׁתּ֜וֹ וְאֶת־ל֣וֹט בֶּן־אָחִ֗יו וְאֶת־כָּל־
רְכוּשָׁם֙ אֲשֶׁ֣ר רָכָ֔שׁוּ וְאֶת־הַנֶּ֖פֶשׁ אֲשֶׁר־עָשׂ֣וּ בְחָרָ֑ן וַיֵּצְא֗וּ לָלֶ֙כֶת֙ אַ֣רְצָה
כְּנַ֔עַן וַיָּבֹ֖אוּ אַ֥רְצָה כְּנָֽעַן׃ 6 וַיַּעֲבֹ֤ר אַבְרָם֙ בָּאָ֔רֶץ[a] עַ֚ד מְק֣וֹם שְׁכֶ֔ם עַ֖ד
אֵל֣וֹן מוֹרֶ֑ה וְהַֽכְּנַעֲנִ֖י אָ֥ז בָּאָֽרֶץ׃ 7 וַיֵּרָ֤א יְהוָה֙ אֶל־אַבְרָ֔ם וַיֹּ֕אמֶר
לְזַ֨רְעֲךָ֔ אֶתֵּ֖ן אֶת־הָאָ֣רֶץ הַזֹּ֑את וַיִּ֤בֶן שָׁם֙ מִזְבֵּ֔חַ לַיהוָ֖ה הַנִּרְאֶ֥ה אֵלָֽיו׃
8 וַיַּעְתֵּ֨ק מִשָּׁ֜ם הָהָ֗רָה מִקֶּ֛דֶם לְבֵֽית־אֵ֖ל וַיֵּ֣ט אָהֳלֹ֑ה בֵּֽית־אֵ֤ל מִיָּם֙ אהלו ק
וְהָעַ֣י מִקֶּ֔דֶם וַיִּֽבֶן־שָׁ֤ם מִזְבֵּ֙חַ֙ לַֽיהוָ֔ה וַיִּקְרָ֖א בְּשֵׁ֥ם יְהוָֽה׃ 9 וַיִּסַּ֣ע אַבְרָ֔ם
הָל֥וֹךְ וְנָס֖וֹעַ הַנֶּֽגְבָּה׃ פ
10 וַיְהִ֥י רָעָ֖ב בָּאָ֑רֶץ וַיֵּ֨רֶד אַבְרָ֤ם מִצְרַ֙יְמָה֙ לָג֣וּר שָׁ֔ם כִּֽי־כָבֵ֥ד
הָרָעָ֖ב בָּאָֽרֶץ׃ 11 וַיְהִ֕י כַּאֲשֶׁ֥ר הִקְרִ֖יב לָב֣וֹא מִצְרָ֑יְמָה וַיֹּ֙אמֶר֙ אֶל־
שָׂרַ֣י אִשְׁתּ֔וֹ הִנֵּה־נָ֣א יָדַ֔עְתִּי כִּ֛י אִשָּׁ֥ה יְפַת־מַרְאֶ֖ה אָֽתְּ[a]׃ 12 וְהָיָ֗ה כִּֽי־
יִרְא֤וּ אֹתָךְ֙ הַמִּצְרִ֔ים וְאָמְר֖וּ אִשְׁתּ֣וֹ זֹ֑את וְהָרְג֥וּ אֹתִ֖י וְאֹתָ֥ךְ יְחַיּֽוּ׃
13 אִמְרִי־נָ֖א אֲחֹ֣תִי אָ֑תְּ לְמַ֙עַן֙ יִֽיטַב־לִ֣י בַעֲבוּרֵ֔ךְ וְחָיְתָ֥ה נַפְשִׁ֖י בִּגְלָלֵֽךְ׃
14 וַיְהִ֕י כְּב֥וֹא אַבְרָ֖ם מִצְרָ֑יְמָה וַיִּרְא֤וּ הַמִּצְרִים֙ אֶת־הָ֣אִשָּׁ֔ה כִּֽי־יָפָ֥ה
הִ֖וא מְאֹֽד׃ 15 וַיִּרְא֤וּ אֹתָהּ֙ שָׂרֵ֣י פַרְעֹ֔ה וַיְהַֽלְל֥וּ אֹתָ֖הּ אֶל־פַּרְעֹ֑ה וַתֻּקַּ֥ח
הָאִשָּׁ֖ה בֵּ֥ית פַּרְעֹֽה׃ 16 וּלְאַבְרָ֥ם הֵיטִ֖יב בַּעֲבוּרָ֑הּ וַֽיְהִי־ל֤וֹ צֹאן־וּבָקָר֙[a]
וַחֲמֹרִ֔ים וַעֲבָדִים֙ וּשְׁפָחֹ֔ת וַאֲתֹנֹ֖ת וּגְמַלִּֽים׃ 17 וַיְנַגַּ֨ע יְהוָ֧ה ׀ אֶת־פַּרְעֹ֛ה
נְגָעִ֥ים גְּדֹלִ֖ים[a] [b]וְאֶת־בֵּית֑וֹ[b] עַל־דְּבַ֥ר שָׂרַ֖י אֵ֥שֶׁת אַבְרָֽם׃ 18 וַיִּקְרָ֤א

Cp 12, 2 [a] ﬓ והוי cf 17,1[a]; prp וְהָיָה || **3** [a] l c Cpc Mss ﬓ𝔊 𝔖𝔙 וּמְקַלְלֶיךָ || **6** [a] 𝔊 ad εἰς τὸ μῆκος αὐτῆς cf 13,17 || **11** [a] ﬓ אתי || **16** [a] ﬓ ad כבד מאד מקנה || [b] ﬓ huc tr וחמרים || **17** [a] 𝔊 ad καὶ πονηροῖς || [b–b] prb add cf 20,17 ||

פַּרְעֹה֙ לְאַבְרָ֔ם וַיֹּ֕אמֶר מַה־זֹּ֖את עָשִׂ֣יתָ לִּ֑י לָ֚מָּה לֹא־הִגַּ֣דְתָּ לִּ֔י כִּ֥י
אִשְׁתְּךָ֖ הִֽוא׃ 19לָמָ֤ה אָמַ֙רְתָּ֙ אֲחֹ֣תִי הִ֔וא וָאֶקַּ֥ח אֹתָ֛הּ לִ֖י לְאִשָּׁ֑ה וְעַתָּ֕ה
הִנֵּ֥ה אִשְׁתְּךָ֖[a] קַ֥ח וָלֵֽךְ׃ 20וַיְצַ֥ו עָלָ֛יו פַּרְעֹ֖ה אֲנָשִׁ֑ים וַֽיְשַׁלְּח֥וּ אֹת֛וֹ וְאֶת־
אִשְׁתּ֖וֹ וְאֶת־כָּל־אֲשֶׁר־לֽוֹ[a]׃

19 [a] 𝔊 ad ἐναντίον σου = לְפָנֶיךָ || **20** [a] ш𝔊 ad וְלוֹט עִמּוֹ

EXODUS ואלה שמות

Ex 2,1–21

1וַיֵּ֥לֶךְ[a] אִ֖ישׁ מִבֵּ֣ית לֵוִ֑י וַיִּקַּ֖ח [b]אֶת[a]־בַּת[b]־לֵוִֽי׃ 2וַתַּ֥הַר הָאִשָּׁ֖ה
וַתֵּ֣לֶד בֵּ֑ן וַתֵּ֤רֶא אֹתוֹ֙ כִּי־ט֣וֹב ה֔וּא וַֽתִּצְפְּנֵ֖הוּ שְׁלֹשָׁ֥ה יְרָחִֽים׃ 3וְלֹא־
יָכְלָ֣ה עוֹד֮ הַצְּפִינוֹ֒ וַתִּֽקַּֽח־לוֹ֙[a] תֵּ֣בַת גֹּ֔מֶא וַתַּחְמְרָ֥ה בַחֵמָ֖ר וּבַזָּ֑פֶת
וַתָּ֤שֶׂם בָּהּ֙ אֶת־ הַיֶּ֔לֶד וַתָּ֥שֶׂם בַּסּ֖וּף עַל־שְׂפַ֥ת הַיְאֹֽר׃ 4וַתֵּתַצַּ֥ב[a] אֲחֹת֖וֹ
מֵרָחֹ֑ק לְדֵעָ֕ה מַה־יֵּעָשֶׂ֖ה לֽוֹ׃ 5וַתֵּ֤רֶד בַּת־פַּרְעֹה֙ לִרְחֹ֣ץ עַל־הַיְאֹ֔ר
וְנַעֲרֹתֶ֥יהָ הֹלְכֹ֖ת עַל־יַ֣ד הַיְאֹ֑ר וַתֵּ֤רֶא אֶת־הַתֵּבָה֙ בְּת֣וֹךְ הַסּ֔וּף וַתִּשְׁלַ֥ח
אֶת־אֲמָתָ֖הּ וַתִּקָּחֶֽהָ[a]׃ 6וַתִּפְתַּח֙[a] וַתִּרְאֵ֣הוּ[b] אֶת־הַיֶּ֔לֶד וְהִנֵּה־נַ֖עַר בֹּכֶ֑ה[c]
וַתַּחְמֹ֣ל עָלָ֔יו[d] וַתֹּ֕אמֶר מִיַּלְדֵ֥י הָֽעִבְרִ֖ים זֶֽה׃ 7וַתֹּ֣אמֶר אֲחֹתוֹ֮ אֶל־בַּת־
פַּרְעֹה֒ הַאֵלֵ֗ךְ וְקָרָ֤אתִי לָךְ֙ אִשָּׁ֣ה מֵינֶ֔קֶת מִ֖ן הָעִבְרִיֹּ֑ת וְתֵינִ֥ק לָ֖ךְ אֶת־
הַיָּֽלֶד׃ 8וַתֹּֽאמֶר־לָ֥הּ בַּת־פַּרְעֹ֖ה לֵ֑כִי וַתֵּ֙לֶךְ֙ הָֽעַלְמָ֔ה וַתִּקְרָ֖א אֶת־
אֵ֥ם הַיָּֽלֶד׃ 9וַתֹּ֧אמֶר לָ֣הּ בַּת־פַּרְעֹ֗ה הֵילִ֜יכִי[a] אֶת־הַיֶּ֤לֶד הַזֶּה֙
וְהֵינִקִ֣הוּ לִ֔י וַאֲנִ֖י אֶתֵּ֣ן אֶת־שְׂכָרֵ֑ךְ וַתִּקַּ֧ח הָאִשָּׁ֛ה[b] הַיֶּ֖לֶד וַתְּנִיקֵֽהוּ[c]׃
10וַיִּגְדַּ֣ל[a] הַיֶּ֗לֶד וַתְּבִאֵ֙הוּ֙ לְבַת[b]־פַּרְעֹ֔ה וַֽיְהִי־לָ֖הּ לְבֵ֑ן וַתִּקְרָ֤א שְׁמוֹ֙
מֹשֶׁ֔ה וַתֹּ֕אמֶר כִּ֥י מִן־הַמַּ֖יִם מְשִׁיתִֽהוּ׃ 11וַיְהִ֣י בַּיָּמִ֣ים הָהֵ֗ם
וַיִּגְדַּ֤ל מֹשֶׁה֙ וַיֵּצֵ֣א אֶל־אֶחָ֔יו וַיַּ֖רְא בְּסִבְלֹתָ֑ם וַיַּרְא֙ אִ֣ישׁ מִצְרִ֔י מַכֶּ֥ה
אִישׁ־עִבְרִ֖י מֵאֶחָֽיו׃ 12וַיִּ֤פֶן כֹּה֙ וָכֹ֔ה וַיַּ֖רְא כִּ֣י אֵ֣ין אִ֑ישׁ וַיַּךְ֙ אֶת־
הַמִּצְרִ֔י וַֽיִּטְמְנֵ֖הוּ בַּחֽוֹל׃ 13וַיֵּצֵא֙ בַּיּ֣וֹם הַשֵּׁנִ֔י וְהִנֵּ֛ה שְׁנֵֽי־אֲנָשִׁ֥ים עִבְרִ֖ים

Cp 2, 1 [a] desunt frt nom propria cf 6,20 || [b–b] 𝔊 τῶν θυγατέρων || **3** [a] ш𝔊 ad אִמּוֹ || **4** [a] ш וַתִּתְיַצַּב || **5** [a] sic L, mlt Mss Edd : || **6** [a] ш חֶהָ—ָ || [b] ш𝔗𝔗 וַתֵּרֶא cf 𝔊𝔙 || [c] 𝔊(𝔙) ad ἐν τῇ θίβει || [d] ш𝔊 ad בת פרעה || **9** [a] C הליכי = הֹלִיכִי (sic 𝔗𝔗)? 𝔊(𝔙) διατήρησόν μοι, 𝔖(𝔗) h' lkj = en tibi || [b] ш𝔗𝔗 ad את || [c] ш וַתֵּינִ׳ || **10** [a] sic L, mlt Mss Edd ויג׳ || [b] ш אל בת ||

נִצִּים וַיֹּאמֶר לָרָשָׁע לָמָּה תַכֶּה רֵעֶךָ׃ [14]וַיֹּאמֶר מִי שָׂמְךָ לְאִישׁ שַׂר
וְשֹׁפֵט[a] עָלֵינוּ הַלְהָרְגֵנִי אַתָּה אֹמֵר כַּאֲשֶׁר הָרַגְתָּ[b] אֶת־הַמִּצְרִי וַיִּירָא
מֹשֶׁה וַיֹּאמַר אָכֵן[c] נוֹדַע הַדָּבָר׃ [15]וַיִּשְׁמַע פַּרְעֹה אֶת־הַדָּבָר הַזֶּה
וַיְבַקֵּשׁ לַהֲרֹג אֶת־מֹשֶׁה וַיִּבְרַח מֹשֶׁה מִפְּנֵי פַרְעֹה [a]וַיֵּשֶׁב בְּאֶרֶץ־[a]
מִדְיָן וַיֵּשֶׁב עַל־הַבְּאֵר׃ [16]וּלְכֹהֵן מִדְיָן שֶׁבַע בָּנוֹת וַתָּבֹאנָה וַתִּדְלֶנָה
וַתְּמַלֶּאנָה אֶת־הָרְהָטִים לְהַשְׁקוֹת[a] צֹאן אֲבִיהֶן׃ [17]וַיָּבֹאוּ הָרֹעִים
וַיְגָרְשׁוּם וַיָּקָם מֹשֶׁה וַיּוֹשִׁעָן וַיַּשְׁקְ אֶת־צֹאנָם׃ [18]וַתָּבֹאנָה אֶל־רְעוּאֵל
אֲבִיהֶן וַיֹּאמֶר מַדּוּעַ מִהַרְתֶּן בֹּא הַיּוֹם׃ [19]וַתֹּאמַרְןָ אִישׁ מִצְרִי
הִצִּילָנוּ מִיַּד הָרֹעִים וְגַם־דָּלֹה דָלָה לָנוּ וַיַּשְׁקְ אֶת־הַצֹּאן׃ [20]וַיֹּאמֶר
אֶל־בְּנֹתָיו וְאַיּוֹ לָמָּה זֶּה עֲזַבְתֶּן אֶת־הָאִישׁ קִרְאֶן לוֹ וְיֹאכַל לָחֶם׃
[21]וַיּוֹאֶל מֹשֶׁה לָשֶׁבֶת אֶת־הָאִישׁ וַיִּתֵּן אֶת־צִפֹּרָה בִתּוֹ לְמֹשֶׁה[a]׃

14 [a] 𝔪 וּלְשׁ׳ || [b] 𝔊(𝔖𝔙) et Act 7,28 Jub 47,12 ad ἐχθές = אֶתְמוֹל || [c] 𝔊(𝔙) εἰ οὕτως = הֲכֵן? || **15** [a–a] 𝔖 *w'zl l'r''* = וַיֵּלֶךְ אֶל־א׳ cf 𝔊 || **16** [a] 𝔪𝔗 ad אֶת || **21** [a] 𝔪𝔊 ad לְאִשָּׁה cf 𝔖𝔙

DEUTERONOMIUM אלה הדברים

Dtn 6,4–15

[4]שְׁמַע[a] יִשְׂרָאֵל יְהוָה אֱלֹהֵינוּ יְהוָה אֶחָד׃ [5]וְאָהַבְתָּ אֵת יְהוָה
אֱלֹהֶיךָ בְּכָל־לְבָבְךָ וּבְכָל־נַפְשְׁךָ וּבְכָל־מְאֹדֶךָ׃ [6]וְהָיוּ הַדְּבָרִים
הָאֵלֶּה אֲשֶׁר אָנֹכִי מְצַוְּךָ הַיּוֹם עַל־לְבָבֶךָ׃ [7]וְשִׁנַּנְתָּם לְבָנֶיךָ וְדִבַּרְתָּ
בָּם בְּשִׁבְתְּךָ בְּבֵיתֶךָ[a] וּבְלֶכְתְּךָ[b] בַדֶּרֶךְ וּבְשָׁכְבְּךָ[c] וּבְקוּמֶךָ׃ [8]וּקְשַׁרְתָּם
לְאוֹת עַל־יָדֶךָ[a] וְהָיוּ לְטֹטָפֹת בֵּין עֵינֶיךָ׃ [9]וּכְתַבְתָּם[a] עַל־מְזֻזוֹת
בֵּיתֶךָ[b] וּבִשְׁעָרֶיךָ[c]׃ ס [10]וְהָיָה כִּי יְבִיאֲךָ יְהוָה אֱלֹהֶיךָ אֶל־
הָאָרֶץ אֲשֶׁר נִשְׁבַּע לַאֲבֹתֶיךָ לְאַבְרָהָם לְיִצְחָק וּלְיַעֲקֹב לָתֶת לָךְ
עָרִים גְּדֹלֹת וְטֹבֹת אֲשֶׁר לֹא־בָנִיתָ׃ [11]וּבָתִּים[a] מְלֵאִים כָּל־טוּב
אֲשֶׁר לֹא־מִלֵּאתָ וּבֹרֹת[b] חֲצוּבִים אֲשֶׁר לֹא־חָצַבְתָּ כְּרָמִים וְזֵיתִים
אֲשֶׁר לֹא־נָטָעְתָּ וְאָכַלְתָּ וְשָׂבָעְתָּ׃ [12]הִשָּׁמֶר לְךָ פֶּן־תִּשְׁכַּח אֶת־
יְהוָה אֲשֶׁר הוֹצִיאֲךָ מֵאֶרֶץ מִצְרַיִם מִבֵּית עֲבָדִים׃ [13]אֶת־יְהוָה

4 [a] 𝔊 pr nonn vb || **7** [a] 𝔪𝔊(𝔊 pl) בבית cf 11,19[a] || [b] 𝔪 ב׳ cf 11,19[b] || [c] pc Mss 𝔪𝔙 ב׳ cf 11,19[c] || **8** [a] mlt Mss C𝔪 ידיך || **9** [a] 𝔊 pl || [b] 𝔪𝔊𝔖 pl cf 11,20[c] || [c] V [69] וּשׁ׳ cf 𝔊 (2 pl) 𝔙 || **11** [a] 𝔪𝔊𝔙 ב׳ || [b] 𝔪𝔊𝔙 ברות || **12** [a] 𝔗 2 pl || [b] mlt Mss 𝔪𝔊𝔖 ad אלהיך ||

אֱלֹהֶיךָ תִּירָא וְאֹתוֹ תַעֲבֹד[a] וּבִשְׁמוֹ תִּשָּׁבֵעַ׃ [14][a]לֹא[b] תֵלְכוּן אַחֲרֵי
אֱלֹהִים אֲחֵרִים מֵאֱלֹהֵי הָעַמִּים אֲשֶׁר סְבִיבוֹתֵיכֶם׃ [15]כִּי אֵל קַנָּא
יְהוָה אֱלֹהֶיךָ בְּקִרְבֶּךָ פֶּן־יֶחֱרֶה[a] אַף־יְהוָה אֱלֹהֶיךָ בָּךְ וְהִשְׁמִידְךָ
מֵעַל פְּנֵי הָאֲדָמָה׃

13 [a] pc Mss 𝔊 ad תִּדְבָּק וּבוֹ ex 10,20 || **14** [a] dl (pl)? || [b] ⅏𝔊 ולא || **15** [a] ⅏ יחר

SAMUEL II שמואל ב

2 Sam 11,1 – 12,7a

[1]וַיְהִי לִתְשׁוּבַת הַשָּׁנָה לְעֵת צֵאת הַמַּלְאכִים[a] וַיִּשְׁלַח דָּוִד
אֶת־יוֹאָב וְאֶת־עֲבָדָיו עִמּוֹ וְאֶת־כָּל־יִשְׂרָאֵל [b]וַיַּשְׁחִתוּ אֶת־בְּנֵי עַמּוֹן[b]
וַיָּצֻרוּ עַל־רַבָּה וְדָוִד יוֹשֵׁב בִּירוּשָׁלִָם׃ ס [2]וַיְהִי לְעֵת הָעֶרֶב
וַיָּקָם דָּוִד מֵעַל מִשְׁכָּבוֹ וַיִּתְהַלֵּךְ עַל־גַּג בֵּית־הַמֶּלֶךְ וַיַּרְא אִשָּׁה
רֹחֶצֶת [a]מֵעַל הַגָּג[a] וְהָאִשָּׁה טוֹבַת מַרְאֶה מְאֹד׃ [3]וַיִּשְׁלַח דָּוִד וַיִּדְרֹשׁ
לָאִשָּׁה וַיֹּאמֶר הֲלוֹא־זֹאת בַּת־שֶׁבַע בַּת־אֱלִיעָם אֵשֶׁת אוּרִיָּה הַחִתִּי׃
[4]וַיִּשְׁלַח דָּוִד מַלְאָכִים וַיִּקָּחֶהָ [a]וַתָּבוֹא אֵלָיו[a] וַיִּשְׁכַּב עִמָּהּ[b] וְהִיא
מִתְקַדֶּשֶׁת מִטֻּמְאָתָהּ וַתָּשָׁב אֶל־בֵּיתָהּ׃ [5]וַתַּהַר הָאִשָּׁה וַתִּשְׁלַח
וַתַּגֵּד לְדָוִד וַתֹּאמֶר [a]הָרָה אָנֹכִי[a]׃ [6]וַיִּשְׁלַח דָּוִד אֶל־יוֹאָב שְׁלַח[a] אֵלַי
אֶת־אוּרִיָּה הַחִתִּי וַיִּשְׁלַח יוֹאָב אֶת־אוּרִיָּה אֶל־דָּוִד׃ [7]וַיָּבֹא אוּרִיָּה
אֵלָיו[a] וַיִּשְׁאַל דָּוִד לִשְׁלוֹם יוֹאָב וְלִשְׁלוֹם הָעָם וְלִשְׁלוֹם הַמִּלְחָמָה׃
[8]וַיֹּאמֶר דָּוִד לְאוּרִיָּה רֵד לְבֵיתְךָ וּרְחַץ רַגְלֶיךָ וַיֵּצֵא אוּרִיָּה מִבֵּית
הַמֶּלֶךְ וַתֵּצֵא אַחֲרָיו מַשְׂאַת הַמֶּלֶךְ׃ [9]וַיִּשְׁכַּב אוּרִיָּה פֶּתַח בֵּית
הַמֶּלֶךְ אֵת כָּל־[a]עַבְדֵי אֲדֹנָיו וְלֹא יָרַד אֶל־בֵּיתוֹ׃ [10]וַיַּגִּדוּ לְדָוִד
לֵאמֹר לֹא־יָרַד אוּרִיָּה אֶל־בֵּיתוֹ וַיֹּאמֶר דָּוִד אֶל־אוּרִיָּה הֲלוֹא
מִדֶּרֶךְ אַתָּה בָא מַדּוּעַ[a] לֹא־יָרַדְתָּ אֶל־בֵּיתֶךָ׃ [11]וַיֹּאמֶר אוּרִיָּה
אֶל־דָּוִד הָאָרוֹן וְיִשְׂרָאֵל וִיהוּדָה יֹשְׁבִים בַּסֻּכּוֹת וַאדֹנִי יוֹאָב וְעַבְדֵי
אֲדֹנִי עַל־פְּנֵי הַשָּׂדֶה חֹנִים וַאֲנִי אָבוֹא אֶל־בֵּיתִי לֶאֱכֹל וְלִשְׁתּוֹת

Cp 11, 1 [a] permlt Mss הַמְּלָאכִים, sic etiam Cad nota marg יתיר אֹ; mlt Mss לכים— cf 𝔊𝔏...𝔗𝔙 Ps Hier Quaest, 𝔖 *mlk'* (sg) || [b–b] > Ms 𝔖 || **2** [a–a] > 𝔖; 𝔏 *per porticum*, 𝔗 *'l'jgr'*, 𝔙 *ex adverso super solarium suum* || **4** [a–a] 𝔊 καὶ εἰσῆλθεν πρὸς αὐτήν cf 𝔏. || [b] > 2 Mss || **5** [a–a] 𝔔𝔊 אנוכי הרה || **6** [a] 𝔔 ש]לחה || **7** [a] nonn Mss אל דוד cf 𝔏𝔖𝔙 || **9** [a] > 𝔊 || **10** [a] nonn Mss ומ' cf 𝔗 ||

וְלִשְׁכַּב עִם־אִשְׁתִּי חַיֶּךָ וְחֵי נַפְשֶׁךָ אִם־אֶעֱשֶׂה אֶת[a]־הַדָּבָר הַזֶּה׃
12 וַיֹּאמֶר דָּוִד אֶל־אוּרִיָּה שֵׁב בָּזֶה גַּם־הַיּוֹם וּמָחָר אֲשַׁלְּחֶךָּ וַיֵּשֶׁב
אוּרִיָּה בִירוּשָׁלַםִ בַּיּוֹם הַהוּא וּמִמָּחֳרָת[a]׃ 13 וַיִּקְרָא־לוֹ דָוִד וַיֹּאכַל
לְפָנָיו וַיֵּשְׁתְּ וַיְשַׁכְּרֵהוּ וַיֵּצֵא בָעֶרֶב לִשְׁכַּב בְּמִשְׁכָּבוֹ עִם־עַבְדֵי אֲדֹנָיו
וְאֶל־בֵּיתוֹ לֹא יָרָד׃ 14 וַיְהִי בַבֹּקֶר וַיִּכְתֹּב דָּוִד סֵפֶר אֶל־יוֹאָב
וַיִּשְׁלַח בְּיַד אוּרִיָּה׃ 15 וַיִּכְתֹּב בַּסֵּפֶר לֵאמֹר הָבוּ[a] אֶת־אוּרִיָּה אֶל־
מוּל[b] פְּנֵי הַמִּלְחָמָה הַחֲזָקָה [c]וְשַׁבְתֶּם מֵאַחֲרָיו וְנִכָּה[c] וָמֵת׃ ס
16 וַיְהִי בִּשְׁמוֹר[a] יוֹאָב אֶל[b]־הָעִיר וַיִּתֵּן אֶת־אוּרִיָּה אֶל־הַמָּקוֹם אֲשֶׁר
יָדַע כִּי אַנְשֵׁי־חַיִל שָׁם׃ 17 וַיֵּצְאוּ אַנְשֵׁי הָעִיר וַיִּלָּחֲמוּ אֶת־יוֹאָב וַיִּפֹּל
מִן־הָעָם מֵעַבְדֵי דָוִד וַיָּמָת גַּם אוּרִיָּה הַחִתִּי׃ 18 וַיִּשְׁלַח יוֹאָב וַיַּגֵּד
לְדָוִד אֶת־כָּל־דִּבְרֵי הַמִּלְחָמָה׃ 19 וַיְצַו אֶת־הַמַּלְאָךְ לֵאמֹר
כְּכַלּוֹתְךָ אֵת כָּל־דִּבְרֵי הַמִּלְחָמָה לְדַבֵּר אֶל־הַמֶּלֶךְ׃ 20 וְהָיָה אִם־
תַּעֲלֶה חֲמַת הַמֶּלֶךְ וְאָמַר לְךָ מַדּוּעַ נִגַּשְׁתֶּם אֶל־הָעִיר לְהִלָּחֵם
הֲלוֹא יְדַעְתֶּם אֵת אֲשֶׁר־יֹרוּ מֵעַל הַחוֹמָה׃ 21 מִי־הִכָּה אֶת־אֲבִימֶלֶךְ
בֶּן־יְרֻבֶּשֶׁת[a] הֲלוֹא־אִשָּׁה הִשְׁלִיכָה עָלָיו פֶּלַח רֶכֶב מֵעַל הַחוֹמָה
וַיָּמָת בְּתֵבֵץ לָמָּה[b] נִגַּשְׁתֶּם אֶל־הַחוֹמָה וְאָמַרְתָּ גַּם עַבְדְּךָ אוּרִיָּה
הַחִתִּי מֵת׃ 22 וַיֵּלֶךְ הַמַּלְאָךְ וַיָּבֹא[a] וַיַּגֵּד לְדָוִד אֵת כָּל־אֲשֶׁר שְׁלָחוֹ
יוֹאָב׃ 23 וַיֹּאמֶר[a] הַמַּלְאָךְ אֶל־דָּוִד כִּי־גָבְרוּ עָלֵינוּ הָאֲנָשִׁים וַיֵּצְאוּ
אֵלֵינוּ הַשָּׂדֶה וַנִּהְיֶה עֲלֵיהֶם עַד־פֶּתַח הַשָּׁעַר׃ 24 [a]וַיֹּרְאוּ הַמּוֹרְאִים[a]
אֶל־עֲבָדֶךָ[b] מֵעַל הַחוֹמָה וַיָּמוּתוּ מֵעַבְדֵי הַמֶּלֶךְ וְגַם עַבְדְּךָ אוּרִיָּה
הַחִתִּי מֵת׃ ס 25 וַיֹּאמֶר דָּוִד אֶל־הַמַּלְאָךְ כֹּה־תֹאמַר אֶל־יוֹאָב
אַל־יֵרַע בְּעֵינֶיךָ אֶת[a]־הַדָּבָר הַזֶּה כִּי־כָזֹה וְכָזֶה תֹּאכַל הֶחָרֶב הַחֲזֵק
מִלְחַמְתְּךָ אֶל־הָעִיר וְהָרְסָהּ וְחַזְּקֵהוּ׃ 26 וַתִּשְׁמַע אֵשֶׁת אוּרִיָּה כִּי־
מֵת אוּרִיָּה אִישָׁהּ וַתִּסְפֹּד עַל־בַּעְלָהּ׃ 27 וַיַּעֲבֹר הָאֵבֶל וַיִּשְׁלַח דָּוִד
וַיַּאַסְפָהּ אֶל־בֵּיתוֹ וַתְּהִי־לוֹ לְאִשָּׁה וַתֵּלֶד לוֹ בֵּן וַיֵּרַע הַדָּבָר אֲשֶׁר־
עָשָׂה דָוִד בְּעֵינֵי יְהוָה׃
12 1 וַיִּשְׁלַח יְהוָה אֶת־נָתָן[a] אֶל־דָּוִד וַיָּבֹא אֵלָיו וַיֹּאמֶר לוֹ[b]

(Margin: וירדו ק; המורים ק)

11 [a] > 2 Mss cf 25[a] || **12** [a] 𝔗𝔖 ad 13 || **15** [a] 𝔊 εἰσάγαγε cf 𝔗..., 𝔖 *ʿbdjhj* (sg) || [b] > pc Mss 𝔊𝔗...𝔖 || [c–c] > 𝔗. || **16** [a] pc Mss כשׁ cf Jer 36,23 || [b] nonn Mss את cf 1 S 26,15[a] || **21** [a] 𝔊 Ιεροβααλ/μ cf 𝔖 *(ndw)bʿl* et Jdc 7,1sqq || [b] pc Mss ולי cf 𝔗 || **22** [a] > 2 Mss 𝔖 || **23** [a] 2 Mss pr ויבא || **24** [a–a] pc–nonn Mss ut Q || [b] permlt Mss C־דיך— cf 14,31[a] **25** [a] > pc Mss, Ms אל; sed etiam cf 1 S 20,13 || **Cp 12, 1** [a] pc Mss ad הנביא cf GS || [b] G ad ἀνάγγειλον δή μοι (τὴν) κρίσιν ταύτην ||

שְׁנֵי אֲנָשִׁים הָיוּ בְּעִיר אֶחָת אֶחָד עָשִׁיר וְאֶחָד רָאשׁ׃
2 לְעָשִׁיר הָיָה צֹאן וּבָקָר הַרְבֵּה מְאֹד׃
3 וְלָרָשׁ אֵין־כֹּל כִּי אִם־כִּבְשָׂה אַחַת קְטַנָּה אֲשֶׁר קָנָה
וַיְחַיֶּהָ וַתִּגְדַּל עִמּוֹ וְעִם־בָּנָיו יַחְדָּו מִפִּתּוֹ תֹאכַל וּמִכֹּסוֹ תִשְׁתֶּה וּבְחֵיקוֹ
תִשְׁכָּב וַתְּהִי־לוֹ כְּבַת[a]׃
4 וַיָּבֹא הֵלֶךְ לְאִישׁ הֶעָשִׁיר וַיַּחְמֹל לָקַחַת מִצֹּאנוֹ וּמִבְּקָרוֹ
לַעֲשׂוֹת לָאֹרֵחַ הַבָּא־לוֹ וַיִּקַּח אֶת־כִּבְשַׂת הָאִישׁ הָרָאשׁ
וַיַּעֲשֶׂהָ לָאִישׁ הַבָּא אֵלָיו׃

5 וַיִּחַר־אַף דָּוִד בָּאִישׁ מְאֹד וַיֹּאמֶר אֶל־נָתָן חַי־יְהוָה כִּי בֶן־
מָוֶת הָאִישׁ הָעֹשֶׂה זֹאת׃ 6 וְאֶת־הַכִּבְשָׂה יְשַׁלֵּם אַרְבַּעְתָּיִם[a] עֵקֶב
אֲשֶׁר עָשָׂה אֶת־הַדָּבָר הַזֶּה וְעַל אֲשֶׁר לֹא־חָמָל׃ 7 וַיֹּאמֶר נָתָן
אֶל־דָּוִד אַתָּה הָאִישׁ[a]

3 [a] pc Mss citt לבת || 6 [a] 𝔊 ἑπταπλάσιον(α), 𝔗 *ʼrbʻjn* || 7 [a] Mss interv

REGUM II מלכים ב

2 Kön 1,1–8

1 וַיִּפְשַׁע מוֹאָב בְּיִשְׂרָאֵל אַחֲרֵי מוֹת אַחְאָב׃ 2 וַיִּפֹּל אֲחַזְיָה בְּעַד
הַשְּׂבָכָה בַּעֲלִיָּתוֹ אֲשֶׁר בְּשֹׁמְרוֹן וַיָּחַל וַיִּשְׁלַח מַלְאָכִים וַיֹּאמֶר אֲלֵהֶם
לְכוּ דִרְשׁוּ בְּבַעַל זְבוּב אֱלֹהֵי עֶקְרוֹן אִם־אֶחְיֶה מֵחֳלִי[a] זֶה׃ ס
3 וּמַלְאַךְ יְהוָה דִּבֶּר אֶל־אֵלִיָּה הַתִּשְׁבִּי קוּם עֲלֵה לִקְרַאת מַלְאֲכֵי
מֶלֶךְ־שֹׁמְרוֹן וְדַבֵּר אֲלֵהֶם הַמִבְּלִי אֵין־אֱלֹהִים בְּיִשְׂרָאֵל אַתֶּם
הֹלְכִים לִדְרֹשׁ בְּבַעַל זְבוּב אֱלֹהֵי עֶקְרוֹן׃ 4 וְלָכֵן כֹּה־אָמַר יְהוָה
הַמִּטָּה אֲשֶׁר־עָלִיתָ שָּׁם לֹא־תֵרֵד מִמֶּנָּה כִּי מוֹת תָּמוּת וַיֵּלֶךְ אֵלִיָּה׃
5 וַיָּשׁוּבוּ הַמַּלְאָכִים אֵלָיו וַיֹּאמֶר אֲלֵיהֶם מַה־זֶּה שַׁבְתֶּם׃ 6 וַיֹּאמְרוּ
אֵלָיו אִישׁ עָלָה לִקְרָאתֵנוּ וַיֹּאמֶר אֵלֵינוּ לְכוּ שׁוּבוּ אֶל־הַמֶּלֶךְ[a]
אֲשֶׁר־שָׁלַח אֶתְכֶם וְדִבַּרְתֶּם אֵלָיו כֹּה אָמַר יְהוָה הֲמִבְּלִי אֵין־אֱלֹהִים
בְּיִשְׂרָאֵל אַתָּה שֹׁלֵחַ[b] לִדְרֹשׁ בְּבַעַל זְבוּב אֱלֹהֵי עֶקְרוֹן לָכֵן הַמִּטָּה
אֲשֶׁר־עָלִיתָ שָּׁם[c] לֹא־תֵרֵד מִמֶּנָּה כִּי־מוֹת תָּמוּת׃ 7 וַיְדַבֵּר אֲלֵהֶם מֶה

Cp 1, 2 [a] l מֵחָלְיִי cf Vrs || **6** [a] Ms 𝔖 הָאִישׁ || [b] 𝔊 πορεύῃ = הֹלֵךְ || [c] > Ms 𝔊

מִשְׁפַּט הָאִישׁ אֲשֶׁר עָלָה לִקְרַאתְכֶם וַיְדַבֵּר אֲלֵיכֶם אֶת־הַדְּבָרִים
הָאֵלֶּה׃ 8 וַיֹּאמְרוּ אֵלָיו אִישׁ בַּעַל שֵׂעָר וְאֵזוֹר עוֹר אָזוּר בְּמָתְנָיו
וַיֹּאמַר אֵלִיָּה הַתִּשְׁבִּי הוּא׃

JESAIA ישעיה

Jes 5,1–7

1 אָשִׁירָה נָּא לִידִידִי שִׁירַת דּוֹדִי לְכַרְמוֹ
כֶּרֶם הָיָה לִידִידִי בְּקֶרֶן בֶּן־שָׁמֶן׃
2 וַיְעַזְּקֵהוּ וַיְסַקְּלֵהוּ וַיִּטָּעֵהוּ שֹׂרֵק
וַיִּבֶן מִגְדָּל בְּתוֹכוֹ וְגַם־יֶקֶב חָצֵב בּוֹ
וַיְקַו לַעֲשׂוֹת עֲנָבִים וַיַּעַשׂ בְּאֻשִׁים׃
3 וְעַתָּה יוֹשֵׁב יְרוּשָׁלִַם וְאִישׁ יְהוּדָה
שִׁפְטוּ־נָא בֵּינִי וּבֵין כַּרְמִי׃
4 מַה־לַּעֲשׂוֹת עוֹד לְכַרְמִי וְלֹא עָשִׂיתִי בּוֹ
מַדּוּעַ קִוֵּיתִי לַעֲשׂוֹת עֲנָבִים וַיַּעַשׂ[a] בְּאֻשִׁים׃
5 וְעַתָּה אוֹדִיעָה־נָּא אֶתְכֶם אֵת אֲשֶׁר־אֲנִי עֹשֶׂה לְכַרְמִי
הָסֵר[a] מְשׂוּכָתוֹ[b] וְהָיָה לְבָעֵר פָּרֹץ גְּדֵרוֹ וְהָיָה לְמִרְמָס׃
6 [a]וַאֲשִׁיתֵהוּ בָתָה[a] לֹא יִזָּמֵר וְלֹא יֵעָדֵר וְעָלָה שָׁמִיר וָשָׁיִת
וְעַל הֶעָבִים אֲצַוֶּה מֵהַמְטִיר עָלָיו מָטָר׃
7 כִּי כֶרֶם יְהוָה צְבָאוֹת בֵּית יִשְׂרָאֵל
וְאִישׁ יְהוּדָה נְטַע שַׁעֲשׁוּעָיו
וַיְקַו לְמִשְׁפָּט וְהִנֵּה מִשְׂפָּח לִצְדָקָה וְהִנֵּה צְעָקָה׃

Cp 5, 4 [a] 𝔔 וישה || **5** [a] 𝔔 אסיר || [b] frt l מְשׂוּכָ׳ (a שׂוך) || **6** [a–a] prp וְאַשְׁבִּיתֵהוּ

JEREMIA ירמיה

Jer 13,1–11

[1]כֹּה־אָמַר יְהוָה אֵלַי הָלוֹךְ וְקָנִיתָ לְּךָ אֵזוֹר פִּשְׁתִּים וְשַׂמְתּוֹ
עַל־מָתְנֶיךָ וּבַמַּיִם לֹא תְבִאֵהוּ׃ [2]וָאֶקְנֶה אֶת־הָאֵזוֹר כִּדְבַר יְהוָה
וָאָשִׂם עַל־מָתְנָי׃ ס [3]וַיְהִי דְבַר־יְהוָה אֵלַי שֵׁנִית[a] לֵאמֹר׃ [4]קַח
אֶת־הָאֵזוֹר אֲשֶׁר קָנִיתָ אֲשֶׁר עַל־מָתְנֶיךָ וְקוּם לֵךְ פְּרָתָה[a] וְטָמְנֵהוּ שָׁם
בִּנְקִיק הַסָּלַע׃ [5]וָאֵלֵךְ וָאֶטְמְנֵהוּ בִּפְרָת כַּאֲשֶׁר צִוָּה יְהוָה אוֹתִי׃ [6]וַיְהִי
מִקֵּץ יָמִים רַבִּים וַיֹּאמֶר יְהוָה אֵלַי קוּם לֵךְ פְּרָתָה וְקַח מִשָּׁם
אֶת־הָאֵזוֹר אֲשֶׁר צִוִּיתִיךָ לְטָמְנוֹ־שָׁם׃ [7]וָאֵלֵךְ פְּרָתָה וָאֶחְפֹּר וָאֶקַּח
אֶת־הָאֵזוֹר מִן־הַמָּקוֹם אֲשֶׁר־טְמַנְתִּיו שָׁמָּה וְהִנֵּה נִשְׁחַת הָאֵזוֹר לֹא[a]
יִצְלַח לַכֹּל׃ פ [8]וַיְהִי דְבַר־יְהוָה אֵלַי לֵאמֹר׃ [9]כֹּה אָמַר יְהוָה כָּכָה
אַשְׁחִית[a] אֶת־גְּאוֹן יְהוּדָה וְאֶת־גְּאוֹן יְרוּשָׁלַם הָרָב׃ [10]הָעָם הַזֶּה הָרָע
הַמֵּאֲנִים ׀ לִשְׁמוֹעַ אֶת־דְּבָרַי [a]הַהֹלְכִים בִּשְׁרִרוּת לִבָּם[a] וַיֵּלְכוּ אַחֲרֵי
אֱלֹהִים אֲחֵרִים לְעָבְדָם וּלְהִשְׁתַּחֲוֹת לָהֶם וִיהִי[b] כָּאֵזוֹר הַזֶּה אֲשֶׁר
לֹא־יִצְלַח לַכֹּל׃ [11]כִּי כַּאֲשֶׁר יִדְבַּק הָאֵזוֹר אֶל־מָתְנֵי־אִישׁ כֵּן
הִדְבַּקְתִּי אֵלַי [a]אֶת־כָּל־בֵּית יִשְׂרָאֵל וְ[a]אֶת־כָּל־בֵּית יְהוּדָה נְאֻם־יְהוָה
לִהְיוֹת לִי לְעָם וּלְשֵׁם וְלִתְהִלָּה וּלְתִפְאָרֶת וְלֹא שָׁמֵעוּ׃

Cp 13, 3 [a] > Ms 𝔊* || **4** [a] α′ εἰς Φαραν || **7** [a] mlt Mss 𝔊[534]𝔖 וְלֹא || **9** [a] l נִשְׁחַת? cf 7[b] || **10** [a–a] > 𝔊* || [b] l וַיְהִי? || **11** [a–a] add

AMOS עמוס

Am 7,10–17

[10]וַיִּשְׁלַח אֲמַצְיָה כֹּהֵן בֵּית־אֵל אֶל־יָרָבְעָם מֶלֶךְ־יִשְׂרָאֵל לֵאמֹר קָשַׁר
עָלֶיךָ עָמוֹס בְּקֶרֶב בֵּית יִשְׂרָאֵל לֹא־תוּכַל הָאָרֶץ לְהָכִיל
אֶת־כָּל־דְּבָרָיו׃ [11]כִּי־כֹה אָמַר עָמוֹס
בַּחֶרֶב יָמוּת יָרָבְעָם וְיִשְׂרָאֵל גָּלֹה יִגְלֶה מֵעַל אַדְמָתוֹ׃ ס
[12]וַיֹּאמֶר אֲמַצְיָה אֶל־עָמוֹס חֹזֶה לֵךְ בְּרַח־לְךָ אֶל־אֶרֶץ יְהוּדָה
וֶאֱכָל־שָׁם לֶחֶם וְשָׁם תִּנָּבֵא׃ [13]וּבֵית־אֵל לֹא־תוֹסִיף עוֹד לְהִנָּבֵא
כִּי מִקְדַּשׁ־מֶלֶךְ הוּא וּבֵית מַמְלָכָה הוּא׃ ס [14]וַיַּעַן עָמוֹס

וַיֹּאמֶר אֶל־אֲמַצְיָה לֹא־נָבִיא אָנֹכִי וְלֹא בֶן־נָבִיא אָנֹכִי כִּי־בוֹקֵר[a]
אָנֹכִי וּבוֹלֵס שִׁקְמִים׃ 15 וַיִּקָּחֵנִי יְהוָה מֵאַחֲרֵי הַצֹּאן וַיֹּאמֶר אֵלַי
יְהוָה לֵךְ הִנָּבֵא אֶל־עַמִּי יִשְׂרָאֵל׃ 16 וְעַתָּה שְׁמַע דְּבַר־יְהוָה אַתָּה
אֹמֵר לֹא תִנָּבֵא עַל־יִשְׂרָאֵל וְלֹא תַטִּיף עַל־בֵּית יִשְׂחָק׃ 17 לָכֵן
כֹּה־אָמַר יְהוָה

אִשְׁתְּךָ בָּעִיר תִּזְנֶה וּבָנֶיךָ וּבְנֹתֶיךָ בַּחֶרֶב יִפֹּלוּ
וְאַדְמָתְךָ בַּחֶבֶל תְּחֻלָּק וְאַתָּה עַל־אֲדָמָה טְמֵאָה תָּמוּת
וְיִשְׂרָאֵל גָּלֹה יִגְלֶה מֵעַל אַדְמָתוֹ׃ ס

Cp 10,14 [a] 𝔊 αἰπόλος, frt l נוֹקֵד

ECCLESIASTES קהלת

Koh (Eccl) 3,1–8

1 לַכֹּל זְמָן וְעֵת לְכָל־חֵפֶץ תַּחַת הַשָּׁמָיִם׃ ס
2 עֵת לָלֶדֶת וְעֵת לָמוּת
עֵת לָטַעַת וְעֵת לַעֲקוֹר נָטוּעַ׃
3 עֵת לַהֲרוֹג[a] וְעֵת לִרְפּוֹא
עֵת לִפְרוֹץ וְעֵת לִבְנוֹת׃
4 עֵת לִבְכּוֹת וְעֵת לִשְׂחוֹק
עֵת סְפוֹד וְעֵת רְקוֹד׃
5 עֵת לְהַשְׁלִיךְ אֲבָנִים וְעֵת כְּנוֹס אֲבָנִים
עֵת לַחֲבוֹק וְעֵת לִרְחֹק מֵחַבֵּק׃
6 עֵת לְבַקֵּשׁ וְעֵת לְאַבֵּד
עֵת לִשְׁמוֹר וְעֵת לְהַשְׁלִיךְ׃
7 עֵת לִקְרוֹעַ וְעֵת לִתְפּוֹר
עֵת לַחֲשׁוֹת וְעֵת לְדַבֵּר׃
8 עֵת לֶאֱהֹב וְעֵת לִשְׂנֹא
עֵת מִלְחָמָה וְעֵת שָׁלוֹם׃

Cp 3, 3 [a] prp לַהֲרוֹס vel לַהֲדוֹף

5. Paralleltexte zum notetischen Vergleich

1 Chr 10,1–7	1 Sam 31,1–7
1 וּפְלִשְׁתִּים נִלְחֲמוּ בְיִשְׂרָאֵל וַיָּנָס אִישׁ־יִשְׂרָאֵל מִפְּנֵי פְלִשְׁתִּים וַיִּפְּלוּ חֲלָלִים בְּהַר גִּלְבֹּעַ׃	1 וּפְלִשְׁתִּים נִלְחָמִים בְּיִשְׂרָאֵל וַיָּנֻסוּ אַנְשֵׁי יִשְׂרָאֵל מִפְּנֵי פְּלִשְׁתִּים וַיִּפְּלוּ חֲלָלִים בְּהַר הַגִּלְבֹּעַ׃
2 וַיַּדְבְּקוּ פְלִשְׁתִּים אַחֲרֵי שָׁאוּל וְאַחֲרֵי בָנָיו וַיַּכּוּ פְלִשְׁתִּים אֶת־יוֹנָתָן וְאֶת־אֲבִינָדָב וְאֶת־מַלְכִּי־שׁוּעַ בְּנֵי שָׁאוּל׃	2 וַיַּדְבְּקוּ פְלִשְׁתִּים אֶת־שָׁאוּל וְאֶת־בָּנָיו וַיַּכּוּ פְלִשְׁתִּים אֶת־יְהוֹנָתָן וְאֶת־אֲבִינָדָב וְאֶת־מַלְכִּי־שׁוּעַ בְּנֵי שָׁאוּל׃
3 וַתִּכְבַּד הַמִּלְחָמָה עַל־שָׁאוּל וַיִּמְצָאֻהוּ הַמּוֹרִים בַּקָּשֶׁת וַיָּחֶל מִן־הַיּוֹרִים׃	3 וַתִּכְבַּד הַמִּלְחָמָה אֶל־שָׁאוּל וַיִּמְצָאֻהוּ הַמּוֹרִים אֲנָשִׁים בַּקָּשֶׁת וַיָּחֶל מְאֹד מֵהַמּוֹרִים׃
4 וַיֹּאמֶר שָׁאוּל אֶל־נֹשֵׂא כֵלָיו שְׁלֹף חַרְבְּךָ וְדָקְרֵנִי בָהּ פֶּן־יָבֹאוּ הָעֲרֵלִים הָאֵלֶּה וְהִתְעַלְּלוּ־בִי וְלֹא אָבָה נֹשֵׂא כֵלָיו כִּי יָרֵא מְאֹד וַיִּקַּח שָׁאוּל אֶת־הַחֶרֶב וַיִּפֹּל עָלֶיהָ׃	4 וַיֹּאמֶר שָׁאוּל לְנֹשֵׂא כֵלָיו שְׁלֹף חַרְבְּךָ וְדָקְרֵנִי בָהּ פֶּן־יָבוֹאוּ הָעֲרֵלִים הָאֵלֶּה וּדְקָרֻנִי וְהִתְעַלְּלוּ־בִי וְלֹא אָבָה נֹשֵׂא כֵלָיו כִּי יָרֵא מְאֹד וַיִּקַּח שָׁאוּל אֶת־הַחֶרֶב וַיִּפֹּל עָלֶיהָ׃
5 וַיַּרְא נֹשֵׂא־כֵלָיו כִּי מֵת שָׁאוּל וַיִּפֹּל גַּם־הוּא עַל־הַחֶרֶב וַיָּמֹת׃	5 וַיַּרְא נֹשֵׂא־כֵלָיו כִּי מֵת שָׁאוּל וַיִּפֹּל גַּם־הוּא עַל־חַרְבּוֹ וַיָּמָת עִמּוֹ׃
6 וַיָּמָת שָׁאוּל וּשְׁלֹשֶׁת בָּנָיו וְכָל־בֵּיתוֹ יַחְדָּו מֵתוּ׃	6 וַיָּמָת שָׁאוּל וּשְׁלֹשֶׁת בָּנָיו וְנֹשֵׂא כֵלָיו גַּם כָּל־אֲנָשָׁיו בַּיּוֹם הַהוּא יַחְדָּו׃
7 וַיִּרְאוּ כָּל־אִישׁ יִשְׂרָאֵל אֲשֶׁר־בָּעֵמֶק כִּי נָסוּ וְכִי־מֵתוּ שָׁאוּל וּבָנָיו וַיַּעַזְבוּ עָרֵיהֶם וַיָּנֻסוּ וַיָּבֹאוּ פְלִשְׁתִּים וַיֵּשְׁבוּ בָּהֶם׃	7 וַיִּרְאוּ אַנְשֵׁי־יִשְׂרָאֵל אֲשֶׁר־בְּעֵבֶר הָעֵמֶק וַאֲשֶׁר בְּעֵבֶר הַיַּרְדֵּן כִּי־נָסוּ אַנְשֵׁי יִשְׂרָאֵל וְכִי־מֵתוּ שָׁאוּל וּבָנָיו וַיַּעַזְבוּ אֶת־הֶעָרִים וַיָּנֻסוּ וַיָּבֹאוּ פְלִשְׁתִּים וַיֵּשְׁבוּ בָּהֶן׃

6. Codex Leningradensis: Genesis 21,33 – 22,12

Die gegenüberliegende Seite gibt einen Ausschnitt aus der Seite 12 recto des Codex Leningradensis wieder. Auf dieser Handschrift basieren die modernen Ausgaben BHS und BHQ. Wiedergegeben sind zwei von drei Spalten der Seite. Der Text beginnt rechts oben mit den letzten drei Zeilen von Gen 21 (Verse 33+34). Nach einem Einschnitt beginnt in der vierten Zeile Kapitel 22. Da es zu jener Zeit – ca. 1008 n.Chr. – noch keine Kapitel- oder Verszählung gab, wird der Neueinsatz durch die neue Zeile und das nebenstehende Zeichen ס֗ (*seder* = Ordnung, Reihenfolge) signalisiert.

Am oberen Rand finden sich zwei sehr klein geschriebene Zeilen hebräischer Schriftzeichen, die nicht punktiert sind. Es handelt sich hierbei um Anmerkungen der Masoreten (Masora magna), die in den meisten modernen Bibelausgaben nicht wiedergegeben sind. Am unteren Blattrand stehen entsprechende Anmerkungen. Zwischen den Spalten des Textes stehen die knappen Anmerkungen der Masora parva, die auch in der üblichen Biblia Hebraica reproduziert sind.

Die Schrift lässt sich nach kurzer Eingewöhnungszeit recht gut lesen. Allerdings fällt es oft nicht leicht, Punktation und Akzente voneinander zu unterscheiden. Im Gegensatz zu den ordentlich gesetzten Bibelausgaben herrscht ein gewisser Wildwuchs. So steht etwa beim ersten Buchstaben in Gen 22,1, einem ו, das ***pátaḥ*** nicht direkt unter dem Schaft des Konsonanten, sondern etwas zur Seite ausgerückt. Beim nächsten Wort אַחַ֗ר geht der lange Hals des in der folgenden Zeile stehenden ל aus וְהָֽאֱלֹהִ֗ים durch das ***pátaḥ*** unter dem א.

Im dritten Wort des Verses, הַדְּבָרִ֣ים, fällt ein waagerechter Strich über dem ב auf. Hierbei handelt es sich um ein masoretisches Punktationszeichen, das in modernen Ausgaben nicht wiedergegeben wird. Es heißt *rafe* und gibt an, dass der fragliche Buchstabe ohne ***dāgeš*** gelesen wird. Am Ende der Zeile sieht man undeutlich, dass ein moderner Leser mit „22,1“ die heutige Kapitelzählung ergänzt hat, dies allerdings auf der falschen Seite. Am Ende der dritten Zeile von Gen 22 (= 6. Zeile von oben) sieht man zwei undefinierbare Zeichen. Es handelt sich um Haken, die der Schreiber eingefügt hat, damit das Schriftbild am Rand ruhiger wirkt (Blocksatz). Solche Haken stehen mehrfach, vgl. etwa die letzte Zeile dieser Spalte.

Es empfiehlt sich, zur Übung einige Verse in dieser Handschrift mit dem vorne wiedergegebenen Biblia-Hebraica-Text von Gen 22 zu vergleichen.

שם בשם יהוה אל עולם
ויגר אברהם בארץ פלשתים
ימים רבים
ויהי אחר הדברים האלה
והאלהים נסה את אברהם
ויאמר אליו אברהם
ויאמר הנני ויאמר קח
נא את בנך את יחידך
אשר אהבת את יצחק
ולך לך אל ארץ המריה
והעלהו שם לעלה על
אחד ההרים אשר אמר
אליך וישכם אברהם
בבקר ויחבש את חמרו
ויקח את שני נעריו אתו
ואת יצחק בנו ויבקע עצי
עלה ויקם וילך אל המקום
אשר אמר לו האלהים
ביום השלישי וישא
אברהם את עיניו וירא
את המקום מרחק
ויאמר אברהם אל נעריו
שבו לכם פה עם החמור
ואני והנער נלכה עד כה
ונשתחוה ונשובה אליכם
ויקח אברהם את עצי
העלה וישם על יצחק

בנו ויקח בידו את האש
ואת המאכלת וילכו
שניהם יחדו ויאמר
יצחק אל אברהם אביו
ויאמר אבי ויאמר הנני
בני ויאמר הנה האש
והעצים ואיה השה
לעלה ויאמר אברהם
אלהים יראה לו השה
לעלה בני וילכו שניהם
יחדו ויבאו אל המקום
אשר אמר לו האלהים
ויבן שם אברהם את
המזבח ויערך את העצים
ויעקד את יצחק בנו
וישם אתו על המזבח
ממעל לעצים וישלח
אברהם את ידו ויקח
את המאכלת לשחט את
בנו ויקרא אליו מלאך
יהוה מן השמים ויאמר
אברהם אברהם ויאמר
הנני ויאמר אל תשלח
ידך אל הנער ואל תעש
לו מאומה כי עתה ידעתי
כי ירא אלהים אתה ולא
חשכת את בנך את

Detail des Codex Leningradensis f. 12r. Abdruck mit freundlicher Genehmigung durch West Semitic Research. Photograph by Bruce and Kenneth Zuckerman, West Semitic Research, with the collaboration of the Ancient Biblical Manuscript Center. Courtesy Russian National Library (Saltykov-Shchedrin).

Vokabular

1. Vokabular zur Grammatik und zu den Texten

Im ersten Teil des Vokabulars werden die Wörter transkribiert, damit die eigene Aussprache kontrolliert werden kann. Die *Transkription* richtet sich nach der in der „Zeitschrift für die alttestamentliche Wissenschaft" (ZAW) verwendeten:

Konsonanten:

① *' b g d h* (auch mit Mappiq) *w z ḥ ṭ y k l m n s ' p ṣ q r ś š t.*

② *dāgeš* forte wird durch Doppelschreibung des Konsonanten ausgedrückt.

Vokale:

① ָ *ā* (*qā́mæṣ ḥaṭup̄* : *å*), ַ *a*, ֶ *æ*, ֵ *e*, ִ *i*, ֹ *o*, ֻ *u*, ָיו *âw*;

② mit Vokalbuchstaben: ֶי *æ̂*, ֵי *ê*, ִי *î*, וֹ *ô*, וּ *û*; ָה *â*;

③ die Murmel-/*ḥaṭef*-Vokale: ֳ å, ֲ a, ֱ æ, ְ e;

④ *Paṭaḥ furtivum* : a;

abweichend von der ZAW wird

① die „weiche", spirantische Aussprache von ב, כ, פ durch *ḇ*, *ḵ*, *p̄* gekennzeichnet;

② dort, wo der Ton auf der vorletzten Silbe liegt (Pänultimabetonung), das nicht-hebräische Zeichen ´ verwendet.

1.1 Zur Schrift- und Lautlehre

§ 1 – § 3.1.3

שָׁמַר beobachten, bewahren, (be)hüten *šāmar*

חָכְמָה Weisheit *ḥåkmâ*

חָכָם weise, Weiser *ḥākām*

חָכַם weise sein/werden *ḥākam*

פָּעַל tun, machen *pāʿal*

סוּס Pferd *sûs*

קָטַל töten *qāṭal*

רוּחַ Wind, Hauch, Geist *rûaḥ*

שֹׁפֵט Richter, Retter *šōpeṭ*

שָׁפַט richten *šāpaṭ*

צֹאן Kleinvieh, Schafe und Ziegen *ṣoʾn*

עוֹד noch(mals), wieder, weiter(hin) *ʿôd*

אֹזֶן *fem.* Ohr *ʾózæn*

עָוֹן Sünde, Schuld, Unheil *ʿāwon*

דֶּרֶךְ Weg, Wandel *dæræk*

יָד *fem.* Hand *yād*

בָּרָא schaffen, erschaffen *bārāʾ*

בֵּן Sohn *ben*

בַּת Tochter *bat*

אָב Vater *ʾāb*

אֵם Mutter *ʾem*

לֹא nicht *loʾ*

שָׁם dort *šām*

פֹּה hier *poh*

אֶרֶץ *fem.* Erde, Land *ʾǽræṣ*

שָׁמַיִם Himmel *šāmáyim*

כֶּסֶף Silber, Geld *kǽsæp*

זָהָב Gold *zāhāb*

זֶרַע Same, Saat, Nachkommenschaft *zǽraʿ*

§ 3.1.4 – § 3.2.3

חֵטְא Sünde, Verfehlung *ḥeṭʾ*

חָטָא sündigen, sich fehlverhalten *ḥāṭāʾ*

מֶלֶךְ König *mǽlæk*

מָלַךְ König sein/werden, herrschen *mālak*

מַלְכָּה Königin *malkâ*

בְּרִית *fem.* Bund, Verpflichtung *bᵉrît*

לָמַד lernen; *Pi.* lehren *lāmad*

כָּתַב schreiben *kātab*

אֲנִי ich *ʾᵃnî*; auch אָנֹכִי *ʾānokî*

אֱלֹהִים (der) Gott, Götter *ʾᵆlohîm*

חֳלִי Krankheit *ḥᵒlî*

חָלָה krank sein/werden *ḥālâ*

בְּ in, an, mit (präfigierte Partikel, die auf die Fragen: wo(hin)? wann? womit? wodurch? antwortet) *bᵉ*

כְּ wie, gemäß, entsprechend (präfigierte Partikel) *kᵉ*

נָתַן geben *nātan*

עַם Volk (Verwandter) *ʿam*

וַיְהִי und es/er geschah, war, wurde *wayᵉhî*

הָיָה sein, werden, geschehen *hāyâ*

הִלֵּל *Pi.* loben, preisen; *Hit.* sich rühmen *hillel*

בָּרַךְ segnen, loben *bārak̲*

אָדָם Mensch, Menschheit *ʾādām*

אֲדָמָה Ackerland, Erde *ʾᵃdāmâ*

עֳנִי Elend, Not *ʿᵒnî*

אִישׁ Mann, ein jeder *ʾîš*

אֲנָשִׁים Männer *ʾᵃnāšîm*

עָשָׂה tun *ʿāśâ*

מַעֲשֶׂה Tat, Werk *maʿᵃśæh*

אֲנַחְנוּ wir *ʾᵃnáḥnû* auch: נַחְנוּ *náḥnû*

§ 3.3.1 – § 3.4.2

וְ und, aber (präfigierte Partikel) *wᵉ*

וַיֹּאמֶר und er sprach *wayyóʾmær*

אָמַר sprechen, sagen *ʾāmar*

וַיָּקָם und er erhob sich *wayyā́qåm*

קוּם aufstehen, sich erheben *qûm*

אוֹר Licht *ʾôr*

רָשָׁע Frevler, Gottloser, schuldig *rāšāʿ*

מַיִם Wasser *máyim*

אָכַל essen, fressen *ʾāk̲al*

אָכְלָה Essen, Speise *ʾåk̲lâ*

אַתָּה *masc.* du *ʾattâ*

אַתְּ *fem.* du *ʾat(tᵉ)* → § 4.4.1

הוּא er *hûʾ*

הִיא sie (*fem.* Sg.) *hîʾ*

וַיָּמָת und er starb *wayyā́måt*

מוּת sterben *mût*

מוֹשָׁב Wohnsitz *môšāb̲*

יָשַׁב sich setzen, sitzen, wohnen, bleiben *yāšab̲*

שֵׁב bleib! (Impt. *masc.* Sg. ישׁב) *šeb̲*

אֵת/אֶת־ „Akkusativ"-Zeichen *ʾet* / *ʾæt*

כֹּל/כָּל־ Gesamtheit, alle, jeder, ganz *kol* / *kål*

קָרָא rufen, nennen, lesen *qārāʾ*

לַיְלָה Nacht, nachts *láylâ*

יוֹם Tag *yôm*

§ 4

יָלַד gebären, erzeugen *yālad*

יֶלֶד Kind, Junge *yǽlæd*

מוֹלֶדֶת Verwandtschaft *môlǽdæt*

לָקַח nehmen *lāqaḥ*

יִקַּח er wird nehmen *yiqqaḥ*

וַיִּקַּח und er nahm *wayyiqqaḥ*

טָהֵר rein sein; *Pi.* reinigen, sich reinigen *ṭāher*

טָהוֹר rein *ṭāhôr*

טָמֵא unrein sein/werden; *Pi.* verunreinigen; *Hit.* sich verunreinigen *ṭāme'*

דָּבָר Wort, Sache, Ereignis *dāḇār*

דִּבֶּר *Pi.* reden *dibbær*

צֶדֶק Gerechtigkeit, gemeinschaftsgemäßes Verhalten *ṣǽdæq*

צְדָקָה Gerechtigkeit, gemeinschaftsgemäße Tat *ṣᵉdāqâ*

צָדַק gerecht, im Recht sein; *Hit.* sich rechtfertigen *ṣādaq*

לְ hinsichtlich, für, (präfigierte Partikel der Zielrichtung, häufig als Dativ zu übersetzen) *lᵉ*

עָפָר Staub *'āp̄ār*

מָצָא finden, antreffen *māṣā'*

שָׁלוֹם Heil, Friede, Wohlergehen *šālôm*

שָׁלֵם unversehrt/vollständig sein/werden; *Pi.* vervollständigen, ersetzen, erfüllen *šālem*

פֶּה Mund *pæh*

בָּנָה bauen *bānâ*

סָפַר zählen; *Pi.* erzählen *sāp̄ar*

סֵפֶר Schriftstück, Brief, Buch *sép̄ær*

מִסְפָּר Zahl *mispār*

כָּבֵד schwer/angesehen sein/werden *kāḇed*

כָּבוֹד Gewicht, Herrlichkeit, Ehre, Ansehen *kāḇôd*

קָטֹן klein/gering sein *qāṭon*

יָטַב gut sein/gehen *yāṭaḇ*

טוֹב gut (sein) *ṭôḇ*

רַע schlecht, böse *ra'*

רָעַע schlecht/böse sein *rā'a'*

בַּ֫יִת Haus *báyit*; st. cons. בֵּית Haus des/eines ... *bêt*

מָ֫וֶת Tod *mā́wæt*; st. cons. מוֹת Tod des/eines ... *môt*

רָצָה Gefallen haben an *rāṣâ*

רָצוֹן Wohlgefallen *rāṣôn*

רֹאשׁ Kopf, Gipfel *ro'š*

רֵאשִׁית Anfang, Erstes, Erstling *re'šît*

יָצָא hinausgehen, -ziehen *yāṣā'*

בְּאֵר Brunnen, Wasserloch *bᵉ'er*

1.2 Zu den Einführungs- und Basistexten

Durch + gekennzeichnete Wörter gelten nicht als „Lernvokabeln". Zur Umschrift und Betonung → S. 233.

Gen 1, 1-13

V. 1

בְּ in, an, mit (präfigierte Partikel, die auf die Fragen: wo(hin)? wann? womit? wodurch? antwortet) *b*^{e}

רֵאשִׁית Anfang, Erstes, Erstling *re'šît*

רֹאשׁ Kopf, Gipfel *ro'š*

רִאשׁוֹן erster, früherer *ri'šôn*

בָּרָא schaffen (nur von Gott), er/es hat geschaffen (3. *masc.* Sg. AK *Qal*) *bārā'*

אֱלֹהִים (der) Gott, Götter *'*^{æ}*lohîm*

אֵל Gott *'el*

אֲדֹנָי der HERR (nur von Gott) *'*^{a}*donāy* → § 3.4.2

אָדוֹן Herr, Gebieter *'ādôn*

יְהוָה Name des Gottes Israels, Tetragramm (YHWH) *yahwæh* → § 3.4.2

אֵת/אֶת־ „Akkusativ"-Zeichen *'et* / *'æt*

הַ· Artikel (auch הֶ, הָ, הַ → § 6.5) *ha* mit folgendem *dāgeš* forte

שָׁמַיִם Himmel *šāmáyim*

אֶרֶץ *fem.* Erde, Land *'ǽræṣ*; mit Artikel: הָאָרֶץ *hā'āræṣ*

וְ und, aber (präfigierte Partikel) *w*^{e}; auch וָ oder וּ *wā*/ *û*

V. 2

הָיְתָה sie war (3. *fem.* Sg. AK *Qal* היה) *hāy*^{e}*tâ*

הָיָה sein, werden, geschehen *hāyâ*

תֹּהוּ Wüste, Nichts *tóhû*

בֹּהוּ Leere, Öde *bóhû*; וָבֹהוּ *wāḇóhû*

חֹשֶׁךְ Finsternis *ḥóšæḵ*

אוֹר Licht *'ôr*

עַל auf, über, wegen, gegen *'al*

עָלָה hinaufgehen, -steigen *'ālâ*

יָרַד hinabgehen, -steigen *yārad*

עֹלָה (Brand-)Opfer *'olâ*

פְּנֵי Gesicht, Oberfläche der/des ... (st. cons.) *p*^{e}*nê*

פָּנִים Gesicht, Oberfläche *pānîm*

פָּנָה sich wenden *pānâ*

תְּהוֹם *fem.* Urflut *t*^{e}*hôm*

רוּחַ *fem.* Wind, Hauch, Geist *rû*^{a}*ḥ*

מְרַחֶפֶת schwebend (Part. *fem.* Sg. *Pi.* רחף) *m*^{e}*raḥǽpæt*

מַיִם Wasser *máyim*; i.p. מָיִם *mā́yim*

V. 3 וַיֹּ֫אמֶר und er/es sprach (3. *masc.* Sg. Narr. *Qal* אמר) *wayyṓ’mær*

אָמַר sagen, sprechen *’āmar*

דִּבֶּר *Pi.* reden *dibbær*

דָּבָר Wort, Sache, Ereignis *dāḇār*

יְהִי er/es werde, sei (3. *masc.* Sg. Jussiv *Qal* היה) *yᵉhî*

וַיְהִי und er/es wurde, war, geschah (3. *masc.* Sg. Narr. *Qal* היה) *wayᵉhî*

V. 4 וַיַּרְא und er/es sah (3. *masc.* Sg. Narr. *Qal* ראה) *wayyar’*

רָאָה sehen *rā’â*

כִּי Bekräftigungspartikel: ja, fürwahr, dass, denn, weil, wenn *kî*

טוֹב gut (sein) *ṭôḇ*

יָטַב gut sein/gehen *yāṭaḇ*

רַע schlecht, böse *ra‘*

רָעַע schlecht/böse sein *rā‘a‘*

וַיַּבְדֵּל und er/es trennte, schied (3. *masc.* Sg. Narr. *Hif.* בדל) *wayyaḇdel*

בֵּין zwischen *bên*

V. 5 וַיִּקְרָא und er/es nannte, rief (3. *masc.* Sg. Narr. *Qal* קרא) *wayyiqrā’*

קָרָא rufen, nennen, lesen; er/es hat genannt, nannte (3. *masc.* Sg. AK *Qal*) *qārā’*

כָּתַב schreiben *kātaḇ*

לְ hinsichtlich, für, zu (präfigierte Partikel der Zielrichtung; häufig als Dativ zu übersetzen) *lᵉ*

לַ·/לַ/לָ/לֶ לְ + Artikel → § 4.1.4a

יוֹם Tag *yôm*; Pl. יָמִים *yāmîm*; st. cons. יְמֵי *yᵉmê*

לַ֫יְלָה Nacht, nachts *láylâ*; st. cons. לֵיל *lêl*

ָה unbetont an ein Nomen angefügt: sog. Richtungs-Akkusativ (auch ה-locale genannt); in Richtung auf, nach

בֹּ֫קֶר Morgen *bóqær*

עֶ֫רֶב Abend *‘æræḇ*

אֶחָד eins, einer, auch: erster *’æḥad*; st. cons. אַחַד *’aḥad* Zu den Zahlwörtern → § 7.7

שְׁנַ֫יִם zwei *šᵉnáyim*; st. cons. שְׁנֵי *šᵉnê*

שְׁלֹשָׁה drei *šᵉlošâ*; st. cons. שְׁלֹשֶׁת *šᵉlošæt*

רִאשׁוֹן erster *ri’šôn*

שֵׁנִי zweiter *šenî*

שְׁלִישִׁי dritter *šᵉlîšî*

V. 6-8 רָקִיעַ Firmament, Feste *rāqîa‘*

תָּ֫וֶךְ Mitte *tā́wæḵ*; st. cons. תּוֹךְ *tôḵ*

וִיהִי וְ + יְהִי → § 4.3.2.2

מַבְדִּיל+ Part. *masc.* Sg. *Hif.* בדל trennen, scheiden *maḇdîl*

וַיַּ֫עַשׂ und er/es machte, tat (3. *masc.* Sg. Narr. *Qal* עשׂה) *wayya‘aś*

עָשָׂה tun, machen *ʿāśâ*

מַעֲשֶׂה Tat, Werk *maʿ^{a}śæh*

אֲשֶׁר sog. Relativpartikel (Hilfsübersetzung: wovon gilt, dass → § 5.2.2) *ʾ^{a}šær*

כַּאֲשֶׁר wie, als, weil *kaʾ^{a}šær*

מִן Partikel der Scheidung und Unterscheidung: von ... aus (gesehen), von ... weg; wegen; partitiv: einer/einige von ...; *min* zur Umschreibung des Komparativs → § 5.3.2.2 (auch zu · מִ und מֵ)

תַּ֫חַת unter(halb), an Stelle von *táḥat*

מִתַּ֫חַת לְ+ unterhalb von *mittáḥat + l^{e}*

מֵעַל לְ+ oben auf *meʿal + l^{e}*

כֵּן so *ken*

לָכֵן/עַל־כֵּן darum, deshalb *lāḵen/ ʿal ken*

V. 9-13 קָוָה[I]+ *Nif.* sich sammeln *qāwâ* (hier: 3. *masc.* Pl. PK)

מִקְוֶה[II]+ Ansammlung *miqwæh*

אֶל zu, nach *ʾæl*

מָקוֹם Ort, Stelle, Platz *māqôm*

קוּם aufstehen, sich erheben *qûm*

רָאָה sehen; *Nif.* sich sehen lassen, erscheinen *rāʾâ* (hier: 3. *fem.* Sg. PK + *w^{e}*)

יָבֵשׁ vertrocknen, verdorren *yāḇeš*

יַבָּשָׁה+ trockenes Land, Festland *yabbāšâ*

יָם Meer *yām*; Pl. יַמִּים *yāmmîm*; יָ֫מָּה meer-, westwärts *yāmmâ*

יוֹם Tag *yôm*; Pl. יָמִים *yāmîm*; st. cons. יְמֵי *y^{e}mê* → § 7.6

דָּשָׁא+ grünen *dāšāʾ*; *Hif.* sprossen lassen (hier: 3. *fem.* Sg. PK)

דֶּ֫שֶׁא+ frisches Grün *dǽšæʾ*

עֵ֫שֶׂב+ Kraut, Pflanzen *ʿéśæḇ*

זָרַע säen *zāraʿ*; *Hif.* Samen bilden (hier: Part. *masc.* Sg.)

זֶ֫רַע Same, Saat, Nachkommenschaft *zǽraʿ*

עֵץ Baum, coll.: Bäume; *ʿeṣ* Pl. עֵצִים Bäume, Holz(stücke) *ʿeṣîm*

פְּרִי Frucht *p^{e}rî*

פָּרָה fruchtbar sein *pārâ*

עָשָׂה tun, machen (hier: Part. *masc.* Sg. *Qal*) *ʿāśâ*

מִין Art *mîn*

יָצָא hinausgehen, -ziehen; *yāṣāʾ*; *Hif.* hinausgehen lassen, herausführen (hier: 3. *fem.* Sg. Narr.)

Gen 22, 1-19

V. 1 וַיְהִי und er/es geschah, war, wurde (3. *masc.* Sg. Narr. *Qal* היה) *way^{e}hî* → § 10.6.3

הָיָה sein, werden, geschehen *hāyâ*

אַחַר/אַחֲרֵי nach, hinter ... her *'aḥar / 'aḥ*^{a}*rê*

אַחֵר ein anderer *'aḥer*

דָּבָר Wort, Sache, Ereignis *dāḇār*; Pl. דְּבָרִים *d*^{e}*ḇārîm*

דִּבֶּר *Pi.* reden *dibbær*

הַ· Artikel (auch הֶ, הָ, הַ → § 6.5) *ha* mit folgendem *dāgeš* forte

זֶה dieser *zæh*

זֹאת diese, dieses (*fem.* Sg.) *zo't*

אֵלֶּה diese (*com.* Pl.) *'éllæh*

וְ und, aber (präfigierte Partikel) *w*^{e}; auch וָ oder וּ *wā/ û*

אֱלֹהִים (der) Gott; Götter *'*^{æ}*lohîm*

אֵל Gott *'el*

אֲדֹנָי der HERR (nur von Gott) *'*^{a}*donāy*

אָדוֹן Herr, Gebieter *'ādôn*

יְהוָה Name des Gottes Israels, Tetragramm (YHWH) *yahwæh* → § 3.4.2

נִסָּה *Pi.* versuchen, er /es hat versucht (3. *masc.* Sg. AK) *nissâ*

אֵת/אֶת־ „Akkusativ"-Zeichen *'et / 'æt*

אַבְרָהָם Abraham *'aḇrāhām*

וַיֹּאמֶר und er/es sprach (3. *masc.* Sg. Narr *Qal* אמר) *wayyó'mær*

אָמַר sprechen, sagen *'āmar*

אֵלָיו zu ihm *'elâw*

אֶל zu, nach *'æl*

אֵלֶיךָ zu dir (*masc.*) *'elǽḵā*

הִנֵּנִי siehe mich! siehe, hier bin ich *hinnénî*; auch: הִנֶּנִּי *hinnǽnnî*

הִנֵּה siehe! (Interjektion) *hinneh*

V. 2 קַח nimm! (Impt. *masc.* Sg. *Qal* לקח) *qaḥ*

לָקַח nehmen *lāqaḥ*

וַיִּקַּח und er/es nahm (3. *masc.* Sg. Narr *Qal* לקח) *wayyiqqaḥ*

נָתַן geben, einsetzen *nātan*

וַיִּתֵּן und er/es gab (3. *masc.* Sg. Narr. *Qal* נתן) *wayyitten*

נָא doch, bitte *nā'*

בִּנְךָ dein (*masc.*) Sohn *binḵā*

בֵּן Sohn *ben*, st. cons. בֶּן/בִּן *bin / bæn* Sohn eines/ des ...

יְחִידְךָ+ dein (*masc.*) einziger *y*^{e}*ḥîd*^{e}*ḵā*

יָחִיד + einzig(er) *yāḥîd*

אֲשֶׁר sog. Relativpartikel (Hilfsübersetzung: wovon gilt), dass *'*^{a}*šær*

כַּאֲשֶׁר wie, als, weil *ka'*^{a}*šær*

אָהַבְתָּ du hast lieb (2. *masc.* Sg. AK *Qal* אָהֵב) *'āháḇtā*

אָהֵב lieb haben *'āheḇ*

אַהֲבָה Liebe *'ah*^{a}*ḇâ*

יִצְחָק Isaak *yiṣḥāq*

לֵךְ/לֶךְ־ geh! (Impt. *masc.* Sg. *Qal*

הלך) *leḵ / læḵ*

הָלַךְ gehen *hālaḵ*

וַיֵּלֶךְ und er/es ging (3. *masc.* Sg. Narr. *Qal* הלך) *wayyélæḵ*

לְ hinsichtlich, für, (präfigierte Partikel der Zielrichtung, häufig als Dativ zu übersetzen) *l*^{e}

לְךָ לְ + 2. *masc.* Sg.; hier: nicht oder mit ‚Du‘ zu übersetzen (sog. dat. ethicus → § 5.3.2.1) *l*^{e}*ḵā*

אֶרֶץ *fem.* Erde, Land *'æræṣ*; mit Artikel: הָאָרֶץ *hā'ā́ræṣ*

שָׁמַיִם Himmel *šāmáyim*

הַמֹּרִיָּה Morija (mit Art.) *hammoriyyâ*

וְהַעֲלֵהוּ und lasse hinaufsteigen/opfere ihn (Impt. *masc.* Sg. *Hif.* + 3. *masc.* Sg. + וְ עָלָה) *w*^{e}*ha*^{ʿa}*léhû*

עָלָה hinaufgehen, -steigen *ʿālâ*

עֹלָה (Brand-)Opfer *ʿolâ*

עַל auf, über, wegen, gegen *ʿal*

יָרַד hinabgehen, -steigen *yārad*

שָׁם dort *šām*

פֹּה hier *poh*

אֶחָד eins, einer, auch: erster *'æḥad*; st. cons. אַחַד *'aḥad*. Zu den Zahlwörtern → § 7.7

שְׁנַיִם zwei *š*^{e}*náyim*; st. cons. שְׁנֵי *š*^{e}*nê*

שְׁלֹשָׁה drei *š*^{e}*lošâ*; st. cons. שְׁלֹשֶׁת *š*^{e}*lóšæt*

הַר Berg, Gebirge *har*; Pl. הָרִים *hārîm*

אֹמַר ich werde sagen (1. *com.* Sg. PK *Qal* אמר) *'omar*

V. 3 וַיַּשְׁכֵּם und er/es machte sich früh auf (3. *masc.* Sg. Narr. *Hif.* שׁכם) *wayyaškem*

שָׁכַם *Hif.* sich früh aufmachen, etwas eifrig tun (schultern lassen) *šāḵam*

שְׁכֶם Nacken, Schulter(n) *š*^{e}*ḵæm*

בְּ in, an, mit (präfigierte Partikel, die auf die Fragen: wo(hin)? wann? womit? wodurch? antwortet → § 5.3.2.1) *b*^{e}

בַּ·/בַּ/בָּ/בֶּ בְּ + Artikel

בֹּקֶר Morgen *bóqær*

עֶרֶב Abend *ʿæræḇ*

יוֹם Tag *yôm*; Pl. יָמִים *yāmîm*; st. cons. יְמֵי *y*^{e}*mê*

לַיְלָה Nacht, nachts *láylâ*; st. cons. לֵיל *lêl*

הָ unbetont an ein Nomen angefügt: sog. Richtungs-Akkusativ (auch ה-locale genannt); in Richtung auf, nach

וַיַּחֲבֹשׁ+ und er/es sattelte (3. *masc.* Sg. Narr. *Qal* חבשׁ) *wayyaḥ*^{a}*ḇoš*

חָבַשׁ + binden, verbinden, satteln *ḥāḇaš*

חֲמוֹר Esel *ḥ^amôr*

נַ֫עַר Knabe, Knecht *náʻar*

נַעֲרָה Mädchen, Magd *naʻ^arâ*

נְעוּרִים Jugend(zeit) *n^eʻûrîm*

אֵת mit, bei *'et* → § 5.3.2.2

אִתּוֹ mit sich, mit ihm *'ittô*

וַיְבַקַּע+ und er/es spaltete (3. *masc.* Sg. Narr. *Pi.* בקע) *way^eḇaqqaʻ*

בָּקַע + spalten *bāqaʻ*

עֵץ Baum, coll.: Bäume *ʻeṣ*; Pl. עֵצִים *ʻeṣîm* Holz-(stücke), Bäume; st. cons. עֲצֵי *ʻ^aṣê*

וַיָּ֫קָם und er/es stand auf (3. *masc.* Sg. Narr. *Qal* קום) *wayyā́qåm*

קוּם aufstehen, sich erheben *qûm*

מָקוֹם Ort, Stelle, Platz *māqôm*

V. 4 רֹאשׁ Kopf, Gipfel *ro'š*

רֵאשִׁית Anfang, Erstes, Erstling *re'šît*

רִאשׁוֹן erster, früherer *ri'šôn*

שֵׁנִי zweiter *šenî*; *fem.* שֵׁנִית zweite *šenît*, ein zweites Mal

שְׁלִישִׁי dritter *š^elîšî*; *fem.* שְׁלִישִׁית dritte, ein drittes Mal *š^elîšît*

נָשָׂא erheben, tragen, nehmen *nāśā'*

עַ֫יִן Auge, Quelle *ʻáyin*; st. cons. עֵין *ʻên*; Du. עֵינַ֫יִם *ʻênáyim*

אֹ֫זֶן Ohr *'ózæn*; Du. אָזְנַ֫יִם *'åznáyim*

פֶּה Mund *pæh*; st. cons. פִּי *pî*

אַף Nase, Zorn *'aḇ*; Du. אַפַּ֫יִם auch: Angesicht *'appáyim*

רָאָה sehen, *Nif.* sich sehen lassen, erscheinen *rā'â*

וַיַּרְא (3. *masc.* Sg. Narr. *Qal*) und er/es sah ראה *wayyar'*

וַיֵּרָא (3. *masc.* Sg. Narr. *Nif.*) und er/es ließ sich sehen, erschien ראה *wayyerā'*

מִן Partikel der Scheidung und Unterscheidung: von ... aus (gesehen), von ... weg; wegen; partitiv: einer/einige von ... *min*; zur Umschreibung des Komparativs → § 5.3.2.2 (auch zu · מִ und מֵ)

רָחַק fern sein, sich entfernen *rāḥaq*

רָחוֹק fern, Ferne *rāḥôq*

V. 5 יָשַׁב sich setzen, sitzen, wohnen, bleiben *yāšaḇ*

וַיֵּ֫שֶׁב (3. *masc.* Sg. Narr. *Qal*) und er/es saß, wohnte ישב *wayyéšæḇ*

שֵׁב setz dich! (Impt. *masc.* Sg. *Qal*) *šeḇ* ישב; Pl. *masc.* שְׁבוּ *š^eḇû*

יוֹשֵׁב (Part. *Qal*) Einwohner, Bewohner *yôšaḇ*

מוֹשָׁב Wohnsitz *môšāḇ*

לָכֶם לְ + 2. *masc.* Pl.; hier: sog. dat. ethicus

lāḵæm

עִם mit, bei *'im*

אֲנִי ich *'ᵃnî*; auch: אָנֹכִי → § 5.3.3.1 *'ānoḵî*

נֵלְכָה lass uns gehen (1. *com.* Pl. PK *Qal* + ה-cohortativum → § 8.5.2) הלךְ *nelᵉḵâ*

עַד bis, bis zu *'ad*

עַד Ewigkeit, immer *'ad*

כֹּה so *koh*

וְנִשְׁתַּחֲוֶה und wir werden anbeten, uns niederwerfen (1. *com.* Pl. PK *Hištaf.*) + וְ הוה *wᵉništaḥawæh*

חָוָה *Hištaf.* (sich) beugen, sich niederwerfen, anbeten → § 10.6.3 *ḥāwâ*

שׁוּב umkehren, zurückkehren (zu einer Handlung), etwas wieder tun *šûḇ*

וַיָּשָׁב und er/es kehrte zurück (3. *masc.* Sg. Narr. *Qal*) שׁוּב *wayyā́šāb*

V. 6 שִׂים setzen, stellen, legen *śîm*

וַיָּשֶׂם und er/es legte zurück (3. *masc.* Sg. Narr. *Qal*) שִׂים *wayyā́śæm*

יָד *fem.* Hand *yād*; Du. יָדַיִם *yādáyim*; st. cons. יְדֵי *yᵉdê*

בְּיַד־ durch (Vermittlung von ...) *bᵉyad*

רֶגֶל *fem.* Fuß *rǽgæl*; Du. רַגְלַיִם *ragláyim*

אֵשׁ Feuer *'eš*

אָכַל essen, fressen *'āḵal*

מַאֲכֶלֶת+ Messer *ma'ᵃḵǽlæt*

שָׁתָה trinken *šātâ*

יַחַד/יַחְדָּו zusammen, miteinander *yaḥad/ yaḥdāw*

V. 7 אָב Vater *'āḇ*; st. cons. אֲבִי *'ᵃḇî* (אָבִי mein Vater *'āḇî*); Pl. אָבוֹת *'āḇôt*

אֵם Mutter *'em*; (אִמִּי meine Mutter *'immî*)

אָח Bruder *'āḥ*; st. cons. אֲחִי *'ᵃḥî* (אָחִי mein Bruder *'āḥî*); Pl. אַחִים *'āḥîm*

אָחוֹת Schwester *'āḥôt*; Pl. אַחְיוֹת *'aḥyôt*

בֵּן Sohn *ben*; Pl. בָּנִים *bānîm*; st. cons. בְּנֵי *bᵉnê*

בַּת Tochter *bat* (בִּתִּי meine Tochter *bittî*); Pl. בָּנוֹת *bānôt*; st. cons. בְּנוֹת *bᵉnôt*

אַיֵּה/אֵי wo? *'ayyeh/ 'ê*

שֶׂה+ Stück Kleinvieh (Schaf oder Ziege) *śæh*

V. 8-9 יִרְאֶה er/es wird sehen (3. *masc.* Sg. PK *Qal*) ראה *yir'æh*

בּוֹא kommen, hineingehen, (von der Sonne) untergehen *bô'*

וַיָּבֹא er/es kam, ging hinein (3. *masc.* Sg. Narr. *Qal*) בּוֹא *wayyā́ḇo'*

שֶׁמֶשׁ Sonne *šǽmæš*

בָּנָה bauen *bānâ*

וַיִּבֶן und er/es baute (3. *masc.* Sg. Narr. *Qal*) בנה *wayyíḇæn*

מִזְבֵּחַ Altar *mizbeᵃḥ*

זָבַח opfern, schlachten *zāḇaḥ*

זֶ֫בַח (Schlacht-)Opfer *zǽḇaḥ*

עָרַךְ zurichten, ordnen *ʿārak̠*

עָקַד+ fesseln, binden *ʿāqad*

אֹתוֹ „Akkusativ"-Zeichen + 3. *masc.* Sg. (ihn) *ʾotô*

מַ֫עְלָה nach oben, darüberhinaus *máʿlâ*

מִמַּ֫עַל von oben, oben *mimmáʿal*

V. 10-12 שָׁלַח senden, (mit יָד) ausstrecken *šālaḥ*

שָׁחַט schlachten *šāḥaṭ*

קָרָא rufen, nennen, lesen *qārāʾ*

כָּתַב schreiben *kātaḇ*

מַלְאָךְ Bote, Engel *malʾāk̠*

אַל nicht! (Verneinung beim Jussiv → § 8.5.1) *ʾal*

לֹא nicht (Verneinung bei der PK/AK → § 8.5.1) *loʾ*

עָשָׂה tun, machen *ʿāśâ*

וַיַּ֫עַשׂ und er/es tat (3. *masc.* Sg. Narr. *Qal*) עשׂה *wayyáʿaś*

מַעֲשֶׂה Tat, Werk *maʿ*^{a}*śæh*

מְאוּמָה+ (irgend)etwas *m*^{e}*ʾûmâ*

כִּי Bekräftigungspartikel: ja, fürwahr, dass, denn, weil, wenn *kî*

עֵת Zeit, Zeitpunkt *ʿet*

עַתָּה jetzt, nun (אַתָּה du) *ʿattâ*

אָז damals *ʾāz*

יָדַע (er)kennen, wissen, erfahren *yādaʿ*

דַּ֫עַת Erkenntnis, Wissen *dáʿat*

יָרֵא fürchten, sich fürchten, ehrfürchtig sein *yāreʾ*

אַל־תִּירָא fürchte dich (2. *masc.* Sg. Jussiv + אל) nicht! *ʾal tîrāʾ*

אַל־תִּירְאִי fürchte dich (2. *fem.* Sg. Jussiv + אל) nicht! *ʾal tîrʾî*

יִרְאָה Furcht *yîrʾâ*

נוֹרָא furchtbar, Ehrfurcht gebietend (Part. *masc.* Sg. *Nif.*) *nôrāʾ*

חָשַׂךְ+ zurückhalten, schonen *ḥāśak̠*

מִמֶּנִּי = מִן + 1. *com.* Sg. *mimmænî*

V. 13-19 אָחַז ergreifen, halten *ʾāḥaz*

אֲחֻזָּה Besitz *ʾ*^{a}*ḥuzzâ*

אַ֫יִל Widder *ʾáyil*

סְבַךְ+ Dickicht, Gestrüpp *s*^{e}*ḇak̠*

קֶ֫רֶן Horn *qǽræn*

תַּחַת unter(halb), anstelle von *taḥat*

שֵׁם Name *šem* (שָׁם dort *šām*); Pl. שֵׁמוֹת *šemôt*

הַהוּא (הוּא + Artikel, nachgestellt) jener (bekannte, benannte ...) → § 6.4.2 *hahûʾ*

יֵאָמֵר/יֵרָאֶה er/es wird sagen / er/es wird erscheinen (3. *masc.* Sg. PK *Nif.* אמר/ראה) *yeʾāmer/yerāʾæh*

הַיּוֹם der Tag, heute → § 6.5

hayyôm

שָׁבַע *Nif.* schwören *šāḇa‘*

שִׁבְעָה sieben *šiḇ‘â*

שָׁבוּעַ Woche *šāḇû*^{a}*‘*

נְאֻם יהוה Ausspruch Jahwäs *n*^{e}*’um yhwh*

יַ֫עַן (אֲשֶׁר) wegen, weil *yá‘an* (*’*^{a}*šær*)

בָּרַךְ *Pi.* segnen, loben *bāraḵ*

בָּרוּךְ gesegnet, gepriesen (Part. pass. *Qal*) *bārûḵ*

בְּרָכָה Segen, Segenswunsch *b*^{e}*rāḵâ*

רָבָה zahlreich sein/werden; *Hif.* zahlreich machen, vermehren *rāḇâ*

הַרְבֵּה (Inf. abs. *Hif.*) viel, in Fülle *harbeh*

זָרַע säen *zāra‘*

זֶ֫רַע Same, Saat, Nachkommenschaft *zǽra‘*

כְּ wie, gemäß, entsprechend, etwa (präfigierte Partikel) *k*^{e}

כּוֹכָב Stern *kôḵāḇ*

חוֹל+ Sand *ḥôl*

שָׂפָה Lippe, Sprache, Rand, Ufer *śāpâ*

יָם Meer *yām*; Pl. יַמִּים *yāmmîm*

יָ֫מָּה meerwärts, nach Westen *yā́mmâ*

יָרַשׁ in Besitz nehmen, (be)erben *yāraš*

שַׁ֫עַר Tor *šá‘ar*

אֹיֵב/אוֹיֵב (Part.) Feind *’oyeḇ*/ *’ôyeḇ*

כֹּל/כָּל־ Gemeinsamkeit, alle, jeder, ganz *kol*/ *kål*

קוֹל Stimme, Laut, Geräusch *qôl*

גּוֹי Volk *gôy*

עַם/עָם Volk (ursprünglich: Verwandter) *‘am*/ *‘ām*; Pl. עַמִּים *‘ammîm*

עֵ֫קֶב+ (אֲשֶׁר) weil *‘éqæḇ* (*’*^{a}*šær*)

שָׁמַע hören *šāma‘*

בְּאֵר Brunnen, Wasserloch *b*^{e}*’er*

Gen 28, 10-22

V. 10 וַיֵּצֵא und er/es zog hinaus (3. *masc.* Sg. Narr *Qal* יָצָא) *wayyeṣe’*

יָצָא hinausgehen, -ziehen *yāṣā’*

יַעֲקֹב Jakob *ya‘*^{a}*qoḇ*

מִן Partikel der Scheidung und Unterscheidung: von ... aus (gesehen); von ... weg; wegen; partitiv: einer, einige von ...; *min* zur Umschreibung des Komparativs → § 5.3.2.2 (auch zu · מִ und מֵ)

בְּאֵר שָׁבַע Beerscheba *b*^{e}*’er šā́ḇa‘*

בְּאֵר Brunnen *b*^{e}*’er*

שָׁבַע schwören *šāḇa‘*

שִׁבְעָה sieben *šiḇ‘â*

וַיֵּ֫לֶךְ und er/es ging (3. *masc.* Sg. Narr. *Qal.* הלך) *wayyélæḵ*

הָלַךְ gehen *hālaḵ*

חָרָן Haran *ḥārān*

ָה unbetont an ein Nomen angefügt: sog. Richtungs-Akkusativ (auch ה-locale genannt); in Richtung auf, nach

V. 11 וַיִּפְגַּע und er/es traf (3. *masc.* Sg. Narr. *Qal* פָּגַע) *wayyip̄gaʿ*

פָּגַע (בְּ) treffen auf, dringen in *pāgaʿ (b*^{e}*)*

בְּ in, an, mit (präfigierte Partikel, die auf die Fragen: wo(hin)?, wann?, womit? wodurch? antwortet) *b*^{e}

בַּ·/בַּ/בָּ/בֶּ בְּ + Artikel

·הַ Artikel (auch הַ, הָ, הֶ → § 6.5) *ha*

מָקוֹם Ort, Stelle, Platz *māqôm*

קוּם aufstehen, sich erheben *qûm*

וַיָּלֶן und er/es übernachtete (3. *masc.* Sg. Narr. *Qal* לִין) *wayyā́læn*

לִין übernachten *lîn*

שָׁם dort *šām*

פֹּה hier *poh*

כִּי Bekräftigungspartikel: ja, fürwahr, dass, denn, weil, wenn *kî*

בָּא er/es ging gerade unter, war untergegangen (Part. *masc.* Sg. AK *Qal* בּוֹא) *bāʾ*

בּוֹא kommen, hineingehen, (von der Sonne) untergehen *bôʾ*

שֶׁמֶשׁ Sonne *šǽmæš*

וַיִּקַּח und er/es nahm (3. *masc.* Sg. Narr. *Qal* לקח) *wayyiqqaḥ*

לָקַח nehmen *lāqaḥ*

אֶבֶן Stein *ʾǽḇæn*; Pl. אֲבָנִים *ʾ*^{a}*ḇānîm*; st. cons. אַבְנֵי *ʾaḇnê* Steine des/eines ...

וַיָּשֶׂם und er/es legte, stellte (3. *masc.* Sg. Narr. *Qal* שִׂים) *wayyā́śæm*

שִׂים setzen, stellen, legen *śîm*

מְרַאֲשֹׁתָיו+ zu seinen Häupten *m*^{e}*raʾ*^{a}*šotâw*

רֹאשׁ Kopf, Gipfel *roʾš*

רֵאשִׁית Anfang, Erstes, Erstling *reʾšît*

רִאשׁוֹן erster, früherer *riʾšôn*

וַיִּשְׁכַּב und er/es legte sich nieder, schlief (3. *masc.* Sg. Narr. *Qal* שׁכב) *wayyiškaḇ*

שָׁכַב sich niederlegen, schlafen, liegen *šāḵaḇ*

הוּא er *hûʾ*; הַהוּא mit Artikel, nachgestellt: jener (bekannte, benannte ...) *hahûʾ* → § 6.4.2

V. 12 וַיַּחֲלֹם und er/es träumte (3. *masc.* Sg. Narr. Qal חלם) *wayyaḥ*^{a}*lom*

חָלַם träumen *ḥālam*

חֲלוֹם Traum *ḥ*^{a}*lôm*

וְ und, aber (präfigierte Partikel) *w*^{e}; auch וָ oder וּ *wā/û* → § 4.3.2.2

הִנֵּה siehe! (Interjektion)

hinneh

סֻלָּם+ Stufenrampe (Leiter) *sullām*

מֻצָּב (war) gestellt, stand (Part. *masc.* Sg. *Håf.* נצב) *muṣṣāḇ*

נָצַב hinstellen *nāṣaḇ*

מַצֵּבָה Kult-, Malstein, Mazzebe *maṣṣeḇâ*

אֶרֶץ *fem.* Erde, Land *’æræṣ*; mit Art. הָאָרֶץ *hā’āræṣ*

שָׁמַיִם Himmel *šāmáyim*

מַגִּיעַ reichte an, berührte (Part. *masc.* Sg. *Hif.* נגע) *maggî*^{a}*‘*

נָגַע berühren, schlagen, reichen an *nāga‘*

נֶגַע Schlag, Plage *næga‘*

מַלְאָךְ Bote, Engel *mal’āḵ*; Pl. מַלְאָכִים *mal’āḵîm*; st. cons. מַלְאֲכֵי *mal’*^{a}*ḵê* Boten des/eines ...

אֱלֹהִים (der) Gott, Götter *’*^{æ}*lohîm*; st. cons. אֱלֹהֵי *’*^{æ}*lohê*

אֵל Gott *’el*

אֲדֹנָי der HERR (nur von Gott) *’*^{a}*donāy* → § 3.4.2

אָדוֹן Herr, Gebieter *’ādôn*

יְהוָה Name des Gottes Israels, Tetragramm (YHWH) *yahwæh* → § 3.4.2

עֹלִים (waren) hinaufsteigend, stiegen hinauf (Part. *masc.* Pl. *Qal* עלה) *‘olîm*

עָלָה hinaufgehen, -steigen *‘alâ*

עֹלָה (Brand-)Opfer *‘olâ*

עַל auf, über, wegen, gegen *‘al*

יֹרְדִים (waren) hinabsteigend, stiegen hinab (Part. *masc.* Pl. *Qal* ירד) *yor*^{e}*dîm*

יָרַד hinabgehen, -steigen *yārad*

בּוֹ = בְּ + 3. *masc.* Sg. *bô*

V. 13 נִצָּב (hatte sich hingestellt) stand (Part. *masc.* Sg. *Nif.* נצב) *niṣṣāḇ*

עָלָיו = עַל + 3. *masc.* Sg. *‘ālâw*

וַיֹּאמֶר und er/es sprach (3. *masc.* Sg. Narr. *Qal* אמר) *wayyó’mær* i.p. וַיֹּאמַר *wayyo’mar*

אָמַר sagen, sprechen *’āmar*

אֲנִי ich *’*^{a}*nî*; auch: אָנֹכִי *’ānoḵî*

אַתָּה du (*masc.*) *’attâ*

אָבִיךָ dein (*masc.*) Vater *’āḇîḵā*

אָב Vater *’āḇ*; st. cons. אֲבִי *’*^{a}*ḇî* (אָבִי mein Vater *’āḇî*); Pl. אָבוֹת *’āḇôt*

אֵם Mutter *’em* (אִמִּי meine Mutter *’immî*)

אָח Bruder *’āḥ*; st. cons. אֲחִי *’*^{a}*ḥî*; (אָחִי mein Bruder *’āḥî*); Pl. אַחִים *’aḥîm*

אָחוֹת Schwester *’āḥôt*; Pl. אַחְיוֹת* *’āḥyôt*

בֵּן Sohn *ben*; st. cons. בֶּן/בִּן *bin/bæn*; Pl. בָּנִים *bānîm*; st. cons. בְּנֵי *b*^{e}*nê*

בַּת Tochter *bāt*; (בִּתִּי meine Tochter *bittî*) Pl. בָּנוֹת *bānôt*; st. cons. בְּנוֹת *b*^{e}*nôt*

אֲשֶׁר sog. Relativpartikel (Hilfsübersetzung: wovon gilt), dass *ʼ*^{a}*šær*

כַּאֲשֶׁר wie, als, weil *kaʼ*^{a}*šær*

שֹׁכֵב liegend; Part. *masc.* Sg. *Qal* שׁכב *šoḵeḇ*

עָלֶיהָ = עַל + 3. *fem.* Sg. *ʻālǽhā*

לְךָ = לְ + 2. *masc.* Sg. *l*^{e}*ḵā*

לְ hinsichtlich, für, zu (präfigierte Partikel der Zielrichtung; häufig als Dativ zu übersetzen) *l*^{e}

אֶתְּנֶנָּה ich werde/will sie/es geben (1. *com.* Sg. PK *Qal* + 3. *fem.* Sg. + נ-energ. → § 8.7.8 נתן) *ʼætt*^{e}*nænnâ*

נָתַן geben, einsetzen *nātan*

זֶרַע Same, Saat, Nachkommenschaft *zæraʻ*

זָרַע säen *zāraʻ*

V. 14 וְהָיָה und er/es wird sein, werden, geschehen (3. *masc.* Sg. וAK *Qal* היה) *w*^{e}*hāyâ*

הָיָה sein, werden, geschehen *hāyâ*

וַיְהִי und er/es war, wurde, geschah (3. *masc.* Sg. Narr. *Qal* היה) *way*^{e}*hî*

כְּ wie, gemäß, entsprechend, etwa *k*^{e}

עָפָר Staub *ʻāpār*

וּפָרַצְתָּ und du wirst dich ausbreiten (2. *masc.* Sg. וAK *Qal* פרץ) *ûpāraṣtā*

פָּרַץ einreißen, ausbrechen, sich ausbreiten *pāraṣ*

יָם Meer, Westen *yām*; Pl. יַמִּים *yāmmîm*; יָמָּה meer-, westwärts *yāmmâ*

יוֹם Tag *yôm*; Pl. יָמִים *yāmîm*; st. cons. יְמֵי *y*^{e}*mê*

קֶדֶם Osten, Vorzeit *qǽdæm*

צָפוֹן Norden (nordsyr. Berg) *ṣāpôn*

נֶגֶב Süden, Südland, Negeb *nǽgæḇ*

בָּרַךְ *Pi.* segnen, loben; *Nif.* sich Segen wünschen *bāraḵ*

בָּרוּךְ gesegnet, gepriesen (Part. Pass. *Qal* ברך) *bārûḵ*

בְּרָכָה Segen, Segenswunsch *b*^{e}*rāḵâ*

כֹּל/כָּל־ Gesamtheit, alle, jeder, ganz *kol/kål*

קוֹל Stimme, Laut, Geräusch *qôl*

מִשְׁפָּחָה Geschlecht, Sippe *mišpāḥâ*

אֲדָמָה Ackerland, Erde *ʼ*^{a}*dāmâ*

אָדָם Mensch, Menschheit *ʼādām*

V. 15 עִם mit, bei *ʻim*

שָׁמַר bewahren, beobachten, (be)hüten *šāmar*

שׁוּב umkehren, zurückkehren (zu einer Handlung),

etwas wieder tun *šûḇ*

וַיָּשָׁב und er/es kehrte zurück (3. *masc.* Sg. Narr. *Qal* שׁוּב) *wayyā́šāḇ*

אֶל zu, nach *’æl*

זֹאת diese, dieses (*fem.* Sg.) *zo’t*

זֶה dieser *zæh*

אֵלֶּה diese (*com.* Pl.) *’élæh*

לֹא nicht (Verneinung bei der PK/AK → § 8.5.1) *lo’*

אַל nicht! (Verneinung beim Jussiv → § 8.5.1) *’al*

עָזַב verlassen *‘āzaḇ*

עַד bis, bis zu *‘ad*

עַד Ewigkeit, immer *‘ad*

אִם wenn, ob *’im*; im ellipt. Schwursatz: gewiss nicht; אִם לֹא: gewiss → § 5.2.3.3 *’im lo’*

עָשָׂה tun, machen *‘āśâ*

מַעֲשֶׂה Tat, Werk *ma‘^{a}śæh*

אֵת/אֶת־ „Akkusativ“-Zeichen → § 6.3 *’et / ’æt*

דבר *Pi.* (דִּבֶּר) reden *dibbær*

דָּבָר Wort, Sache, Ereignis *dāḇār*

V. 16 יָקַץ aufwachen *yāqaṣ*

יָשֵׁן schlafen, einschlafen *yāšen*

שֵׁנָה Schlaf *šenâ*

אָכֵן+ fürwahr, jedoch *’āḵen*

אַךְ nur, jedoch, ja, fürwahr *’aḵ*

יֵשׁ (Vorhandensein), es gibt, es ist vorhanden *yeš*

אַיִן st. cons. אֵין (Nicht [vorhanden-] sein), es ist nicht (vorhanden), es gibt nicht; Negation im Nominalsatz: nicht → § 5.3.2.3 *’ayin/’ên*

יָדַע (er)kennen, wissen, erfahren *yāda‘*

דַּעַת Erkenntnis, Wissen *dá‘at*

V. 17 יָרֵא fürchten, sich fürchten, ehrfürchtig sein *yāre’*

אַל־תִּירָא fürchte dich (3. *masc.* Sg. Jussiv ירא) nicht! *’al tîr’ā’*

אַל־תִּרְאִי fürchte dich (3. *fem.* Sg. Jussiv ירא) nicht! *’al tir’î*

יָרֵא fürchtend, ein Fürchtender (Part. *masc.* Sg. *Qal*) *yāre’*

יִרְאָה Furcht *yir’â*

נוֹרָא (Part. *Nif.*) furchtbar, Ehrfurcht gebietend *nôrā’*

מַה־·/מָה/מֶה was? wie! → § 5.2.3.1 *māh/mæh*

מִי wer? → § 5.2.3.1 *mî*

כִּי אִם sondern, außer *kî ’im*

בַּיִת Haus *báyit*; st. cons. בֵּית *bêt*; Pl. בָּתִּים *bāttîm*; st. cons. בָּתֵּי *bāttê*

שַׁעַר Tor *šá‘ar*

V. 18-19 שָׁכַם *Hif.* sich früh aufmachen, etwas eifrig tun, (schultern lassen) *šāḵam*

שְׁכֶם Nacken, Schulter(n) *šᵉkæm*

בֹּ֫קֶר Morgen *bóqær*

עֶ֫רֶב Abend *'æræb*

לַ֫יְלָה Nacht, nachts; st.cons. לֵיל *láylâ / lêl*

יָצַק gießen, ausgießen *yāṣaq*

שֶׁ֫מֶן Öl, Fett *šǽmæn*

קָרָא rufen, nennen, lesen *qāra'*

כָּתַב schreiben *kātab*

שֵׁם Name *šem* (שָׁם dort *šām*); Pl. שֵׁמוֹת *šemôt*

אוּלָם⁺ dagegen, jedoch *'ûlām*

עִיר Stadt *'îr*; Pl. עָרִים *'ārîm*; st. cons. עָרֵי *'ārê*

לָ/בָּרִאשֹׁנָה früher, vormals *lā / bāri'šônâ*

V. 20 נָדַר geloben *nādar*

נֶ֫דֶר Gelübde *nǽdær*

עִמָּדִי = עִם + 1. *com.* Sg. (vgl. עִמִּי) → § 5.3.3.2 *'immādî / 'immî*

דֶּ֫רֶךְ Weg, Wandel *dǽræk*

דָּרַךְ treten *dārak*

לֶ֫חֶם Brot, Speise, Nahrung *lǽḥæm*

אָכַל essen, fressen *'ākal*

אָכְלָה Essen, Speise *'åklâ*

בֶּ֫גֶד Kleid(ung) *bǽgæd*

לָבַשׁ anziehen, sich bekleiden mit *lābaš*

שָׁלוֹם Heil, Friede, Wohlergehen *šālôm*

שָׁלֵם unversehrt/vollständig sein/werden; *Pi.* vervollständigen, erfüllen *šālem*

עָשַׂר *Pi.* verzehnten, den Zehnten entrichten *'āśar*

עֲשָׂרָה zehn *'ᵃśārâ*

עֶשְׂרִים zwanzig *'æśrîm*

Psalm 22,2a

אֵלִי mein Gott *'elî*

אֵל Gott *'el*

אֱלֹהִים (der) Gott, Götter *'ᵆlohîm*; st. cons. אֱלֹהֵי *'ᵆlohê*

אֲדֹנָי der HERR (nur von Gott) *'ᵃdonāy* → § 3.4.2

אָדוֹן Herr, Gebieter *'ādôn*

יְהוָה Name des Gottes Israels, Tetragramm (YHWH) *yahwæh* → § 3.4.2

לָמָּה warum? *lāmâ*

עֲזַבְתָּ֫נִי du hast mich verlassen (2. *masc.* Sg. AK *Qal* + 1. *com.* Sg. עזב) *'āzabtánî*

עָזַב verlassen *'āzab*

Psalm 96

שִׁירוּ singt! (Impt. *masc.* Pl. *Qal* שִׁיר) *šîrû*

שִׁיר singen *šîr*

שִׁיר Lied, Gesang *šîr*

ליהוה *lᵉyahwæh*; יהוה Name des Gottes Israels, Tetragramm (YHWH) *yahwæh* → § 3.4.2

לְ hinsichtlich, für, zu (präfigierte Partikel der

Zielrichtung, häufig als Dativ zu übersetzen) *l*^{e}

חָדָשׁ neu, frisch *ḥādāš*

חִדֵּשׁ *Pi.* erneuern *ḥādaš*

חֹ֫דֶשׁ Neumond, Monat *ḥódæš*

כֹּל/כָּל־ Gesamtheit, jeder, ganz, alle *kol/kål*

הַ· Artikel (auch הֶ, הָ, הַ → § 6.5) *ha* mit folgendem *dāgeš* forte

אֶ֫רֶץ *fem.* Erde, Land *'ǽræṣ*; mit Artikel: הָאָ֫רֶץ *hā'ā́ræṣ*

שָׁמַ֫יִם Himmel *šāmáyim*

V. 2 בָּרְכוּ lobet! (Impt. *masc.* Pl. *Pi.* ברך) *bār*^{a}*ḵû*

בָּרַךְ *Pi.* segnen, loben *bāraḵ*

בָּרוּךְ gesegnet, gepriesen (Part. Pass. *Qal* ברך) *bārûḵ*

בְּרָכָה Segen, Segenswunsch *b*^{e}*rāḵâ*

שְׁמוֹ sein Name *š*^{e}*mô*

שֵׁם Name *šem*

בַּשְּׂרוּ verkündet! (Impt. *masc.* Pl. *Pi.* בשׂר) *baśś*^{e}*rû*

בָּשַׂר *Pi.* Botschaft bringen, verkünden *bāśar*

מִן Partikel der Scheidung und Unterscheidung: von ... aus (gesehen); von ... weg; wegen; partitiv: einer, einige von ...; *min* zur Umschreibung des Komparativs → § 5.3.2.2 (auch zu ·מִ und מֵ)

יוֹם Tag *yôm*; Pl. יָמִים *yāmîm*; st. cons. יְמֵי *y*^{e}*mê*

לַ֫יְלָה Nacht, nachts *láylâ*; st. cons. לֵיל *lêl*

ָה unbetont an ein Nomen angefügt: sog. Richtungs-Akkusativ (auch ה-locale genannt); in Richtung auf, nach

בֹּ֫קֶר Morgen *bóqær*

עֶ֫רֶב Abend *'ǽræḇ*

יְשׁוּעָתוֹ seine Hilfe *y*^{e}*šû'ātô*

יְשׁוּעָה/תְּשׁוּעָה Hilfe, Rettung, Heil *y*^{e}*/t*^{e}*šû'â*

יָשַׁע *Hif.* helfen, retten *yāša'*

V. 3 סַפְּרוּ erzählt! (Impt. *masc.* Pl. *Pi.* ספר) *sapp*^{e}*rû*

סָפַר zählen, *Pi.* erzählen *sāp̄ar*

סֵ֫פֶר Schriftstück, Brief, Buch *sép̄ær*

מִסְפָּר Zahl *mispār*

בְּ in, an, mit (präfigierte Partikel, die auf die Fragen: wo(hin)? wann? womit? wodurch? antwortet → § 5.3.2.1) *b*^{e}

בַּ·/בַּ/בָּ/בֶּ בְּ + Artikel

גּוֹיִם Völker *gôyim*

גּוֹי Volk *gôy*

עַם/עָם Volk (urspr. Verwandter) *'am/'ām*; Pl. עַמִּים *'ammîm*

כְּבוֹדוֹ seine Herrlichkeit *k*^{e}*ḇôdô*

כָּבוֹד Gewicht, Ansehen, Ehre, Herrlichkeit *kāḇôd*

כָּבֵד schwer/angesehen sein/werden *kaḇed*

נִפְלְאוֹתָיו seine Wundertaten (Part. *fem.* Pl. *Nif.* + 3. *masc.* Sg. פלא) *nip̄l^{e}ʾôtâw*

פָּלָא *Nif.* wunderbar sein, zu schwer sein *pālāʾ*

V. 4 כִּי Bekräftigungspartikel: ja, fürwahr, dass, denn, weil, wenn *kî*

גָּדוֹל groß *gādôl*

גָּדַל groß werden, wachsen, *Pi.* groß machen *gādal*

קָטֹן klein/gering sein *qāṭon*

קָטֹן/קָטָן klein *qāṭon/qāṭān*

וּמְהֻלָּל und ein Preisenswerter (Part. *masc.* Sg. *Pu.* + ו הלל) *ûm^{e}hullāl*

הָלַל *Pi.* loben, preisen *hālal*

וְ und, aber (präfigierte Partikel) *w^{e}*; auch וָ oder וּ *wā/û* → § 4.3.2.2

מְאֹד (Übermaß, Kraft), sehr (dann meist nachstehend) *m^{e}ʾod*

נוֹרָא furchtbar, Ehrfurcht gebietend (Part. *masc.* Sg. *Nif.* ירא) *nôrāʾ*

יָרֵא fürchten, sich fürchten, ehrfürchtig sein *yāreʾ*

אַל־תִּירָא fürchte dich (*masc.*) nicht! (2. *masc.* Sg. Jussiv *Qal* ירא + אל) *ʾal tîrāʾ*

יִרְאָה Furcht *yirʾâ*

הוּא er *hûʾ* → § 5.3.3.1 + § 6.4.2

עַל auf, über, wegen, gegen *ʿal*

עָלָה hinaufgehen, -steigen *ʿālâ*

וַיַּעַל und er/es ging hinauf (3. *masc.* Sg. Narr. *Qal* עלה) *wayyaʿal*

עֹלָה (Brand-)Opfer *ʿolâ*

יָרַד hinabgehen, -steigen *yārad*

וַיֵּרֶד und er/es ging herab (3. *masc.* Sg. Narr. *Qal* ירד) *wayyéræd*

אֱלֹהִים (der) Gott, Götter *ʾ^{æ}lohîm*; → § 6.6 st. cons. אֱלֹהֵי *ʾ^{æ}lohê*

אֵל Gott *ʾel*

אֲדֹנָי der HERR (nur von Gott) *ʾ^{a}donāy* → § 3.4.2

אָדוֹן Herr, Gebieter *ʾādôn*

V. 5-6 אֱלִיל nichtig, Nichtigkeit, Götze *ʾ^{æ}lîl*

עָשָׂה tun, machen, er/es hat gemacht (3. *masc.* Sg. AK *Qal* עשׂה) *ʿāśâ*

וַיַּעַשׂ und er/es machte (3. *masc.* Sg. Narr. *Qal* עשׂה) *wayyáʿaś*

מַעֲשֶׂה Tat, Werk *maʿ^{a}śæh*

הוֹד Hoheit, Majestät *hôd*

הָדָר Pracht *hādār*

לְפָנָיו vor ihm (פָּנִים + לְ + 3. *masc.* Sg.) *l^{e}pānâw*

פָּנִים Gesicht, Oberfläche *pānîm*

לִפְנֵי vor *lip̄nê*

עֹז Kraft, Macht *ʿoz*

תִּפְאֶרֶת Zierde, Ruhm, Ehre, Stolz *tip̄ʾæræt*

קָדַשׁ heilig sein;

Pi./Hif. heiligen *qādaš*

קָדוֹשׁ heilig *qādôš*

קֹדֶשׁ Heiliges, Heiligkeit, Heiligtum *qódæš*

מִקְדָּשׁ Heiligtum *miqdāš*

V. 7-9 הָבוּ gebt! (Impt. *masc.* Pl. יהב) *hāḇû*; Sg. הַב *hab*; mit ה-adhort. הָבָה *hāḇâ* → § 10.4.3 zu יהב

יָהַב geben (belegt sind nur die Imperative) *yāhaḇ*

מִשְׁפָּחָה Geschlecht, Sippe *mišpāḥâ*

נָשָׂא erheben, tragen, nehmen *nāśā'*

מִנְחָה Geschenk, Gabe, (Speise-)Opfer *minḥâ*

עֹלָה (Brand-)Opfer *ʻolâ*

זֶבַח (Schlacht-)Opfer *zæḇaḥ*

זָבַח opfern, schlachten *záḇaḥ*

מִזְבֵּחַ Altar *mizbe*^{a}*ḥ*

בּוֹא kommen, hineingehen, untergehen (von der Sonne) *bô'*

וַיָּבֹא und er/es kam (3. *masc.* Sg. Narr. *Qal* בּוֹא) *wayyāḇo'*

בָּא er/es war gekommen, kommend (3. *masc.* Sg. AK *Qal* /Part. *masc.* Sg. *Qal* בּוֹא) *bā'*

הָלַךְ gehen *hālaḵ*

וַיֵּלֶךְ und er/es ging (3. *masc.* Sg. Narr. *Qal* הלךְ) *wayyélæḵ*

לֵךְ geh! (Impt. *masc.* Sg. *Qal* הלךְ) *leḵ*

חָצֵר Hof, Vorhof *ḥāṣer*

חָוָה *Hištaf.* (sich) beugen, sich niederwerfen, anbeten → § 10.6.3 *ḥāwâ*

הַדְרָה+ Schmuck, Erhabenheit *hadrâ*

חִיל+ Wehen haben, erbeben *ḥîl*

V. 10-11 אָמַר sagen, sprechen *ʼāmar*

וַיֹּאמֶר und er/es sprach (3. *masc.* Sg. Narr. *Qal* אמר) *wayyóʼmær*

דבר *Pi.* (דִּבֶּר) reden *dibbær*

דָּבָר Wort, Sache, Ereignis *dāḇār*

מָלַךְ König sein/werden, herrschen (hier: 3. *masc.* Sg. AK *Qal* i.p.) *mālaḵ*

מֶלֶךְ König *mælæḵ*

אַף I auch, sogar *ʼap̄*

אַף II Nase, Zorn *ʼap̄*; Du. אַפַּיִם, auch: Angesicht *ʼappáyim*

כּוּן *Nif.* fest stehen/sein, Bestand haben, bereit sein *kûn*

תֵּבֵל *fem.* Festland, Erdkreis, Erde *tebel*

בַּל nicht (poet.) *bal*

לֹא nicht (Verneinung bei der PK/AK) *lo'*

אַל nicht! (Verneinung beim Jussiv → § 8.5.1) *ʼal*

אַיִן/אֵין־ Nicht (vorhanden-) sein, es ist nicht (vorhanden), es gibt nicht; Negation im Nominalsatz: nicht → § 5.2.2.3 *'áyin / 'ên*

מוּט wanken; *Nif.* ins Wanken gebracht werden *mûṭ*

דִּין Recht schaffen, Gericht halten, richten *dîn*

מֵישָׁרִים+ Ebene, Geradheit, Gerechtigkeit *mêšārîm*

יָשַׁר gerade/recht sein *yāšār*

יָשָׁר gerade, recht, aufrichtig *yāšar*

שָׂמַח sich freuen *śāmaḥ*

שִׂמְחָה Freude *śimḥâ*

גִּיל frohlocken, jauchzen *gîl*

רָעַם+ toben, lärmen *rā'am*

יָם Meer *yām*; Pl. יַמִּים *yammîm*

מָלֵא voll sein, (er)füllen *māle'*

מְלֹא Fülle *m^{e}lo'*

V. 12-13 עָלַז+ jubeln *'ālaz*

שָׂדֶה Feld, Gefilde *śādæh*; selten dafür: שָׂדַי *śāday*

אֲשֶׁר sog. Relativpartikel (Hilfsübersetzung: wovon gilt), dass *'^{a}šær*

אָז damals, dann *'āz*

רָנַן jubeln, jauchzen; *Pi.* jubeln, preisen *rānan*

עֵץ Baum, auch coll. Holz *'eṣ*

יַ֫עַר+ Wald, Dickicht *ya'ar*

שָׁפַט richten *šāpaṭ*

שֹׁפֵט Richter, Retter *šopeṭ*

מִשְׁפָּט Gericht, Recht(ssache), (das) Wesenseigene, -gemäße *mišpāṭ*

צֶ֫דֶק Gerechtigkeit, gemeinschaftgemäßes Verhalten *ṣǽdæq*

צְדָקָה Gerechtigkeit, gemeinschaftsgemäße Tat *ṣ^{e}dāqâ*

אֱמֶת/אֱמוּנָה Festigkeit, Treue, Zuverlässigkeit, Wahrheit *'^{æ}mæt / '^{æ}mûnâ*

אָמַן *Nif.* fest/zuverlässig/treu sein *'āman*

אָמֵן gewiss, so ist es! *'āmen*

Psalm 117

הַלְלוּ lobet! (Impt. *masc.* Pl. *Pi.* הלל) *hal^{e}lû*

הָלַל loben, preisen *hālal*

אֵת/אֶת־ „Akkusativ"-Zeichen *'et/'æt*

יְהוָה Name des Gottes Israels, Tetragramm (YHWH) *yahwæh* → § 3.4.2

יָהּ Nebenform zu יהוה *yāh*

אֱלֹהִים (der) Gott, Götter *'^{æ}lohîm*; st. cons. אֱלֹהֵי *'^{æ}lohê*

אֵל Gott *'el*

אֲדֹנָי der HERR (nur von Gott) *'^{a}donāy* → § 3.4.2

אָדוֹן Herr, Gebieter *'ādôn*

כֹּל/כָּל־ Gesamtheit, jeder, ganz, alle *kol/kål*

גּוֹיִם Völker *gôyim*

גּוֹי Volk *gôy*

עַם/עָם Volk (urspr. Verwandter) *'am/'ām*; Pl. עַמִּים *'ammîm*

שַׁבְּחוּהוּ preiset ihn! (Impt. *masc.* Pl. *Pi.* + 3. *masc.* Sg. שׁבח) *šabb^{e}ḥûhû*

שָׁבַח + *Pi.* preisen, rühmen *šāḇaḥ*

הַ· Artikel (auch הֶ, הָ, הַ → § 6.5) *ha* mit folgendem *dāgeš* forte

כִּי Bekräftigungspartikel: ja, fürwahr, dass, denn, weil, wenn *kî*

גָּבַר überlegen/stark/mächtig sein; er/es war/ist mächtig (3. *masc.* Sg. AK *Qal* גבר) *gāḇar*

גִּבּוֹר stark, Held, Krieger *gibbôr*

גְּבוּרָה Kraft, Macht *g^{e}ḇûrâ*

עָלֵינוּ über uns (עַל + 1. *com.* Pl.) *'ālḗnû*

עַל auf, über, wegen, gegen *'al*

עָלָה hinaufgehen, -steigen *'ālâ*

וַיַּעַל und er/es ging hinauf (3. *masc.* Sg. Narr. *Qal* עלה) *wayyá'al*

עֹלָה (Brand-)Opfer *'olâ*

יָרַד hinabgehen, -steigen *yārad*

וַיֵּרֶד und er/es ging herab (3. *masc.* Sg. Narr. *Qal* ירד) *wayyéræd*

חַסְדּוֹ seine Gnade/Güte (חֶסֶד + 3. *masc.* Sg.) *ḥasdô*

חֶסֶד Güte, Gnade, Treue, Loyalität *ḥǽsæd*

וֶאֱמֶת und (die) Wahrheit ... *wæ'^{æ}mæt*

אֱמֶת/אֱמוּנָה Festigkeit, Treue, Zuverlässigkeit, Beständigkeit, Wahrheit *'^{æ}mæt/'^{æ}mûnâ*

אָמַן *Nif.* fest/zuverlässig/treu sein, Bestand haben *'āman*

אָמֵן gewiss, so ist es! *'āmen*

לְ hinsichtlich, für, zu (präfigierte Partikel der Zielrichtung, häufig als Dativ zu übersetzen) *l^{e}*

עוֹלָם Ewigkeit, unbestimmte, ferne Zeit *'ôlām*

Psalm 136

V. 1 הוֹדוּ dankt!, bekennt! (Impt. *masc.* Pl. *Hif.* ידה) *hôdû*

יָדָה *Hif.* preisen, loben, bekennen, danken *yādâ*

תּוֹדָה Lob-, Danklied, Lob-, Dankopfer *tôdâ*

ליהוה *l^{e}yahwæh*; יהוה Name des Gottes Israels, Tetragramm (YHWH) *yahwæh* → § 3.4.2

לְ hinsichtlich, für, zu (präfigierte Partikel der Zielrichtung, häufig als Dativ zu übersetzen) *l^{e}*

כְּ wie, gemäß, entsprechend (präfigierte Partikel) *k^{e}*

טוֹב gut (sein) *ṭôḇ*

יָטַב gut sein/gehen *yāṭaḇ*

רַע schlecht, böse *ra'*

רָעַע schlecht/böse sein *rāʿaʿ*

עוֹלָם Ewigkeit, unbestimmte, ferne Zeit *ʿôlām*

חַסְדּוֹ seine Gnade/Güte (חֶ֫סֶד + 3. *masc.* Sg.) *ḥasdô*

חֶ֫סֶד Güte, Gnade, Treue, Loyalität *ḥǽsæd*

V. 2-5 הַ· Artikel (auch הֶ, הָ, הַ → § 6.5) *ha* mit folgendem *dāgeš* forte

אֱלֹהִים (der) Gott, Götter *ʾ*^{æ}*lohîm*; st. cons. אֱלֹהֵי *ʾ*^{æ}*lohê*

אֵל Gott *ʾel*

אֲדֹנָי der HERR (nur von Gott) *ʾ*^{a}*donāy* → § 3.4.2

אָדוֹן Herr, Gebieter *ʾādôn*; Pl. אֲדֹנִים *ʾ*^{a}*donîm*; st. cons. אֲדֹנֵי *ʾ*^{a}*donê*; + לְ: לַאֲדֹנֵי *laʾ*^{a}*donê*

עֹשֶׂה tuend, machend; der/das tut, (der) Täter, Tuende (Part. *masc.* Sg. *Qal* עשׂה) *ʿośæh*; st. cons. עֹשֵׂה *ʿośeh*

עָשָׂה tun, machen, er/es hat gemacht (3. *masc.* Sg. AK *Qal* עשׂה) *ʿāśâ*

מַעֲשֶׂה Tat, Werk *maʿ*^{a}*śæh*

נִפְלָאוֹת Wunder(taten) (Part. *fem.* Pl. *Nif.* פלא) *niplāʾôt*

פָּלָא *Nif.* wunderbar/zu schwer sein *pālāʾ*

גָּדוֹל groß *gādôl*

גְּדֹלוֹת (die) Großen *fem.* Pl. *g*^{e}*dolôt*

גְּדֹלִים (die) Großen *masc.* Pl. *g*^{e}*dolîm*

גָּדַל groß werden, wachsen, *Pi.* groß machen *gādal*

קָטֹן klein/gering sein *qāṭon*

קָטֹן/קָטָן klein *qāṭon/qāṭān*

לְבַדּוֹ er allein *l*^{e}*baddô*

לְבַד + allein, für sich (בַּד [Teil] + לְ) *l*^{e}*bad*

שָׁמַ֫יִם Himmel *šāmáyim*

אֶ֫רֶץ *fem.* Erde, Land *ʾǽræṣ*; mit Artikel: הָאָ֫רֶץ *hāʾā́ræṣ*

בְּ in, an, mit (präfigierte Partikel, die auf die Fragen: wo(hin)? wann? womit? wodurch? antwortet → § 5.3.2.1) *b*^{e}

בַּ·/בַּ/בָּ/בֶּ = בְּ + Artikel; בִּ vor *š*^{e}*wa* → § 4.3.2.2

תְּבוּנָה Einsicht, Weisheit *t*^{e}*bûnâ*

V. 6-7 רֹקַע befestigt/das Befestigte (Part. *masc.* Sg. st. cons. *Qal* רקע) *roqaʿ*

רָקַע + befestigen, breit-, fest-treten *rāqaʿ*

רָקִיעַ Firmament, Feste *rāqî*^{a}*ʿ*

עַל auf, über, wegen, gegen *ʿal*

עָלָה hinaufgehen, -steigen *ʿālâ*

וַיַּ֫עַל und er/es ging hinauf (3. *masc.* Sg. Narr. *Qal* עלה) *wayyáʿal*

עֹלָה (Brand-) Opfer *ʿolâ*

יָרַד hinabgehen, -steigen *yārad*

וַיֵּ֫רֶד und er/es ging herab (3.

masc. Sg. Narr. *Qal* ירד) *wayyéræd*

מַיִם Wasser *máyim*; st. cons. מֵימֵי/מֵי *mê/mêmê*

יָם Meer *yām*; Pl. יַמִּים *yammîm*

אוֹר Licht *'ôr*

V. 8-9 אֵת/אֶת־ „Akkusativ“-Zeichen *'et/'æt*

שֶׁמֶשׁ Sonne *šǽmæš*

יָרֵחַ Mond *yāre*^{a}*ḥ*

כּוֹכָב Stern *kôḵāḇ*

מֶמְשָׁלָה+ Herrschaft *mæmšālâ*; st. cons. מֶמְשֶׁלֶת *mæmšǽlæt*; Pl. מֶמְשְׁלוֹת *mæmš*^{e}*lôt*

מָשַׁל herrschen *māšal*

וְ und, aber (präfigierte Partikel) *w*^{e}; auch וָ oder וּ *wā/û* → § 4.3.2.2

יוֹם Tag *yôm*; Pl. יָמִים *yāmîm*; st. cons. יְמֵי *y*^{e}*mê*

לַיְלָה Nacht, nachts *láylâ*; st. cons. לֵיל *lêl*

ָה unbetont an ein Nomen angefügt: sog. Richtungs-Akkusativ (auch ה-locale genannt); in Richtung auf, nach

בֹּקֶר Morgen *bóqær*

עֶרֶב Abend *'ǽræḇ*

V. 10-13 מַכֶּה schlagend, der Schlagende (Part. *masc.* Sg. *Hif.* נכה) *makkæh*

נָכָה *Hif.* schlagen, erschlagen *nāḵâ*

מִצְרַיִם Ägypten (Ägypter) *miṣráyim*

בְּכֹר erstgeboren, Erstgeborener *b*^{e}*ḵor* (בְּכוֹרֵיהֶם Pl. + 3. *masc.* Pl.) *b*^{e}*ḵôrêhæm*

וַיּוֹצֵא und er/es führte hinaus (3. *masc.* Sg. Narr. *Hif.* יצא) *wayyôṣe'*

יָצָא hinausgehen, -ziehen, *Hif.* herausführen *yāṣā'*

וַיֵּצֵא und er/es zog hinaus (3. *masc.* Sg. Narr. *Qal* יצא) *wayyeṣe'*

בּוֹא kommen, hineingehen, untergehen (von der Sonne) *bô'*

וַיָּבֹא und er/es kam, ging hinein (3. *masc.* Sg. Narr. *Qal* בּוֹא) *wayyābo'*

הָלַךְ gehen, *Hif.* führen *hālaḵ*

וַיֵּלֶךְ und er/es ging (3. *masc.* Sg. Narr. *Qal* הלך) *wayyélæḵ*

מִן Partikel der Scheidung und Unterscheidung: von ... aus (gesehen); von ... weg; wegen; partitiv: einer, einige von ...; *min* zur Umschreibung des Komparativs → § 5.3.2.2 (auch zu ·מִ und מֵ)

תָּוֶךְ Mitte *tā́wæḵ*; st. cons. תּוֹךְ *tôḵ*

יָד *fem.* Hand *yād*; Du. יָדַיִם *yādáyim*; st. cons. יְדֵי *yedê*

בְּיַד־ durch (Vermittlung von ...) *b*^{e}*yad*

רֶגֶל *fem.* Fuß *rǽgæl*; Du.

רַגְלַ֫יִם *ragláyim*

זְרוֹעַ *fem.* Arm, Gewalt *z*^{e}*rô*^{a}*‘*

חָזַק fest/stark sein/werden *ḥāzaq*

חָזָק fest, stark, hart *ḥāzāq*; *fem.* חֲזָקָה *ḥ*^{a}*zāqâ*

נָטָה ausstrecken, neigen, abbiegen *nāṭâ*

נְטוּיָה ausgestreckt (Part. *fem.* Sg. Pass. *Qal* נטה) *neṭûyâ*

גָּזַר⁺ schneiden, teilen *gāzar*

גֶּ֫זֶר ⁺ Teil, Stück *gǽzær*

סוּף Schilf *sûp̄*

V. 14-17 עָבַר durchziehen, vorübergehen, überschreiten; *Hif.* hindurchführen *‘āḇar*

וְהֶעֱבִיר und er/es wird hindurchführen (3. *masc.* Sg. ו AK *Hif.* עבר) *w*^{e}*ha*$^{‘a}$*ḇîr*

נָעַר⁺ (ab)schütteln; *Pi.* abschütteln *nā‘ar*

פַּרְעֹה Pharao *par‘oh*

חַיִל Kraft, Vermögen, Tüchtigkeit *ḥáyil*; st. cons. חֵיל *ḥêl*

עַם/עָם Volk (urspr. Verwandter) *‘am/ ‘ām*; Pl. עַמִּים *‘ammîm*

גּוֹי Volk *gôy*

מִדְבָּר Wüste, Steppe *midbar*

מֶ֫לֶךְ König *mǽlæḵ*; Pl. מְלָכִים *m*^{e}*lāḵîm*; st. cons. מַלְכֵי *malḵê*

מָלַךְ König sein/werden, herrschen *mālaḵ*

V. 18-20 הָרַג töten, erschlagen *hārag*

אַדִּיר⁺ gewaltig, mächtig, vornehm *’adîr*

נָתַן geben, einsetzen *nātan*

וַיִּתֵּן und er/es hat gegeben, eingesetzt (3. *masc.* Sg. Narr. *Qal* נתן) *wayyitten*

לָקַח nehmen *lāqaḥ*

וַיִּקַּח und er/es hat genommen (3. *masc.* Sg. Narr. *Qal* לקח) *wayyiqqaḥ*

נַחֲלָה Besitz, Erbe, Erbbesitz *naḥ*^{a}*lâ*

עֶ֫בֶד Knecht, Diener, Sklave *‘æḇæd*

עָבַד dienen, arbeiten *‘āḇad*

עֲבֹדָה Arbeit, Dienst *‘*^{a}*ḇodâ*

אֲשֶׁר/שֶׁ· sog. Relativpartikel (Hilfsübersetzung: wovon gilt), dass *’*^{a}*šær / šæ*

שֵׁ֫פֶל⁺ Niedrigkeit *šépæl*

שָׁפֵל niedrig/demütig sein *šāpel*

זָכַר denken an, sich erinnern *zāḵar*

זִכָּרוֹן Ansehen, Gedächtnis, Gedenken *zikkārôn*

פָּרַק⁺ (los)reißen *pāraq*

צַר Feind *ṣar*

לֶ֫חֶם Brot, Speise, Nahrung *lǽḥæm*

כֹּל/כָּל־ Gesamtheit, alle, jeder, ganz *kol / kål*

בָּשָׂר Fleisch *bāśār*

1.3 Zu den Folge- und Übungstexten

Die folgenden Vokabeln (und Eigennamen), die im bisherigen Vokabular mindestens viermal aufgeführt wurden bzw. bei der Behandlung des grammatischen Stoffes besonders betont vorkommen, *werden nunmehr als bekannt vorausgesetzt* und in den Vokabelteilen zu den weiteren Texten in der Regel nicht mehr angeführt.

אָב	Vater → § 7.6
אַבְרָהָם	Abraham
אָדוֹן	Herr, Gebieter
אֲדֹנָי	der HERR (nur von Gott)
אָח	Bruder → § 7.6
אָחוֹת	Schwester → § 7.6
אֶחָד	eins, einer; st. cons. אַחַד
שְׁנַיִם	zwei; st. cons. שְׁנֵי
שְׁלֹשָׁה	drei; st. cons. שְׁלֹשֶׁה
אִישׁ	Mann, ein jeder → § 7.6
אֲנָשִׁים	Männer
אכל	essen, fressen
אָכְלָה	Essen, Speise
אַל	nicht! (Verneinung beim Jussiv → § 8.5.1)
אֵל	Gott
אֶל	zu, nach
אֵלֶּה	diese (*com.* Pl. → § 6.4)
זֶה	dieser
זֹאת	diese, dieses (*fem.* Sg.)
אֱלֹהִים	(der) Gott, Götter
אֵם	Mutter
אמר	sagen, sprechen
אֲנִי/אָנֹכִי	ich → § 5.3.3.1
אֶרֶץ	*fem.* Erde, Land
אֲשֶׁר	sog. Relativpartikel (Hilfsübersetzung: wovon gilt), dass
כַּאֲשֶׁר	wie, als, weil
אֵת/אֶת־	„Akkusativ"-Zeichen → § 6.3
אַתָּה	*masc.* du → § 5.3.3.1
אַתְּ	*fem.* du
בְּ	in, an, mit
בּוֹא	kommen, hineingehen, (von der Sonne) untergehen; *Hif.* bringen
וַיָּבֹא	und er/es kam
בֵּן	Sohn → § 7.6
בֹּקֶר	Morgen
ברך	*Pi.* segnen, loben
בָּרוּךְ	(Part. Pass. *Qal*) gesegnet, gepriesen
בְּרָכָה	Segen, Segenswunsch
בַּת	Tochter → § 7.6
גּוֹי	Volk
דבר	*Pi.* (דִּבֶּר) reden
דָּבָר	Wort, Sache, Ereignis
הַ·/הַ/הָ/הֶ	Artikel → § 6.5

הוּא er → § 5.3.3.1

הִיא sie (*fem.* Sg.)

היה sein, werden, geschehen

וַיְהִי und er/es wurde, war, geschah

הלך gehen

וַיֵּלֶךְ und er/es ging

לֵךְ geh!

הִנֵּה/הֵן siehe! → § 5.1.2

וְ/וָ/וּ und, aber

זֹאת diese, dieses (*fem.* Sg.) (→ אֵלֶּה)

זֶה dieser

יְהוּדָה Juda

יְהוּדִי(ת) Judäer(in)

יהוה Name des Gottes Israels; Tetragramm (YHWH)

יוֹם Tag (Pl. יָמִים) → § 7.6

הַיּוֹם heute, der/dieser Tag

יָם Meer (Pl. יַמִּים) → § 7.6

יָמָּה meerwärts, nach Westen

יצא hinausgehen, -ziehen; *Hif.* hinausführen

וַיֵּצֵא und er/es ging hinaus

יָרֵא fürchten, sich fürchten, ehrfürchtig sein

יָרֵא fürchtend, Fürchtender

ירד hinabgehen, -steigen; *Hif.* hinabführen

וַיֵּרֶד und er/es stieg hinab

יְרוּשָׁלַיִם Jerusalem → § 3.4.2

ישב sich setzen, sitzen, bleiben, wohnen; *Hif.* wohnen lassen

וַיֵּשֶׁב und er/es blieb

יוֹשֵׁב Einwohner, Bewohner

כְּ wie, gemäß, entsprechend, etwa

כַּאֲשֶׁר wie, als, weil → אֲשֶׁר

כָּבֵד schwer/angesehen sein/werden; *Pi.* ehren

כָּבֵד schwer

כָּבוֹד Gewicht, Ansehen, Ehre, Herrlichkeit

כִּי Bekräftigungspartikel: ja, fürwahr, dass, denn, weil, wenn

כֹּל/כָּל־ Gesamtheit, alle, jeder, ganz

כתב schreiben

לְ Partikel der Zielrichtung: hinsichtlich, für, zu (häufig als Dativ zu übersetzen)

לֹא nicht

לַיְלָה Nacht, nachts (st. cons. לֵיל)

לקח nehmen

וַיִּקַּח und er/es nahm

מִן/מִ·/מֵ Partikel der Scheidung und Unterscheidung: von ... aus (gesehen); von ... weg; wegen; partitiv: einer, einige von ...; zur Umschreibung des Komparativs → § 5.3.2.2

נתן geben, einsetzen

וַיִּתֵּן und er/es gab

עַל auf, über, wegen, gegen

עלה hinaufgehen, -steigen, *Hif.* hinaufführen, -steigen lassen

עֹלָה (Brand-)Opfer

עַם/עָם Volk (Verwandter)

עֶ֫רֶב Abend

עשׂה tun, machen

מַעֲשֶׂה Tat, Werk

פֹּה hier, hierher

קום aufstehen, sich erheben; *Hif.* aufstellen, erstehen lassen

מָקוֹם Ort, Stelle, Platz

קרא rufen, nennen, lesen; *Nif.* gerufen/genannt werden

ראשׁ Kopf, Gipfel

רִאשׁוֹן erster, früherer

רֵאשִׁית Anfang, Erstes, Erstling

שְׁלֹשָׁה drei → אֶחַד

שָׁם dort

שָׁ֫מָּה dorthin, dort

שֵׁם Name

שָׁמַ֫יִם Himmel

שְׁנַ֫יִם zwei → אֶחַד

Gen 12,1-20

אַבְרָם Abram

לֵךְ Impt. *masc.* Sg. *Qal* הלך

לְךָ sog. dativus ethicus → § 5.3.2.1

מוֹלֶ֫דֶת Verwandtschaft, Nachkommenschaft

ילד gebären, erzeugen

יֶ֫לֶד Kind, Junge

בַּ֫יִת Haus; st. cons. בֵּית; Pl. בָּתִּים; st. cons. בָּתֵּי

ראה sehen, *Nif.* sich sehen lassen, erscheinen; *Hif.* sehen lassen, zeigen (zur Form → § 10.6.3)

רֹאֶה Seher (Part. *Qal* st. abs. ראה)

גָּדוֹל groß

גדל groß sein/werden, wachsen; *Pi.* groß machen/ziehen; *Hif.* Großes tun, groß machen

מִגְדָּל Turm

קָטֹן klein/gering sein

קָטֹן/קָטָן klein, gering

קלל gering/schnell/leicht sein; *Pi.* verfluchen, für verflucht erklären

ארר verfluchen

מִשְׁפָּחָה Geschlecht, Sippe

אֲדָמָה Ackerland, Erde

אָדָם Mensch, Menschheit

אֵת mit, bei

לוֹט Lot

חֲמִשָּׁה fünf

שִׁשָּׁה sechs

שִׁבְעָה sieben

שְׁמֹנָה acht

תִּשְׁעָה neun

עֲשָׂרָה zehn

שָׁנָה Jahr

צֵאת Inf. cons. *Qal* יצא

חָרָן Haran

שָׂרַי Saraj

אִשָּׁה Frau

רְכוּשׁ+ Besitz, Habe

רכשׁ+ sammeln, erwerben

נֶ֫פֶשׁ *fem.* „Seele“, (Kehle, Schlund), Begierde, Lebenskraft, Leben, Lebewesen, Person

לֶ֫כֶת Inf. cons. *Qal* הלך

כְּנַ֫עַן Kanaan

כְּנַעֲנִי(ת) Kanaaniter(in)

עבר durchziehen, vorüberziehen, überschreiten

עַד bis, bis zu

שְׁכֶם Sichem (Schulter)

אֵלוֹן+ großer Baum, Terebinthe, Eiche

ירה *Hif.* lehren, unterweisen

תּוֹרָה Weisung, Gesetz

מוֹרֶה Part. *Hif.* st. abs. ירה

אָז damals, dann

זֶ֫רַע Same, Saat, Nachkommenschaft

זרע säen

בנה bauen

מִזְבֵּחַ Altar

זבח opfern, schlachten

זֶ֫בַח (Schlacht-)Opfer

עתק+ *Hif.* weiterziehen

הַר Berg, Gebirge

קֶ֫דֶם Vorzeit, Osten, vorn, früher

צָפוֹן Norden (nordsyr. Berg)

נֶ֫גֶב Süden, Südland, Negeb

יָם Meer, Westen

בֵּית־אֵל Bethel

נטה ausstrecken, neigen, abbiegen, (aufschlagen)

אֹ֫הֶל Zelt

הָעַי Ai

נסע herausziehen, aufbrechen, weiterziehen (zum Inf. cons. → § 7.3)

V. 10-20 רָעָב Hunger, Hungersnot

מִצְרַ֫יִם Ägypten

מִצְרִי(ת) Ägypter(in)

גּוּר sich als Schutzbürger aufhalten

גֵּר Schutzbürger, Fremdling

קרב sich nähern, nahe sein; *Hif.* sich nähern, heranbringen

אִשָּׁה Frau

נָא doch, bitte!

ידע (er)kennen, wissen, erfahren

דַּעַת Erkenntnis, Wissen

יָפֶה schön, Schönheit

מַרְאֶה Sehen, Aussehen, Erscheinung (Part. *Hif.* st. abs. ראה)

ראה sehen; *Nif.* sich sehen lassen, erscheinen; *Hif.* sehen lassen, zeigen

רֹאֶה Seher (Part. *Qal* st. abs. ראה)

אַתְּ du (*fem.*)

הרג töten, erschlagen

חיה leben, am Leben bleiben; *Pi./Hif.* am Leben erhalten

חַי lebendig, Leben

לְמַעַן um ... willen, zu, damit (מען)

+בַּעֲבוּר um ... willen, zu, damit (עבר)

+בִּגְלַל wegen (גלל)

יטב gut sein/gehen, gefallen; *Hif.* gut handeln/machen

טוֹב gut, gut sein

נֶפֶשׁ *fem.* „Seele", (Kehle, Schlund), Begierde, Lebenskraft, Leben, Lebewesen, Person

הִיא sie (*fem.*)

מְאֹד (Übermaß, Kraft), sehr

שַׂר Oberster, Befehlshaber, Beamter

פַּרְעֹה Pharao

הלל *Pi.* loben, preisen

בַּיִת Haus; st. cons. בֵּית; Pl. בָּתִּים; st. cons. בָּתֵּי

צֹאן Kleinvieh, Schafe und Ziegen

בָּקָר Rindvieh

חֲמוֹר Esel

אָתוֹן Eselin

+גָּמָל Kamel

עֶבֶד Knecht, Diener, Sklave

עבד dienen, arbeiten

עֲבֹדָה Arbeit, Dienst

שִׁפְחָה Magd, Sklavin

נגע berühren, schlagen, reichen an; *Pi.* schlagen, treffen

נֶגַע Schlag, Plage

גָּדוֹל groß

גדל groß sein/werden, wachsen; *Pi.* groß machen/ziehen

מַה־/מָה/מֶה was? wie! → § 5.2.3.1

לָמָּה/לָמָה warum?

נגד *Hif.* mitteilen, berichten

עַתָּה jetzt, nun

אַתָּה du (*masc.*)

צוה *Pi.* befehlen, beauftragen

אִישׁ Mann, ein jeder;
Pl. אֲנָשִׁים, st. cons. אַנְשֵׁי

שׁלח senden; *Pi.* aussenden, entlassen, begleiten

Ex 2,1-21

V. 1-10

אִישׁ Mann, ein jeder;
Pl. אֲנָשִׁים, st. cons. אַנְשֵׁי

אִשָּׁה Frau; st. cons. אֵשֶׁת,
Pl. נָשִׁים, st. cons. נְשֵׁי

בַּיִת Haus; st. cons. בֵּית;
Pl. בָּתִּים; st. cons. בָּתֵּי

לֵוִי Levi

הרה schwanger sein/werden, empfangen

ילד gebären, erzeugen

יֶלֶד Kind, Junge

מוֹלֶדֶת Verwandtschaft, Nachkommenschaft

ראה sehen; *Nif.* sich sehen lassen, erscheinen

רֹאֶה Seher (Part. *Qal* st. abs. ראה)

מַרְאֶה Sehen, Aussehen, Erscheinung
(Part. *Hif.* st. abs. ראה)

טוֹב gut, schön, gut sein

יטב gut sein/gehen, gefallen; *Hif.* gut handeln/machen

צפן+ verbergen; *Hif.* verborgen halten

אֶחָד eins, einer; st. cons. אַחַד

שְׁנַיִם zwei; st. cons. שְׁנֵי

שְׁלֹשָׁה drei; st. cons. שְׁלֹשֶׁת

יֶרַח+ Monat

יָרֵחַ Mond

שֶׁמֶשׁ Sonne

כּוֹכָב Stern

יָכֹל können, vermögen, überlegen sein

עוֹד noch(mals), wieder, weiter(hin)

הַצְּפִינוֹ Inf. cons. *Hif.* + 3. *masc.* Sg. צפן, im צ Dageš forte dirimens

תֵּבָה Kasten, Arche

גֹּמֶא+ Papyrus

חמר+ verpichen

חֵמָר+ Erdpech, Asphalt

זֶפֶת+ Pech, Harz

שִׂים setzen, stellen, legen

סוּף+ Schilf

שָׂפָה Lippe, Sprache, Rand, Ufer

(הַ)יְאֹר Fluss, Strom, Nil

יצב *Hitp.* sich hinstellen
(lies: וַתִּתְיַצֵּב)

נצב *Hif.* hinstellen

מַצֵּבָה Kult-, Malstein, Mazzebe

רָחוֹק fern, Ferne

רחק fern sein, sich entfernen

דֵּעָה+ statt: דַּעַת;
Inf. cons. *Qal* ידע

ידע (er)kennen, wissen, erfahren; *Nif.* offenbaren, bekannt werden

מַה·/מָה/מֶה was? wie!

פַּרְעֹה Pharao

רחץ	(sich) waschen
נַעֲרָה	Mädchen, Magd
נַ֫עַר	Junge, Knecht
נְעוּרִים	Jugend(zeit)
יָד	Hand, Gewalt
עַל־יַד־	an der Seite von, neben
תָּ֫וֶךְ	Mitte; st. cons. תּוֹךְ
שׁלח	senden, (mit יָד) ausstrecken; *Pi.* aussenden, entlassen
אָמָה	Magd, Sklavin
פתח	öffnen
פֶּ֫תַח	Öffnung, Tor
בכה	weinen, beweinen
בְּכִי	Weinen
+חמל	Mitleid empfinden, schonen
עִבְרִי(ת)	Hebräer(in), Hebräisch
הֲ/הַ/הֶ	präfigierte Fragepartikel, ה-interrogativum → § 5.2.3.1
ינק	saugen; *Hif.* säugen, stillen
+מֵינֶ֫קֶת	Amme (Part. *fem. Hif.* ינק)
+עַלְמָה	junge Frau
+הֵילִ֫יכִי	entspricht: הוֹלִ֫יכִי
+שָׂכָר	Lohn
גדל	groß sein/werden, wachsen; *Pi.* groß machen/ziehen; *Hif.* Großes tun, groß machen
גָּדוֹל	groß
קָטֹן	klein/gering sein
קָטֹן/קָטָן	klein, gering
מֹשֶׁה	Mose
מַ֫יִם	Wasser
+משׁה	herausziehen

V. 11-21

הֵם/הֵמָּה	sie (Pl. *masc.*); mit Artikel nachgestellt: jene (bekannten, benannten ...)
+סְבָלוֹת	Fronarbeiten
נכה	*Hif.* schlagen, erschlagen
פנה	sich wenden
פָּנִים	Gesicht, Oberfläche
לִפְנֵי	vor
מִפְּנֵי	wegen
כֹּה	so (hier: hierhin, dorthin)
אַ֫יִן/אֵין־	Nicht (vorhanden-) sein, es ist nicht (vorhanden), es gibt nicht; Negation im Nominalsatz: nicht
יֵשׁ	(Vorhandensein), es ist vorhanden, es gibt
+טמן	verbergen, verscharren
חוֹל	Sand
רִאשׁוֹן	erster, früherer
שֵׁנִי	zweiter; nächstens
שְׁלִישִׁי	dritter
+נצה	*Nif.* (sich) streiten
רָשָׁע	Frevler, Gottloser, schuldig, im Unrecht
רשׁע	im Unrecht/schuldig sein
לָ֫מָּה	warum?; auch: לָמָּה

רֵעַ Nächster, Volksgenosse, Freund, anderer

מִי wer?

שַׂר Oberster, Befehlshaber, Beamter

שֹׁפֵט Richter, Retter

שׁפט richten

מִשְׁפָּט Gericht, Recht(ssache), das Wesenseigene, -gemäße

הרג töten, erschlagen

אָכֵן fürwahr, jedoch

שׁמע hören

בקשׁ *Pi.* suchen

ברח fliehen, entlaufen

מִדְיָן Midian

בְּאֵר *fem.* Brunnen, Wasserloch

כֹּהֵן Priester

חֲמִשָּׁה fünf

שִׁשָּׁה sechs

שִׁבְעָה sieben → § 7.7

דלה+ schöpfen

מָלֵא voll, voll sein, (er)füllen; *Pi.* füllen, vollmachen

רַ֫הַט+ Tränkrinne

שׁקה *Hif.* tränken, zu trinken geben

צֹאן Kleinvieh, Schafe und Ziegen

בָּקָר Rindvieh

רֹעֶה Hirte (Part. *Qal* st. abs. רעה)

רעה weiden, hüten

גרשׁ vertreiben, verstoßen; *Pi.* vertreiben (Suffix *masc.* für *fem.*)

ישׁע *Hif.* helfen, retten

יְשׁוּעָה Hilfe, Rettung, Heil

רְעוּאֵל Reguel

מַדּוּעַ warum?

מהר *Pi.* sich beeilen, eilen

נצל *Hif.* entreißen, retten

גַּם auch, sogar

דלה+ schöpfen, zur Übersetzung des Inf. abs. → § 8.4.2

אֵי/אַיֵּה wo? (אַיּוֹ wo ist er?)

זֶה verstärkt hier die Fragepartikel: Warum denn?

עזב verlassen

קִרְאֶן entspricht: קְרֶאנָה

לֶ֫חֶם Brot, Speise, Nahrung

יאל+ *Hif.* sich entscheiden

אֵת/אֶת־ mit, bei

צִפֹּרָה Zippora

Dtn 6,4-15

V. 4-9 שׁמע hören

אהב lieb haben

אַהֲבָה Liebe

לֵב/לֵבָב *fem.* Herz

נֶ֫פֶשׁ *fem.* „Seele“, (Kehle, Schlund), Begierde, Lebenskraft, Leben, Lebewesen, Person

מְאֹד (Übermaß, Kraft), sehr (dann meist nachgestellt)

צוה *Pi.* befehlen, beauftragen

מִצְוָה Gebot

שׁנן+ *Pi.* wiederholen, vorsprechen

בְּשִׁבְתְּךָ zur Übersetzung des Inf. cons. + בְּ (hier: ישׁב; dann הלך u.a.) → § 5.2.3.4 + § 8.3

בַּיִת Haus; st. cons. בֵּית; Pl. בָּתִּים; st. cons. בָּתֵּי

דֶּרֶךְ Weg, Wandel

שׁכב sich niederlegen, liegen, schlafen

מִשְׁכָּב Lager, Bett

קשׁר+ binden, sich verschwören, Aufruhr stiften

אוֹת Zeichen

יָד *fem.* Hand, Gewalt

טֹ(ו)טָפֹת+ Merkzeichen, Phylakterien

בֵּין zwischen

עַיִן Auge, Quelle; st. cons. עֵין; Du. עֵינַיִם

אֹזֶן Ohr; Du. אָזְנַיִם

פֶּה Mund; st. cons. פִּי

אַף Nase, Zorn; Du. אַפַּיִם auch: Angesicht

מְזוּזָה+ Türpfosten

שַׁעַר Tor

V. 10-15 שׁבע *Nif.* schwören

עִיר Stadt; Pl. עָרִים; st. cons. עָרֵי

גָּדוֹל groß

גדל groß sein/werden, wachsen; *Pi.* groß machen/ziehen; *Hif.* Großes tun, groß machen

מִגְדָּל Turm

קָטֹן klein/gering sein

קָטֹן/קָטָן klein, gering

טוֹב gut (sein)

טוּב Gut, Güte, Wohlstand

יטב gut sein/gehen, gefallen; *Hif.* gut handeln/machen

רעע schlecht/böse sein; *Hif.* schlecht handeln, schaden

רַע schlecht, böse

בנה bauen

מָלֵא voll

מָלֵא voll sein, (er)füllen; *Pi.* füllen, vollmachen

בּוֹר Grube, Zisterne

חצב+ behauen, aushauen

כֶּרֶם Weinberg

זַיִת Ölbaum

נטע pflanzen

שׂבע satt werden/sein

שׁמר bewahren, beobachten, (be)hüten; *Nif.* sich hüten, behütet werden

פֶּן damit nicht, dass nicht

שׁכח vergessen

זכר denken an, sich erinnern

	זִכָּרוֹן	Ansehen, Gedächtnis, Gedenken
	מִצְרַ֫יִם	Ägypten
	מִצְרִי(ת)	Ägypter(in)
	עֶ֫בֶד	Knecht, Diener, Sklave
	עבד	dienen, arbeiten
	עֲבֹדָה	Arbeit, Dienst
	תֵּלְכוּן	entspricht: תֵּלְכוּ; ן-paragogicum → § 8.2
	אַחֲרֵי/אַחַר	nach, hinter ... her
	אַחֵר	ein anderer
	סָבִיב	Umkreis, ringsum (auch Pl.)
	סבב	sich wenden, umgeben, umgehen; *Hif.* wenden
	קַנָּא+	eifersüchtig
	קנא	*Pi.* eifersüchtig sein, eifern
	קֶ֫רֶב	Inneres, Mitte, Eingeweide
	חרה	entbrennen, heiß/zornig werden
	שׁמד	*Hif.* vertilgen, zerstören; *Nif.* vertilgt werden
	פָּנִים	Gesicht, Oberfläche
	לִפְנֵי	vor
	פנה	sich wenden
	אֲדָמָה	Ackerland, Erde
	אָדָם	Mensch, Menschheit

2 Sam 11,1-27

V. 1	תְּשׁוּבָה+	Rückkehr
	שׁוב	zurückkehren, umkehren, etwas wieder tun
	שָׁנָה	Jahr
	עֵת	Zeit, Zeitpunkt
	צֵאת	Inf. cons. *Qal* יצא
	המלאכים	lies: הַמְּלָכִים
	מֶ֫לֶךְ	König
	מלך	König sein/werden, herrschen
	מַלְכָּה	Königin
	מְלוּכָה	Königtum
	מַלְכוּת/ מַמְלָכָה	*fem.* Königsherrschaft, Königreich
	מַלְאָךְ	Bote, Engel
	שׁלח	senden, (mit יָד) ausstrecken; *Pi.* aussenden, entlassen
	יוֹאָב+	Joab
	עֶ֫בֶד	Knecht, Diener, Sklave
	עבד	dienen, arbeiten
	עֲבֹדָה	Arbeit, Dienst
	עִם	mit, bei
	שׁחת	*Hif.* verderben, vernichten
	עַמּוֹן+	Ammon
	צור	verschnüren, einschließen, belagern (mit עַל)
	רַבָּה+	Rabba
V. 2-3	מִשְׁכָּב	Lager, Bett
	שׁכב	sich niederlegen, liegen
	הלך	*Hitp.* wandeln
	גַּג+	Dach, Dachgarten
	בַּ֫יִת	Haus; st. cons. בֵּית; Pl. בָּתִּים; st. cons. בָּתֵּי

ראה	sehen; *Nif.* sich sehen lassen, erscheinen; *Hif.* sehen lassen, zeigen
רֹאֶה	Seher (Part. *Qal* st. abs. ראה)
מַרְאֶה	Sehen, Aussehen, Erscheinung (Part. *Hif.* st. abs. ראה)
אִשָּׁה	Frau; st. cons. **אֵשֶׁת**; Pl. **נָשִׁים**; st. cons. **נְשֵׁי**
אִישׁ	Mann, ein jeder; Pl. **אֲנָשִׁים**; st. cons. **אַנְשֵׁי**
רחץ	(sich) waschen
טוֹב	gut, Schönheit
טוֹב	gut sein
יטב	gut sein/gehen, gefallen; *Hif.* gut handeln/machen
רעע	schlecht/böse sein; *Hif.* schlecht handeln, schaden
רַע	schlecht, böse
מְאֹד	(Übermaß, Kraft), sehr (dann meist nachgestellt)
דרשׁ	nach etwas fragen (mit לְ), fordern, sich wenden an
הֲלוֹא	= **לֹא** + ה-interrogativum
הֲ/הַ/הֶ	präfigierte Fragepartikel, ה-interrogativum → § 5.2.3.1
בַּת־שֶׁבַע+	Batseba
אֱלִיעָם+	Eliam
אוּרִיָּה+	Urija
(ה)חִתִּי+	Hetiter

V. 4-8

הִיא	sie (*fem.* Sg.)
קדשׁ	heilig sein; *Pi./Hif.* heiligen; *Hit.* sich heiligen
קָדוֹשׁ	heilig
קֹדֶשׁ	Heiliges, Heiligtum, Heiligkeit
מִקְדָּשׁ	Heiligtum
טֻמְאָה+	Unreinheit
טָמֵא	unrein, unrein sein/werden; *Pi.* verunreinigen; *Hit.* sich verunreinigen
הרה	schwanger sein/werden, empfangen
הָרָה +	schwanger
נגד	*Hif.* mitteilen, berichten
שׁאל	fragen nach (mit לְ), bitten
שָׁלוֹם	Heil, Friede, (Wohl-)Ergehen
שָׁלֵם	unversehrt/vollständig sein/werden; *Pi.* ersetzen, vervollständigen, erfüllen
מִלְחָמָה	Kampf, Krieg
לחם	*Nif.* kämpfen, Krieg führen
רֶגֶל	*fem.* Fuß
יָד	*fem.* Hand, Gewalt
בְּיַד	(in der Hand des ...), durch
אַחַר/אַחֲרֵי	nach, hinter ... her
אַחֵר	ein anderer
מַשְׂאֵת+	Erhebung, Spende
נשׂא	erheben, tragen, nehmen;

		Nif. sich erheben, getragen werden
V. 9-15	פֶּ֫תַח	Öffnung, Tor
	פתח	öffnen
	אֵת/אֶת־	mit, bei
	דֶּ֫רֶךְ	Weg, Wandel, (Reise)
	דרךְ	treten
	מַדּ֫וּעַ	warum?
	אֲרוֹן	Kasten, mit Artikel: Lade
	סֻכָּה	(Laub-)Hütte
	פָּנִים	Gesicht, Oberfläche
	לִפְנֵי	vor
	פנה	sich wenden
	שָׂדֶה	Feld, Gefilde
	חנה	sich lagern
	מַחֲנֶה	Lager, Heer
	שׁתה	trinken
	חַי	Leben, lebendig
	חיה	leben, am Leben bleiben; *Pi./Hif.* am Leben erhalten
	אִם	wenn, ob; im ellipt. Schwursatz → § 5.2.3.3: nicht
	נֶ֫פֶשׁ	*fem.* „Seele“, (Kehle, Schlund), Begierde, Lebenskraft, Leben, Lebewesen, Person
	שֵׁב	Impt. *masc.* Sg. *Qal* ישׁב
	בָּזֶה	= בְּ (Vorton-*qāmæṣ*) + זֶה, unter dieser Bedingung, hier
	גַּם	auch, sogar
	מָחָר	morgen
	+מָחֳרָת	folgender Tag; + מִן am folgenden Tag
	+שׁכר	betrunken sein/werden; *Pi.* betrunken machen
	סֵ֫פֶר	Schriftstück, Brief, Buch
	ספר	zählen, *Pi.* erzählen
	מִסְפָּר	Zahl
	יהב	geben (nur Impt.) → § 10.4.3
	+מוּל	Vorderseite, gegenüber
	+פְּנֵי מִלְחָמָה	Front
	חָזָק	fest, stark, hart
	חזק	fest/stark sein/werden; *Pi.* stark machen; *Hif.* ergreifen, stark sein lassen
	נכה	*Nif.* getroffen werden; *Hif.* schlagen, erschlagen
	מות	sterben; *Hif.* sterben lassen, töten
	מָ֫וֶת	Tod; st. cons. מוֹת
V. 16-23	שׁמר	bewahren, beobachten (auch mit אֶל), (be)hüten; zum Inf. mit בְּ → § 8.3
	עִיר	*fem.* Stadt
	ידע	(er)kennen, wissen, erfahren
	דַּ֫עַת	Erkenntnis, Wissen
	אַנְשֵׁי	→ אִישׁ
	חַ֫יִל	Kraft, Vermögen, Heer
	נפל	fallen
	מִן	partitiv: einer, einige ... von
	צוה	*Pi.* befehlen, beauftragen

מִצְוָה Gebot

כלה fertig sein/werden, aufhören, enden; *Pi.* vollenden, austilgen; zum Inf. mit כְּ → § 8.3

חֵמָה Hitze, Zorn, Gift

נגשׁ herantreten, sich nähern

הֲלוֹא nicht?

ירה^{I} werfen, schießen

חוֹמָה (Stadt-)Mauer

מִי wer?

אֲבִימֶלֶךְ+ Abimelech

יְרֻבֶּשֶׁת+ (Jerubbäschät) Jerubbaal

שׁלךְ werfen, wegtun

פֶּלַח+ Scheibe, Mühlstein

רֶכֶב (Streit-)Wagen, (-Zug)

פֶּלַח רֶכֶב+ oberer (Hand-)Mühlstein

תֵּבֵץ+ Tebez

לָמָה warum?; auch: לָמָּה

גבר überlegen/stark/mächtig sein

גְּבוּרָה Kraft, Macht

גִּבּוֹר stark, Held, Krieger

שַׁעַר (Stadt-)Tor

V. 24-27 ירא → ירה^{I} werfen, schießen; Part. *Hif.* Pl. Schütze

כֹּה so

רעע schlecht/böse sein (zu אֵת → § 6.3)

כָּזֹה וְכָזֶה+ wie dies und das, 'mal so und 'mal so

חֶרֶב *fem.* Schwert

הרס+ einreißen

שׁמע hören

ספד Totenklage halten

בַּעַל Besitzer, Herr, Ehemann; Baal (Gott)

עבר durchziehen, vorübergehen, -ziehen, überschreiten

אֵבֶל+ Trauer(zeit)

אסף sammeln, (auf)nehmen, wegnehmen, holen

ילד gebären, erzeugen

יֶלֶד Kind, Junge

מוֹלֶדֶת Verwandtschaft, Nachkommenschaft

2 Kön 1,1-8

V. 1-2 פשׁע (+ בְּ) brechen mit, sich auflehnen gegen

פֶּשַׁע Frevel, Auflehnung

מוֹאָב+ Moab

מָוֶת Tod; st. cons. מוֹת

מות sterben; *Hif.* sterben lassen, töten

אַחֲרֵי/אַחַר nach, hinter ... her

אַחֵר ein anderer

אַחְאָב+ Ahab

נפל fallen

אֲחַזְיָה+ Ahasja

בְּעַד (im Abstand von) für, hinter, durch

שְׂבָכָה+ Gittergeflecht

עֲלִיָּה+ (Haus mit) Obergemach

עלה	hinaufgehen, -steigen
שֹׁמְרוֹן	Samaria
חלה	krank sein/werden
חֳלִי	Krankheit
שׁלח	senden, (mit יָד) ausstrecken
מַלְאָךְ	Bote, Engel
דרשׁ	nach etwas fragen, fordern, (mit בְּ) befragen
בַּ֫עַל	Besitzer, Herr, Ehemann; Baal (Gott)
+בַּ֫עַל זְבוּב	Baal-Sebub
+עֶקְרוֹן	Ekron
אִם	wenn, ob; im ellipt. Schwursatz → § 5.2.3.3: nicht
חיה	leben, am Leben bleiben; *Pi.*/*Hif.* am Leben erhalten
חַי	Leben, lebendig

V. 3-8

אֵלִיָּה(וּ)	Elija
+תִּשְׁבִּי	Tischbiter
לִקְרַאת	entgegen
קרה/קרא	begegnen, treffen
קרא	rufen, nennen, lesen
מֶ֫לֶךְ	König
מלךְ	König sein/werden, herrschen
מַלְכָּה	Königin
מַלְכוּת/ מַמְלָכָה	*fem.* Königsherrschaft, Königreich
הֲ/הַ/הֶ	präfigierte Fragepartikel, ה-interrogativum → § 5.2.3.1
בְּלִי	ohne
אַ֫יִן/אֵין־	Nicht (vorhanden-)sein, es ist nicht (vorhanden), es gibt nicht; Negation im Nominalsatz: nicht
הֲמִבְּלִי אֵין	etwa weil nicht ist ...?
אַתֶּם	ihr (*masc.*)
לָכֵן/עַל־כֵּן	darum, deshalb
כֹּה	so
מִטָּה	Lager, Bett
נטה	ausstrecken, neigen, abbiegen
שׁוּב	umkehren, zurückkehren, etwas wieder tun
מַה·/מָה/מֶה	was? wie!
מַה־זֶּה	warum?
מִשְׁפָּט	Gericht, Recht(ssache), das Wesenseigene, -gemäße; hier: Aussehen
שׁפט	richten
שֹׁפֵט	Richter, Retter
+שֵׂעָר	Behaarung; hier: Fellmantel? Haarbüschel (Tonsur)?
+אֵזוֹר	Gürtel
+אזר	gürten
מָתְנַ֫יִם	Hüften, Lenden

Jes 5,1-7

V. 1-2

שִׁיר	singen
שִׁיר	Lied, Gesang
שִׁירָה	einzelnes Lied

	נָא	Verstärkungspartikel: doch, bitte
	לְ	hier: (in Bezug auf) von
	יָדִיד+	Geliebter, Liebling
	דּוֹד	Onkel, Geliebter, Liebster
	כֶּ֫רֶם	Weinberg
	קֶ֫רֶן	(Berg-) Horn
	שֶׁ֫מֶן	Öl, Fett
	בֶּן־שֶׁ֫מֶן	fett
	עזק+	*Pi.* umgraben, behacken, (umzäunen?)
	סקל+	steinigen; *Pi.* Steine werfen, entsteinen
	נטע	pflanzen, bepflanzen
	שֹׂרֵק+	Edeltraube(n)
	בנה	bauen
	מִגְדָּל	Turm
	גָּדוֹל	groß
	גדל	groß sein/werden, wachsen; *Pi.* groß machen/ziehen; *Hif.* Großes tun, groß machen
	תָּ֫וֶךְ	Mitte; st. cons. תּוֹךְ
	גַּם	auch, sogar
	יֶ֫קֶב+	Kelter(anlage)
	חצב+	behauen, aushauen
	קוה I	*Pi.* hoffen, warten
	תִּקְוָה	Hoffnung
	עֵנָב+	Weinbeere, -traube
	בְּאֻשׁ+	saure Beere, Traube
V. 3-5	עַתָּה	jetzt, nun
	יוֹשֵׁב	Bewohner (Part. *Qal* ישׁב)
	שׁפט	richten
	שֹׁפֵט	Richter, Retter
	מִשְׁפָּט	Gericht, Recht(ssache), das Wesenseigene, -gemäße
	בֵּין	zwischen
	מַה־/מָה/מֶה	was? wie!
	עוֹד	noch(mals), wieder, weiter(hin)
	מַדּ֫וּעַ	warum?
	ידע	(er)kennen, wissen, erfahren; *Nif.* offenbaren, bekannt werden; *Hif.* wissen lassen, mitteilen
	דַּ֫עַת	Erkenntnis, Wissen
	סוּר	(ab)weichen, sich wenden, abkehren; *Hif.* entfernen, abschaffen (Inf. abs. für ich will, werde → § 8.4.2)
	מְשׂוּכָה+	Hecke, Umzäunung
	בער II	*Pi.* abweiden, wegschaffen, verwüsten
	פרץ	einreißen, ausbrechen
	גָּדֵר+	Mauer
	מִרְמָס+	das Zertretene
V. 6-7	שִׁית	setzen, stellen, legen, machen zu
	בָּתָה+	(ungeklärt) Verwüstung? Wüste? Zerstörung?
	זמר II+	(Reben) beschneiden; *Nif.* beschnitten werden
	עדר+	*Nif.* gehackt werden

שָׁמִיר+ Dorngestrüpp, Dornen

שַׁיִת+ Unkraut, Disteln

עָב Wolke

צוה *Pi.* befehlen, beauftragen; mit מִן + Inf.: verbieten zu ...

מִצְוָה Gebot

מטר+ *Hif.* regnen lassen, (Regen) fallen lassen

מָטָר Regen

צָבָא Heer; Pl. Heerscharen, Zebaot

בַּיִת Haus; st. cons. בֵּית

נֶטַע+ Pflanzung

שַׁעֲשׁוּעִים+ Ergötzen, Vergnügen

מִשְׂפָּח+ Rechtsbruch

צְדָקָה Gerechtigkeit, gemeinschaftsgemäße Tat

צֶדֶק Gerechtigkeit, gemeinschaftsgemäßes Verhalten

צדק gerecht/im Recht sein

צְעָקָה Geschrei, Hilferuf

צעק schreien

Jer 13,1-11

V. 1-7 כֹּה so

הלךְ gehen; zum Inf. → § 10.4.3

קנה kaufen, erwerben

אֵזוֹר+ Gürtel

פֵּשֶׁת (auch Pl.) Flachs, Leinen

שִׂים setzen, stellen, legen

מָתְנַיִם Hüften, Lenden

מַיִם Wasser

בּוֹא kommen, hineingehen; *Hif.* bringen

שְׁנַיִם zwei

שֵׁנִי zweiter; nächster

שֵׁנִית zweite, zum zweiten Mal

פְּרָת+ Euphrat

טמן+ verbergen, verscharren

נָקִיק+ Spalte

סֶלַע Fels

צוה *Pi.* befehlen, beauftragen

מִצְוָה Gebot

קֵץ Ende; מִקֵּץ nach

רַב viel, zahlreich, groß

רבב zahlreich sein/werden

רֹב Menge

רבה zahlreich sein/werden

חפר+ graben

שחת *Nif.* verdorben sein/werden; *Pi.* verderben; *Hif.* verderben lassen, vernichten

צלח brauchbar/wirksam sein, Erfolg haben

V. 8-11 כָּכָה so

גָּאוֹן Höhe, Hoheit, Stolz

רַע schlecht, böse

רעע schlecht/böse sein/werden

רָעָה Unheil, Böses, Bosheit

טוֹב gut sein

	טוֹב	gut, Schönheit
	מאן	*Pi.* sich weigern
	שׁמע	hören
	+שְׁרִרוּת	Verstocktheit
	לֵב/לֵבָב	*fem.* Herz
	אַחֲרֵי/אַחַר	nach, hinter … her
	אַחֵר	ein anderer
	עבד	dienen, arbeiten
	עֶבֶד	Knecht, Diener, Sklave
	עֲבֹדָה	Arbeit, Dienst
	חָוָה	*Hištaf.* (sich) beugen, sich niederwerfen, anbeten
	דבק	sich anschmiegen, anhalten, anhangen; *Hif.* sich anschmiegen lassen
	כֵּן	so
	לָכֵן/עַל־כֵּן	darum, deshalb
	בַּיִת	Haus; st. cons. בֵּית
	נְאֻם	Ausspruch
	שֵׁם	Name; hier: guter Ruf, Ruhm
	תְּהִלָּה	Ruhm, Lobpreis
	הלל	*Pi.* loben, preisen; *Hit.* sich loben
	תִּפְאֶרֶת/ תִּפְאָרָה	Zierde, Ruhm, Ehre, Stolz

Am 7,10-17

V. 10	שׁלח	senden, (mit יָד) ausstrecken
	+אֲמַצְיָה	Amazja
	כֹּהֵן	Priester
	בֵּית־אֵל	Bet-El
	+יָרָבְעָם	Jerobeam
	מֶלֶךְ	König
	מלךְ	König sein/werden, herrschen
	מַמְלָכָה/ מַלְכוּת	*fem.* Königsherrschaft, Königreich
	מַלְכָּה	Königin
	+קשׁר	binden, sich verschwören, Aufruhr stiften
	עָמוֹס	Amos
	קֶרֶב	Inneres, Mitte, Eingeweide
	בַּיִת	Haus; st. cons. בֵּית
	יָכֹל	können, vermögen
	אֶרֶץ	*fem.* Erde, Land
	כּוּל	*Hif.* fassen, aufnehmen
V. 11-14	כֹּה	so
	חֶרֶב	*fem.* Schwert
	מוּת	sterben; *Hif.* sterben lassen, töten
	מָוֶת	Tod; st. cons. מוֹת
	גלה	aufdecken, entblößen, fortgehen müssen
	אֲדָמָה	Ackerland, Erde
	אָדָם	Mensch, Menschheit
	חֹזֶה	Seher (hier als Anrede)
	חזה	schauen
	חָזוֹן	Vision, Gesicht
	ברח	fliehen, entlaufen
	לֶחֶם	Brot, Speise, Nahrung
	נבא	*Nif.* profezeien, als Profet auftreten

נָבִיא	Profet
יסף	*Qal/Hif.* hinzufügen, fortfahren
עוֹד	noch(mals), wieder, weiter(hin)
מִקְדָּשׁ	Heiligtum
קדשׁ	heilig sein; *Pi./Hif.* heiligen; *Hit.* sich heiligen
קָדוֹשׁ	heilig
קֹ֫דֶשׁ	Heiliges, Heiligtum, Heiligkeit
ענה	antworten, an-, erheben, erhören
בּוֹקֵר+	Rinderhirt
בָּקָר	Rindvieh
בּוֹלֵס שִׁקְמִים+	Einritzen von Maulbeerfeigen; Maulberfeigenzüchter

V. 15-17

אַחֲרֵי/אַחַר	nach, hinter ... her
אַחֵר	ein anderer
צֹאן	Kleinvieh, Schafe und Ziegen
עַתָּה	jetzt, nun
עֵת	Zeit, Zeitpunkt
שׁמע	hören
נטף+	tropfen, triefen; *Hif.* (Worte) triefen lassen, geifern
יִשְׂחָק	Isaak (→ יִצְחָק)
לָכֵן/עַל־כֵּן	darum, deshalb
כֵּן	so
אִשָּׁה	Frau
עִיר	*fem.* Stadt
זנה	huren, Hurerei treiben, treulos sein
זוֹנָה	Hure
בַּת	Tochter
נפל	fallen
חֶ֫בֶל	(Meß-)Schnur, Schlinge
חלק	teilen, verteilen; *Pu.* verteilt werden

2. Sondervokabular

2.1 Partikeln in alphabetischer Reihenfolge

א 'álæf

אוֹ * oder

אוֹי wehe! → הוֹי

אוּלַי vielleicht

אוּלָם dagegen, jedoch

אָז * damals, dann

מֵאָז früher, seit, seitdem

אַחַר/אַחֲרֵי *** nach(her), hinter ... her

אַחֲרוֹן später, letzte, künftig

אֵי/אַיֵּה * wo?

אֵי זֶה wo (da)?

אֵי מִזֶּה woher?

אֵיפֹה wo? → פֹּה

אַיֵּה wo? → אֵי

אֵיךְ/אֵיכָה * wie? wie!

אַיִן/אֵין I nicht (vorhanden) sein, es ist nicht (vorhanden), es gibt nicht, (Negation im Nominalsatz:) nicht

אַ֫יִן II wo?

אַךְ * nur, jedoch, ja, fürwahr

אָכֵן fürwahr, jedoch

אַל *** nicht! (Verneinung beim Jussiv → § 8.5.1)

אֶל *** zu, nach

אֵלֶּה *** diese (*com.* Pl. von זֹאת/זֶה)

אִם *** wenn, ob → § 5.2.2

אָנָה wohin?

אָנָּה ach (... doch)

אַף * auch, sogar

אֵ֫צֶל * (zur) Seite, neben

אֲשֶׁר *** sog. Relativpartikel (Hilfsübersetzung: wovon gilt); dass

אֵת/אֶת־ *** „Akkusativ"-Zeichen → § 6.3

ב bet

בְּ *** in, an, mit

בִּגְלַל wegen → גָּלָל

בַּ֫יִן/בֵּין *** (Zwischenraum), zwischen

בַּל nicht

בְּלִי * ohne

(לְ)בִלְתִּי * nicht zu (Neg. des Inf. cons.), ohne

בַּעֲבוּר um ... willen / zu; damit, wegen → עֲבוּר

ג gímæl

גַּם *** auch, sogar

ה he

הַ·/הַ/הָ/הֶ Artikel → § 6.5

הֲ/הַ/הֶ Fragepartikel, ה-interrog. → § 5.2.3.1

הוֹי * wehe!

הֲלוֹא nicht? (לֹא + הֲ)

הִנֵּה/הֵן *** siehe! → § 5.1.2

הֵנָּה hier, hierher

הַרְבֵּה viel, in Fülle (Inf. abs. *Hif.* → רבה)

ו waw

וְ/וָ/וּ und, aber

ז zájin

זֹאת *** diese, dieses (*fem.* Sg.) → § 6.4

זֶה *** dieser → § 6.4

ח ḥet

חַי *** lebendig, lebend (st. cons. חֵי); „so wahr … lebt“

חוּץ * Straße, draußen

מִחוּץ von außen, außen, außerhalb

ט ṭet

טֶרֶם noch nicht

בְּטֶרֶם ehe, bevor

י yod

יוֹמָם bei Tage

יַחַד/יַחְדָּו * zusammen, miteinander

יָמָּה meerwärts, nach Westen

יַעַן * wegen, weil

יֵשׁ * (Vorhandensein), es ist vorhanden, es gibt

כ kaf

כְּ *** wie, gemäß, entsprechend, etwa

כַּאֲשֶׁר *** wie, als, weil → אֲשֶׁר

כֹּה ** so

כִּי *** Bekräftigungspartikel: ja, fürwahr; dass, denn, weil, wenn

כִּי אִם * sondern, außer (wenn)

כָּכָה so

כֵּן I ** so

לָכֵן/עַל־כֵּן ** darum, deshalb

ל lámæd

לְ *** Partikel der Zielrichtung: hinsichtlich, für, zu (häufig als Dativ zu übersetzen → § 5.3.2.1)

לֹא *** nicht

לְבַד * allein, für sich

לוּ wenn doch, o dass doch … !

לָכֵן darum, deshalb

לָמָה/לָמָּה		warum?
לְמַעַן	**	um … willen, wegen, damit, dass
לִפְנֵי		vor
לִקְרַאת	*	entgegen → קרה

מ mem

מְאֹד	**	(Übermaß, Kraft), sehr
מֵאַיִן		woher?
מַדּוּעַ	*	warum?
מַה/מָה/מֶה	***	was? wie!
מַהֵר		eilends
מוּל		(Vorderseite), gegenüber
מִי	**	wer?
מִן/מִ·/מֵ	***	Partikel der Scheidung und Unterscheidung: von … aus (gesehen), von … weg, wegen; partitiv: einer / einige … von; zur Umschreibung des Komparativs → § 5.3.2.2
מְעַט	*	Weniges, wenig, zu wenig
מַעַל II	*	oben
מִפְּנֵי		wegen, von … weg
מָתַי		wann?

נ nun

נָא	*	doch, bitte
נֹכַח		vor, gegenüber von

ס sámæch

סָבִיב	**	Umkreis, ringsum

ע ʻájin

עֲבוּר		Ertrag
בַּעֲבוּר		um ... willen / zu; damit, wegen
עֵבֶר	*	gegenüberliegende Seite, jenseits
עַד I	***	bis, bis zu
עוֹד	***	noch(mals), wieder, weiter(hin)
עַל	***	auf, über, wegen, gegen
עִם	***	mit, bei
עֵקֶב		weil

פ pe

פֹּה	*	hier(her)
פֶּן	*	damit nicht, dass nicht, sonst
פָּנִים	**	Gesicht, Oberfläche
לִפְנֵי	***	vor
מִפְּנֵי	*	wegen, vor … weg
פִּתְאֹם		plötzlich

ק qof

קֶדֶם	*	Vorzeit, Osten; vorn, früher
קֵץ	*	Ende
מִקֵּץ		nach

קָרוֹב	*	nahe, Nächster
קֶ֫רֶב	**	Inneres, Mitte, Eingeweide
בְּקֶ֫רֶב		inmitten, mitten unter

ר	resch

רִאשׁוֹן	*	erster, früherer
לָ/בָּרִאשֹׁנָה		früher, vormals
רַב	**	viel, zahlreich, groß
רָחוֹק	*	fern, Ferne
רַע/רָע	**	schlecht, böse → **רעע**
רַק	*	nur

שׁ	šin

שֶׁ(·)/שַׁ/שָׁ		präfigierte Relativpartikel (Hilfsübersetzung: wovon gilt); dass → vgl. zu **אֲשֶׁר** § 5.2.2
שִׁלְשׁוֹם		vorgestern
שָׁם	***	dort
שָׁ֫מָּה	*	dorthin, dort

ת	taw

תַּ֫חַת	***	unter(halb), anstelle von
תָּמִיד	*	beständig

Zu den Doppelpräpositionen s. § 5.3.2

2.2 Sprachliche Wendungen

Immer häufiger werden im Hebräisch-Unterricht Kurzvokabulare bzw. Kompaktwörterbücher benutzt. Diese müssen verständlicherweise auf bestimmte sprachliche Informationen – wie z. B. Partikel- bzw. Kasus-Gebrauch beim Verb – verzichten. Im Folgenden wird versucht, durch die Wiedergabe einiger hebräischer Wendungen und der am häufigsten gebrauchten Verben im Kontext, ein wenig Abhilfe zu schaffen.
Es empfiehlt sich, diesen Abschnitt durchzuarbeiten, nachdem die schwachen Verben behandelt wurden.

אהב	וַיֶּאֱהַב יִצְחָק אֶת־עֵשָׂו...	Und Isaak liebte Esau …
	וְרִבְקָה אֹהֶבֶת אֶת־יַעֲקֹב׃	Rebekka aber hatte Jakob lieb (Gen 25,28)
אכל	לֹא תֹאכְלוּ מִכֹּל עֵץ הַגָּן׃	… Nicht sollt ihr essen von allen Bäumen (Sg.) des Gartens (Gen 3,1)
אמר	וַיֹּאמֶר אֲלֵהֶם …	Und er sagte zu ihnen … (Dtn 31,2)
	וּלְאָדָם אָמַר …	Zu Adam aber sprach er … (Gen 3,17)
	וַיֹּאמֶר אַבְרָהָם אֶל־שָׂרָה אִשְׁתּוֹ אֲחֹתִי הִוא	Und es sagte Abraham über Sara, seine Frau: Meine Schwester ist sie … (Gen 20,2)
	אִמְרִי־לִי אָחִי הוּא׃	… sage über mich / von mir: Mein Bruder ist er … (Gen 20,13)
	וַיֹּאמֶר בְּלִבּוֹ	… und er (Abraham) sprach in seinem Herzen (dachte) … (Gen 17,17)
אסף	אֱסֹף אֶת־הָעָם וְאֶתְּנָה לָהֶם מָיִם׃	… versammle das Volk, und ich will ihm (Pl.) Wasser geben (Num 21,16)

	כִּֽי־אָבִ֣י וְאִמִּ֣י עֲזָב֑וּנִי וַֽיהוָ֣ה יַאַסְפֵֽנִי׃	Denn mein Vater und meine Mutter haben mich verlassen, aber YHWH nimmt mich auf. (Ps 27,10)
בוא	וַיָּבֹ֣א נֹ֔חַ ... אֶל־הַתֵּבָ֑ה	Und es ging Noah … in die Arche … (Gen 7,7)
	וַיְהִ֕י כַּאֲשֶׁ֥ר הִקְרִ֖יב לָב֣וֹא מִצְרָ֑יְמָה	Und es geschah, als er nahe daran war, nach Ägypten zu kommen … (Gen 12,11)
	וְהַמֶּ֤לֶךְ דָּוִד֙ זָקֵ֔ן בָּ֖א בַּיָּמִ֑ים	Der König David aber war alt, gekommen in die Tage (dt. in die Jahre) … (2 Kön 1,1)
	כִּי־בָ֣א הַשֶּׁ֔מֶשׁ	… denn die Sonne ging unter (= hinein ins Meer) … (Gen 18,11)
	וְאַתָּ֛ה תָּב֥וֹא אֶל־אֲבֹתֶ֖יךָ בְּשָׁל֑וֹם	… Du aber wirst gehen zu deinen Vätern (sterben) in Frieden … (Gen 15,15)
בנה	וַיִּ֥בֶן מֹשֶׁ֖ה מִזְבֵּ֑חַ	Und Mose baute einen Altar… (Ex 17,15)
	וַיִּבֶן֩ יְהוָ֨ה אֱלֹהִ֧ים אֶֽת־הַצֵּלָ֛ע ... לְאִשָּׁ֑ה	Und YHWH Gott baute (machte) die Rippe … zu einer Frau … (Gen 2,22)
בקשׁ	וַֽיְבַקְשׁוּ֙ נַעֲרָ֣ה יָפָ֔ה	Und sie suchten (*Pi.*) nach einem schönen Mädchen … (1 Kön 1,3)
	וַיְבַקֵּ֥שׁ דָּוִ֖ד אֶת־פְּנֵ֣י יְהוָ֑ה	Und David suchte (*Pi.*) das Angesicht YHWHs … (2 Sam 21,1)
ברך	וַֽיְבָרְכֵ֖הוּ וַיֹּאמַ֑ר בָּר֤וּךְ אַבְרָם֙ לְאֵ֣ל עֶלְי֔וֹן	Und er segnete (*Pi.*) ihn und sprach: Gesegnet (Part. pass.) bist (du), Abraham, vom höchsten Gott … (Gen 14,19)
	אֲבָרֵ֗ךְ אֶת־יְ֭הוָה אֲשֶׁ֣ר יְעָצָ֑נִי	Ich preise (*Pi.*) YHWH, der mich beraten hat … (Ps. 16,7)

דבר	וַיְדַבֵּר אֱלֹהִים אֶל־נֹחַ לֵאמֹר׃	Und Gott redete (*Pi.*) zu (mit) Noah folgendermaßen … (Gen 8,5)
	וַיָּבֹא יוֹאָב אֶל־הַמֶּלֶךְ הַבָּיִת וַיֹּאמֶר … וְעַתָּה קוּם צֵא וְדַבֵּר עַל־לֵב עֲבָדֶיךָ	Und Joab kam zum König ins Haus, und er sprach: … und nun stehe auf, gehe hinaus und rede (*Pi.*) freundlich/herzlich mit (zu) deinen Knechten … (2 Sam 19,6…8)
היה		Zum formelhaften Gebrauch von היה siehe § 5.1.2
	וַיֹּאמֶר יְהוָה אֱלֹהִים לֹא־טוֹב הֱיוֹת הָאָדָם לְבַדּוֹ	Und YHWH Gott sprach: Es ist nicht gut, dass der Mensch allein sei (das Sein – Inf. cons. – des Menschen) (Gen 2,18)
	לֹא יִהְיֶה־לְךָ אֱלֹהִים אֲחֵרִים עַל־פָּנָֽיַ׃	Du sollst keine anderen Götter haben neben mir. (Ex 20,3)
הלך	אָנֹכִי הֹלֵךְ בְּדֶרֶךְ כָּל־הָאָרֶץ	Ich gehe (Part.) den (auf dem) Weg der ganzen Welt (ich werde sterben)(1Kön 2,2)
	וְלֹא הָלַךְ בְּדֶרֶךְ יְהוָה׃	… und nicht ist er gewandelt (der König Amon) auf dem Weg YHWHs (2 Kön 21,22)
	וַיֵּלֶךְ דָּוִד הָלוֹךְ וְגָדוֹל	Und David wurde ständig (vgl. dt. fortlaufend) größer/mächtiger … (2 Sam 5,10)
חטא	וּמֶה־חָטָאתִי לָךְ	… und was (womit) habe ich an dir gesündigt … (Gen 20,9)
חיה	וְעַל־חַרְבְּךָ תִחְיֶה	Und von deinem Schwert (gestützt auf d. Schwert) wirst du leben (müssen) … (Gen 27,40)
	וַיֹּאמֶר חוּשַׁי אֶל־אַבְשָׁלֹם יְחִי הַמֶּלֶךְ יְחִי הַמֶּלֶךְ׃	… und Huschai rief Absalom zu: Es lebe der König! Es lebe der König! (2 Sam 16,16)

ידע	וַיֹּאמַ֕ר אֲדֹנָ֣י יֱהוִ֔ה בַּמָּ֥ה אֵדַ֖ע כִּ֥י אִֽירָשֶֽׁנָּה׃	… und er (Abram) sagte: HERR, YHWH: Woran werde ich erkennen, dass ich es (das Land) in Besitz nehmen werde? (Gen 15,8)
	וְהָ֣אָדָ֔ם יָדַ֖ע אֶת־חַוָּ֣ה אִשְׁתּ֑וֹ וַתַּ֙הַר֙	Adam aber erkannte Eva, seine Frau, und sie wurde schwanger … (Gen 4,1)
	כִּ֚י יֹדֵ֣עַ אֱלֹהִ֔ים כִּ֗י בְּיוֹם֙ אֲכָלְכֶ֣ם מִמֶּ֔נּוּ וְנִפְקְח֖וּ עֵֽינֵיכֶ֑ם	Denn Gott weiß (Part.), dass an dem Tag, an dem ihr von ihm (dem Baum der Erkenntnis des Guten und Bösen) esst (an dem Tag eures Essens)(Inf. cons.), eure Augen geöffnet werden … (Gen 3,5)
	וַיֹּ֣אמֶר יְהוָ֣ה אֱלֹהִ֗ים הֵ֤ן הָֽאָדָם֙ הָיָה֙ כְּאַחַ֣ד מִמֶּ֔נּוּ לָדַ֖עַת ט֣וֹב וָרָ֑ע	… Und YHWH Gott sprach: Siehe (הֵן), der Mensch ist (geworden) wie einer von uns und er weiß, was gut und böse ist (zu erkennen gut und böse)(Inf. cons.) … (Gen 3,22)
יכל	לֹא־תוּכַ֣ל הָאָ֔רֶץ לְהָכִ֖יל אֶֽת־כָּל־דְּבָרָֽיו׃	… das Land vermag nicht, seine Botschaft (alle seine Worte) zu ertragen (כול *Hif.*) (Am 7,10)
ילד	וַתֹּ֣סֶף לָלֶ֔דֶת אֶת־אָחִ֖יו אֶת־הָ֑בֶל	Und sie (Eva) fuhr fort zu gebären (nämlich) seinen Bruder Abel …(Gen 4,2)
	וְכ֖וּשׁ יָלַ֣ד אֶת־נִמְרֹ֑ד	Kusch aber zeugte Nimrod … (Gen 10,8)
	אָמַ֘ר אֵלַ֥י בְּנִ֥י אַ֑תָּה אֲ֝נִ֗י הַיּ֥וֹם יְלִדְתִּֽיךָ׃	… er (YHWH) sprach zu mir: Mein Sohn bist du. Ich, heute habe ich dich gezeugt. (Ps. 2,7)
יסף	וַיּוֹסִ֤פוּ עוֹד֙ שְׂנֹ֣א אֹת֔וֹ עַל־חֲלֹמֹתָ֖יו וְעַל־דְּבָרָֽיו׃	… und sie (Josefs Brüder) hassten ihn noch mehr (fügten hinzu noch zu hassen ihn) wegen seiner Träume und wegen seiner Worte (Gen 37,8)

יצא	וַיֵּצֵא מֹשֶׁה מֵעִם פַּרְעֹה וַיֶּעְתַּר אֶל־יְהוָה׃	Und Mose ging hinaus (fort) vom Pharao und betete zu YHWH (Ex 8,26)
	וַיֹּאמֶר מֹשֶׁה אֶל־הָאֱלֹהִים מִי אָנֹכִי כִּי אֵלֵךְ אֶל־פַּרְעֹה וְכִי אוֹצִיא אֶת־בְּנֵי יִשְׂרָאֵל מִמִּצְרָיִם׃	Und Mose sprach zu (אֶל) Gott (mit Art.): Wer bin ich, dass ich zum Pharao gehe, und dass ich hinausführe (*Hif.*) die Israeliten aus Ägypten? (Ex 3,11)
	וּמַלְכִּי־צֶדֶק מֶלֶךְ שָׁלֵם הוֹצִיא לֶחֶם וָיָיִן	Melchisedek aber, der König von Salem, brachte (*Hif.*) Brot und Wein heraus … (Gen 14,18)
ירא	וַיִּירָא וַיֹּאמַר מַה־נּוֹרָא הַמָּקוֹם הַזֶּה	Und er (Jakob) fürchtete sich und sprach: Wie furchtbar (Ehrfurcht verlangend) ist dieser Ort … (Gen 28,17)
	וַיִּירְאוּ הָעָם אֶת־יְהוָה	… und das Volk fürchtete (Pl.) YHWH… (Ex 14,31)
	וַיֹּאמֶר יְהוָה אֵלַי אַל־תִּירָא אֹתוֹ	Und es sprach YHWH zu mir: Fürchte ihn nicht … (Dtn 3,2)
	וְעַתָּה בִּתִּי אַל־תִּירְאִי כֹּל אֲשֶׁר־תֹּאמְרִי אֶעֱשֶׂה־לָּךְ	… Und jetzt, meine Tochter, fürchte dich nicht; alles was du sagst, werde (will) ich dir tun … (Rut 3,11)
ירד	וָאֵרֵד בֵּית הַיּוֹצֵר	Und ich (Jer.) stieg hinab zum Haus des Töpfers … (Jer. 18,3)
	וַיִּקַּח אֵלִיָּהוּ אֶת־הַיֶּלֶד וַיֹּרִדֵהוּ מִן־הָעֲלִיָּה הַבַּיְתָה	Und Elia nahm das Kind und brachte (*Hif.*) es aus dem Obergeschoss hinab in das Haus … (1 Kö 17,23)

ירש	וַיֹּ֖אמֶר אֵלָ֑יו אֲנִ֣י יְהֹוָ֗ה אֲשֶׁ֤ר הוֹצֵאתִ֙יךָ֙ מֵא֣וּר כַּשְׂדִּ֔ים לָ֧תֶת לְךָ֛ אֶת־הָאָ֥רֶץ הַזֹּ֖את לְרִשְׁתָּֽהּ׃ וַיֹּאמַ֕ר אֲדֹנָ֣י יֱהֹוִ֔ה בַּמָּ֥ה אֵדַ֖ע כִּ֥י אִֽירָשֶֽׁנָּה׃	Und er sprach zu (אל) ihm (Abram): Ich (אני) bin YHWH, der dich aus Ur in Chaldäa geführt hat, um dir dieses Land zu geben, um es zu besitzen (um es zu erben). Und der sprach: Mein Herr, YHWH, woran (in was) werde (kann) ich erkennen, dass ich es erben (besitzen) werde? (Gen 15,7f.)
ישב	וַתֵּ֨לֶךְ֩ וַתֵּ֨שֶׁב לָ֜הּ	Und sie (Hagar) ging und setzte sich … (Gen 21,16)
	וְל֖וֹט יֹשֵׁ֣ב בְּשַֽׁעַר־סְדֹ֑ם	… Lot aber saß (gerade) (Part.) im Tor Sodoms … (Gen 19,1)
	יֹשֵׁ֖ב הַכְּרוּבִ֣ים הוֹפִֽיעָה׃	… der du thronst (Part.) über den Cherubim, erscheine (עפי)(Ps 80,2)
	יֹשְׁבֵ֣י הָאָ֔רֶץ	… die Bewohner des Landes (Gen 36,20)
	שְׁבוּ־לָכֶ֥ם פֹּה֙ עִֽם־הַחֲמ֔וֹר	… bleibt ihr hier mit dem Esel (Gen 22,5)
ישע	יְהוָ֣ה אֱ֭לֹהַי בְּךָ֣ חָסִ֑יתִי הוֹשִׁיעֵ֥נִי מִכָּל־רֹ֝דְפַ֗י	… YHWH, mein Gott, bei dir habe ich Zuflucht gesucht, errette (*Hif.*) mich vor allen meinen Verfolgern … (Ps 7,2)
	וַיֹּ֤שַׁע יְהוָה֙ אֶת־דָּוִ֔ד בְּכֹ֖ל אֲשֶׁ֥ר הָלָֽךְ׃	… und YHWH half (*Hif.*) David, wohin (auch) immer er ging (2 Sam 8,6)
כון	וְנֶאְמַ֨ן בֵּיתְךָ֧ וּמַֽמְלַכְתְּךָ֛ עַד־עוֹלָ֖ם לְפָנֶ֑יךָ כִּסְאֲךָ֕ יִהְיֶ֥ה נָכ֖וֹן עַד־עוֹלָֽם׃	Und Bestand haben werden (Sg.) dein Haus und dein Königtum für immer (auf Dauer) vor dir*, (und) dein Thron wird fest stehen (Part. *Nif.*) für immer. *oder: mir, so LXX (2 Sam 7,16)
	לִתְלוֹת֙ אֶֽת־מָרְדֳּכַ֔י עַל־הָעֵ֖ץ אֲשֶׁר־הֵכִ֥ין לֽוֹ׃	… um aufzuhängen (תלה) Mordechai an dem Baum (hier Galgen), den er für ihn aufgestellt hatte (*Hif.*) (Est 6,4)

	לְךָ֣ י֭וֹם אַף־לְךָ֣ לָ֑יְלָה אַתָּ֥ה הֲ֝כִינ֗וֹתָ מָא֥וֹר וָשָֽׁמֶשׁ׃	Dein ist (der) Tag, auch dein ist (die) Nacht, du bist es, der festgesetzt hat (*Hif.*) Gestirne (Sg.) und Sonne (Ps 74,16)
כלה	וַתֵּ֕כֶל כָּל־עֲבֹדַ֕ת מִשְׁכַּ֖ן אֹ֣הֶל מוֹעֵ֑ד	Und es wurde vollendet die ganze Arbeit (an) der Wohnstatt des Zelts der Begegnung …(כל determiniert) (Ex 39,32)
	וַיְכַ֤ל אֱלֹהִים֙ בַּיּ֣וֹם הַשְּׁבִיעִ֔י מְלַאכְתּ֖וֹ	Und Gott vollendete (*Pi.*) am 7. Tag sein Werk … (Gen 2,2)
	וַיֵּ֣לֶךְ יְהוָ֔ה כַּאֲשֶׁ֣ר כִּלָּ֔ה לְדַבֵּ֖ר אֶל־אַבְרָהָ֑ם וְאַבְרָהָ֖ם שָׁ֥ב לִמְקֹמֽוֹ׃	Und YHWH ging, als er geendet hatte (*Pi.*), mit (zu) Abraham zu reden. Abraham aber kehrte zurück an seinen Ort (Gen 18,33)
כרת	וַיָּ֣רָץ דָּוִ֡ד וַיַּעֲמֹד֩ אֶל־הַפְּלִשְׁתִּ֜י וַיִּקַּ֣ח אֶת־חַ֠רְבּוֹ וַיְמֹ֣תְתֵ֔הוּ וַיִּכְרָת־בָּ֖הּ אֶת־רֹאשׁ֑וֹ	Und David lief und trat zu dem Philister und nahm sein Schwert (*fem.*)... und tötete ihn vollends (*Pol.*) und schnitt mit ihm seinen Kopf ab … (1 Sam 17,51)
	וַיִּכְרְת֥וּ בְרִ֖ית בִּבְאֵ֣ר שָׁ֑בַע	Und sie (Abraham und Abimelech) schlossen einen Bund in Beerscheba … (Gen 21,32; vgl. Jer 34,18)
	וְנִכְרְתָ֛ה הַנֶּ֥פֶשׁ הַהִ֖וא מֵעַמֶּ֑יהָ אֶת־בְּרִיתִ֖י הֵפַֽר׃	… ausgetilgt werden soll (*Nif.*) dessen Leben (wird jene Seele) aus seinem Volk (aus ihren Volksgenossen). Meinen Bund hat er gebrochen (Gen 17,14)
לקח	וְאַבְשָׁלֹ֣ם לָקַ֗ח וַיַּצֶּב־ל֣וֹ בְחַיָּו֮ אֶת־מַצֶּ֣בֶת אֲשֶׁ֣ר בְּעֵֽמֶק־הַמֶּלֶךְ֒ כִּ֣י אָמַ֗ר אֵֽין־לִ֥י בֵ֛ן בַּעֲב֖וּר הַזְכִּ֣יר שְׁמִ֑י וַיִּקְרָ֤א לַמַּצֶּ֙בֶת֙ עַל־שְׁמ֔וֹ וַיִּקָּרֵ֤א לָהּ֙ יַ֣ד אַבְשָׁלֹ֔ם עַ֖ד הַיּ֥וֹם הַזֶּֽה׃	Absalom aber holte und stellte für sich, als er noch lebte (in seinem Leben), die Mazzebe auf, die im Königstal (steht). Denn er sagte sich: Ich habe keinen Sohn, um meinen Namen in Erinnerung zu halten. Und er nannte (rief hinsichtlich...) die Mazzebe nach (על) seinem Namen. Und sie wird bis zu diesem Tag „Hand Absaloms“ genannt. (2 Sam 18,18)

	וַיֹּאמֶר יְהוָה אֶל־מֹשֶׁה עֲבֹר לִפְנֵי הָעָם וְקַח אִתְּךָ מִזִּקְנֵי יִשְׂרָאֵל	Und YHWH sprach zu Mose: Gehe vor dem Volk vorüber und nimm mit dir einige von den Ältesten Israels … (Ex 17,5)
	וַיִּקְרָא אֵלֶיהָ וַיֹּאמַר קְחִי־נָא לִי מְעַט־מַיִם בַּכְּלִי וְאֶשְׁתֶּה׃	… und er (Elia) rief ihr (der Witwe) zu und sprach: Hole mir doch ein wenig Wasser mit dem Gefäß, und ich will trinken (1 Kön 17,10)
מות	וַתָּמָת דְּבֹרָה מֵינֶקֶת רִבְקָה	Und es starb Debora, die Amme Rebekkas … (Gen 35,8)
	בַּיָּמִים הָהֵם חָלָה חִזְקִיָּהוּ לָמוּת	In jenen Tagen wurde Hiskia (krank zu sterben) todkrank … (2 Kön 20,1)
	וַיָּבֹא אֱלֹהִים אֶל־אֲבִימֶלֶךְ בַּחֲלוֹם הַלָּיְלָה וַיֹּאמֶר לוֹ הִנְּךָ מֵת עַל־הָאִשָּׁה	Und Gott kam zu Abimelech im Traum der Nacht und sprach zu (לְ) ihm: Siehe, du bis des Todes (Part. ein Sterbender/ ein Toter) wegen der Frau … (Gen 20,3)
	וַיֹּאמֶר שִׁמְשׁוֹן תָּמוֹת נַפְשִׁי עִם־פְּלִשְׁתִּים וַיֵּט בְּכֹחַ וַיִּפֹּל הַבַּיִת עַל־הַסְּרָנִים וְעַל־כָּל־הָעָם אֲשֶׁר־בּוֹ וַיִּהְיוּ הַמֵּתִים אֲשֶׁר הֵמִית בְּמוֹתוֹ רַבִּים מֵאֲשֶׁר הֵמִית בְּחַיָּיו׃	Und Simson sprach: Ich (meine Seele) will sterben (KF) zusammen mit den Philistern! Und er neigte sich mit (aller) Kraft. Und das Haus fiel auf die Fürsten und auf das ganze Volk, das in ihm war. Und es gab mehr (s. מִן) Tote (Part. mit Art.), die er tötete (*Hif.*), als er starb (in seinem Sterben), als er tötete (*Hif.*) in seinem (ganzen) Leben. (Ri 16,30)
נגד	וַיֹּאמֶר מִי הִגִּיד לְךָ כִּי עֵירֹם אָתָּה	… Und er (YHWH Gott) sprach: Wer hat dir kundgetan (*Hif.*), dass du nackt bist? (Gen 3,11)
	וַיִּשָּׁמְעוּ הַדְּבָרִים אֲשֶׁר דִּבֶּר דָּוִד וַיַּגִּדוּ שָׁאוּל	… Und es wurden bekannt (*Nif.*; gehört) die Worte, die David gesagt hatte, und sie teilten (*Hif.*) (sie) Saul mit … (1 Sam 17,31)

נפל	וַיִּפֹּ֛ל עַל־צַוְּארֵ֥י בִנְיָמִֽן־אָחִ֖יו וַיֵּ֑בְךְּ	Und er (Josef) fiel Benjamin, seinem Bruder, um den Hals und weinte… (Gen 45,14)
	וַיָּבֹ֨א יְהוּדָ֤ה וְאֶחָיו֙ בֵּ֣יתָה יוֹסֵ֔ף וַיִּפְּל֥וּ לְפָנָ֖יו אָֽרְצָה׃	Und Juda und seine Brüder gingen (Sg.) in Josefs Haus … und sie fielen nieder vor ihm zur Erde. (Gen 44,14)
	וַיִּקַּ֤ח שָׁאוּל֙ אֶת־הַחֶ֔רֶב וַיִּפֹּ֖ל עָלֶֽיהָ	… Und es ergriff Saul das Schwert und stürzte sich in (auf) es (1 Sam 31,4)
	וַתִּשָּׂ֤א רִבְקָה֙ אֶת־עֵינֶ֔יהָ וַתֵּ֖רֶא אֶת־יִצְחָ֑ק וַתִּפֹּ֖ל מֵעַ֥ל הַגָּמָֽל׃	Und Rebekka erhob ihre Augen und erblickte Isaak. Und sie stieg von dem Kamel. (Gen 24,64)
	וְעַתָּ֛ה שְֽׁמַֽע־נָ֥א אֲדֹנִ֖י הַמֶּ֑לֶךְ תִּפָּל־נָ֤א תְחִנָּתִי֙ לְפָנֶ֔יךָ	Und nun höre doch, mein Herr (und) König: Meine Bitte möge doch gelten vor dir … (Jer 37,20)
	וַיִּפֹּל֙ מִיִּשְׂרָאֵ֔ל שְׁלֹשִׁ֥ים אֶ֖לֶף רַגְלִֽי׃	… Und von Israel fielen (starben) (Sg.) dreißigtausend Mann vom Fußvolk (s. § 6.2.2) (1 Sam 4,10)
נשא	וַיִּשָּׂ֥א יַעֲקֹ֖ב רַגְלָ֑יו וַיֵּ֖לֶךְ	Und Jakob erhob seine Füße (dt.: machte sich auf die Beine), und er ging … (Gen 29,1)
	וַיָּ֖קָם יַעֲקֹ֑ב וַיִּשָּׂ֛א אֶת־בָּנָ֥יו וְאֶת־נָשָׁ֖יו עַל־הַגְּמַלִּֽים׃	Und Jakob erhob sich und hob seine Kinder und seine Frauen auf die Kamele. (Gen 31,17)
	בְּע֣וֹד שְׁלֹ֣שֶׁת יָמִ֗ים יִשָּׂ֤א פַרְעֹה֙ אֶת־רֹאשֶׁ֔ךָ וַהֲשִֽׁיבְךָ֖ עַל־כַּנֶּ֑ךָ	Nach drei Tagen wird der Pharao dein Haupt erheben und dich wieder einsetzen (zurückkehren lassen) in (עַל) dein Amt (auf deine Stelle; כֵּן III) … (Gen 40,13)
	יִשָּׂ֨א יְהוָ֤ה פָּנָיו֙ אֵלֶ֔יךָ וְיָשֵׂ֥ם לְךָ֖ שָׁלֽוֹם׃	YHWH erhebe sein Angesicht über (אֶל) dich und gebe dir (שׂים *Hif.*) Frieden (Num 6,26).
	וַתֵּ֨שֶׁב מִנֶּ֜גֶד וַתִּשָּׂ֥א אֶת־קֹלָ֖הּ וַתֵּֽבְךְּ׃	… Und sie (Hagar) setzte sich gegenüber (von dem Jungen) und erhob ihre Stimme und weinte (Gen 21,16)

נתן	כִּי־כֹה אָמַר יְהוָה וְנָתַתִּי לָהֶם בְּבֵיתִי וּבְחוֹמֹתַי יָד וָשֵׁם טוֹב מִבָּנִים וּמִבָּנוֹת שֵׁם עוֹלָם אֶתֶּן־לוֹ אֲשֶׁר לֹא יִכָּרֵת׃	Denn so hat YHWH gesprochen: … und ich werde ihnen geben (ו AK nach PK) in meinem Haus und in meinen Mauern ein Denkmal und einen Namen (Hand und Name), besser als Söhne und besser als Töchter. Einen ewigen Namen werde ich ihnen (so im Apparat der BHS) geben, der nicht getilgt werden wird. (Jes 56,5)
	לֹא־אֲדֹנִי שְׁמָעֵנִי הַשָּׂדֶה נָתַתִּי לָךְ וְהַמְּעָרָה אֲשֶׁר־בּוֹ לְךָ נְתַתִּיהָ	Nein, mein Herr, (sondern) höre mich (mir zu): das Feld schenke (s. § 8.3.2) ich dir. Und die Höhle, die auf (ב) ihm ist, dir schenke ich sie. (Gen 23,11)
	וַיַּעַן עֵלִי וַיֹּאמֶר לְכִי לְשָׁלוֹם וֵאלֹהֵי יִשְׂרָאֵל יִתֵּן אֶת־שֵׁלָתֵךְ אֲשֶׁר שָׁאַלְתְּ מֵעִמּוֹ׃	Und Eli antwortete und sprach: Gehe in (ל) Frieden! Der Gott Israels aber wird erfüllen deine (Hannas) Bitte (שֵׁלָה = שְׁאֵלָה), die du von ihm (s. § 5.3.2) erbeten hast. (1 Sam 1,17)
	בַּבֹּקֶר תֹּאמַר מִי־יִתֵּן עֶרֶב וּבָעֶרֶב תֹּאמַר מִי־יִתֵּן בֹּקֶר	Morgens wirst du sagen: (Ach) wäre es (wer gibt den) Abend! Und abends wirst du sagen: (Ach) wäre es Morgen! … (Dtn 28,67)
	וַיִּתֵּן אֶת־קֹלוֹ בִּבְכִי	Und er (Josef) weinte laut (gab seine Stimme in ein Weinen) … (Gen 45,2)
	כִּי הִנְנִי קֹרֵא לְכָל־מִשְׁפְּחוֹת מַמְלְכוֹת צָפוֹנָה נְאֻם־יְהוָה וּבָאוּ וְנָתְנוּ אִישׁ כִּסְאוֹ פֶּתַח שַׁעֲרֵי יְרוּשָׁלַםִ	Denn siehe, ich rufe alle Völker (Sippen) der Königreiche des Nordens (zum ה s. § 8.2) – Ausspruch YHWHs – und sie werden kommen, und sie werden setzen, ein jeder seinen Thron dicht vor die Tore Jerusalems (am Eingang der…) …(Jer 1,15)
עבר	וַיַּעֲבֹר אַבְרָם בָּאָרֶץ עַד מְקוֹם שְׁכֶם	Und es durchzog Abram das Land bis zu der Stätte von Sichem … (Gen 12,6)
	וַיֹּאמַר אֲדֹנָי אִם־נָא מָצָאתִי חֵן בְּעֵינֶיךָ אַל־נָא תַעֲבֹר מֵעַל עַבְדֶּךָ׃	Und er (Abraham) sprach: Mein Herr, wenn doch ich Gnade in deinen Augen gefunden habe, so geh doch nicht an deinem Knecht vorüber. (Gen 18,3)

	וְכָל־יִשְׂרָאֵל עָבְרוּ אֶת־תּוֹרָתֶךָ	Ganz Israel aber hat dein Gesetz übertreten (Sg.) … (Dan 9,11) …
עלה	וַיַּעַל אַבְרָם מִמִּצְרַיִם	Und Abram zog herauf aus Ägypten … (Gen 13,1)
	וַיָּבֹא־גָד אֶל־דָּוִד בַּיּוֹם הַהוּא וַיֹּאמֶר לוֹ עֲלֵה הָקֵם לַיהוָה מִזְבֵּחַ	Und Gad kam an jenem Tage zu David und sprach zu (ל) ihm: gehe hinauf, errichte für YHWH einen Altar … (2 Sam 24,18)
	כִּי־הִנְנִי בוֹרֵא שָׁמַיִם חֲדָשִׁים וָאָרֶץ חֲדָשָׁה וְלֹא תִזָּכַרְנָה הָרִאשֹׁנוֹת וְלֹא תַעֲלֶינָה עַל־לֵב׃	Denn siehe, ich schaffe einen neuen Himmel und eine neue Erde. Und nicht soll der früheren (noch) gedacht werden, und sie sollen nicht (mehr) in den Sinn kommen (Jes 65,17)
	וְיָרַדְתָּ לְפָנַי הַגִּלְגָּל וְהִנֵּה אָנֹכִי יֹרֵד אֵלֶיךָ לְהַעֲלוֹת עֹלוֹת	Und du (Saul) sollst vor mir (Samuel) hinabgehen nach Gilgal. Und siehe, ich komme (dann) zu dir hinab, um zu opfern (*Hif.*) Brandopfer … (1 Sam 10,8)
עמד	וָאַעֲלֶה אֶת־שָׂרֵי יְהוּדָה מֵעַל לַחוֹמָה וָאַעֲמִידָה שְׁתֵּי תוֹדֹת גְּדוֹלֹת	Und ich (Nehemia) ließ die Oberen Judas auf die Mauer hinaufsteigen (*Hif.*) und stellte zwei große Dankchöre auf … (Neh 12,31)
	וַיְהִי מֵאַחֲרֵי כֵן וַיַּעַשׂ לוֹ אַבְשָׁלוֹם מֶרְכָּבָה וְסֻסִים וַחֲמִשִּׁים אִישׁ רָצִים לְפָנָיו׃ וְהִשְׁכִּים אַבְשָׁלוֹם וְעָמַד עַל־יַד דֶּרֶךְ הַשָּׁעַר	Und danach war es so, dass Absalom sich einen Wagen und Pferde anschaffte (s. u. zu עשׂה) und 50 Mann, die vor ihm herliefen. Und Absalom machte sich jeweils morgens auf und stellte sich an den Weg zum Stadttor … (2 Sam 15,1f.)
	וְעַתָּה אֱמֶת אַגִּיד לָךְ הִנֵּה־עוֹד שְׁלֹשָׁה מְלָכִים עֹמְדִים לְפָרַס	Und jetzt tue ich dir (die) Wahrheit kund: Siehe, es treten noch drei Könige Persiens auf … (Dan 11,2)
	וְהוּא־עֹמֵד עֲלֵיהֶם תַּחַת הָעֵץ וַיֹּאכֵלוּ	Er aber stand bei ihnen (die Männer sitzen) unter dem Baum, und sie aßen (Gen 18,8)

	וְיוֹסֵף בֶּן־שְׁלֹשִׁים שָׁנָה בְּעָמְדוֹ לִפְנֵי פַּרְעֹה מֶלֶךְ־מִצְרָיִם	Josef aber war 30 Jahre, als er dem Pharao, dem König von Ägypten diente (Inf. cons.) … (Gen 41,46)
ענה	וַיִּגַּשׁ שָׁאוּל אֶת־שְׁמוּאֵל בְּתוֹךְ הַשָּׁעַר וַיֹּאמֶר הַגִּידָה־נָּא לִי אֵי־זֶה בֵּית הָרֹאֶה׃ וַיַּעַן שְׁמוּאֵל אֶת־שָׁאוּל וַיֹּאמֶר אָנֹכִי הָרֹאֶה	Und es näherte sich Saul Samuel in der Mitte des Tors und sagte: Gib mir doch Auskunft, welches das Haus des Sehers ist? Und Samuel antwortete Saul und sprach: Ich bin der Seher … (1 Sam 9,18f)
	קוֹלִי אֶל־יְהוָה אֶקְרָא וַיַּעֲנֵנִי מֵהַר קָדְשׁוֹ סֶלָה׃	Mit meiner Stimme (laut) rief (zur PK s. § 8.3.2) ich zu YHWH, und er erhörte mich von seinem heiligen Berg … (Ps 3,5)
	הִנְנִי עֲנוּ בִי נֶגֶד יְהוָה וְנֶגֶד מְשִׁיחוֹ אֶת־שׁוֹר מִי לָקַחְתִּי	Siehe hier bin ich (Samuel), bezeugt (Imp.) (jetzt) gegen mich vor YHWH und vor seinem Gesalbten! Wessen Stier habe ich genommen … (1 Sam 12,3)
עשה	וַיְכַל אֱלֹהִים בַּיּוֹם הַשְּׁבִיעִי מְלַאכְתּוֹ אֲשֶׁר עָשָׂה	Und Gott vollendete am siebten Tage sein Werk, das er gemacht hatte … (Gen 2,2)
	כָּל־כֵּלָיו עָשָׂה נְחֹשֶׁת׃	… alle seine (des Altars) Geräte machte er (Bezalel) aus Bronze (Ex 38,3)
	וְעֵץ עֹשֶׂה־פְּרִי	… und Bäume (Sg.), die Frucht tragen … (Gen 1, 12)
	וְגִדְעוֹן בָּא וַיַּעַשׂ גְּדִי־עִזִּים	Gideon aber ging hinein und bereitete ein Ziegenböckchen zu … (Ri 6,19)
	וַיַּעַשׂ אֶת־בֵּית בָּמוֹת וַיַּעַשׂ כֹּהֲנִים	Und er (Jerobeam) baute ein Höhenheiligtum und er setzte Priester ein … (1 Kön 12,31)

צוה	כַּאֲשֶׁר צִוָּה אֱלֹהִים אֶת־נֹחַ	… wie Gott Noah befohlen hatte (*Pi.*) … (Gen 7,9)
	וַיֹּאמֶר אֵלָיו כֹּה־אָמַר יְהוָה צַו לְבֵיתֶךָ כִּי מֵת אַתָּה	Und er (Jesaja) sagte zu (אל) ihm (Hiskia): So hat YHWH gesprochen: Bestell (*Pi.*) dein Haus, denn du wirst sterben (Part.) … (2 Kön 20,l)
	וַיְדַבֵּר יְהוָה אֶל־מֹשֶׁה וְאֶל־אַהֲרֹן וַיְצַוֵּם אֶל־בְּנֵי יִשְׂרָאֵל	Und es redete YHWH mit Mose und mit Aaron, und er beorderte (*Pi.*) sie zu den Israeliten … (Ex 6,13)
	וַיְצַו עָלָיו פַּרְעֹה אֲנָשִׁים וַיְשַׁלְּחוּ אֹתוֹ וְאֶת־אִשְׁתּוֹ וְאֶת־כָּל־אֲשֶׁר־לוֹ׃	Und der Pharao bestellte (*Pi.*) seinetwegen Männer, und sie begleiteten (*Pi.* s.u. שלח) ihn (Abraham) und seine Frau und alles, was er hatte. (Gen 12,20)
קום	וְשִׁנַּנְתָּם לְבָנֶיךָ וְדִבַּרְתָּ בָּם בְּשִׁבְתְּךָ בְּבֵיתֶךָ וּבְלֶכְתְּךָ בַדֶּרֶךְ וּבְשָׁכְבְּךָ וּבְקוּמֶךָ׃	Und du sollst sie (diese Worte) deinen Kindern einschärfen (ְAk *Pi.* שׁנן) und über sie reden, wenn du in deinem Hause sitzt (Inf. cons. *Qal.* + ב + 2. Ps. *masc.* Sg. Suffix), und wenn du unterwegs bist, und wenn du dich niederlegst, und wenn du aufstehst. (Dtn 6,7)
	וַיָּקָם אִישָׁהּ וַיֵּלֶךְ אַחֲרֶיהָ לְדַבֵּר עַל־לִבָּהּ	Und ihr Mann machte sich auf, und ging hinter ihr her, um freundlich (herzlich) mit ihr zu reden … (Ri 19,3)
	וַיָּקָם מֶלֶךְ־חָדָשׁ עַל־מִצְרָיִם אֲשֶׁר לֹא־יָדַע אֶת־יוֹסֵף׃	Und es trat auf ein neuer König über Ägypten, der Josef nicht kannte (Ex 1,8)
	וְעַתָּה הִנֵּה יָדַעְתִּי כִּי מָלֹךְ תִּמְלוֹךְ וְקָמָה בְּיָדְךָ מַמְלֶכֶת יִשְׂרָאֵל׃	Und jetzt siehe, ich weiß (AK), dass du wahrlich König werden wirst und das Königtum Israels in deiner Hand Bestand haben wird. (ְAK) (1 Sam 24,21)
	וַאֲחִיָּהוּ לֹא־יָכֹל לִרְאוֹת כִּי קָמוּ עֵינָיו מִשֵּׂיבוֹ׃	… Ahija aber vermochte nicht zu sehen, denn seine Augen standen (starr) durch sein Alter (שֵׂיב) (1 Kön 14,4)
	וַיָּבֹא־גָד אֶל־דָּוִד בַּיּוֹם	Und Gad kam an jenem Tage zu David und sprach zu (לְ) ihm: gehe hinauf,

	הַהוּא וַיֹּאמֶר לוֹ עֲלֵה הָקֵם לַיהוָה מִזְבֵּחַ	errichte (*Hif.*) für YHWH einen Altar … (2 Sam 24,18)
	וַאֲנִי הִנְנִי מֵקִים אֶת־בְּרִיתִי אִתְּכֶם	Und ich, siehe ich schließe (*Hif.* Part.) meinen Bund mit euch … (Gen 9,9)
קרא	וַיֹּסֶף יְהוָה קְרֹא עוֹד שְׁמוּאֵל וַיָּקָם שְׁמוּאֵל וַיֵּלֶךְ אֶל־עֵלִי	Und YHWH rief abermals (fuhr noch fort zu rufen): Samuel! Und Samuel stand auf und ging zu Eli … (1 Sam 3,6)
	כִּי הָיֹה יִהְיֶה הַדָּבָר אֲשֶׁר קָרָא בִּדְבַר יְהוָה עַל־הַמִּזְבֵּחַ אֲשֶׁר בְּבֵית־אֵל	Denn wahrlich wird sich erfüllen das Wort, das er (der Gottesmann) verkündet hat – nach dem Wort YHWHs – gegen den Altar, der in Bethel ist … (1 Kön 13,32)
	וַיִּקְרָא אֶת־כָּל־אֶחָיו בְּנֵי הַמֶּלֶךְ וּלְכָל־אַנְשֵׁי יְהוּדָה	… und er (Adonija) lud alle seine Brüder, die Söhne des Königs ein und alle (לְ) Männer Judas … (1 Kön 1,9)
	אַל־תִּירָא כִּי גְאַלְתִּיךָ קָרָאתִי בְשִׁמְךָ לִי־אָתָּה׃	… Fürchte dich nicht, denn ich habe dich erlöst; ich habe dich bei deinem Namen gerufen, du bist mein (Jes 43,1)
ראה	לְשֵׁמַע־אֹזֶן שְׁמַעְתִּיךָ וְעַתָּה עֵינִי רָאָתְךָ׃	Nach Hörensagen hatte ich von dir gehört, jetzt aber haben meine Augen (Sg.) dich gesehen. (Hi 42,5)
	וַיֵּרֶד יְהוָה לִרְאֹת אֶת־הָעִיר וְאֶת־הַמִּגְדָּל	Und YHWH stieg hernieder, um die Stadt und den Turm anzusehen … (Gen 11,5)
	וַיֹּאמֶר אַבְרָהָם אֱלֹהִים יִרְאֶה־לּוֹ הַשֶּׂה לְעֹלָה בְּנִי	Und Abraham sprach: Gott wird sich aussersehen das Tier für ein Brandopfer, mein Sohn … (Gen 22,8)
	וַיָּבֵא אֶל־הָאָדָם לִרְאוֹת מַה־יִּקְרָא־לוֹ	… und er (YHWH Gott) brachte (die Tiere) zu dem Menschen, um zu erfahren, wie er sie (Sg.) nennen werde … (Gen 2,19)

	רְאֵה חַיִּים עִם־אִשָּׁה אֲשֶׁר־אָהַבְתָּ	Genieße (das) Leben mit der Frau, die du lieb hast … (Koh 9,9)
	וַיֵּרָא יְהוָה אֶל־אַבְרָם וַיֹּאמֶר	Und YHWH erschien (*Nif.*) dem Abram und sprach … (Gen 12,7)
	וַיֹּאמֶר יְהוָה אֶל־אַבְרָם לֶךְ־לְךָ מֵאַרְצְךָ וּמִמּוֹלַדְתְּךָ וּמִבֵּית אָבִיךָ אֶל־הָאָרֶץ אֲשֶׁר אַרְאֶךָּ׃	Und YHWH sprach zu (אל) Abram: Geh du aus deinem Lande und von deiner Verwandtschaft und aus dem Haus deines Vaters zu dem Land, das ich dir zeigen werde (*Hif.*; s. § 8.7.4) (Gen 12,1)
שִׂים	וַיִּטַּע יְהוָה אֱלֹהִים גַּן־בְּעֵדֶן מִקֶּדֶם וַיָּשֶׂם שָׁם אֶת־הָאָדָם	Und es pflanzte YHWH Gott einen Garten in Eden gen Osten und er setzte dort (hinein) den Menschen … (Gen 2,8)
	וַיִּקַּח אֶת־הָאֶבֶן אֲשֶׁר־שָׂם מְרַאֲשֹׁתָיו וַיָּשֶׂם אֹתָהּ מַצֵּבָה	… und er (Jakob) nahm den Stein, den er zu seinen Häupten gelegt (gestellt?) hatte und stellte ihn auf als Mazzebe … (Gen 28, 18)
	וַיָּשֶׂם אֶת־נַפְשׁוֹ בְכַפּוֹ וַיַּךְ אֶת־הַפְּלִשְׁתִּי	… und er (David) wagte sein Leben (legte seine Seele in seine Hand) und schlug die Philister (Sg.) … (1 Sam 19,5)
	וַיֹּאמֶר יְהוָה אֵלָיו מִי שָׂם פֶּה לָאָדָם	Und YHWH sprach zu (אל) ihm (Mose): Wer hat dem Menschen den Mund gemacht (geschaffen)? … (Ex 4,11)
	…וַיֹּאמֶר אֲלֵיהֶם הַכֹּהֵן מָה אַתֶּם עֹשִׂים׃ וַיֹּאמְרוּ לוֹ הַחֲרֵשׁ שִׂים־יָדְךָ עַל־פִּיךָ וְלֵךְ עִמָּנוּ …	… und der Priester sprach zu (אל) ihnen: Was macht ihr (da)? Und sie sagten (ל) ihm: Schweig, halte deinen Mund (lege deine Hand auf deinen Mund) und geh mit uns …(Ri 18,18f)
שׁוּב	וַיָּשָׁב אַבְרָהָם אֶל־נְעָרָיו	Und Abraham kehrte zurück zu seinen Knechten … (Gen 22,19)
	וְהֵשִׁיבוּ אֶל־לִבָּם בָּאָרֶץ אֲשֶׁר נִשְׁבּוּ־שָׁם וְשָׁבוּ וְהִתְחַנְּנוּ אֵלֶיךָ	Und sie nehmen sich es zu (ihrem) Herzen (*Hif.* ו AK) in dem Land, in dem sie gefangen sind (שבה; *Nif.*) und sie bekehren sich und flehen zu dir … (1 Kön 8,47)

וַיֹּאמֶר אֲלֵיהֶם מָה אַתֶּם נוֹעָצִים וְנָשִׁיב דָּבָר אֶת־הָעָם הַזֶּה	Und er (Jerobeam) sprach zu (אל) ihnen: Was ratet ihr, und was sollen wir diesem Volk antworten? … (1 Kön 12,9)
נִחַמְתִּי כִּי־הִמְלַכְתִּי אֶת־שָׁאוּל לְמֶלֶךְ כִּי־שָׁב מֵאַחֲרַי	Und es geschah das Wort YHWHs zu Saul: Es reut mich, dass ich Saul zum König gemacht habe; denn er hat sich von mir abgewandt … (1Sam 15,11)
וַיֹּאמֶר לֹא־קָרָאתִי שׁוּב שְׁכָב	… Und der (Eli) sagte: Ich habe (dich) nicht gerufen. Leg dich wieder schlafen (kehre zurück zu deinem Tun und) … (1 Sam 3,5)

3. Alphabetisches Vokabular

Aufgeführt sind hier

- – alle Vokabeln und Eigennamen, die für die Übersetzung der Folge- und Übungstexte benötigt werden,
- – nahezu alle Wörter, die im Alten Testament 20 mal oder öfter vorkommen oder deren Aufnahme aus anderen Gründen (Etymologie, theologische Relevanz) als sinnvoll erschien, und
- – die wichtigsten Eigennamen.

Die Wörter, die besonders häufig im Alten Testament vorkommen, sind gekennzeichnet; mit

*** die häufiger als 500 Mal,
** die häufiger als 200 Mal, und mit
* die ca. 60 bis 200 Mal begegnen.

Besonders bei der letzten Gruppe ist auf eine rein mechanische Erfassung verzichtet worden. Eigennamen sind nur in Ausnahmefällen gekennzeichnet.

Achtung!

- – Wörter, die einer Wurzel (→ § 0) zugeordnet werden können, werden nur bei dieser aufgeführt, wenn sie bei alphabetischer Reihenfolge nicht weiter als vier Vokabeln von der Wurzel entfernt stünden; d.h., man muss im Zweifelsfall auch noch die nächsten vier Wörter beachten.
- – Bei **o** bzw. **i/e** muss man mit Plene- bzw. Defektiv-Schreibung (→ § 2) rechnen.

א 'álæf

אָב	***	Vater → § 7.6
אבד	*	zugrunde/verloren gehen; *Pi.* verloren geben, vernichten; *Hif.* ausrotten
אבה	*	willig sein, wollen
אֶבְיוֹן	*	arm
אֲבִימֶ֫לֶךְ		Abimelech
אַבִּיר		stark, mächtig
אבל		trauern
אֵ֫בֶל		Trauer(zeit)
אֶ֫בֶן	**	*fem.* Stein
אַבְרָהָם		Abraham
אַבְרָם		Abram
אַבְשָׁלוֹם		Abschalom, Absalom
אָדוֹן	**	Herr, Gebieter
אֲדֹנָי	***	der HERR (nur von Gott) → § 3.4.2
אַדִּיר		gewaltig, mächtig, vornehm
אָדֹם		rot, rötlich
אָדָם	***	Mensch, Menschheit
אָדָם		Adam
אֱדֹם		Edom
אֲדָמָה	**	Ackerland, Erde
אֶ֫דֶן		Fußgestell, Schemel
אֲדֹנָי	***	der HERR (nur von Gott) → אָדוֹן
אהב		lieb haben, lieben
אֹהֵב		Freund
אַהֲבָה		Liebe
אֹ֫הֶל	**	Zelt
אַהֲרוֹן		Aaron
אוֹ	*	oder
אוה		*Pi./Hit.* wünschen, begehren
תַּאֲוָה		Begierde, Lust
אוֹי		wehe! → הוֹי
אוֹיֵב	*	Feind, auch: אֹיֵב
אֱוִיל		töricht, Tor
אִוֶּ֫לֶת		Torheit
אוּלַי		vielleicht
אוּלָם		dagegen, jedoch → אֵילָם
אָ֫וֶן	*	Unheil
אוֹפַן		Rad
אוֹצָר	*	Vorrat, Schatz
אוֹר		hell werden, leuchten; *Hif.* leuchten, erhellen
אוֹר	*	Licht
אוּרִיָּה		Urija
אוֹת	*	Zeichen
אָז	*	damals, dann
מֵאָז		früher, seit, seitdem
אזן		*Hif.* (hin)hören
אֹ֫זֶן	*	*fem.* Ohr
אזר		gürten
אֵזוֹר		Gürtel
אָח	***	Bruder → § 7.6
אָחוֹת	*	Schwester → § 7.6
אַחְאָב		Ahab
אֶחָד/אַחַת	***	einer, eins/eine, einmal
אחז	*	ergreifen, halten
אֲחֻזָּה		Besitz
אֲחַזְיָה		Ahasja
אחר		*Pi.* zögern
אָחוֹר		Rückseite, hinten

אַחַר/אַחֲרֵי	***	nach(her), hinter ... her
אַחֵר	*	ein anderer
אַחֲרוֹן		später, letzte, künftig
אַחֲרִית		Ende, Ausgang, Zukunft
אַחַת		eine, einmal → אֶחָד
אֵי/אַיֵּה	*	wo?
אֵי זֶה		wo (da)?
אֵי מִזֶּה		woher?
אֵיפֹה		wo? → פֹּה
אִי		Küste, Insel
אֹיֵב	*	Feind → אוֹיֵב
אֵיד		Unglück
אַיֵּה		wo? → אֵי
אִיּוֹב		Ijob, Hiob
אִיזֶבֶל		Isebel
אֵיךְ/אֵיכָה	*	wie? wie!
אַיִל	*	Widder, Hammel
אֵילָם/אוּלָם		Vorhalle
אַיִן/אֵין	***	nicht (vorhanden) sein, es ist nicht (vorhanden), es gibt nicht, (Negation im Nominalsatz:) nicht → § 5.3.2.3 u. § 5.1.2.3
מֵאַיִן		woher?
אֵיפָה		Efa (Getreidemaß)
אִישׁ	***	Mann, ein jeder → § 7.6
אַךְ	*	nur, jedoch, ja, fürwahr
אכל	***	essen, fressen
אֹכֶל		Nahrung, Getreide
אָכְלָה		Essen, Speise
מַאֲכָל		Speise, Nahrung

מַאֲכֶלֶת		Messer
אָכֵן		fürwahr, jedoch
אַל	***	nicht! (Verneinung beim Jussiv → § 8.5.1)
אֵל	**	Gott
אֶל	***	zu, nach
אָלָה		Fluch, Verfluchung
אֵלֶּה	***	diese (*com.* Pl. von זֹאת/זֶה)
אֱלֹהִים	***	(der) Gott, Götter → § 6.6
אֵלוֹן		(großer Baum), Terebinthe, Eiche
אַלּוּף		Häuptling, Anführer → אֶלֶף
אֵלִיָּהוּ		Elija
אֱלִיל		nichtig, Nichtigkeit, Götze
אֱלִעָם		Eliam
אֱלִישָׁע		Elischa, Elisa
אַלְמָנָה	*	Witwe
אֶ֫לֶף	**	Rind, Tausend(schaft)
אִם	***	wenn, ob → § 5.2.2
אֵם	**	Mutter
אָמָה	*	Magd, Sklavin
אַמָּה	*	Elle
אמן	*	*Nif.* fest/zuverlässig/treu sein, Bestand haben; *Hif.* glauben
אֱמוּנָה		Festigkeit, Zuverlässigkeit, Treue
אָמֵן		gewiss, so ist es!
אֱמֶת	*	Zuverlässigkeit, Beständigkeit, Treue, Wahrheit

אמץ		stark sein, *Pi.* stärken
אֲמַצְיָה		Amazja
אמר	***	sagen, sprechen
לֵאמֹר		(Inf. cons. *Qal* + לְ) folgendermaßen, indem ... sagt, mit folgenden Worten
אִמְרָה/אֹמֶר		Wort, Ausspruch, Rede
אֱמֹרִי		Amoriter
אֱמֶת		Zuverlässigkeit, Beständigkeit, Treue, Wahrheit → אמן
אָנָה		wohin?
אֱנוֹשׁ	**	Mensch, Menschen, Menschheit
אֲנַחְנוּ/נַחְנוּ	***	wir
אֲנִי/אָנֹכִי	***	ich
אֳנִי/אֳנִיָּה		Schiff(e), Flotte
אסף	**	sammeln, (auf-, weg-)nehmen; *Nif.* sich versammeln, versammelt werden
אסר		anbinden, fesseln
אֶסְתֵּר		Ester
אַף	*	auch, sogar
אַף	**	Nase, Zorn (Du. אַפַּיִם, auch: Angesicht)
אפה	*	backen
אֵפוֹד		Efod (Kultgegenstand)
אֶפֶס		Ende, Nichts
אֶפֶס כִּי		nur dass
אֵפֶר		Staub → עָפָר
אֶפְרַיִם		Efraim
אֶצְבַּע		*fem.* Finger

אֵצֶל	*	(zur) Seite, neben
ארב		im Hinterhalt liegen, auflauern
אַרְבֶּה		Heuschrecke
אַרְבָּעָה/אַרְבַּע	**	vier
אַרְבָּעִים	*	vierzig
רְבִיעִי(ת)		vierter, (vierte)
אֲרוֹן/אָרֹן	*	Kasten; (mit Artikel:) Lade
אֶרֶז		Zeder (Baumart)
אֹרַח		Weg, Wandel
אֲרִי/אַרְיֵה		Löwe
ארך	*	lang sein/werden; *Hif.* lang machen
אֹרֶךְ		Länge
אֲרָם		Aram
אֲרַמִּי		Aramäer
אֶרֶץ	***	*fem.* Erde, Land
ארר		fluchen, verfluchen
אֵשׁ	**	Feuer
אַשְׁדּוֹד		Aschdod
אִשָּׁה	***	Frau → § 7.6
אַשּׁוּר		Assur
אשם		sich verschulden, schulden
אָשָׁם		Verschuldung, Schuldverpflichtung
אַשְׁקְלוֹן		Aschkelon, Askalon
אֲשֶׁר	***	sog. RelativPartikel (Hilfsübersetzung: wovon gilt), dass
כַּאֲשֶׁר	***	wie, als, weil
אַשְׁרֵי	*	glücklich, wer ...; wohl dem, der ...!
אֲשֵׁרָה		Aschera (Göttin), Aschere (Kultpfahl, -figur)

אֵשֶׁת		st. cons. von אִשָּׁה Frau
אַתְּ	**	*fem.* du → § 5.3.3
אֵת/אֶת־	***	„Akkusativ"-Zeichen → § 6.3
אֵת	**	(zusammen) mit, bei → § 5.3.2.2
אתה		kommen
אַתָּה	***	*masc.* du
אָתוֹן		Eselin
אַתֶּם	***	*masc.* ihr
אֶתְמוֹל		gestern → תְּמוֹל
אַתֵּן/אַתֵּנָה	**	*fem.* ihr

ב bet

בְּ	***	in, an, mit
בְּאֵר	*	*fem.* Brunnen, Wasserloch
בְּאֵר שֶׁבַע		Beerscheba
בָּאֹשׁ		saure Beere, Traube
בָּבֶל		Babel
בגד		treulos handeln
בֶּגֶד	**	Kleid(ung)
בִּגְלַל		wegen → גָּלָל
בַּד		Teil, Stück
לְבַד	*	allein, für sich
בדל		*Hif.* trennen, aus-, absondern
בֹּהוּ		Leere, Öde
בהל		*Nif.* entsetzt sein, sich erschrecken *Pi.* erschrecken
בְּהֵמָה	*	Tiere, Vieh
בּוֹא	***	kommen, hineingehen, (von der Sonne:) untergehen; *Hif.* bringen
מָבוֹא		Eingang, (von der Sonne:) Untergang, Westen
תְּבוּאָה		Ertrag
בּוֹקֵר		Rinderhirt → בָּקָר Rindvieh
בּוֹר	*	Grube, Zisterne, Brunnen
בּוֹשׁ	*	sich schämen, zuschanden werden *Hif.* zuschanden machen, beschämt dastehen
בֹּשֶׁת		Scham, Schande
בזה		verachten
בזז		plündern, Beute machen
בַּז		Plünderung, Plündergut
בָּחוּר		junger Mann, Jüngling
בחן		prüfen
בחר	*	(er-, aus)wählen
בטח	**	vertrauen
בֶּטַח		Sicherheit
לָבֶטַח		in Sicherheit, sicher
בֶּטֶן	*	Bauch, Leib
בִּין	*	verstehen, einsehen, (be)merken; *Hif.* verstehen, belehren
בִּינָה		Einsicht
תְּבוּנָה		Einsicht, Weisheit
בַּיִן/בֵּין	***	(Zwischenraum), zwischen

בַּ֫יִת	***	Haus (st. cons. בֵּית) → § 7.6
בֵּית לֶ֫חֶם		Betlehem
בֵּית־אֵל		Bet-El, Bethel
בכה	*	(be)weinen
בְּכִי		Weinen
בְּכֹר/בְּכוֹר	*	erstgeboren, Erstgeborener
בַּל		nicht
בְּלִי	*	ohne
לְבִלְתִּי	*	nicht zu (Neg. des Inf. cons.)
בְּלִיַּ֫עַל		Nichtsnutzigkeit, Verderben → יעל
בלע		verschlingen
בִּלְעָם		Bileam
בָּמָה	*	Anhöhe, Kulthöhe
בֵּן	***	Sohn → § 7.6
בִּנְיָמִין		Benjamin
בנה	**	(auf)bauen
תַּבְנִית		Bauplan, -modell, Abbild
בַּעֲבוּר		um … willen/zu, damit, wegen → עֲבוּר
בַּעַד	*	(im Abstand von), für, hinter, durch
בַּעַל	**	Besitzer, Herr, Ehemann, Baal (Gott)
בַּ֫עַל זְבוּב		Baal-Sebub
בער[I]		brennen; *Pi.* in Brand setzen, verwüsten
בער[II]		*Pi.* abweichen, wegschaffen, verwüsten
בֶּ֫צַע		Gewinn
בקע		spalten
בִּקְעָה		Talebene
בָּקָר	*	Rindvieh
בֹּ֫קֶר	*	Morgen
בקשׁ	**	*Pi.* suchen, fordern
ברא	*	(er)schaffen
בָּרָד		Hagel
בָּרוּךְ		Baruch; (Part. pass. *Qal* → ברך) gesegnet, gepriesen
בַּרְזֶל		Eisen
ברח	*	fliehen, entlaufen
בְּרִיחַ		Riegel
בְּרִית	**	*fem.* Bund, Verpflichtung
ברך	**	*Pi.* segnen, loben
בָּרוּךְ	*	(Part. pass. *Qal*) gesegnet, gepriesen
בְּרָכָה	*	Segen, Segenswunsch
בֶּ֫רֶךְ		*fem.* Knie
בְּרֵכָה		Teich
בָּרָק		Blitz
בשׂר		*Pi.* Botschaft bringen, verkünden
בָּשָׂר	**	Fleisch
בשׁל		*Pi.* kochen
בֹּ֫שֶׁת		Scham, Schande → בּוֹשׁ
בַּת	***	Tochter → § 7.6
בְּתוּלָה		Jungfrau
בַּת־שֶׁ֫בַע		Batseba

ג gímæl

גָּאוֹן		Höhe, Hoheit, Stolz

גאל	*	(aus-, er)lösen
גֹּאֵל		(Part.) „Löser“, Erlöser
גבה	*	erhaben/hoch/hochmütig sein
גָּבֹהַּ		hoch, hochmütig
גְּבוּל	**	Grenze, Gebiet
גִּבְעָה	*	Hügel, Gibea
גבר		überlegen/stark/mächtig sein
גֶּ֫בֶר	*	(junger) Mann
גִּבּוֹר	*	stark, Held, Krieger
גְּבוּרָה	*	Kraft, Macht
גָּג		Dach, Dachgarten
גָּד		Gad
גְּדוּד		Raub-, Streifzug, Kriegsschar
גְּדִי		Zicklein
גדל	*	groß werden, wachsen, groß sein; *Pi.* groß machen/ziehen; *Hif.* Großes tun, groß machen
גָּדוֹל	***	groß
מִגְדָּל		Turm
גדע		(ab)hauen
גִּדְעוֹן		Gideon
גָּדֵר		Mauer
גּוֹי	***	Volk
גּוֹלָה		Wegführung, Exulanten, Verbannung, Exil → גלה
גוע		verscheiden, umkommen
גּוּר	*	sich als Schutzbürger aufhalten, weilen
גֵּר	*	Schutzbürger, Fremdling
גּוֹרָל	*	Los, Losanteil, Geschick
גזל		wegnehmen, rauben
גזר		schneiden, teilen
גֶּ֫זֶר		Teil(e), Stück(e)
גַּיְא		Tal
גִּיל	*	jubeln, jauchzen
גִּיל/גִּילָה		Jubel
גִּלְגָּל		Gilgal
גלה	**	aufdecken, entblößen, fortgehen müssen; *Pi.* entblößen, offenbaren; *Hif.* in die Verbannung führen
גֹּלָה	*	Wegführung, Exulanten, Verbannung, Exil
גִּלּוּלִים		Götzen(bilder)
גלח		*Pi.* scheren
גלל		rollen, wälzen
גֻּלְגֹּ֫לֶת		Schädel
מְגִלָּה		Buchrolle
גָּלָל		wegen → בִּגְלַל
גִּלְעָד		Gilead
גַּם	***	auch, sogar
גֹּ֫מֶא		Papyrus
גמל		(an)tun, vollenden, entwöhnen
גָּמָל		Kamel
גַּן		Garten
גנב	*	stehlen
גַּנָּב		Dieb
גֶּ֫פֶן		Weinstock, Rebe
גֵּר	*	Schutzbürger, Fremdling → גּוּר
גְּרִזִּים		Garizim

גֹּרֶן		*fem.* Dreschplatz, Tenne
גרע		verkürzen, wegnehmen
גרשׁ		vertreiben, versto-ßen; *Pi.* vertreiben
גֶּשֶׁם		Regen(guß)
גַּת		Gat

ד dálæt

דבק		anhaften, sich an-schmiegen, an-hangen; *Hif.* sich anschmiegen
דבר	***	*Pi.* reden (דִּבֶּר); *Hit.* sich besprechen
דָּבָר	***	Wort, Sache, Ereignis
דֶּבֶר		Pest
דְּבַשׁ		Honig
דָּגוֹן		Dagon
דָּגָן		Korn, Getreide
דּוֹד		Geliebter, Onkel
דָּוִד		David
דּוֹר	*	Generation, Geschlecht
דַּי		Bedarf, Genüge, genug (st. cons. דֵּי)
דין	*	Recht schaffen, Gericht halten, richten
דִּין		Rechtssache
מְדִינָה		Provinz
דַּל		gering, hilflos, arm
דלה		schöpfen
דֶּלֶת	*	*fem.* Tür, Türflügel
דָּם	**	Blut; Pl. Blut, Blutschuld
דמה		gleichen, ähnlich sein
דְּמוּת		Ähnlichkeit, Abbild, Gestalt
דמם		(sich) still halten, starr sein
דִּמְעָה		Träne(n)
דָּן		Dan
דָּנִיֵּאל		Daniel
דַּעַת	*	Erkenntnis, Wissen → ידע
דרך		treten
דֶּרֶךְ	***	Weg, Wandel
דרשׁ	*	nach etwas fragen, fordern, sich wenden an
דֶּשֶׁא		(frisches) Grün, Gras

ה he

הַ·/הַ/הָ/הֶ		Artikel → § 6.5
הֲ/הַ/הֶ		Fragepartikel, ה-in-terrogativum → § 5.2.3.1
הַב		gib! → יהב
הֶבֶל		Hauch, Nichtigkeit, Vergänglichkeit
הֶבֶל		Abel
הגה		murmeln, planen
הָגָר		Hagar
הדף		(weg)stoßen

הָדָר		Pracht, Schmuck
הֲדָרָה		Schmuck, Erhabenheit
הוּא	***	er → § 6.4.2 u. § 5.3.3.1
הוֹד		Hoheit, Majestät
הוֹי	*	wehe!
הוֹן		Vermögen, Besitz
הוֹשֵׁעַ		Hosea
הִיא	***	sie (*fem.* Sg.) → § 6.4.2 u. § 5.3.3.1
היה	***	sein, werden, geschehen
הֵיכָל	*	Tempel, Palast
הֲלוֹא		nicht? (לֹא + הֲ)
הלך	***	gehen; *Pi./Hit.* gehen, sich ergehen, wandeln; *Hif.* führen, nehmen
הלל	*	*Pi.* loben, preisen; *Hit.* sich rühmen
תְּהִלָּה	*	Ruhm, Lobpreis
הֵם/הֵמָּה	**	sie (*masc.* Pl.) → § 5.3.3.1
המה		brausen, lärmen, stöhnen
הָמוֹן	*	Lärm, Getümmel, Menge
הִנֵּה/הֵן	***	siehe! → § 5.1.2
הֵנָּה	**	sie (*fem.* Pl.) → § 5.3.3.1
הֵנָּה		hier, hierher
הפך	*	(sich) wenden, umstürzen, ändern; *Nif.* verwandelt/zerstört werden
הַר	***	Berg, Gebirge
הַרְבֵּה		viel, in Fülle (Inf. abs. *Hif.* → רבה)
הרג	*	töten, erschlagen
הרה	*	schwanger sein/werden, empfangen
הָרָה		schwanger
הרס		einreißen

ו waw

וְ/וָ/וּ		und, aber
וָו		Nagel

ז zájin

זֹאת	***	diese, dieses (*fem.* Sg.) → § 6.4.2
זְבוּב		Fliege(n)
זְבוּלוּן		Sebulon
זבח	*	opfern, schlachten
זֶבַח	*	(Schlacht-)Opfer
מִזְבֵּחַ	**	Altar
זֶה	***	dieser → § 6.4.2
זָהָב	**	Gold
זהר		*Hif.* (ver)warnen
זוב		fließen, triefen
זוֹנָה		Hure → זנה
זַיִת		Ölbaum
זכר	**	denken an, sich erinnern
זֵכֶר		Erwähnung, Nennung
זִכָּרוֹן		Andenken, Gedächtnis, Gedenken
זָכָר	*	Mann, männlich

זְכַרְיָה		Sacharja
זִמָּה		Plan, Schandtat
זְמָן		(festgesetzte, bestimmte) Zeit, Stunde
זמרI		*Pi.* singen, spielen, preisen
מִזְמוֹר	*	Psalm
זמרII		(Reben) beschneiden; *Nif.* beschnitten werden
זנה	*	huren, Hurerei treiben, treulos sein
זוֹנָה		Hure
זַעַם		Verwünschung
זעק	*	schreien → צעק
זֶפֶת		Pech, Harz
זָקֵן	*	alt sein/werden
זָקֵן		alt, Ältester
זָר	*	fremd, Fremder
זרה		worfeln, streuen; *Pi.* zerstreuen
זְרוֹעַ	*	*fem.* Arm, Gewalt
זרח		aufgehen, strahlen
מִזְרָח	*	Sonnenaufgang, Osten
זרע		säen
זֶרַע	***	Same, Saat, Nachkommenschaft
זרק		streuen, sprengen (von Blut)
מִזְרָק		Schale

ח ḥet

חבא		*Nif.* sich verstecken; *Hit.* sich versteckt halten
חֶבֶל		(Mess-)Schnur, Schlinge
חבק		*Qal/Pi.* umarmen
חֲבַקּוּק		Habakuk
חבר		sich verbünden, verbunden sein; *Pi.* verbinden
חָבֵר		Gefährte
חֶבְרוֹן		Hebron
חבשׁ		binden, verbinden, satteln
חַג/חָג	*	Fest, Reigen
חַגַּי		Haggai
חגר		gürten
חדל	*	aufhören, unterlassen
חֶדֶר		Kammer, Zimmer
חדשׁ		*Pi.* erneuern
חָדָשׁ	**	neu, frisch
חֹדֶשׁ	**	Neumond, Monat
חוה	**	*Hištaf.* (sich) beugen, sich niederwerfen, anbeten → § 10.6.3
חַוָּה		Eva
חוֹל		Sand
חוֹמָה	*	(Stadt-)Mauer
חוּס		betrübt sein, verschonen
חוּץ	*	Straße, draußen
מִחוּץ		von außen, außen, außerhalb
חוּשׁ		eilen
חזה	*	schauen, erblicken
חֹזֶה		Seher
חָזוֹן		Vision, Gesicht

חזק	**	fest, stark sein/werden; *Pi.* stark machen; *Hif.* ergreifen, stark sein lassen; *Hit.* sich stark machen, sich stark zeigen
חָזָק		fest, stark, hart
חטא	**	sündigen, sich fehl verhalten
חֵטְא		Sünde, Verfehlung
חַטָּאת	**	Sünde, Unheil, Entsündigung, Sündopfer
חִטָּה		Weizen
חיה	**	leben, am Leben bleiben; *Pi./Hit.* am Leben erhalten
חַי	***	lebendig, lebend (st. cons. חֵי)
חַיָּה		Tier
חַיִּים		Leben
חִיל/חוּל		Wehen haben, (er)beben
חַיִל	**	Kraft, Vermögen, Heer
חֵיק		Busen, Schoß
חכם	*	weise sein/werden
חָכָם	*	weise, Weiser
חָכְמָה	*	Weisheit
חָלָב		Milch
חֵלֶב		Fett
חלה	*	krank sein/werden
חֳלִי		Krankheit
חֲלוֹם	*	Traum → חלם
חַלּוֹן		Fenster
חלל	*	*Pi.* entweihen; *Hif.* anfangen
חָלִילָה		fern sei es!

תְּחִלָּה		Anfang
חָלָל	*	durchbohrt, erschlagen
חלם		träumen
חֲלוֹם	*	Traum
חלף		weiterziehen, vergehen; *Pi./Hif.* wechseln, ändern
חלק	*	(ver)teilen; *Pi.* zuteilen, verteilen; *Pu.* verteilt werden
חֵלֶק		Anteil
חֶלְקָה		Grund-, Feldstück
חָם		Schwiegervater
חָמוֹת		Schwiegermutter
חָם		Ham
חמד		begehren
חֵמָה	*	Hitze, Zorn, Gift
חֲמוֹר	*	Esel
חָמוֹת		Schwiegermutter
חֲמִישִׁי		fünfter → חֲמִשָּׁה § 7.7
חמל		Mitleid empfinden, schonen
חמם		warm sein/werden
חָמָס		Gewalttat, Unrecht
חמר		verpichen
חֵמָר		Erdpech, Asphalt
חֲמִשָּׁה/חָמֵשׁ	**	fünf
חֲמִשִּׁים	*	fünfzig
חֲמִישִׁי(ת)		fünfter, (fünfte)
חֵן	*	Gunst, Gnade, Liebreiz → חנן
חנה	*	sich lagern
מַחֲנֶה	**	Lager, Heer
חֲנִית		*fem.* Speer
חנן	*	gnädig sein

חֵן	*	Gunst, Gnade, Liebreiz
חִנָּם		umsonst, vergeblich, ohne Grund
תְּחִנָּה		Flehen
חֶסֶד	**	Güte, Gnade, Treue, Loyalität
חָסִיד		treu, fromm
חסה		Zuflucht suchen
מַחְסֶה		Zuflucht
חָסֵר		Mangel haben, entbehren, abnehmen
חָפֵץ	*	gefallen/gern haben
חֵפֶץ		Gefallen, Wunsch, Angelegenheit
חפר		graben
חפשׂ		durchsuchen, prüfen
חֵץ		Pfeil
חצב		be-, aushauen
חֲצִי	*	Hälfte
חָצֵר	*	Hof, Vorhof
חקק		einritzen, festsetzen
חֹק	*	Satzung, Festgesetztes
חֻקָּה	*	Ordnung, Gesetz, Satzung
חקר		erforschen, auskundschaften
חרב		austrocknen, wüst liegen
חָרְבָּה		Trümmerstätte
חֶרֶב	**	*fem.* Schwert
חֹרֵב		Horeb
חרד		erbeben
חרה	*	entbrennen, heiß/zornig werden
חָרוֹן		Glut, Zorn
חרם	*	*Hif.* bannen
חֵרֶם		Bann(gut)
חָרָן		Haran
חרף		*Pi.* schmähen
חֶרְפָּה	*	Schmähung, Schmach
חרשׁ I	*	pflügen, bearbeiten (יַחֲרֹשׁ)
חָרָשׁ		Handwerker
חרשׁ II	*	taub sein (יֶחֱרַשׁ); *Hif.* sich still verhalten, schweigen
חשׂך		zurückhalten, schonen
חשׁב	*	(an)rechnen, halten für, denken, planen; *Nif.* gelten als, angerechnet werden
מַחֲשָׁבָה		Gedanke, Plan, Erfindung
חשׁה		*Qal/Hif.* schweigen
חֹשֶׁךְ	*	Finsternis
חִתִּי		Hetiter
חתם		(ver)siegeln
חָתָן		Schwiegersohn, Bräutigam
חֹתֵן		Schwiegervater
חתת		mutlos/erschrocken sein

ט ṭet

טבח		schlachten

טֶ֫בַח		Schlachtung
טַבָּח		Schlächter, Koch; Pl. Leibwächter
טָהֵר	*	rein sein; *Pi.* reinigen; *Hit.* sich reinigen
טָהוֹר		rein
טוֹב/טוּב		gut sein
טוֹב	***	gut, Schönheit
טוּב		Gut, Güte, Schönheit
טוֹטָפֹת		Merkzeichen, Phylakterien
טַל		Tau
טָמֵא	*	unrein sein/werden; *Pi.* verunreinigen; *Hit.* sich verunreinigen
טָמֵא	*	unrein
טֻמְאָה		Unreinheit
טמן		verbergen, verscharren
טַף		kleine Kinder
טֶ֫רֶם		noch nicht
בְּטֶ֫רֶם		ehe, bevor
טרף		zerreißen

י yod

יאל		*Hif.* sich entschließen
יְאֹר		Nil, Fluss, Strom
יֹאשִׁיָּהוּ		Joschija, Josia
יָבֵשׁ	*	trocken sein, vertrocknen, verdorren
יַבָּשָׁה		trockenes Land, Festland
יגע		müde werden, sich abmühen
יָד	***	*fem.* Hand, Gewalt
בְּיַד		durch
ידה	*	*Hif.* preisen, loben, bekennen, danken; *Hit.* bekennen
תּוֹדָה		Lob-, Danklied, Lob-, Dankopfer
יְדִיד		Geliebter, Liebling
ידע	***	erkennen, wissen, erfahren; *Nif.* offenbaren, bekannt werden; *Hif.* wissen lassen, mitteilen; *Hit.* sich zu erkennen geben
דַּ֫עַת	*	Erkenntnis, Wissen
יָהּ		Jah, Nebenform zu יהוה
יהב		geben; belegt sind nur die Imperative: הַב, הָ֫בָה, הָבִי, הָבוּ → § 10.4.3
יְהוּדָה		Juda
יְהוּדִי(ת)		Judäer(in)
יְהוָה		Jahwe, *yahwæh*, Tetragramm (YHWH) → § 3.4.2
יְהוֹנָתָן		Jonatan
יְהוֹשֻׁעַ		Josua
יוֹאָב		Joab
יוֹאֵל		Joel
יוֹבֵל		Widder, Erlass-, Jubeljahr
יוֹם	***	Tag (Pl. יָמִים) → § 7.6

הַיּוֹם	*	heute, der/dieser Tag
יוֹמָם		bei Tage
יוֹנָה		Taube
יוֹנָה		Jona
יוֹנָתָן		Jonatan
יוֹסֵף		Josef
יוֹעֵץ		Ratgeber → יעץ
יוֹצֵר		Töpfer → יצר
יוֹשֵׁב	**	Einwohner, Bewohner → ישׁב
יַ֫חַד/יַחְדָּו	*	zusammen, miteinander
יְחֶזְקֵאל		Ezechiel, Hesekiel
יָחִיד		einzig(er)
יחל		*Pi./Hif.* warten
יטב	*	gut sein/gehen, gefallen; *Hif.* gut handeln/machen → טוב
יַ֫יִן	*	Wein
יכח		*Hif.* richten, entscheiden, zurechtweisen
תּוֹכַ֫חַת		Zurechtweisung
יָכֹל	**	können, vermögen, überlegen sein
ילד	***	gebären, erzeugen
יֶ֫לֶד	*	Kind, Junge
מוֹלֶ֫דֶת		Verwandtschaft, Nachkommenschaft
תּוֹלְדוֹת		Nachkommen, Generationen, Generationenverzeichnis, -geschichte
ילל		*Hif.* heulen, wehklagen
יָם	**	Meer (Pl. יַמִּים) → § 7.6
יָ֫מָּה		meerwärts, nach Westen
ימן		*Hif.* sich nach rechts wenden/halten
יָמִין	*	rechte Hand/Seite, Süden
תֵּימָן		Süden, Südwind
ינק		saugen; *Hif.* säugen
יסד		*Qal/Pi.* gründen, Grundmauern legen
יסף	**	*Qal/Hif.* hinzufügen, fortfahren (etwas zu tun)
יסר	*	*Pi.* züchtigen, zurechtweisen
מוּסָר		Züchtigung, Zucht, Zurechtweisung
יעד		bestimmen; *Nif.* sich einfinden/treffen, sich verabreden
מוֹעֵד	**	Treffpunkt, Termin, Versammlung, Begegnung, Fest(zeit)
עֵדָה	*	Versammlung, Gemeinde
יעל		*Hif.* helfen, nützen
יַ֫עַן	*	wegen, weil
יעץ	*	raten, beraten, planen
יוֹעֵץ		Ratgeber
עֵצָה	*	Rat, Plan
יַעֲקֹב		Jakob
יַ֫עַר	*	Wald, Dickicht
יָפֶה	*	schön
יֶ֫פֶת		Jafet

יצא	***	hinausgehen, -ziehen; *Hif.* herausführen
מוֹצָא		Ausgang
יצב	*	*Hit.* sich hinstellen → נצב
יִצְהָר		Öl
יִצְחָק		Isaak
יצק	*	gießen, ausgießen
יצר	*	formen, bilden, schaffen
יוֹצֵר		Töpfer
יצת		anzünden, verbrennen
יֶקֶב		Kelter(anlage)
יקץ		aufwachen
יָקָר		edel, kostbar
יָרֵא	**	fürchten, sich fürchten, ehrfürchtig sein
נוֹרָא		(Part. *Nif.*) furchtbar, Ehrfurcht gebietend
יָרֵא	*	fürchtend, Fürchtender
יִרְאָה	*	Furcht
יָרָבְעָם		Jerobeam
יְרֻבֶּשֶׁת		Jerubbaal, Jerubbäschät
ירד	***	hinabgehen, -steigen; *Hif.* hinabführen
יַרְדֵּן		Jordan
ירה I		werfen, schießen
ירה II	*	lehren, unterweisen
תּוֹרָה	**	Weisung, Gesetz
יְרוּשָׁלַםִ		Jerusalem → § 3.4.2
יָרֵחַ/יֶרַח	*	Mond, Monat
יְרִיחוֹ		Jericho
יָרֵךְ		Oberschenkel, Hüfte
יְרֵכָה		Hinterseite, -teil
יִרְמְיָהוּ		Jeremia
ירשׁ	**	in Besitz nehmen, (be)erben; *Hif.* vertreiben, in Besitz nehmen
יִשְׂחָק		Isaak → יִצְחָק
יִשְׂרָאֵל		Israel
יֵשׁ	*	(Vorhandensein), es ist vorhanden, es gibt
ישׁב	***	sich setzen, sitzen, bleiben, wohnen; *Hif.* wohnen lassen
יוֹשֵׁב	**	Einwohner, Bewohner
מוֹשָׁב		Wohnsitz
יָשֵׁן		(ein)schlafen
שֵׁנָה		Schlaf
ישׁע	**	*Hif.* helfen, retten
יְשׁוּעָה	*	Hilfe, Rettung, Heil
יֵשַׁע		Hilfe, Heil
תְּשׁוּעָה		Rettung, Hilfe
יְשַׁעְיָהוּ		Jesaja
ישׁר		gerade sein, recht sein
יָשָׁר	*	gerade, recht, aufrichtig
מִישׁוֹר/מֵישָׁרִים		Ebene, Geradheit, Aufrichtigkeit
יָתֵד		(Zelt-)Pflock
יָתוֹם		Waise
יתר	*	*Nif.* übrig sein/ bleiben; *Hif.* übrig haben/ lassen
יֶתֶר	*	Rest, übermäßig

כ kaf

כְּ *** wie, gemäß, entsprechend, etwa

כַּאֲשֶׁר *** wie, als, weil → אֲשֶׁר

כָּבֵד * schwer, angesehen sein/werden; *Pi.* ehren

כָּבֵד schwer

כָּבוֹד * Gewicht, Ansehen, Herrlichkeit, Ehre

כבה erlöschen

כבס *Pi.* waschen, reinigen (כִּבֶּס)

כֶּבֶשׂ/כִּבְשָׂה * Lamm

כֹּה ** so

כֹּהֵן *** Priester

כּוֹכָב Stern

כּוּל *Hif.* fassen, aufnehmen; *Pil.* fassen, versorgen

כּוּן ** *Nif.* fest stehen/sein, Bestand haben, bereit sein; *Hif.* bereitstellen, bestimmen, aufstellen; *Pol.* hinstellen, gründen, zielen

כֵּן richtig, rechtschaffen, recht

כּוֹס Becher

כזב *Pi.* lügen

כָּזָב Lüge

כֹּחַ * Kraft, Vermögen

כחד *Nif.* verborgen sein; *Pi.* verborgen halten

כחשׁ *Pi.* (ver)leugnen

כִּי *** Bekräftigungs-Partikel: ja, fürwahr; dass, denn, weil, wenn

כִּי אִם * sondern, außer (wenn)

כָּכָה so

כִּכָּר Rundbrot, Gewichtsscheibe, (Talent)

כֹּל/כָּל־ *** Gesamtheit, alle, jeder, ganz

כֶּלֶב Hund

כָּלֵב Kaleb

כלה ** fertig sein/werden, aufhören, enden; *Pi.* vollenden, austilgen

כָּלָה Vernichtung

כַּלָּה Schwiegertochter, Braut

כְּלִי ** Gefäß, Gerät, Werkzeug, Waffen(n)

כִּלְיָה Niere

כלם * *Nif.* sich schämen, zuschanden werden

כְּלִמָּה Schimpf

כֵּן I ** so

לָכֵן/עַל־כֵּן ** darum, deshalb

כֵּן II richtig, rechtschaffen, recht → כּוּן

כִּנּוֹר Leier, Zither

כנס sammeln

כנע *Nif.* sich demütigen; *Hif.* demütigen

כְּנַעַן Kanaan

כְּנַעֲנִי(ת) Kanaaniter(in), Kanaanäer(in)

כָּנָף * Flügel, Zipfel

כִּסֵּא * Thron, Sessel

כסה * *Pi.* bedecken

כְּסִיל töricht, frech, Tor

כֶּסֶף ** Silber, Geld

כעס * ärgerlich sein; *Hif.* kränken, reizen

כַּעַס Unmut

כַּף ** Hand(fläche)

כַּף רֶגֶל Fußsohle

כְּפִיר Jungleu, Löwe

כפר * *Pi.* Sühne schaffen (כִּפֶּר)

כַּפֹּרֶת Deckplatte der Lade

כְּרוּב Kerub

כֶּרֶם * Weinberg

כַּרְמֶל Karmel

כרע beugen, niederknien

כרת ** abschneiden, ausrotten, (Bund) schließen; *Hif.* ausrotten

כשׁל * *Qal/Nif.* straucheln, stolpern

כתב ** schreiben

כֻּתֹּנֶת Leibrock, Gewand

כָּתֵף * Schulter, Berghang

ל lámæd

לְ *** Partikel der Zielrichtung: hinsichtlich, für, zu (häufig als Dativ zu übersetzen → § 5.3.2.1)

לֹא *** nicht

לֵאָה Lea

לְאֹם Volk

לֵב/לֵבָב *** Herz

לְבַד * allein, für sich → בַּד

לָבָן weiß

לְבֹנָה Weihrauch

לָבָן Laban

לְבָנוֹן Libanon

לָבֵשׁ * anziehen, sich bekleiden

לְבוּשׁ Kleid(ung)

לוּ wenn doch, o dass doch ... !

לוּחַ Tafel, Brett

לוֹט Lot

לֵוִי Levi, Levit

לְחִי Kinnlade, Backe

לחם * *Nif.* kämpfen, Krieg führen

מִלְחָמָה ** Kampf, Krieg

לֶחֶם ** Brot, Speise, Nahrung

לַיְלָה/לַיִל ** Nacht, nachts (st. cons. לֵיל)

לִין/לוּן * übernachten, wohnen

לכד * fangen, (ein)nehmen

לָכֵן → כֵּן I

למד * lernen; *Pi.* lehren

תַּלְמִיד Schüler

לָמָה/לָמָּה → מָה

לְמַעַן ** um ... willen, wegen, damit, dass

לִפְנֵי → פָּנִים

לקח *** nehmen → § 10.3.2

לקט		*Qal*/*Pi.* sammeln, auflesen
לִקְרַאת	*	entgegen → קרה
לָשׁוֹן	*	Zunge, Sprache
לִשְׁכָּה		Halle, Zimmer

מ mem

מְאֹד	**	(Übermaß, Kraft), sehr
מֵאָה	***	hundert
מְאוּמָה		etwas
מֵאַיִן	**	woher?
מַאֲכָל		Speise, Nahrung → אכל
מאן		*Pi.* sich weigern
מאס	*	verwerfen, verschmähen
מָבוֹא		Eingang, (von der Sonne:) Untergang, Westen → בּוֹא
מִבְצָר		Befestigung, Festung
מִגְדָּל		Turm → גדל
מְגִלָּה		Buchrolle → גלל
מָגֵן	*	Schild, Schutz
מַגֵּפָה		Plage → נגף
מִדְבָּר	**	Wüste, Steppe
מדד	*	messen
מִדָּה		Ausdehnung, Maß
מַדּוּעַ	*	warum?
מִדְיָן		Midian
מְדִינָה		Provinz → דִּין
מַה/מָה/מֶה	***	was?, wie! → § 5.2.3.1
לָמָה/לָמָּה	*	warum?
מהר	*	*Pi.* sich beeilen, eilen
מַהֵר		eilends
מְהֵרָה		Eile, eilends
מוֹאָב		Moab
מוט/מוֹט		wanken; *Nif.* ins Wanken gebracht werden
מוּל		beschneiden
מוּל		(Vorderseite), gegenüber
מוֹלֶדֶת		Verwandtschaft, Nachkommenschaft → ילד
מוּסָר		Züchtigung, Zucht, Zurechtweisung → יסר
מוֹעֵד	**	Treffpunkt, Termin, Versammlung, Begegnung, Fest(zeit) → יעד
מוֹפֵת		Wahrzeichen, Wunder
מוֹצָא		Ausgang → יצא
מוֹקֵשׁ		Stellholz, Falle
מוּשׁ		weichen
מוֹשָׁב		Wohnsitz → ישב
מות	***	sterben, tot sein; *Hif.* sterben lassen, töten
מָוֶת	*	Tod (st. cons. מוֹת)
מֵת	*	sterbend, tot, Toter
מִזְבֵּחַ	**	Altar → זבח
מְזוּזָה		Türpfosten
מִזְמוֹר	*	Psalm → זמר
מִזְרָח	*	Sonnenaufgang, Osten → זרח
מִזְרָק		Schale → זרק

מחה		abwischen, vertilgen
מַחֲנֶה	**	Lager, Heer → חנה
מַחְסֶה		Zuflucht → חסה
מָחָר	*	morgen
מָחֳרָת		folgender Tag
מַחֲשָׁבָה		Gedanke, Plan, Erfindung → חשב
מַטֶּה	*	Stab, Stamm → נטה
מִטָּה		Lager, Bett → נטה
מטר		*Hif.* regnen lassen
מָטָר		Regen
מִי	**	wer?
מִיכָאֵל		Michael
מִיכָה		Micha
מִיכַל		Michal
מַ֫יִם	**	Wasser → § 7.6
מִין		Art
מִישׁוֹר/ מֵישָׁרִים		Ebene, Geradheit, Aufrichtigkeit → ישׁר
מַכָּה		Schlag, Wunde, Plage, Niederlage → נכה
מכר	*	verkaufen
מָלֵא	**	voll sein, (er)füllen; *Pi.* füllen, voll machen
מָלֵא		voll
מְלֹא		Fülle
מַלְאָךְ	**	Bote, Engel
מְלָאכָה	*	Sendung, Geschäft, Arbeit, Sache, Dienst
מַלְאָכִי		Maleachi
מִלָּה		Wort
מֶ֫לַח		Salz
מִלְחָמָה	**	Kampf, Krieg → לחם
מלט	*	*Nif.* sich retten; *Pi.* retten
מלך	**	König sein/ werden, herrschen
מֶ֫לֶךְ	***	König
מַלְכָּה		Königin
מְלוּכָה		Königtum
מַלְכוּת	*	Königsherrschaft, Königreich
מַמְלָכָה	*	Königsherrschaft, Königreich
מִן/מִ·/מֵ	***	Partikel der Scheidung und Unterscheidung: von ... aus (gesehen), von ... weg, wegen; Partitiv: einer/ einige ... von; zur Umschreibung des Komparativs → § 5.3.2.2
מנה		zählen
מְנוּחָה		Ruhe(platz) → נוּחַ
מְנוֹרָה		Leuchter
מִנְחָה	**	Geschenk, Gabe, (Speise-)Opfer
מנע		zurückhalten, verweigern, abhalten
מַס		Frondienst
מְסִלָּה		Straße, Weg
מסס		*Nif.* zerfließen
מִסְפָּר	*	Zahl
מֵעֶה		Eingeweide, Inneres
מָעוֹז		Zufluchtsort, Bergfestung → עזז
מעט		wenig sein

מְעַט	*	Weniges, wenig, zu wenig
מְעִיל		Obergewand
מעל		untreu sein
מַעַל I		Untreue
מַעַל II	*	oben → עלה
מִמַּעַל		von oben, oben, oberhalb
מַעְלָה		nach oben, darüber hinaus
מַעֲלָה		Hinaufzug, Wallfahrt, Stufe → עלה
מַעֲלָל		Tat
מַעַן	**	→ לְמַעַן um ... willen, wegen, damit, dass
מְעָרָה		Höhle
מַעֲשֶׂה	**	Tat, Werk → עשׂה
מַעֲשֵׂר		zehnter Teil, Zehnte → עֲשָׂרָה
מצא	**	finden, antreffen; *Nif.* gefunden werden, sich finden lassen
מַצֵּבָה		Kult-, Malstein, Mazzebe → נצב
מַצָּה		ungesäuertes Brot, Mazze
מִצְוָה	*	Gebot → צוה
מָצוֹר		Bedrängnis, Belagerung → צוּר
מִצְרַיִם	***	Ägypten, Ägypter
מִצְרִי(ת)		Ägypter(in), (ägyptisch)
מִקְדָּשׁ	*	Heiligtum → קדשׁ
מִקְוֶה		Ansammlung → קוה II
מָקוֹם	**	Ort, Stelle, Platz → קוּם
מִקְנֶה	*	(Vieh-)Besitz → קנה
מַר		bitter → מרר
מַרְאֶה	*	Sehen, Aussehen, Erscheinung → ראה
מְרַאֲשׁוֹת		zu Häupten
מרד		sich auflehnen
מרה		widerspenstig sein
מְרִי		Widerspenstigkeit
מָרוֹם		Höhe → רוּם
מֹרִיָּה		Morija
מִרְיָם		Mirjam
מֶרְכָּבָה		(Streit-)Wagen → רכב
מִרְמָה		Trug, Hinterlist
מִרְמָס		Zertretung
מרר		bitter sein
מַר		bitter
מַשָּׂא		Last, Ausspruch → נשׂא
מַשְׂאֵת		Erhebung, Spende
מִשְׂפָּח		Rechtsbruch
משׁה		herausziehen
מֹשֶׁה		Mose
משׁח	*	salben
מָשִׁיחַ	*	Gesalbter, gesalbt
מִשְׁחָה		Salbung
משׁךְ		ziehen
מִשְׁכָּב		Lager, Bett → שׁכב
מִשְׁכָּן	*	Wohnung → שׁכן
משׁל		herrschen
מָשָׁל		Spruch, Sprichwort
מִשְׁמֶרֶת		Beobachtung, Bewahrung, Wache, Dienst → שׁמר

מִשְׁנֶה		Zweiter, Doppeltes, Abschrift → שׁנה
מִשְׁפָּחָה	**	Geschlecht, Sippe
מִשְׁפָּט	**	Gericht, Recht(ssache), (das) Wesenseigene, -gemäße → שׁפט
מִשְׁקָל		Gewicht → שׁקל
מְשָׁרֵת		(Part.) Diener → שׁרת
מִשְׁתֶּה		Trinken, Gastmahl → שׁתה
מֵת	*	sterbend, tot, Toter → מות
מְתִים		Männer, Leute
מָתַי		wann?
מָתְנַיִם		Hüften, Lenden

נ nun

נָא	*	doch, bitte
נְאֻם	**	Ausspruch
נאף		ehebrechen
נאץ		*Qal/Pi.* verschmähen, verachten
נבא	*	*Nif.* profezeien, als Profet auftreten; *Hit.* sich als Profet gebärden
נָבִיא	**	Profet
נבט	*	*Hif.* blicken, ansehen
נבל I		welken, zerfallen
נְבֵלָה		Leichnam
נבל II		töricht sein
נָבָל		töricht, Tor
נְבָלָה		Dummheit, Sünde
נֵבֶל		Harfe
נֶגֶב	*	Süden, Südland, Negeb
נגד	**	*Hif.* mitteilen, berichten
נֶגֶד	*	vor, gegenüber von
נָגִיד	*	Führer, Fürst
נגע	*	berühren, schlagen
נֶגַע	*	Schlag, Plage
נגף		stoßen, schlagen
מַגֵּפָה		Plage
נגשׁ	*	*Qal/Nif.* herantreten, sich nähern; *Hif.* herbei-, darbringen
נְדָבָה		freiwillige Gabe
נָדִיב		willig, Edler
נדד		fliehen, flüchten
נדח		*Nif.* versprengt werden; *Hif.* versprengen, fortstoßen
נדר	*	geloben
נֶדֶר	*	Gelübde
נהג		treiben, führen
נָהָר	*	Fluss, Strom
נוד		schwanken, ziellos sein/werden, nicken
נָוֶה		Weideplatz, Stätte
נוּחַ	*	ruhen; *Hif.* Ruhe verschaffen (הֵנִיחַ) stellen, setzen, legen, (be)lassen (הִנִּיחַ)
מְנוּחָה		(Ruhe-)Platz
נוּס	*	fliehen

נוּעַ		schwanken
נוּף		*Hif.* schwingen
נוֹרָא		furchtbar, Ehrfurcht gebietend → יָרֵא
נֹחַ		Noach, Noah
נחה		*Qal*/*Hif.* leiten, führen
נַחוּם		Nahum
נחל	*	Besitz erhalten/nehmen/verteilen
נַחֲלָה	**	Besitz, Erbe, Erbbesitz
נַ֫חַל	*	Bachtal, Bach
נחם	*	*Pi.* trösten; *Nif.* sich trösten, bereuen
נְחֶמְיָה		Nehemia
נַ֫חְנוּ/אֲנַ֫חְנוּ	***	wir
נָחָשׁ		Schlange
נְחֹ֫שֶׁת	*	Bronze, Kupfer
נטה	**	ausstrecken, neigen, abbiegen; *Hif.* = *Qal* beugen
מַטֶּה	*	Stab
מִטָּה		Lager, Bett
נטע	*	(be)pflanzen
נטף		tropfen, triefen; *Hif.* (Worte) triefen lassen, geifern
נטשׁ		(unbeachtet) liegen lassen, aufgeben
נכה	**	*Hif.* (er)schlagen
מַכָּה		Schlag, Wunde, Plage, Niederlage
נֹכַח		Gegenüber, gegenüber
נכר	*	*Hif.* (er)kennen
נֵכָר	*	Ausland, Ausländer
נָכְרִי		ausländisch, Fremder
נֵס		Signal(stange), Feldzeichen
נסה		*Pi.* auf die Probe stellen, versuchen
נסך		(aus)gießen
נסע	*	herausreißen, aufbrechen, weiterziehen
נַ֫עַל		Sandale
נער		*Qal*/*Pi.* (ab)schütteln
נַ֫עַר	**	Junge, Knecht, Knabe
נַעֲרָה	*	Mädchen, Magd
נְעוּרִים		Jugend(zeit)
נפל	**	fallen
נִפְלָאוֹת		Wunder(taten) → פלא
נפץ		*Qal*/*Pi.* zerschlagen
נֶ֫פֶשׁ	***	*fem.* „Seele", (Kehle, Schlund), Leben(s-kraft), Begierde, Lebewesen, Person
נַפְתָּלִי		Naftali
נצב	*	*Hif.* hinstellen; *Nif.* sich hinstellen, stehen
מַצֵּבָה		Kult-, Malstein, Mazzebe
נצה		*Nif.* (sich) streiten
נצח		*Pi.* beaufsichtigen, leiten
מְנַצֵּחַ		(Part.) Chorleiter (?)
נֶ֫צַח		Ewigkeit, Dauer, Ruhm
נצל	**	*Hif.* entreißen, retten

נצר	*	bewachen, bewahren
נְקֵבָה		weiblich
נקה	*	*Nif.* frei, schuldlos sein, straflos bleiben; *Pi.* ungestraft lassen
נָקִי	*	schuldlos, frei
נָקִיק		Spalte
נקם	*	(sich) rächen
נָקָם/נְקָמָה	*	Rache
נֵר		Leuchte
נשׂא	***	erheben, tragen, nehmen
מַשָּׂא		Last, Ausspruch
מַשְׂאֵת		Erhebung, Spende
נָשִׂיא	*	Fürst, Führender
נשׂג	*	*Hif.* erreichen, einholen
נָשִׁים		Pl. von אִשָּׁה Frau → § 7.6
נְשָׁמָה		Atem, Hauch
נשׁק		küssen
נֶשֶׁר		Adler, Geier
נְתִיבָה		Pfad
נתךְ		*Qal/Nif.* sich ergießen
נתן	***	geben, (ein)setzen → § 10.3.2
נָתָן		Natan
נתץ		einreißen, abbrechen
נתק		(weg)reißen

ס sámæch

סבב	*	umgeben, umgehen, sich wenden; *Hif.* wenden
סָבִיב	**	Umkreis, ringsum
סִבְלוֹת		Fronarbeiten
סְבַךְ		Dickicht, Gestrüpp
סגר	*	(zu)schließen; *Hif.* ausschließen, ausliefern
סְדֹם		Sodom
סוּג		abweichen; *Nif.* zurückweichen
סוֹד		Beratung, Geheimnis, Kreis von Vertrauten
סוּס	*	Pferd
סוּף		Schilf
סוֹפֵר		Schreiber → ספר
סוּר	**	(ab)weichen, sich wenden, einkehren; *Hif.* entfernen, abschaffen
סִינַי		Sinai
סִיר		Kochtopf, Becken
סֻכָּה		(Laub-)Hütte
סֶלָה		ungedeuteter term. tech. für die Psalmrezitation
סלח		verzeihen
סֻלָּם		Stufenrampe, (Leiter)
סֶלַע	*	Fels
סמךְ	*	stützen, helfen
סַף		Türschwelle
ספד		Totenklage halten, klagen

ספר	*	zählen; *Pi.* erzählen; *Nif.* zählbar sein
סוֹפֵר		(Part.) Schreiber
סֵ֫פֶר	*	Brief, Buch(rolle)
מִסְפָּר	*	Zahl
סקל		steinigen; *Pi.* Steine werfen, entsteinen
סָרִיס		Hofbeamter, Eunuch
סֶ֫רֶן		Fürst (der Philister)
סתר	*	*Nif.* sich verbergen, verborgen sein; *Hif.* verbergen
סֵ֫תֶר		Versteck, Schutz

ע ‘ájin

עָב		Wolke
עבד	**	arbeiten, dienen
עֶ֫בֶד	***	Knecht, Diener, Sklave
עֲבֹדָה	*	Arbeit, Dienst
עֹבַדְיָה		Obadja
עֲבוּר		Ertrag
בַּעֲבוּר		um ... willen/zu; damit, wegen
עבר	***	durchziehen, vorübergehen, überschreiten
עֵ֫בֶר	*	gegenüberliegende Seite, jenseits
עֶבְרָה		Zorn, Wut
עִבְרִי(ת)	*	Hebräer(in), (hebräisch)
עֲבֹת		Strick, Schnur
עֵ֫גֶל		Jungstier
עֲגָלָה		Lastkarren, Wagen
עַד I	***	bis, bis zu
עַד II		Ewigkeit, immer
עֵדָה	*	Versammlung, Gemeinde → יעד
עדר		*Nif.* gehackt werden
עֵ֫דֶר		Herde
עוּד	*	*Hif.* als Zeugen anrufen/bestellen, bezeugen, ermahnen
עֵד	*	Zeuge
עֵדוּת	*	Zeugnis, Ermahnung, Gebot
עוֹד	***	noch(mals), wieder, weiter(hin)
עָ֫וֶל/עַוְלָה	*	Verkehrtheit, Unrecht
עוֹלָה		(Brand-)Opfer → עֹלָה
עוֹלָם	**	Ewigkeit; unbestimmte, ferne Zeit
לְעוֹלָם		auf ewig
עָוֹן	**	Sünde, Schuld, Unheil
עוּף		fliegen
עוֹף	*	Geflügel, Vögel
עוּר	*	wach sein, sich regen; *Pol./Hif.* (auf)wecken, erregen
עוֹר		Haut, Fell, Leder
עִוֵּר		blind
עֵז	*	Ziege
עזב	**	verlassen
עזז		stark sein, trotzen
עֹז	*	Stärke, Macht, Kraft

עַז stark, trotzig

מָעוֹז Zufluchtsort, Bergfestung

עזק *Pi.* umgraben, behacken, (umzäunen?)

עזר * helfen

עֵ֫זֶר/עֶזְרָה Hilfe

עֶזְרָא Esra

עֲטָרָה Kranz, Krone

עַי Ai

עַ֫יִן *** *fem.* Auge, Quelle (st. cons. עֵין)

עָיֵף müde, erschöpft

עִיר *** *fem.* Stadt → § 7.6

עֹל Joch

עלה *** hinaufgehen, -steigen; *Hif.* hinaufführen, -steigen lassen

עַל *** auf, über, wegen, gegen

עֹלָה ** (Brand-)Opfer

עֲלִיָּה Obergemach

עֶלְיוֹן * der Höchste, oberer, höchster

מַ֫עַל * oben

מִמַּ֫עַל von oben, oben, oberhalb

מַ֫עְלָה nach oben, darüber hinaus

מַעֲלָה Hinaufzug, Wallfahrt, Stufe

עלז jubeln

עֲלִילָה Handlung, Tat

עלם *Nif.* verborgen sein; *Hif.* verbergen

עַלְמָה junge Frau

עַם/עָם *** Volk, (Verwandter)

עִם *** mit, bei

עמד *** hintreten, stehen, (stehen-)bleiben; *Hif.* (hin-)aufstellen

עַמּוּד Stütze, Säule

עַמּוֹן Ammon

עָמוֹס Amos

עָמָל * Mühsal, Not

עֵ֫מֶק * Talgrund, Tiefebene

עֲמֹרָה Gomorra

עֻמַּת/עֻמָּה nur mit לְ:

לְעֻמַּת neben, entsprechend

עֵנָב Weintraube, -beere

ענה I ** antworten, (die Stimme) erheben, erhören

ענה II * elend/gebeugt sein; *Pi.* bedrücken, Gewalt antun

עָנָו gebeugt, demütig

עָנִי arm, in Not

עֳנִי Elend, Not

עָנָן * Wolke, Gewölk

עָפָר * Staub

עֵץ ** Baum, Bäume; Pl. Holz(stücke)

עֵצָה * Rat, Plan → יעץ

עָצוּם stark, zahlreich

עֶ֫צֶם * Knochen, Gebein, selbst

עצר zurück-, festhalten, verschließen

עֵ֫קֶב weil

עקד fesseln

עקר ausreißen, jäten

עֶקְרוֹן Ekron

עֶ֫רֶב * Abend

עֲרָבָה	*	Wüste, Steppe
עֶרְוָה		Blöße, Scham
עָרוֹם		nackt
עָרוּם		listig, klug
עָרִיץ		gewaltig, gewalttätig
ערך	*	richten, ordnen
עֵרֶךְ		Reihe, Schätzung
עָרֵל		unbeschnitten, ungeübt
עָרְלָה		Vorhaut
עֹרֶף		Nacken
עֵשֶׂב		Kraut, Pflanzen
עשׂה	***	tun, machen
מַעֲשֶׂה	**	Tat, Werk
עֵשָׂו		Esau
עשׂר		*Pi.* verzehnten, den Zehnten entrichten
עֲשָׂרָה/עֶשֶׂר	**	zehn → § 7.7
עֲשִׂירִי		Zehnter
עֶשְׂרִים	**	zwanzig
מַעֲשֵׂר		zehnte Teil, Zehnte
עָשָׁן		Rauch
עשׁק		bedrücken, ausbeuten
עשׁר		*Hif.* reich machen/werden
עָשִׁיר		reich
עֹשֶׁר		Reichtum
עֵת	**	Zeit(punkt)
עַתָּה	**	jetzt, nun
עַתּוּד		Ziegen-, Schafbock
עתק		weiterziehen
עתר		*Qal/Hif.* beten, bitten

פ pe

פֵּאָה		Seite, Rand
פגע	*	treffen auf, ankommen, herfallen über, in jemanden dringen
פֶּגֶר		Leichnam
פדה	*	loskaufen, auslösen
פֶּה	***	Mund
פֹּה	*	hier(her)
פוץ	*	sich ausbreiten/zerstreuen; *Hif.* zerstreuen
פַּח		Klappnetz
פחד		beben, sich erschrecken
פַּחַד		Beben, Schrecken
פלא	*	*Nif.* wunderbar sein
נִפְלָאוֹת		(Part.) Wunder(taten)
פִּלֶגֶשׁ		Nebenfrau
פֶּלַח		Scheibe, Mühlstein
פלט	*	*Pi.* retten
פָּלִיט		Entronnener
פְּלֵיטָה		Entrinnen, Rettung
פלל	*	*Hit.* beten
תְּפִלָּה	*	Gebet
פְּלִשְׁתִּי		Philister
פֶּן	*	damit nicht, dass nicht, sonst
פנה	*	sich wenden
פָּנִים	**	Gesicht, Oberfläche
לְפָנִים		Frühere, früher, ehemals
לִפְנֵי	***	vor
מִפְּנֵי	*	wegen, von … aus

פִּנָּה		Ecke, Eckturm, -stein
פֶּ֫סַח	*	Passa
פִּסֵּחַ		lahm
פֶּ֫סֶל		Gottesbild
פעל	*	tun, machen
פֹּ֫עַל		Werk, Tun
פַּ֫עַם	*	Mal, einmal
פקד	**	besuchen, heimsuchen, mustern; *Hif.* einsetzen über
פְּקֻדָּה		Heimsuchung, Aufsicht, Amt
פִּקּוּדִים		Anweisungen, Befehle
פָּקִיד		Aufseher, Beauftragter
פקח		(Augen) öffnen
פַּר	*	junger Stier
פָּרָה		junge Kuh
פרד		*Nif.* sich trennen, zerstreut sein; *Hif.* trennen
פרה		fruchtbar sein
פְּרִי	*	Frucht
פרח		sprießen, blühen
פֶּ֫רַח		Knospe, Blüte
פַּרְסָה		Klaue, Huf
פַּרְעֹה	**	Pharao
פרץ	*	einreißen, ausbrechen, sich ausbreiten
פֶּ֫רֶץ		Riss, Lücke
פרק		(los)reißen
פרר		*Hif.* brechen, zerstören, ungültig machen
פרשׂ	*	ausbreiten, strecken
פָּרָשׁ	*	Reiter, Pl. Pferdegespann
פְּרָת		Eufrat
פשׁט		*Qal/Hif.* ausziehen; *Pi.* plündern
פשׁע		brechen mit, sich auflehnen gegen, sich vergehen an
פֶּ֫שַׁע	*	Frevel, Auflehnung, (eigenes) Verderben
פֵּ֫שֶׁת		Flachs, Leinen
פִּתְאֹם		plötzlich
פתה		sich betören lassen; *Pi.* betören
פתח	*	öffnen; *Pi.* losbinden, befreien
פֶּ֫תַח	*	Öffnung, Tor

צ ṣadé

צֹאן	**	Kleinvieh, Schafe und Ziegen
צָבָא	**	Heer; Pl. Heerscharen, Zebaot
צַד		Seite
צָדוֹק		Zadok
צדק	*	gerecht/im Recht sein
צַדִּיק	*	gerecht
צֶ֫דֶק	*	Gerechtigkeit, gemeinschaftsgemäßes Verhalten, Heil
צְדָקָה	*	Gerechtigkeit, gemeinschaftsgemäße Tat(en)
צָהֳרַ֫יִם		Mittagszeit

צַוָּאר		Hals, Nacken
צוה	***	*Pi.* befehlen, beauftragen
מִצְוָה	*	Gebot
צוּם		fasten
צוֹם		Fastenzeit
צוּר		verschnüren, einschließen, belagern
מָצוֹר		Bedrängnis, Belagerung
צוּר	*	Fels(block)
צחק	*	lachen, *Pi.* scherzen, spielen → שׂחק
צִיּוֹן		Zion
צֵל	*	Schatten
צלח	*	brauchbar/wirksam sein, Erfolg haben; *Hif.* Erfolg haben, gelingen lassen
צֶלֶם		Bild, Abbild
צֵלָע		Rippe, Seite
צמח		sprießen, wachsen
צִנֶּה		Schuld
צְעִיר		klein, gering
צעק	*	schreien → זעק
צְעָקָה		Geschrei, Hilferuf
צפה I		*Pi.* überziehen, besetzen mit
צפה II		*Qal/Pi.* Ausschau halten, spähen
צֹפֶה		(Part.) Wächter
צָפוֹן	*	Norden, Zafon
צִפּוֹר		Vogel, Vögel
צפן		(sich) verbergen
צְפַנְיָה		Zefania
צִפֹּרָה		Zippora
צֹר		Tyrus
צרף		schmelzen, läutern
צֹרֵף		(Part.) Goldschmied
צרר I	*	zusammenschnüren, eng sein; *Hif.* bedrängen
צַר		eng
צָרָה	*	Not, Bedrängnis
צרר II		anfeinden, befehlen
צַר	*	Feind

ק qof

קבץ	*	*Qal/Pi.* (ver)sammeln
קבר	*	begraben
קֶבֶר	*	Grab
קדם		*Pi.* vorn sein, hintreten vor
קֶדֶם	*	Vorzeit, Osten; vorn, früher
קֵדְמָה		nach Osten
קָדִים		Osten, Ostwind
קדשׁ	*	heilig sein; *Pi./Hif.* heiligen; *Hit.* sich heiligen
קָדוֹשׁ	*	heilig
קֹדֶשׁ	***	Heiliges, Heiligkeit, Heiligtum
מִקְדָּשׁ	*	Heiligtum
קהל		*Nif.* sich versammeln; *Hif.* versammeln
קָהָל	*	Versammlung, Gemeinde
קֹהֶלֶת		Kohelet, Prediger

קוה I	*	*Pi.* hoffen, warten
תִּקְוָה		Hoffnung
קוה II		*Nif.* sich sammeln
מִקְוֶה		Ansammlung
קוֹל	***	Stimme, Laut, Geräusch
קום	***	aufstehen, sich erheben, *Hif.* aufstellen, erstehen lassen
קוֹמָה		Höhe
מָקוֹם	**	Ort, Stelle, Platz
קטל		töten
קָטֹן		klein/gering sein
קָטֹן/קָטָן	*	klein, gering
קטר	*	*Pi./Hif.* räuchern, in Rauch aufgehen lassen
קְטֹרֶת		Räucherwerk, Rauchopfer
קַיִן		Kain
קִיץ		*Hif.* aufwachen
קַיִץ		Sommer
קִיר	*	Mauer, Wand
קלל	*	gering/schnell/leicht sein; *Pi.* verfluchen, für verflucht erklären
קַל		leicht, schnell
קְלָלָה		Fluch
קנא		*Pi.* eifersüchtig sein, eifern für
קַנָּא		eifersüchtig, eifernd
קִנְאָה	*	Eifer, Leidenschaft
קנה	*	kaufen, erwerben
מִקְנֶה	*	(Vieh-)Besitz
קָנֶה		(Schilf-)Rohr
קסם		wahrsagen (durch Losorakel)
קֹסֵם		(Part.) Wahrsager
קֶסֶם		Wahrsagung, Entscheidung (durch Losorakel)
קֵץ	*	Ende
מִקֵּץ		nach
קָצֶה/קָצָה	*	Ende, Rand
קצף	*	zornig sein, zürnen
קֶצֶף		Zorn
קצר		einbringen, ernten
קָצִיר	*	Ernte(ertrag)
קרא	***	rufen, nennen, lesen; *Nif.* gerufen/genannt werden
קרב	**	nahe sein, sich nähern; *Hif.* heran-, darbringen
קָרוֹב	*	nahe, Nächster
קָרְבָּן	*	Darbringung, Opfergabe
קֶרֶב	**	Inneres, Mitte, Eingeweide
בְּקֶרֶב		inmitten, mitten unter
קרה	*	begegnen, (an)treffen
לִקְרַאת	*	(Inf. cons.) entgegen → § 10.6.3
קִרְיָה		Stadt
קֶרֶן	*	Horn
קרע	*	zer-, losreißen
קשב	*	*Hif.* aufmerken, hören auf
קשה	*	hart/schwer sein; *Hif.* verhärten
קָשֶׁה		hart, schwer
קשר		binden, sich verschwören, Aufruhr stiften
קֶשֶׁת	*	Bogen

ר resch

ראה	***	sehen; *Nif.* sich sehen lassen, erscheinen; *Hif.* sehen lassen, zeigen
רֹאֶה	*	Seher
מַרְאֶה	*	Sehen, Aussehen, Erscheinung
רְאוּבֵן		Ruben
רֹאשׁ	***	Kopf, Gipfel
רִאשׁוֹן	*	erster, früherer
לָ/בָּרִאשׁוֹנָה		früher, vormals
רֵאשִׁית	*	Anfang, Erstes, Erstling
רבב		zahlreich sein/werden
רַב	**	viel, zahlreich, groß
רֹב	*	Menge
רְבָבָה		zehntausend, große Menge
רבה	**	zahlreich sein/werden; *Hif.* zahlreich machen, vermehren
רַבָּה		Rabba
רְבִיעִי		vierter → אַרְבָּעָה
רבץ		lagern, liegen
רִבְקָה		Rebekka
רגז		erheben, zittern
רגל		*Pi.* auskundschaften
רֶגֶל	**	Fuß, mit Zahlen: Mal
רַגְלִי		Fußgänger, -volk
רֶגַע		Augenblick
רדה		(be)herrschen
רדף	*	verfolgen, nachjagen (meist mit אַחֲרֵי)
רַהַט		Tränkrinne
רוּחַ	**	*fem.* Wind, Hauch, Geist
רום	**	hoch/erhaben sein, sich erheben; *Hif.* erheben, erhöhen, aufrichten
רָם		(Part.) hoch
מָרוֹם		Höhe
תְּרוּמָה		Abgabe
רוּעַ		*Hif.* schreien, Kriegsgeschrei erheben
תְּרוּעָה		Lärm, Kriegsgeschrei, Jubel
רוץ	*	laufen
רָץ		(Part.) Läufer, Bote
רוּת		Rut
רחב		*Hif.* weit machen, Raum geben
רָחָב		weit, geräumig
רֹחַב	*	Breite, Weite
רְחֹב		freier Platz
רָחֵל		Rahel
רחם	*	*Pi.* sich erbarmen
רַחוּם		barmherzig
רֶחֶם		Mutterleib
רַחֲמִים		Erbarmen
רחץ	*	(sich) waschen
רחק		fern sein, sich entfernen; *Hif.* (sich) entfernen
רָחוֹק	*	fern, Ferne
רִיב	*	einen Rechtsstreit führen, streiten, hadern

רִיב		(Rechts-)Streit
רִיק/רֵיק		leer, nichtig
רֵיקָם		mit leeren Händen, ohne Anlass
רכב	*	reiten, fahren
רֶכֶב	*	(Streit-)Wagen(zug)
מֶרְכָּבָה		(Streit-)Wagen
רכשׁ		sammeln, erwerben
רְכוּשׁ		Besitz, Habe
רָם		(Part.) hoch → רום
רִמּוֹן		Granatapfel
רנן	*	jubeln, jauchzen
רִנָּה		Jubel-, Klageruf
רַע/רָע	**	schlecht, böse → רעע
רֵעַ	*	Nächster, Volksgenosse, Freund, anderer
רעב		hungern
רָעָב	*	Hunger, Hungersnot
רָעָה	**	Unheil, Böses, Bosheit → רעע
רעה	*	weiden, hüten
רֹעֶה		(Part.) Hirte
רְעוּאֵל		Reguel
רעם		toben, lärmen
רַעֲנָן		laubreich, grün
רעע	*	schlecht/böse sein, *Hif.* schlecht handeln, schaden
רַע/רָע	**	schlecht, böse
רָעָה	**	Unheil, Böses, Bosheit
רעשׁ		erheben, erschüttern
רפא	*	heilen
רֹפֵא		(Part.) Arzt
רפה		schlaff werden; *Hif.* ablassen
רָץ		(Part.) Läufer, Bote → רוץ
רצה	*	Gefallen haben an
רָצוֹן		Wohlgefallen
רצח		töten
רצץ		zerbrechen, knicken
רַק	*	nur
רקד		hüpfen, tanzen
רקע		befestigen, breit/fest treten
רָקִיעַ		Firmament, Feste
רָשׁ/רָאשׁ		arm
רשׁע	*	im Unrecht/schuldig sein
רָשָׁע	**	Frevler, Gottloser, schuldig, im Unrecht
רֶשַׁע		Unrecht, Schuld
רֶשֶׁת		(Fang-)Netz

שׂ śin

שְׂבָכָה		Gittergeflecht
שׂבע	*	satt sein/werden
שׂגב		*Qal/Nif.* hoch/unerreichbar sein
שָׂדֶה/שָׂדַי	**	Feld, Gefilde
שֶׂה		Stück Kleinvieh, Schaf/Ziege
שׂוּשׂ/שִׂישׂ		sich freuen
שָׂשׂוֹן		Freude

שׂחק * lachen, *Pi.* scherzen, spielen, tanzen → צחק

שָׂטָן Widersacher, Satan

שֵׂיבָה Graukopf, guter Alter

שִׂיחַ nachsinnen, klagen

שִׂיחַ Anliegen, Sorge

שִׂיחַ Strauch

שִׂים/שׂוּם *** setzen, stellen, legen

שׂכל * *Hif.* verstehen, einsehen, Erfolg haben

שֶׂכֶל Einsicht, Verstand

שׂכר dingen, mieten

שָׂכָר Lohn

שְׂמֹאל * linke Seite, links

שׂמח * sich freuen; *Pi.* erfreuen

שָׂמֵחַ froh, fröhlich

שִׂמְחָה * Freude

שִׂמְלָה/שַׂלְמָה Mantel, Umhang

שָׂנֵא * hassen, Hass haben auf

שֵׂעָר Behaarung, Haar

שַׂעֲרָה einzelnes Haar

שָׂעִיר Ziegenbock, behaart

שְׂעֹרָה Gerste

שָׂפָה * Lippe, Sprache, Rand, Ufer

שַׂק Trauergewand, Sack

שַׂר ** Oberster, Befehlshaber, Beamter

שָׂרָה/שָׂרַי Sara/Sarai

שָׂרִיד Entronnener

שׂרף * (ver)brennen

שֹׂרֵק Edeltraube(n)

שָׂשׂוֹן Freude → שׂוּשׂ

שׁ šin

שֶׁ(·)/שַׁ/שָׁ sog. Relativpartikel (Hilfsübersetzung: wovon gilt); dass → § 5.2.2 zu אֲשֶׁר

שׁאג brüllen

שְׁאוֹל * Unterwelt, Totenreich, Scheol

שָׁאוּל Saul

שׁאל * fragen, bitten

שׁאר * *Nif.* übrig bleiben; *Hif.* übrig lassen

שְׁאָר/שְׁאֵרִית * Rest, Übriges

שׁבה * gefangen wegführen

שְׁבוּת/שְׁבִית Gefangenschaft

שְׁבִי Gefangene, Gefangenschaft

שָׁבוּעַ Woche → שִׁבְעָה

שְׁבוּעָה Schwur → שׁבע

שׁבח *Pi.* preisen, rühmen

שֵׁבֶט * Stab, Stamm

שִׁבֹּלֶת Ähre

שׁבע * *Nif.* schwören → § 5.2.3.3

שְׁבוּעָה Schwur

שִׁבְעָה/שֶׁבַע ** sieben

שִׁבְעִים siebzig

שְׁבִיעִי * siebenter

שָׁבוּעַ Woche

שׁבר * *Qal/Pi.* zerbrechen

שֶׁבֶר	Brechen, Bruch
שׁבר II	(Getreide) kaufen
שֶׁבֶר	Getreide
שׁבת *	aufhören, ruhen; *Hif.* zum Aufhören bringen, beenden
שַׁבָּת *	Sabbat
שׁגה	(ver)irren, sich vergehen
שַׁד	Brust
שׁדד *	gewalttätig sein, verwüsten
שֹׁד	Gewalttat, Verwüstung
שַׁדַּי	Schaddai (Gottesname)
שָׁוְא	Nichtiges, Trug (+ לְ: umsonst, vergeblich, unnütz)
שׁוּב ***	um-, zurückkehren, etwas wieder tun
תְּשׁוּבָה	Rückkehr
שׁוע	*Pi.* um Hilfe rufen
שַׁוְעָה	Hilferuf
שׁוֹעֵר	Torhüter → שַׁעַר
שׁוֹפָר *	Widderhorn (zum Blasen)
שׁוֹר *	Rind, Stier
שֹׁחַד	(Bestechungs-)Geschenk
שׁחה	→ חוה
שׁחט *	schlachten
שַׁחַק	Wolke
שַׁחַר	Morgenröte
שׁחת *	*Pi.* verderben; *Nif.* verdorben werden; *Hif.* verderben lassen, vernichten
שַׁחַת	(Fang-)Grube, Grab
שׁטף	fortspülen, strömen
שֹׁטֵר	Ordner, Listenführer
שִׁיר *	singen
שִׁיר *	Lied(er), Gesang
שִׁירָה	einzelnes Lied
שִׁית *	setzen, legen, machen zu
שַׁיִת	Unkraut, Disteln
שׁכב **	sich niederlegen, liegen, schlafen
מִשְׁכָּב	Lager, Bett
שׁכח *	vergessen
שׁכל	*Pi.* Fehlgeburt haben, kinderlos machen
שׁכם *	*Hif.* sich früh aufmachen, etwas eifrig tun
שְׁכֶם	Nacken, Schulter
שְׁכֶם	Sichem
שׁכן *	sich niederlassen, (be)wohnen
שָׁכֵן	Bewohner, Nachbar
מִשְׁכָּן	Wohnung
שׁכר	betrunken sein/werden; *Pi.* betrunken machen
שֵׁכָר	berauschendes Getränk, Bier
שֶׁלֶג	Schnee
שָׁלוֹם **	Heil, Friede, Wohlergehen → שָׁלֵם
שׁלח ***	senden, (mit יָד:) ausstrecken; *Pi.*

		aussenden, entlassen
שֻׁלְחָן	*	Tisch
שְׁלִישִׁי		dritter → שְׁלֹשָׁה
שׁלך	*	*Hif.* werfen, wegtun
שׁלל		plündern, Beute machen
שָׁלָל	*	Beute
שָׁלֵם	*	unversehrt/vollständig sein/werden; *Pi.* ersetzen, vervollständigen, erfüllen
שָׁלֵם		unversehrt, vollständig, friedlich
שָׁלוֹם	**	Heil, Friede, Wohlergehen
שְׁלָמִים		„Heils“-Opfer
שְׁלֹמֹה		Salomo
שׁלף		(das Schwert) herausziehen
שְׁלֹשָׁה/שָׁלֹשׁ	**	drei
שְׁלֹשִׁים	*	dreißig
שְׁלִישִׁי(ת)	*	dritter, (Drittel, drittes Mal)
שִׁלְשׁוֹם		vorgestern
שָׁם	***	dort
שָׁמָּה	*	dorthin, dort
שֵׁם	***	Name
שֵׁם		Sem
שׁמד	*	*Nif.* ausgerottet werden; *Hif.* ausrotten
שַׁמָּה		Entsetzliches, Entsetzen → שׁמם
שְׁמוּאֵל		Samuel
שְׁמוּעָה		Nachricht, Kunde → שׁמע
שָׁמַיִם	**	Himmel
שָׁמִיר		Dorngestrüpp, Dornen
שׁמם	*	verödet sein, sich entsetzen
שַׁמָּה		Entsetzliches, Entsetzen
שְׁמָמָה	*	Öde, Verwüstung
שֶׁמֶן	*	Öl, Fett
שְׁמֹנָה/שְׁמֹנֶה		acht
שְׁמֹנִים		achtzig
שְׁמִינִי		achter
שׁמע	***	hören, *Hif.* hören lassen, verkündigen
שְׁמוּעָה		Nachricht, Kunde
שׁמר	**	bewahren, beobachten, (be)hüten; *Nif./Hit.* sich hüten
שֹׁמֵר		(Part.) Wächter
מִשְׁמֶרֶת		Beobachtung, Bewahrung, Wache, Dienst
שֹׁמְרוֹן		Samaria
שֶׁמֶשׁ	*	Sonne
שִׁמְשׁוֹן		Simson
שֵׁן	*	*fem.* Zahn
שֵׁנָה		Schlaf → יָשֵׁן
שׁנה		sich ändern, wiederholen; *Pi.* ändern, wechseln
שָׁנָה	***	Jahr (Pl. meist שָׁנִים)
מִשְׁנֶה		Zweiter, Doppeltes, Abschrift
שְׁנַיִם/שְׁתַּיִם	***	zwei → § 7.7
שֵׁנִי(ת)	*	zweiter, nächster, (zweite, zum zweiten Mal)
שׁנן		*Pi.* wiederholen, versprechen

שׁען		*Nif.* sich stützen
שַׁעַר	**	(Stadt-)Tor
שׁוֹעֵר		Torhüter
שַׁעֲשׁוּעִים		Ergötzen, Vergnügen
שִׁפְחָה	*	Magd, Sklavin
שׁפט	**	richten
שֹׁפֵט		(Part.) Richter, Retter
מִשְׁפָּט	**	Gericht, Recht(s-sache), (das) Wesen-seigene, -gemäße
שׁפך	*	ausgießen
שָׁפֵל	*	niedrig/demütig sein; *Hif.* erniedrigen
שָׁפָל		niedrig, gering, demütig
שֵׁפֶל		Niedrigkeit
שְׁפֵלָה		Niederung
שׁקה	*	*Hif.* tränken, zu trinken geben → שׁתה
שִׁקּוּץ/שֶׁקֶץ		Greuel, Abscheuliches
שׁקט		Ruhe haben, sich still verhalten
שׁקל		wiegen, (ab)wägen
שֶׁקֶל	*	Schekel (Gewicht, später Münze)
מִשְׁקָל		Gewicht
שׁקף		*Qal/Hif.* hinunter-, herunterblicken
שֶׁקֶר	*	Lüge, Trug, Täuschung
שְׁרִרוּת		Verstocktheit
שֹׁרֶשׁ		Wurzel
שׁרת	*	*Pi.* dienen, Dienst tun
מְשָׁרֵת		(Part.) Diener
שִׁשָּׁה/שֵׁשׁ	**	sechs → § 7.7
שִׁשִּׁים		sechzig
שִׁשִּׁי(ת)		sechster, (sechste)
שׁתה	**	trinken → שׁקה
מִשְׁתֶּה		Trinken, Gastmahl

ת taw

תַּאֲוָה		Begierde, Lust → אוה
תְּאֵנָה		Feige(nbaum)
תֵּבָה		Kasten, Arche
תְּבוּאָה		Ertrag → בוֹא
תְּבוּנָה		Einsicht, Weisheit → בִּין
תָּבוֹר		Tabor
תֵּבֵל	*	*fem.* Festland, Erde, Erdkreis
תֶּבֶן		Häcksel, Stroh
תַּבְנִית		Bauplan, -modell, Abbild → בנה
תֵּבֵץ		Tebez
תֹּהוּ		Wüste, Nichts
תְּהוֹם	*	*fem.* Urflut
תְּהִלָּה	*	Ruhm, Lobpreis → הלל
תּוֹדָה		Lob-, Danklied, Lob-, Dankopfer → ידה
תָּוֶךְ	**	Mitte (st. cons. תּוֹךְ)
תּוֹכַחַת		Zurechtweisung → יכח

תּוֹלְדוֹת		Nachkommen, Generationen, Generationsverzeichnis, -geschichte
תּוֹלֵעָה		Made, Wurm
תּוֹעֵבָה	*	Greuel, Abscheuliches → תעב
תּוֹרָה	**	Weisung, Gesetz → ירה
תְּחִלָּה		Anfang → חלל
תְּחִנָּה		Flehen → חנן
תַּחַת	***	unter(halb), anstelle von
תַּחְתִּי		unterer, unterster
תֵּימָן		Süden, Südwind → ימן
תִּירוֹשׁ		Wein
תלה		aufhängen
תַּלְמִיד		Schüler → למד
תְּמוֹל		gestern, früher → אֶתְמוֹל
תָּמִיד	*	beständig
תמך		ergreifen, (fest-)halten
תמם	*	vollständig/fertig sein, ein Ende nehmen
תֹּם		Vollkommenheit, Lauterkeit
תָּמִים	*	vollständig, einwandfrei, aufrichtig
תעב		*Pi.* verabscheuen
תּוֹעֵבָה	*	Greuel, Abscheuliches
תעה		umherirren
תִּפְאָרָה/-אֶרֶת		Zierde, Ruhm, Ehre, Stolz
תְּפִלָּה	*	Gebet → פלל
תפר		(zusammen)nähen
תפשׂ	*	fassen, ergreifen
תִּקְוָה		Hoffnung → קוה
תקע	*	(ein)schlagen, (ins Horn) stoßen
תְּרוּמָה		Abgabe → רום
תְּרוּעָה		Lärm, Kriegsgeschrei, Jubel → רוּעַ
תִּשְׁבִּי		Tischbiter
תְּשׁוּבָה		Rückkehr → שׁוּב
תְּשׁוּעָה		Rettung, Hilfe → ישׁע
תִּשְׁעָה/תֵּשַׁע		neun

Tabellen

I. Starkes Verb I → § 8

קָטַל töten; **כָּבֵד** schwer, angesehen sein; **קָטֹן** klein, gering sein

Rote Farbe kennzeichnet – additiv von Stamm zu Stamm – die Erkennungsmerkmale der Formen.

	Qal I	*Qal II*		*Nif'al*
AK 3.m. er	קָטַל	כָּבֵד	קָטֹן	נִקְטַל >naqṭal(a)
(Perf.) 3.f. sie	קָֽטְלָה (קָטָ֫לָה)	כָּֽבְדָה (כָּבֵ֫דָה)	קָֽטְנָה	נִקְטְלָה (נִקְטָ֫לָה)
2.m. du	קָטַ֫לְתָּ	כָּבַ֫דְתָּ	קָטֹ֫נְתָּ	נִקְטַ֫לְתָּ
2.f. du	קָטַלְתְּ	usw.	קָטֹנְתְּ	נִקְטַלְתְּ
1.c. ich	קָטַ֫לְתִּי		קָטֹ֫נְתִּי	נִקְטַ֫לְתִּי
Pl. 3.c. sie	קָֽטְלוּ		קָֽטְנוּ	נִקְטְלוּ
2.m. ihr	קְטַלְתֶּם		קְטָנְתֶּם	נִקְטַלְתֶּם
2.f. ihr	קְטַלְתֶּן		קְטָנְתֶּן	נִקְטַלְתֶּן
1.c. wir	קָטַ֫לְנוּ		קָטֹ֫נּוּ	נִקְטַ֫לְנוּ
PK 3.m. er	יִקְטֹל >yaqṭul(u)	יִכְבַּד (יִכְבָּ֑ד)	יִקְטַן	יִקָּטֵל >yanqaṭil
(Impf.) 3.f. sie	תִּקְטֹל	תִּכְבַּד	תִּקְטַן	תִּקָּטֵל
2.m. du	תִּקְטֹל	תִּכְבַּד	usw.	תִּקָּטֵל
2.f. du	תִּקְטְלִי (תִּקְטֹ֫לִי)	תִּכְבְּדִי		תִּקָּטְלִי
1.c. ich	אֶקְטֹל [אֶקְטְלָה]	אֶכְבַּד		אֶקָּטֵל
Pl. 3.m. sie	יִקְטְלוּ	יִכְבְּדוּ		יִקָּֽטְלוּ
3.f. sie	תִּקְטֹ֫לְנָה	תִּכְבַּ֫דְנָה		תִּקָּטַ֫לְנָה
2.m. ihr	תִּקְטְלוּ	תִּכְבְּדוּ		תִּקָּֽטְלוּ
2.f. ihr	תִּקְטֹ֫לְנָה	תִּכְבַּ֫דְנָה		תִּקָּטַ֫לְנָה
1.c. wir	נִקְטֹל [נִקְטְלָה]	נִכְבַּד		נִקָּטֵל
Narr 3.m.Sg.	וַיִּקְטֹל*	וַיִּכְבַּד	וַיִּקְטַן	וַיִּקָּ֫טֶל
Impt. m.	קְטֹל [קָטְלָה]	כְּבַד [כִּבְדָה]	קְטַן	הִקָּטֵל [הִקָּטְלָה]
f.	קִטְלִי (קְטֹ֫לִי)	כִּבְדִי (כְּבָ֫דִי)	usw.	הִקָּֽטְלִי
Pl. m.	קִטְלוּ	כִּבְדוּ		הִקָּֽטְלוּ
f.	קְטֹ֫לְנָה	כְּבַ֫דְנָה		הִקָּטַ֫לְנָה {־טֵ֫לְנָה}
Inf. cons.	קְטֹל	כְּבֹד {כְּבַד}		הִקָּטֵל {auch abs.}
abs.	קָטוֹל	כָּבוֹד		הִקָּטֹל {נִקְטֹל}
Part. Sg. m.	קֹטֵל	כָּבֵד	קָטֹן	נִקְטָל
f.	קֹטְלָה {קֹטֶ֫לֶת}	כְּבֵדָה	קְטַנָּה	נִקְטָלָה {נִקְטֶ֫לֶת}
Pass. f./m.	קָטוּל/קְטוּלָה			

() = in pausa; [ ] = Kohortativ oder Adhortativ; * Narr.: 1.c.Sg. וָאֶקְטֹל

Pi'el	*Pu'al*	*Hitpa'el*	*Hif'il*	*Håf'al*
קִטֵּל {קִטַּל}	קֻטַּל	הִתְקַטֵּל {־טַּל}	הִקְטִיל >haqṭil(a)	הָקְטַל {הֻקְטַל}
קִטְּלָה	קֻטְּלָה	הִתְקַטְּלָה	הִקְטִילָה	הָקְטְלָה
קִטַּלְתָּ	קֻטַּלְתָּ	הִתְקַטַּלְתָּ	הִקְטַלְתָּ	הָקְטַלְתָּ
קִטַּלְתְּ	קֻטַּלְתְּ	הִתְקַטַּלְתְּ	הִקְטַלְתְּ	הָקְטַלְתְּ
קִטַּלְתִּי	קֻטַּלְתִּי	הִתְקַטַּלְתִּי	הִקְטַלְתִּי	הָקְטַלְתִּי
קִטְּלוּ	קֻטְּלוּ	הִתְקַטְּלוּ	הִקְטִילוּ	הָקְטְלוּ
קִטַּלְתֶּם	קֻטַּלְתֶּם	הִתְקַטַּלְתֶּם	הִקְטַלְתֶּם	הָקְטַלְתֶּם
קִטַּלְתֶּן	קֻטַּלְתֶּן	הִתְקַטַּלְתֶּן	הִקְטַלְתֶּן	הָקְטַלְתֶּן
קִטַּלְנוּ	קֻטַּלְנוּ	הִתְקַטַּלְנוּ	הִקְטַלְנוּ	הָקְטַלְנוּ
יְקַטֵּל	יְקֻטַּל	יִתְקַטֵּל {־טַּל}	יַקְטִיל +יַקְטֵל	יָקְטַל
תְּקַטֵּל	תְּקֻטַּל	תִּתְקַטֵּל	תַּקְטִיל	תָּקְטַל
תְּקַטֵּל	תְּקֻטַּל	תִּתְקַטֵּל	תַּקְטִיל	תָּקְטַל
תְּקַטְּלִי	תְּקֻטְּלִי	תִּתְקַטְּלִי	תַּקְטִילִי	תָּקְטְלִי
אֲקַטֵּל	אֲקֻטַּל	אֶתְקַטֵּל	אַקְטִיל	אָקְטַל
יְקַטְּלוּ	יְקֻטְּלוּ	יִתְקַטְּלוּ	יַקְטִילוּ	יָקְטְלוּ
תְּקַטֵּלְנָה	תְּקֻטַּלְנָה	תִּתְקַטֵּלְנָה {־טַּלְנָה}	תַּקְטֵלְנָה	תָּקְטַלְנָה
תְּקַטְּלוּ	תְּקֻטְּלוּ	תִּתְקַטְּלוּ	תַּקְטִילוּ	תָּקְטְלוּ
תְּקַטֵּלְנָה	תְּקֻטַּלְנָה	תִּתְקַטֵּלְנָה	תַּקְטֵלְנָה	תָּקְטַלְנָה
נְקַטֵּל	נְקֻטַּל	נִתְקַטֵּל	נַקְטִיל	נָקְטַל
וַיְקַטֵּל	וַיְקֻטַּל	וַיִּתְקַטֵּל	וַיַּקְטֵל	וַיָּקְטַל
קַטֵּל [קַטְּלָה]		הִתְקַטֵּל [־טְּלָה]	הַקְטֵל [־טִילָה]	
קַטְּלִי		הִתְקַטְּלִי	הַקְטִילִי	
קַטְּלוּ		הִתְקַטְּלוּ	הַקְטִילוּ	
קַטֵּלְנָה		הִתְקַטֵּלְנָה	הַקְטֵלְנָה	
קַטֵּל	קֻטַּל	הִתְקַטֵּל	הַקְטִיל	הָקְטַל
קַטֵּל {קַטֹּל}	קֻטֹּל	הִתְקַטֵּל	הַקְטֵל	הָקְטֵל
מְקַטֵּל	מְקֻטָּל	מִתְקַטֵּל	מַקְטִיל	מָקְטָל
מְקַטְּלָה {־טֶּלֶת}	מְקֻטָּלָה {־טֶּלֶת}	מִתְקַטְּלָה {־טֶּלֶת}	מַקְטִילָה {־טֶלֶת}	מָקְטָלָה {־טֶלֶת}

{ } = Nebenform; + = Jussiv, Kurzform; > = entstanden aus.

I. Starkes Verb II → § 8

כָּתַב schreiben; כָּבֵד schwer, angesehen sein; קָטֹן klein, gering sein

Rote Farbe *kennzeichnet – additiv von Stamm zu Stamm – die Erkennungsmerkmale der Formen.*

	Qal I	*Qal II*		*Nif'al*
AK 3.m. er	כָּתַב	כָּבֵד	קָטֹן	>naktab(a) נִכְתַּב
(Perf.) 3.f. sie	כָּתְבָה (כָּתָבָה)	כָּבְדָה (כָּבֵדָה)	קָטְנָה	נִכְתְּבָה (נִכְתָּבָה)
2.m. du	כָּתַבְתָּ	כָּבַדְתָּ	קָטֹנְתָּ	נִכְתַּבְתָּ
2.f. du	כָּתַבְתְּ	usw.	קָטֹנְתְּ	נִכְתַּבְתְּ
1.c. ich	כָּתַבְתִּי		קָטֹנְתִּי	נִכְתַּבְתִּי
Pl. 3.c. sie	כָּתְבוּ		קָטְנוּ	נִכְתְּבוּ
2.m. ihr	כְּתַבְתֶּם		קְטָנְתֶּם	נִכְתַּבְתֶּם
2.f. ihr	כְּתַבְתֶּן		קְטָנְתֶּן	נִכְתַּבְתֶּן
1.c. wir	כָּתַבְנוּ		קָטֹנּוּ	נִכְתַּבְנוּ
PK 3.m. er	>yaktub(u) יִכְתֹּב	יִכְבַּד (יִכְבָּד)	יִקְטַן	>yankatib יִכָּתֵב
(Impf.) 3.f. sie	תִּכְתֹּב	תִּכְבַּד	תִּקְטַן	תִּכָּתֵב
2.m. du	תִּכְתֹּב	תִּכְבַּד	usw.	תִּכָּתֵב
2.f. du	תִּכְתְּבִי (תִּכְתֹּבִי)	תִּכְבְּדִי		תִּכָּתְבִי
1.c. ich	אֶכְתֹּב [אֶכְתְּבָה]	אֶכְבַּד		אֶכָּתֵב
Pl. 3.m. sie	יִכְתְּבוּ	יִכְבְּדוּ		יִכָּתְבוּ
3.f. sie	תִּכְתֹּבְנָה	תִּכְבַּדְנָה		תִּכָּתַבְנָה
2.m. ihr	תִּכְתְּבוּ	תִּכְבְּדוּ		תִּכָּתְבוּ
2.f. ihr	תִּכְתֹּבְנָה	תִּכְבַּדְנָה		תִּכָּתַבְנָה
1.c. wir	נִכְתֹּב [נִכְתְּבָה]	נִכְבַּד		נִכָּתֵב
Narr 3.m.Sg.	וַיִּכְתֹּב*	וַיִּכְבַּד	וַיִּקְטַן	וַיִּכָּתֵב
Impt. m.	כְּתֹב [כָּתְבָה]	כְּבַד [כִּבְדָה]	קְטַן	הִכָּתֵב [הִכָּתְבָה]
f.	כִּתְבִי (כְּתֹבִי)	כִּבְדִי (כְּבָדִי)	usw.	הִכָּתְבִי
Pl. m.	כִּתְבוּ	כִּבְדוּ		הִכָּתְבוּ
f.	כְּתֹבְנָה	כְּבַדְנָה		הִכָּתַבְנָה {־תֵבְנָה}
Inf. cons.	כְּתֹב	כְּבֹד {כְּבַד}		הִכָּתֵב {auch abs.}
abs.	כָּתוֹב	כָּבוֹד		הִכָּתֹב {נִכְתֹּב}
Part. Sg. m.	כֹּתֵב	כָּבֵד	קָטֹן	נִכְתָּב
f.	כֹּתְבָה {כֹּתֶבֶת}	כְּבֵדָה	קְטַנָּה	נִכְתָּבָה {נִכְתֶּבֶת}
pass. f./m.	כָּתוּב/כְּתוּבָה			

( ) = in pausa; [ ] = Kohortativ oder Adhortativ; * Narr.: 1.c.Sg. וָאֶכְתֹּב

Pi'el	*Pu'al*	*Hitpa'el*	*Hif'il*	*Håf'al*
כִּתֵּב {כִּתַּב}	כֻּתַּב	הִתְכַּתֵּב {־תַּב}	>haktib(a) הִכְתִּיב	הָכְתַּב {הֻכְתַּב}
כִּתְּבָה	כֻּתְּבָה	הִתְכַּתְּבָה	הִכְתִּיבָה	הָכְתְּבָה
כִּתַּבְתָּ	כֻּתַּבְתָּ	הִתְכַּתַּבְתָּ	הִכְתַּבְתָּ	הָכְתַּבְתָּ
כִּתַּבְתְּ	כֻּתַּבְתְּ	הִתְכַּתַּבְתְּ	הִכְתַּבְתְּ	הָכְתַּבְתְּ
כִּתַּבְתִּי	כֻּתַּבְתִּי	הִתְכַּתַּבְתִּי	הִכְתַּבְתִּי	הָכְתַּבְתִּי
כִּתְּבוּ	כֻּתְּבוּ	הִתְכַּתְּבוּ	הִכְתִּיבוּ	הָכְתְּבוּ
כִּתַּבְתֶּם	כֻּתַּבְתֶּם	הִתְכַּתַּבְתֶּם	הִכְתַּבְתֶּם	הָכְתַּבְתֶּם
כִּתַּבְתֶּן	כֻּתַּבְתֶּן	הִתְכַּתַּבְתֶּן	הִכְתַּבְתֶּן	הָכְתַּבְתֶּן
כִּתַּבְנוּ	כֻּתַּבְנוּ	הִתְכַּתַּבְנוּ	הִכְתַּבְנוּ	הָכְתַּבְנוּ
יְכַתֵּב	יְכֻתַּב	יִתְכַּתֵּב {־תַּב}	יַכְתִּיב +יַכְתֵּב	יָכְתַּב
תְּכַתֵּב	תְּכֻתַּב	תִּתְכַּתֵּב	תַּכְתִּיב	תָּכְתַּב
תְּכַתֵּב	תְּכֻתַּב	תִּתְכַּתֵּב	תַּכְתִּיב	תָּכְתַּב
תְּכַתְּבִי	תְּכֻתְּבִי	תִּתְכַּתְּבִי	תַּכְתִּיבִי	תָּכְתְּבִי
אֲכַתֵּב	אֲכֻתַּב	אֶתְכַּתֵּב	אַכְתִּיב	אָכְתַּב
יְכַתְּבוּ	יְכֻתְּבוּ	יִתְכַּתְּבוּ	יַכְתִּיבוּ	יָכְתְּבוּ
תְּכַתֵּבְנָה	תְּכֻתַּבְנָה	תִּתְכַּתֵּבְנָה {־תַּבְנָה}	תַּכְתֵּבְנָה	תָּכְתַּבְנָה
תְּכַתְּבוּ	תְּכֻתְּבוּ	תִּתְכַּתְּבוּ	תַּכְתִּיבוּ	תָּכְתְּבוּ
תְּכַתֵּבְנָה	תְּכֻתַּבְנָה	תִּתְכַּתֵּבְנָה	תַּכְתֵּבְנָה	תָּכְתַּבְנָה
נְכַתֵּב	נְכֻתַּב	נִתְכַּתֵּב	נַכְתִּיב	נָכְתַּב
וַיְכַתֵּב	וַיְכֻתַּב	וַיִּתְכַּתֵּב	וַיַּכְתֵּב	וַיָּכְתַּב
כַּתֵּב [כַּתְּבָה]		הִתְכַּתֵּב [־תְּבָה]	הַכְתֵּב [־תִּיבָה]	
כַּתְּבִי		הִתְכַּתְּבִי	הַכְתִּיבִי	
כַּתְּבוּ		הִתְכַּתְּבוּ	הַכְתִּיבוּ	
כַּתֵּבְנָה		הִתְכַּתֵּבְנָה	הַכְתֵּבְנָה	
כַּתֵּב	כֻּתַּב	הִתְכַּתֵּב	הַכְתִּיב	הָכְתַּב
כַּתֵּב {כַּתֹּב}	כֻּתֹּב	הִתְכַּתֵּב	הַכְתֵּב	הָכְתֵּב
מְכַתֵּב	מְכֻתָּב	מִתְכַּתֵּב	מַכְתִּיב	מָכְתָּב
מְכַתְּבָה {־תֶּבֶת}	מְכֻתָּבָה {־תֶּבֶת}	מִתְכַּתְּבָה {־תֶּבֶת}	מַכְתִּיבָה {־תֶּבֶת}	מָכְתָּבָה {־תֶּבֶת}

{ } = Nebenform; + = Jussiv, Kurzform; > = entstanden aus.

II. Starkes Verb mit Suffixen → § 8.7

קטל töten; לָבֵשׁ anziehen, bekleiden

Qal I		ohne Suffixe	1.c.Sg נִי mich	2.m.Sg ךָ dich	2.f.Sg ךְ dich	3.m.Sg וֹ/הוּ ihn
AK	3.m.	קָטַל	קְטָלַנִי	קְטָלְךָ	קְטָלֵךְ	קְטָלוֹ *
(Perf.)	3.f.	קָֽטְלָה	קְטָלַתְנִי	קְטָלַתְךָ	קְטָלָתֶךְ	קְטָלַתּוּ *
	2.m.	קָטַלְתָּ	קְטַלְתַּנִי	–	–	קְטַלְתּוֹ
	2.f.	קָטַלְתְּ	קְטַלְתִּינִי	–	–	קְטַלְתִּיהוּ
	1.c.	קָטַלְתִּי	–	קְטַלְתִּיךָ	קְטַלְתִּיךְ	קְטַלְתִּיו *
Pl.	3.c.	קָֽטְלוּ	קְטָלוּנִי	קְטָלוּךָ	קְטָלוּךְ	קְטָלוּהוּ
	2.f./m.	קְטַלְתֶּם/ן	קְטַלְתּוּנִי	–	–	
	1.c.	קָטַלְנוּ	–	קְטַלְנוּךָ	קְטַלְנוּךְ	קְטַלְנוּהוּ
PK	3.m.	יִקְטֹל	יִקְטְלֵנִי	יִקְטָלְךָ	יִקְטְלֵךְ	יִקְטְלֵהוּ
(Impf.)+ נ energ.			יִקְטְלֶנִּי	יִקְטְלֶךָּ		יִקְטְלֶנּוּ
Pl.	3.m.	יִקְטְלוּ	יִקְטְלוּנִי	יִקְטְלוּךָ	יִקְטְלוּךְ	יִקְטְלוּהוּ
Impt	m.	קְטֹל	קָטְלֵנִי	–	–	קָטְלֵהוּ
Pl.	m.	קִטְלוּ	קִטְלוּנִי	–	–	קִטְלוּהוּ
Inf.	cons.	קְטֹל	קָטְלֵנִי/קָטְלִי	קָטְלְךָ/קְטָלְךָ	קָטְלֵךְ	קָטְלוֹ
Qal II						
AK	3.m.	לָבֵשׁ	לְבֵשַׁנִי	לְבֵשְׁךָ	לְבֵשֵׁךְ	לְבֵשׁוֹ
PK	3.m.	יִלְבַּשׁ	יִלְבָּשֵׁנִי	יִלְבָּשְׁךָ	יִלְבָּשֵׁךְ	יִלְבָּשֵׁהוּ
Impt.	m.	לְבַשׁ	לְבָשֵׁנִי	–	–	לְבָשֵׁהוּ
Pi.						
AK	3.m.	קִטֵּל	קִטְּלַנִי	קִטֶּלְךָ	קִטְּלֵךְ	קִטְּלוֹ
PK	3.m.	יְקַטֵּל	יְקַטְּלֵנִי	יְקַטֶּלְךָ	יְקַטְּלֵךְ	יְקַטְּלֵהוּ
Impt.	m.	קַטֵּל	קַטְּלֵנִי	–	–	קַטְּלֵהוּ
Hif.						
AK	3.m.	הִקְטִיל	הִקְטִילַנִי	הִקְטִילְךָ	הִקְטִילֵךְ	הִקְטִילוֹ
PK	3.m.	יַקְטִיל	יַקְטִילֵנִי	יַקְטִילְךָ	יַקְטִילֵךְ	יַקְטִילֵהוּ
Impt.	m.	הַקְטֵל	הַקְטִילֵנִי	–	–	הַקְטִילֵהוּ

– nicht zulässig; * auch קְטָלָהוּ, קְטָלַתְהוּ, קְטַלְתִּיהוּ

	3.f.Sg. הָ/ ָהּ sie	1.c.Pl. נוּ uns	2.m.(f.)Pl. כֶם (כֶן) euch	3.m.(f.)Pl. ם (ן) sie
	קְטָלָהּ	קְטָלָנוּ		קְטָלָם(ן)
	קְטָלַתָּה	קְטָלַתְנוּ		קְטָלָתַם
	קְטַלְתָּהּ	קְטַלְתָּנוּ	–	קְטַלְתָּם
	קְטַלְתִּיהָ	קְטַלְתִּינוּ	–	קְטַלְתִּים(ן)
	קְטַלְתִּיהָ	–		קְטַלְתִּים
	קְטָלוּהָ	קְטָלוּנוּ		קְטָלוּם
		קְטַלְתּוּנוּ	–	
	קְטַלְנוּהָ	–		קְטַלְנוּם
	יִקְטְלֶהָ/ ־לָהּ	יִקְטְלֵנוּ	יִקְטָלְכֶם	יִקְטְלֵם/ ־לֵמוֹ
	יִקְטְלֶנָּה			
	יִקְטְלוּהָ	יִקְטְלוּנוּ	יִקְטְלוּכֶם	יִקְטְלוּם
	קָטְלֶהָ/ ־לָהּ	קָטְלֵנוּ	–	קָטְלֵם
	קִטְלוּהָ	קִטְלוּנוּ	–	קִטְלוּם
	קָטְלָהּ	קָטְלֵנוּ	קָטְלְכֶם/קְטָלְכֶם	קָטְלָם
	לִבְּשָׁהּ	לִבְּשָׁנוּ		לִבְּשָׁם(ן)
	יְלַבְּשֶׁהָ/ ־שָׁהּ	יְלַבְּשֵׁנוּ	יְלַבֶּשְׁכֶם	יְלַבְּשֵׁם/ ־שֵׁמוֹ
	לַבְּשֶׁהָ/ ־שָׁהּ	לַבְּשֵׁנוּ	–	לַבְּשֵׁם
	קִטְּלָהּ	קִטְּלָנוּ		קִטְּלָם(ן)
	יְקַטְּלֶהָ/ ־לָהּ	יְקַטְּלֵנוּ	יְקַטֶּלְכֶם	יְקַטְּלֵם
	קַטְּלֶהָ	קַטְּלֵנוּ	–	קַטְּלֵם
	הִקְטִילָהּ	הִקְטִילָנוּ		הִקְטִילָם
	יַקְטִילֶהָ/ ־לָהּ	יַקְטִילֵנוּ		יַקְטִילֵם
	הַקְטִילֶהָ	הַקְטִילֵנוּ	–	הַקְטִילֵם

III. Verba Primae (I) laryngalis und ר → § 9.1

עמד hinstellen, stehen; **אסר** (an)binden; **חזק** stark sein/werden;
חשב (an)rechnen, halten für

	Qal I		*Qal II*	*Nif'al*	*Hif'il*	*Håf'al*
AK 3.m. er	עָמַד	אָסַר	חָזַק	נֶעֱמַד	הֶעֱמִיד	הָעֳמַד
(Perf.) 3.f. sie	עָמְדָה	אָסְרָה	חָזְקָה	נֶעֶמְדָה	הֶעֱמִידָה	הָעָמְדָה
2.m. du	עָמַדְתָּ	usw.	usw.	נֶעֱמַדְתָּ	הֶעֱמַדְתָּ	הָעֳמַדְתָּ
2.f. du	עָמַדְתְּ			נֶעֱמַדְתְּ	הֶעֱמַדְתְּ	הָעֳמַדְתְּ
1.c. ich	עָמַדְתִּי			נֶעֱמַדְתִּי	הֶעֱמַדְתִּי	הָעֳמַדְתִּי
Pl. 3.c. sie	עָמְדוּ			נֶעֶמְדוּ	הֶעֱמִידוּ	הָעָמְדוּ
2.m. ihr	עֲמַדְתֶּם			נֶעֱמַדְתֶּם	הֶעֱמַדְתֶּם	הָעֳמַדְתֶּם
2.f. ihr	עֲמַדְתֶּן			נֶעֱמַדְתֶּן	הֶעֱמַדְתֶּן	הָעֳמַדְתֶּן
1.c. wir	עָמַדְנוּ			נֶעֱמַדְנוּ	הֶעֱמַדְנוּ	הָעֳמַדְנוּ
harte Verbindung				נֶחְשַׁב	הֶחְשִׁיב	הָחְשַׁב
PK 3.m. er	יַעֲמֹד	יֶאֱסֹר	יֶחֱזַק	יֵעָמֵד	יַעֲמִיד	יָעֳמַד
(Impf.) 3.f. sie	תַּעֲמֹד	תֶּאֱסֹר	תֶּחֱזַק	תֵּעָמֵד	תַּעֲמִיד	תָּעֳמַד
2.m. du	תַּעֲמֹד	usw.	תֶּחֱזַק	תֵּעָמֵד	תַּעֲמִיד	תָּעֳמַד
2.f. du	תַּעַמְדִי		תֶּחֶזְקִי	תֵּעָמְדִי	תַּעֲמִידִי	תָּעָמְדִי
1.c. ich	אֶעֱמֹד		אֶחֱזַק	אֵעָמֵד	אַעֲמִיד	אָעֳמַד
Pl. 3.m. sie	יַעַמְדוּ		יֶחֶזְקוּ	יֵעָמְדוּ	יַעֲמִידוּ	יָעָמְדוּ
3.f. sie	תַּעֲמֹדְנָה		תֶּחֱזַקְנָה	תֵּעָמַדְנָה	תַּעֲמֵדְנָה	תָּעֳמַדְנָה
2.m. ihr	תַּעַמְדוּ		תֶּחֶזְקוּ	תֵּעָמְדוּ	תַּעֲמִידוּ	תָּעָמְדוּ
2.f. ihr	תַּעֲמֹדְנָה		תֶּחֱזַקְנָה	תֵּעָמַדְנָה	תַּעֲמֵדְנָה	תָּעֳמַדְנָה
1.c. wir	נַעֲמֹד		נֶחֱזַק	נֵעָמֵד	נַעֲמִיד	נָעֳמַד
harte Verbindung	יַחְשֹׁב	יֶאְסֹר	יֶחְשַׁב		יַחְשִׁיב	יָחְשַׁב
Impt. m.	עֲמֹד	אֱסֹר	חֲזַק	הֵעָמֵד	הַעֲמֵד	
f.	עִמְדִי	אִסְרִי	חִזְקִי	הֵעָמְדִי	הַעֲמִידִי	
Pl. m.	עִמְדוּ	אִסְרוּ	חִזְקוּ	הֵעָמְדוּ	הַעֲמִידוּ	
f.	עֲמֹדְנָה	אֱסֹרְנָה	חֲזַקְנָה	הֵעָמַדְנָה	הַעֲמֵדְנָה	
Inf. cons.	עֲמֹד	אֱסֹר	חֲזֹק	הֵעָמֵד	הַעֲמִיד	
abs.	עָמוֹד	אָסוֹר	חָזוֹק	נַעֲמֹד	הַעֲמֵד	הָעֳמֵד
Part.	עֹמֵד	אֹסֵר	חָזֵק	נֶעֱמָד	מַעֲמִיד	מָעֳמָד
pass.	עָמוּד	אָסוּר				

IV. Verba Mediae (II) laryngalis und ר → § 9.2

שׁחט schlachten; ברך *Pi.* segnen; נחם *Pi.* trösten

	Qal	*Pi'el*		*Pu'al*		*Hitpa'el*
AK 3.m. er	שָׁחַט	בֵּרַךְ (בֵּרֵךְ)	נִחַם	בֹּרַךְ	נֻחַם	הִתְבָּרֵךְ*
(Perf.) 3.f. sie	שָׁחֲטָה	בֵּרְכָה	נִחֲמָה	בֹּרְכָה	נֻחֲמָה	הִתְבָּרֲכָה
2.m. du	שָׁחַטְתָּ	בֵּרַכְתָּ	נִחַמְתָּ	בֹּרַכְתָּ	נֻחַמְתָּ	הִתְבָּרַכְתָּ
2.f. du	שָׁחַטְתְּ	בֵּרַכְתְּ	נִחַמְתְּ	בֹּרַכְתְּ	נֻחַמְתְּ	הִתְבָּרַכְתְּ
1.c. ich	שָׁחַטְתִּי	בֵּרַכְתִּי	נִחַמְתִּי	בֹּרַכְתִּי	נֻחַמְתִּי	הִתְבָּרַכְתִּי
Pl. 3.c. sie	שָׁחֲטוּ	בֵּרְכוּ	נִחֲמוּ	בֹּרְכוּ	נֻחֲמוּ	הִתְבָּרֲכוּ
2.m. ihr	שְׁחַטְתֶּם	בֵּרַכְתֶּם	נִחַמְתֶּם	בֹּרַכְתֶּם	נֻחַמְתֶּם	הִתְבָּרַכְתֶּם
2.f. ihr	שְׁחַטְתֶּן	בֵּרַכְתֶּן	נִחַמְתֶּן	בֹּרַכְתֶּן	נֻחַמְתֶּן	הִתְבָּרַכְתֶּן
1.c. wir	שָׁחַטְנוּ	בֵּרַכְנוּ	נִחַמְנוּ	בֹּרַכְנוּ	נֻחַמְנוּ	הִתְבָּרַכְנוּ
PK 3.m. er	יִשְׁחַט	יְבָרֵךְ	יְנַחֵם	יְבֹרַךְ	יְנֻחַם	יִתְבָּרֵךְ*
(Impf.) 3.f. sie	תִּשְׁחַט	תְּבָרֵךְ	תְּנַחֵם	תְּבֹרַךְ	תְּנֻחַם	תִּתְבָּרֵךְ
2.m. du	תִּשְׁחַט	תְּבָרֵךְ	תְּנַחֵם	תְּבֹרַךְ	תְּנֻחַם	תִּתְבָּרֵךְ
2.f. du	תִּשְׁחֲטִי	תְּבָרֲכִי	תְּנַחֲמִי	תְּבֹרְכִי	תְּנֻחֲמִי	תִּתְבָּרֲכִי
1.c. ich	אֶשְׁחַט	אֲבָרֵךְ	אֲנַחֵם	אֲבֹרַךְ	אֲנֻחַם	אֶתְבָּרֵךְ
Pl. 3.m. sie	יִשְׁחֲטוּ	יְבָרֲכוּ	יְנַחֲמוּ	יְבֹרְכוּ	יְנֻחֲמוּ	יִתְבָּרֲכוּ
3.f. sie	תִּשְׁחַטְנָה	תְּבָרֵכְנָה	תְּנַחֵמְנָה	תְּבֹרַכְנָה	תְּנֻחַמְנָה	תִּתְבָּרֵכְנָה
2.m. ihr	תִּשְׁחֲטוּ	תְּבָרֲכוּ	תְּנַחֲמוּ	תְּבֹרְכוּ	תְּנֻחֲמוּ	תִּתְבָּרֲכוּ
2.f. ihr	תִּשְׁחַטְנָה	תְּבָרֵכְנָה	תְּנַחֵמְנָה	תְּבֹרַכְנָה	תְּנֻחַמְנָה	תִּתְבָּרֵכְנָה
1.c. wir	נִשְׁחַט	נְבָרֵךְ	נְנַחֵם	נְבֹרַךְ	נְנֻחַם	נִתְבָּרֵךְ
Impt. m.	שְׁחַט	בָּרֵךְ	נַחֵם			הִתְבָּרֵךְ*
f.	שַׁחֲטִי	בָּרֲכִי	נַחֲמִי			הִתְבָּרֲכִי
Pl. m.	שַׁחֲטוּ	בָּרֲכוּ	נַחֲמוּ			הִתְבָּרֲכוּ
f.	שְׁחַטְנָה	בָּרֵכְנָה	נַחֵמְנָה			הִתְבָּרֵכְנָה
Inf. cons.	שְׁחֹט	בָּרֵךְ	נַחֵם			הִתְבָּרֵךְ*
abs.	שָׁחוֹט	בָּרֵךְ/בָּרֹךְ	נַחֵם			הִתְבָּרֵךְ
Part.	שֹׁחֵט	מְבָרֵךְ	מְנַחֵם	מְבֹרָךְ	מְנֻחָם	מִתְבָּרֵךְ*
pass.	שָׁחוּט					

* Hit. נחם: AK הִתְנַחֵם (Impt.m.Sg. = Inf. cons./abs.) הִתְנַחֲמָה usw.; PK יִתְנַחֵם usw.; Part. מִתְנַחֵם.

V. Verba Tertiae (III) laryngalis (ע, ח, הּ) → § 9.4

שלח senden

		Qal	*Nif'al*	*Pi'el*	*Hitpa'el*	*Hif'il*
AK (Perf.)	3.m. er	שָׁלַח	נִשְׁלַח	שִׁלַּח	הִשְׁתַּלַּח	הִשְׁלִיחַ
	3.f. sie	שָׁלְחָה	נִשְׁלְחָה	שִׁלְּחָה	הִשְׁתַּלְּחָה	הִשְׁלִיחָה
	2.m. du	שָׁלַחְתָּ	נִשְׁלַחְתָּ	שִׁלַּחְתָּ	הִשְׁתַּלַּחְתָּ	הִשְׁלַחְתָּ
	2.f. du	שָׁלַחַתְּ	נִשְׁלַחַתְּ	שִׁלַּחַתְּ	הִשְׁתַּלַּחַתְּ	הִשְׁלַחַתְּ
	1.c. ich	שָׁלַחְתִּי	נִשְׁלַחְתִּי	שִׁלַּחְתִּי	הִשְׁתַּלַּחְתִּי	הִשְׁלַחְתִּי
Pl.	3.c. sie	שָׁלְחוּ	נִשְׁלְחוּ	שִׁלְּחוּ	הִשְׁתַּלְּחוּ	הִשְׁלִיחוּ
	2.m. ihr	שְׁלַחְתֶּם	נִשְׁלַחְתֶּם	שִׁלַּחְתֶּם	הִשְׁתַּלַּחְתֶּם	הִשְׁלַחְתֶּם
	2.f. ihr	שְׁלַחְתֶּן	נִשְׁלַחְתֶּן	שִׁלַּחְתֶּן	הִשְׁתַּלַּחְתֶּן	הִשְׁלַחְתֶּן
	1.c. wir	שָׁלַחְנוּ	נִשְׁלַחְנוּ	שִׁלַּחְנוּ	הִשְׁתַּלַּחְנוּ	הִשְׁלַחְנוּ
	mit Suffix	שְׁלַחְתָּנוּ		שִׁלַּחְתִּיהָ		הִשְׁלִיחֲךָ
PK (Impf.)	3.m. er	יִשְׁלַח	יִשָּׁלַח	יְשַׁלַּח	יִשְׁתַּלַּח	יַשְׁלִיחַ+
	3.f. sie	תִּשְׁלַח	תִּשָּׁלַח	תְּשַׁלַּח	תִּשְׁתַּלַּח	תַּשְׁלִיחַ
	2.m. du	תִּשְׁלַח	תִּשָּׁלַח	תְּשַׁלַּח	תִּשְׁתַּלַּח	תַּשְׁלִיחַ
	2.f. du	תִּשְׁלְחִי	תִּשָּׁלְחִי	תְּשַׁלְּחִי	תִּשְׁתַּלְּחִי	תַּשְׁלִיחִי
	1.c. ich	אֶשְׁלַח	אֶשָּׁלַח	אֲשַׁלַּח	אֶשְׁתַּלַּח	אַשְׁלִיחַ
Pl.	3.m. sie	יִשְׁלְחוּ	יִשָּׁלְחוּ	יְשַׁלְּחוּ	יִשְׁתַּלְּחוּ	יַשְׁלִיחוּ
	3.f. sie	תִּשְׁלַחְנָה	תִּשָּׁלַחְנָה	תְּשַׁלַּחְנָה	תִּשְׁתַּלַּחְנָה	תַּשְׁלַחְנָה
	2.m. ihr	תִּשְׁלְחוּ	תִּשָּׁלְחוּ	תְּשַׁלְּחוּ	תִּשְׁתַּלְּחוּ	תַּשְׁלִיחוּ
	2.f. ihr	תִּשְׁלַחְנָה	תִּשָּׁלַחְנָה	תְּשַׁלַּחְנָה	תִּשְׁתַּלַּחְנָה	תַּשְׁלַחְנָה
	1.c. wir	נִשְׁלַח	נִשָּׁלַח	נְשַׁלַּח	נִשְׁתַּלַּח	נַשְׁלִיחַ
	mit Suffix	יִשְׁלָחֲךָ		אֲשַׁלְּחֶנּוּ		
Impt.	m.	שְׁלַח	הִשָּׁלַח	שַׁלַּח	הִשְׁתַּלַּח	הַשְׁלַח
	f.	שִׁלְחִי	הִשָּׁלְחִי	שַׁלְּחִי	הִשְׁתַּלְּחִי	הַשְׁלִיחִי
	Pl. m.	שִׁלְחוּ	הִשָּׁלְחוּ	שַׁלְּחוּ	הִשְׁתַּלְּחוּ	הַשְׁלִיחוּ
	f.	שְׁלַחְנָה	הִשָּׁלַחְנָה	שַׁלַּחְנָה	הִשְׁתַּלַּחְנָה	הַשְׁלַחְנָה
Inf.	cons.	שְׁלֹחַ	הִשָּׁלַח	שַׁלַּח (שַׁלֵּחַ)	הִשְׁתַּלֵּחַ	הַשְׁלִיחַ
	abs.	שָׁלוֹחַ	נִשְׁלֹחַ	שַׁלֵּחַ	הִשְׁתַּלֵּחַ	הַשְׁלֵחַ
Part.		שֹׁלֵחַ	נִשְׁלָח	מְשַׁלֵּחַ	מִשְׁתַּלֵּחַ	מַשְׁלִיחַ
	pass.	שָׁלוּחַ				

+ יַשְׁלַח Jussiv; Kurzform.

VI. Verba Primae (I) *'álæf* → § 10.2

אמר sagen, sprechen

	Qal	*Nif'al*	*Hif'il*
AK 3.m. er	אָמַר	נֶאֱמַר	הֶאֱמִיר
(Perf.) 3.f. sie	אָמְרָה	נֶאֶמְרָה	הֶאֱמִ֫ירָה
2.m. du	אָמַ֫רְתָּ	נֶאֱמַ֫רְתָּ	הֶאֱמַ֫רְתָּ
2.f. du	usw.	usw.	usw.
1.c. ich			
Pl. 3.c. sie			
2.m. ihr			
2.f. ihr			
1.c. wir			
mit Suffix	אֲמָרוֹ		הֶאֱמִירְךָ
PK 3.m. er	יֹאמַר	יֵאָמֵר	יַאֲמִיר
(Impf.) 3.f. sie	תֹּאמַר	תֵּאָמֵר	תַּאֲמִיר
2.m. du	תֹּאמַר	usw.	usw.
2.f. du	תֹּאמְרִי		
1.c. ich	אֹמַר (אֹמֵ֑ר)		
Pl. 3.m. sie	יֹאמְרוּ		
3.f. sie	תֹּאמַ֫רְנָה		
2.m. ihr	תֹּאמְרוּ		
2.f. ihr	תֹּאמַ֫רְנָה		
1.c. wir	נֹאמַר		
Narr 3.m.Sg.	וַיֹּ֫אמֶר* (וַיֹּאמַ֑ר)		
Impt. m.	אֱמֹר	הֵאָמֵר	הַאֲמֵר
f.	אִמְרִי	usw.	usw.
Pl. m.	אִמְרוּ		
f.	אֱמֹ֫רְנָה		
Inf. cons.	אֱמֹר**	הֵאָמֵר	הַאֲמִיר
abs.	אָמוֹר	הֵאָמֹר	הַאֲמֵר
Part.	אֹמֵר	נֶאֱמָר	מַאֲמִיר
pass.	אָמוּר		

* von **אכל** u.a. וַיֹּ֫אכַל; ** + לְ: לֵאמֹר

VII. Verba Primae (I) *nun* → § 10.3

נפל fallen; **נגש** herantreten, sich nähern

	Qal		*Nif'al*	*Hif'il*	*Håf'al*
AK 3.m. er	נָפַל	נָגַשׁ*	נִגַּשׁ	הִגִּישׁ	הֻגַּשׁ
(Perf.) 3.f. sie	נָֽפְלָה	נָֽגְשָׁה	נִגְּשָׁה	הִגִּ֫ישָׁה	הֻגְּשָׁה
2.m. du	נָפַ֫לְתָּ	נָגַ֫שְׁתָּ	נִגַּ֫שְׁתָּ	הִגַּ֫שְׁתָּ	הֻגַּ֫שְׁתָּ
2.f. du	usw.	usw.	נִגַּשְׁתְּ	הִגַּשְׁתְּ	הֻגַּשְׁתְּ
1.c. ich			נִגַּ֫שְׁתִּי	הִגַּ֫שְׁתִּי	הֻגַּ֫שְׁתִּי
Pl. 3.c. sie			נִגְּשׁוּ	הִגִּישׁוּ	הֻגְּשׁוּ
2.m. ihr			נִגַּשְׁתֶּם	הִגַּשְׁתֶּם	הֻגַּשְׁתֶּם
2.f. ihr			נִגַּשְׁתֶּן	הִגַּשְׁתֶּן	הֻגַּשְׁתֶּן
1.c. wir			נִגַּ֫שְׁנוּ	הִגַּ֫שְׁנוּ	הֻגַּ֫שְׁנוּ
PK 3.m. er	יִפֹּל	יִגַּשׁ	יִנָּגֵשׁ*	יַגִּישׁ	יֻגַּשׁ
(Impf.) 3.f. sie	תִּפֹּל	תִּגַּשׁ	תִּנָּגֵשׁ	תַּגִּישׁ	תֻּגַּשׁ
2.m. du	תִּפֹּל	תִּגַּשׁ	usw.	תַּגִּישׁ	תֻּגַּשׁ
2.f. du	תִּפְּלִי	תִּגְּשִׁי		תַּגִּ֫ישִׁי	תֻּגְּשִׁי
1.c. ich	אֶפֹּל	אֶגַּשׁ		אַגִּישׁ	אֻגַּשׁ
Pl. 3.m. sie	יִפְּלוּ	יִגְּשׁוּ		יַגִּ֫ישׁוּ	יֻגְּשׁוּ
3.f. sie	תִּפֹּ֫לְנָה	תִּגַּ֫שְׁנָה		תַּגֵּ֫שְׁנָה	תֻּגַּ֫שְׁנָה
2.m. ihr	תִּפְּלוּ	תִּגְּשׁוּ		תַּגִּ֫ישׁוּ	תֻּגְּשׁוּ
2.f. ihr	תִּפֹּ֫לְנָה	תִּגַּ֫שְׁנָה		תַּגֵּ֫שְׁנָה	תֻּגַּ֫שְׁנָה
1.c. wir	נִפֹּל	נִגַּשׁ		נַגִּישׁ	נֻגַּשׁ
Narr 3.m.Sg	וַיִּפֹּל	וַיִּגַּשׁ	וַיִּנָּגֵשׁ	וַיַּגֵּשׁ	וַיֻּגַּשׁ
Impt. m.	נְפֹל	גַּשׁ [גְּשָׁה]	הִנָּגֵשׁ	הַגֵּשׁ	
f.	נִפְלִי	גְּשִׁי	usw.	הַגִּ֫ישִׁי	
Pl. m.	נִפְלוּ	גְּשׁוּ		הַגִּ֫ישׁוּ	
f.	נְפֹ֫לְנָה	גַּ֫שְׁנָה		הַגֵּ֫שְׁנָה	
Inf. cons.	נְפֹל	גֶּ֫שֶׁת (לָגֶ֫שֶׁת)	הִנָּגֵשׁ	הַגִּישׁ	הֻגַּשׁ
abs.	נָפוֹל	נָגוֹשׁ	הִנָּגֵשׁ/נִגֹּשׁ	הַגֵּשׁ	הֻגֵּשׁ
Part.	נֹפֵל	נֹגֵשׁ	נִגָּשׁ	מַגִּישׁ	מֻגָּשׁ

* Im Biblisch-Hebräischen wird für AK und Part. *Qal* das *Nif.* gebraucht; PK *Nif.* ist nicht belegt.

נתן geben; לקח nehmen

	Qal		Pass. *Qal* (*Pu.*/*Håf.*)	
AK 3.m. er	נָתַן	לָקַח		לֻקַּח
(Perf.) 3.f. sie	נָֽתְנָה	לָֽקְחָה		
2.m. du	נָתַתָּ(ה)	לָקַחְתָּ		לֻקַּחְתָּ
2.f. du	נָתַתְּ	usw.		
1.c. ich	נָתַתִּי			
Pl. 3.c. sie	נָֽתְנוּ			לֻקְּחוּ
2.m. ihr	נְתַתֶּם			
2.f. ihr	נְתַתֶּן			
1.c. wir	נָתַנּוּ			
PK 3.m. er	יִתֵּן	יִקַּח	יֻתַּן	יֻקַּח
(Impf.) 3.f. sie	תִּתֵּן	usw.		תֻּקַּח
2.m. du	תִּתֵּן			
2.f. du	תִּתְּנִי			
1.c. ich	אֶתֵּן			
Pl. 3.m. sie	יִתְּנוּ			
3.f. sie				
2.m. ihr	תִּתְּנוּ			
2.f. ihr				
1.c. wir	נִתֵּן			
Narr 3.m.Sg	וַיִּתֵּן	וַיִּקַּח	וַיֻּתַּן	וַיֻּקַּח
Impt. m.	תֵּן [תְּנָה]	קַח [קְחָה]		
f.	תְּנִי	קְחִי		
Pl. m.	תְּנוּ	קְחוּ		
f.				
Inf. cons.	תֵּת (לָתֵת)	קַחַת (לָקַחַת)		
abs.	נָתוֹן	לָקוֹחַ		
Part.	נֹתֵן	לֹקֵחַ		
pass.	נָתוּן			לֻקָּח

VIII. Verba Primae (I) *yod/waw* → § 10.4

יטב gut sein/gehen* **פ"י** **ישב** sitzen, bleiben, wohnen **יָבֵשׁ**

* in der Ak *Qal* nicht belegt, s. **טוב**

	Qal	*Hif'il*	*Qal*		*Nif'al*
AK 3.m. er	יָטַב	הֵיטִיב	יָשַׁב	יָבֵשׁ	נוֹשַׁב
(Perf.) 3.f. sie	usw.	הֵיטִ֫יבָה	יָֽשְׁבָה	יָֽבְשָׁה	נֽוֹשְׁבָה
2.m. du		הֵיטַ֫בְתָּ	יָשַׁ֫בְתָּ	יָבַ֫שְׁתָּ	נוֹשַׁ֫בְתָּ
2.f. du		הֵיטַבְתְּ	usw.	usw.	נוֹשַׁבְתְּ
1.c. ich		הֵיטַ֫בְתִּי			נוֹשַׁ֫בְתִּי
Pl. 3.c. sie		הֵיטִ֫יבוּ			נֽוֹשְׁבוּ
2.m. ihr		הֵיטַבְתֶּם			נוֹשַׁבְתֶּם
2.f. ihr		הֵיטַבְתֶּן			נוֹשַׁבְתֶּן
1.c. wir		הֵיטַ֫בְנוּ			נוֹשַׁ֫בְנוּ
PK 3.m. er	יִיטַב	יֵיטִיב	יֵשֵׁב	יִיבַשׁ	יִוָּשֵׁב
(Impf.) 3.f. sie	תִּיטַב	תֵּיטִיב	תֵּשֵׁב	usw., wie	תִּוָּשֵׁב
2.m. du	תִּיטַב	תֵּיטִיב	תֵּשֵׁב	יטב	תִּוָּשֵׁב
2.f. du	תִּֽיטְבִי	תֵּיטִ֫יבִי	תֵּֽשְׁבִי		usw.
1.c. ich	אִיטַב	אֵיטִיב	אֵשֵׁב		
Pl. 3.m. sie	יִֽיטְבוּ	יֵיטִ֫יבוּ	יֵֽשְׁבוּ		
3.f. sie	תִּיטַ֫בְנָה	תֵּיטֵ֫בְנָה	תֵּשַׁ֫בְנָה		
2.m. ihr	תִּֽיטְבוּ	תֵּיטִ֫יבוּ	תֵּֽשְׁבוּ		
2.f. ihr	תִּיטַ֫בְנָה	תֵּיטֵ֫בְנָה	תֵּשַׁ֫בְנָה		
1.c. wir	נִיטַב	נֵיטִיב	נֵשֵׁב		
Narr 3.m.Sg	וַיִּיטַב/וַיִּטַב	וַיֵּ֫יטֶב	וַיֵּ֫שֶׁב	וַיִּיבַשׁ	וַיִּוָּשֵׁב
Impt. m.	יְטַב	הֵיטֵב	שֵׁב	יְבַשׁ	הִוָּשֵׁב
f.	יִטְבִי	הֵיטִ֫יבִי	שְׁבִי	יִבְשִׁי	הִוָּֽשְׁבִי
Pl. m.	יִטְבוּ	הֵיטִ֫יבוּ	שְׁבוּ	usw.	הִוָּֽשְׁבוּ
f.	יְטַ֫בְנָה	הֵיטֵ֫בְנָה	שֵׁ֫בְנָה		הִוָּשַׁ֫בְנָה
Inf. cons.	יְטֹב	הֵיטִיב	(לָ)שֶׁ֫בֶת	יְבֹשׁ	הִוָּשֵׁב
abs.	יָטוֹב	הֵיטֵב	יָשׁוֹב	יָבוֹשׁ	הִוָּשֹׁב
Part.	יֹטֵב	מֵיטִיב	יֹשֵׁב	יָבֵשׁ	נוֹשָׁב
pass.			יָשׁוּב		

trocken sein פ"ו/י

Hif'il	*Håf'al*
הוֹשִׁיב	הוּשַׁב
הוֹשִׁ֫יבָה	הֽוּשְׁבָה
הוֹשַׁ֫בְתָּ	הוּשַׁ֫בְתָּ
הוֹשַׁבְתְּ	הוּשַׁבְתְּ
הוֹשַׁ֫בְתִּי	הוּשַׁ֫בְתִּי
הוֹשִׁ֫יבוּ	הֽוּשְׁבוּ
הוֹשַׁבְתֶּם	הוּשַׁבְתֶּם
הוֹשַׁבְתֶּן	הוּשַׁבְתֶּן
הוֹשַׁ֫בְנוּ	הוּשַׁ֫בְנוּ
יוֹשִׁיב	יוּשַׁב
תּוֹשִׁיב	תּוּשַׁב
תּוֹשִׁיב	תּוּשַׁב
תּוֹשִׁ֫יבִי	תּֽוּשְׁבִי
אוֹשִׁיב	אוּשַׁב
יוֹשִׁ֫יבוּ	יֽוּשְׁבוּ
תּוֹשֵׁ֫בְנָה	תּוּשַׁ֫בְנָה
תּוֹשִׁ֫יבוּ	תּֽוּשְׁבוּ
תּוֹשֵׁ֫בְנָה	תּוּשַׁ֫בְנָה
נוֹשִׁיב	נוּשַׁב
וַ֫יּוֹשֶׁב/וַיּוֹשֵׁב	וַיּוּשַׁב
הוֹשֵׁב	
הוֹשִׁ֫יבִי	
הוֹשִׁ֫יבוּ	
הוֹשֵׁ֫בְנָה	
הוֹשִׁיב	הוּשַׁב
הוֹשֵׁב	
מוֹשִׁיב	מוּשָׁב

הלךְ gehen

	Qal	*Hif'il*
AK 3.m. er	הָלַךְ	הוֹלִיךְ
(Perf.) 3.f. sie	הָֽלְכָה	
2.m. du	הָלַ֫כְתָּ	
2.f. du	usw.	
1.c. ich		הוֹלַ֫כְתִּי
Pl. 3.c. sie		
2.m. ihr		
2.f. ihr		
1.c. wir		
PK 3.m. er	יֵלֵךְ	יוֹלִיךְ
(Impf.) 3.f. sie	תֵּלֵךְ	
2.m. du	תֵּלֵךְ	
2.f. du	תֵּֽלְכִי	
1.c. ich	אֵלֵךְ	אוֹלִיךְ
Pl. 3.m. sie	יֵֽלְכוּ	יוֹלִ֫יכוּ
3.f. sie	תֵּלַ֫כְנָה	
2.m. ihr	תֵּֽלְכוּ	
2.f. ihr	תֵּלַ֫כְנָה	
1.c. wir	נֵלֵךְ	
Narr 3.m.Sg	וַיֵּ֫לֶךְ	וַ֫יּוֹלֶךְ
Impt. m.	לֵךְ [לְכָה]	הוֹלֵךְ
f.	לְכִי	
Pl. m.	לְכוּ	הוֹלִ֫יכוּ
f.	לֵ֫כְנָה	
Inf. cons.	(לָ)לֶ֫כֶת	הוֹלִיךְ
abs.	הָלוֹךְ	
Part.	הֹלֵךְ	מוֹלִיךְ

IX. Verba Mediae geminatae (III=II) → § 10.5.1

סבב umgeben; קלל gering/schnell/leicht sein

		Qal I	*Qal II*	*Nif'al*	*Hif'il*
AK	3.m. er	סָבַב	קַל	נָסַב/נָסֵב	הֵסֵב/הֵסַב
(Perf.)	3.f. sie	סָֽבְבָה	קַ֫לָּה	נָסַ֫בָּה	הֵסֵ֫בָּה
	2.m. du	סַבּ֫וֹתָ	קַלּ֫וֹתָ	נְסַבּ֫וֹתָ	הֲסִבּ֫וֹתָ
	2.f. du	סַבּוֹת	קַלּוֹת	נְסַבּוֹת	הֲסִבּוֹת
	1.c. ich	סַבּ֫וֹתִי	קַלּ֫וֹתִי	נְסַבּ֫וֹתִי	הֲסִבּ֫וֹתִי
Pl.	3.c. sie	סָֽבְבוּ	קַ֫לּוּ	נָסַ֫בּוּ	הֵסַ֫בּוּ/הֵסִ֫בּוּ
	2.m. ihr	סַבּוֹתֶם	קַלּוֹתֶם	נְסַבּוֹתֶם	הֲסִבּוֹתֶם
	2.f. ihr	סַבּוֹתֶן	קַלּוֹתֶן	נְסַבּוֹתֶן	הֲסִבּוֹתֶן
	1.c. wir	סַבּ֫וֹנוּ	קַלּ֫וֹנוּ	נְסַבּ֫וֹנוּ	הֲסִבּ֫וֹנוּ
PK	3.m. er	יָסֹב (יִסֹּב)*	יֵקַל	יִסַּב	יָסֵב (יַסֵּב)*
(Impf.)	3.f. sie	תָּסֹב	תֵּקַל	תִּסַּב	תָּסֵב
	2.m. du	תָּסֹב	תֵּקַל	תִּסַּב	תָּסֵב
	2.f. du	תָּסֹ֫בִּי	תֵּקַ֫לִּי	תִּסַּ֫בִּי	תָּסֵ֫בִּי
	1.c. ich	אָסֹב	אֵקַל	אֶסַּב	אָסֵב
Pl.	3.m. sie	יָסֹ֫בּוּ	יֵקַ֫לּוּ	יִסַּ֫בּוּ	יָסֵ֫בּוּ
	3.f. sie	תְּסֻבֶּ֫ינָה	תְּקַלֶּ֫ינָה	תִּסַּבֶּ֫ינָה	תְּסִבֶּ֫ינָה
	2.m. ihr	תָּסֹ֫בּוּ	תֵּקַ֫לּוּ	תִּסַּ֫בּוּ	תָּסֵ֫בּוּ
	2.f. ihr	תְּסֻבֶּ֫ינָה	תְּקַלֶּ֫ינָה	תִּסַּבֶּ֫ינָה	תְּסִבֶּ֫ינָה
	1.c. wir	נָסֹב	נֵקַל	נִסַּב	נָסֵב
Narr	3.m.Sg.	וַיָּ֫סָב	וַיֵּ֫קֶל/וַיֵּקַל		וַיָּ֫סֶב
Impt.	m.	סֹב [סֹבָּה]	קַל	הִסַּב	הָסֵב
	f.	סֹ֫בִּי		הִסַּ֫בִּי	הָסֵ֫בִּי
	Pl. m.	סֹ֫בּוּ		הִסַּ֫בּוּ	הָסֵ֫בּוּ
	f.	סֻבֶּ֫ינָה		הִסַּבֶּ֫ינָה	הֲסִבֶּ֫ינָה
Inf.	cons.	(לָ)סֹב/סְבֹב	קַל	הִסֵּב	הָסֵב
	abs.	סָבוֹב		הִסּוֹב/הִסֵּב	הָסֵב
Part.		סֹבֵב	קַל	נָסָב	מֵסֵב/מֵסַב
	pass.	סָבוּב			

* sog. aramaisierende Formen

	Håf'al	*Polel*	*Polal*	*Hitpolel*
	הוּסַב	סוֹבֵב	סוֹבַב	הִסְתּוֹבֵב **
	הוּסַבָּה	סוֹבְבָה	סוֹבְבָה	הִסְתּוֹבְבָה
	הוּסַבּוֹתָ	סוֹבַבְתָּ	סוֹבַבְתָּ	הִסְתּוֹבַבְתָּ
	הוּסַבּוֹת	סוֹבַבְתְּ	usw.	הִסְתּוֹבַבְתְּ
	הוּסַבּוֹתִי	סוֹבַבְתִּי		הִסְתּוֹבַבְתִּי
	הוּסַבּוּ	סוֹבְבוּ		הִסְתּוֹבְבוּ
	הוּסַבּוֹתֶם	סוֹבַבְתֶּם		הִסְתּוֹבַבְתֶּם
	הוּסַבּוֹתֶן	סוֹבַבְתֶּן		הִסְתּוֹבַבְתֶּן
	הוּסַבּוֹנוּ	סוֹבַבְנוּ		הִסְתּוֹבַבְנוּ
	יוּסַב (יֻסַּב)*	יְסוֹבֵב	יְסוֹבַב	יִסְתּוֹבֵב
	תּוּסַב	תְּסוֹבֵב	תְּסוֹבַב	תִּסְתּוֹבֵב
	תּוּסַב	תְּסוֹבֵב	תְּסוֹבַב	תִּסְתּוֹבֵב
	תּוּסַבִּי	תְּסוֹבְבִי	תְּסוֹבְבִי	תִּסְתּוֹבְבִי
	אוּסַב	אֲסוֹבֵב	אֲסוֹבַב	אֶסְתּוֹבֵב
	יוּסַבּוּ	יְסוֹבְבוּ	יְסוֹבְבוּ	יִסְתּוֹבְבוּ
	תּוּסַבֶּינָה	תְּסוֹבֵבְנָה	תְּסוֹבַבְנָה	תִּסְתּוֹבֵבְנָה
	תּוּסַבּוּ	תְּסוֹבְבוּ	תְּסוֹבְבוּ	תִּסְתּוֹבְבוּ
	תּוּסַבֶּינָה	תְּסוֹבֵבְנָה	תְּסוֹבַבְנָה	תִּסְתּוֹבֵבְנָה
	נוּסַב	נְסוֹבֵב	נְסוֹבַב	נִסְתּוֹבֵב
	וַיּוּסַב			
		סוֹבֵב		הִסְתּוֹבֵב
		סוֹבְבִי		הִסְתּוֹבְבִי
		סוֹבְבוּ		הִסְתּוֹבְבוּ
		סוֹבֵבְנָה		הִסְתּוֹבֵבְנָה
		סוֹבֵב		הִסְתּוֹבֵב
	מוּסָב	מְסוֹבֵב	מְסוֹבָב	מִסְתּוֹבֵב

** Transpositio → § 4.1.3

X. Verba Mediae (II) vocalis **û, ô, î** → § 10.5.2

קוּם aufstehen

		Qal	*Nif'al*	*Hif'il*	*Håf'al*
AK	3.m. er	קָם	נָקוֹם	הֵקִים	הוּקַם
(Perf.)	3.f. sie	קָמָה	נָקוֹמָה	הֵקִימָה	הוּקְמָה
	2.m. du	קַמְתָּ	נְקוּמוֹתָ	הֲקִימוֹתָ	הוּקַמְתָּ
	2.f. du	קַמְתְּ	נְקוּמוֹת	הֲקִימוֹת	הוּקַמְתְּ
	1.c. ich	קַמְתִּי	נְקוּמוֹתִי	הֲקִימוֹתִי	הוּקַמְתִּי
Pl.	3.c. sie	קָמוּ	נָקוֹמוּ	הֵקִימוּ	הוּקְמוּ
	2.m. ihr	קַמְתֶּם	נְקוּמוֹתֶם	הֲקִימוֹתֶם	הוּקַמְתֶּם
	2.f. ihr	קַמְתֶּן	נְקוּמוֹתֶן	הֲקִימוֹתֶן	הוּקַמְתֶּן
	1.c. wir	קַמְנוּ	נְקוּמוֹנוּ	הֲקִימוֹנוּ	הוּקַמְנוּ
PK	3.m. er	יָקוּם +יָקֹם	יִקּוֹם	יָקִים +יָקֵם	יוּקַם
(Impf.)	3.f. sie	תָּקוּם	תִּקּוֹם	תָּקִים	תּוּקַם
	2.m. du	תָּקוּם	תִּקּוֹם	תָּקִים	תּוּקַם
	2.f. du	תָּקוּמִי	תִּקּוֹמִי	תָּקִימִי	תּוּקְמִי
	1.c. ich	אָקוּם	אֶקּוֹם	אָקִים	אוּקַם
Pl.	3.m. sie	יָקוּמוּ	יִקּוֹמוּ	יָקִימוּ	יוּקְמוּ
	3.f. sie	תְּקוּמֶינָה	תִּקֹּמְנָה	תְּקִימֶינָה	תּוּקַמְנָה
	2.m. ihr	תָּקוּמוּ	תִּקּוֹמוּ	תָּקִימוּ	תּוּקְמוּ
	2.f. ihr	תְּקוּמֶינָה	תִּקֹּמְנָה	תְּקִימֶינָה	תּוּקַמְנָה
	1.c. wir	נָקוּם	נִקּוֹם	נָקִים	נוּקַם
Narr	3.m.Sg.	וַיָּקָם		וַיָּקֶם	
Impt.	m.	קוּם	הִקּוֹם	הָקֵם	
	f.	קוּמִי	הִקּוֹמִי	הָקִימִי	
	Pl. m.	קוּמוּ	הִקּוֹמוּ	הָקִימוּ	
	f.	קֹמְנָה	הִקֹּמְנָה	הָקֵמְנָה	
Inf.	cons.	(לָ)קוּם	הִקּוֹם	הָקִים	
	abs.	קוֹם	הִקּוֹם	הָקֵם	
Part.	f./m.	קָם/קָמָה	נָקוֹם	מֵקִים	מוּקָם
	pass.	קוּם			

+ = Jussiv

בּוֹשׁ sich schämen; בּוֹא kommen; מוּת sterben; שִׂים setzen

Polel	*Polal*	*Qal*			*Qal*
קוֹמֵם*	קוֹמַם	בּוֹשׁ	בָּא	מֵת	שָׂם
קוֹמְמָה	קוֹמְמָה	בּוֹשָׁה	בָּאָה	מֵתָה	שָׂמָה
קוֹמַמְתָּ	קוֹמַמְתָּ	בֹּשְׁתָּ	בָּאתָ	מֵתָה	שַׂמְתָּ
קוֹמַמְתְּ	usw.	בֹּשְׁתְּ	בָּאת		שַׂמְתְּ
קוֹמַמְתִּי		בֹּשְׁתִּי	בָּאתִי	מַתִּי	שַׂמְתִּי
קוֹמְמוּ		בּוֹשׁוּ	בָּאוּ	מֵתוּ	שָׂמוּ
קוֹמַמְתֶּם		בָּשְׁתֶּם	בָּאתֶם		שַׂמְתֶּם
קוֹמַמְתֶּן		בָּשְׁתֶּן	בָּאתֶן		שַׂמְתֶּן
קוֹמַמְנוּ		בֹּשְׁנוּ	בָּאנוּ	מַתְנוּ	שַׂמְנוּ
יְקוֹמֵם	יְקוֹמַם	יֵבוֹשׁ +יֵבֹשׁ	יָבֹא	יָמוּת	יָשִׂים +יָשֵׂם
תְּקוֹמֵם	תְּקוֹמַם	תֵּבוֹשׁ	תָּבֹא	תָּמוּת	תָּשִׂים
תְּקוֹמֵם	תְּקוֹמַם	תֵּבוֹשׁ	תָּבֹא	usw.	תָּשִׂים
תְּקוֹמְמִי	תְּקוֹמְמִי	תֵּבוֹשִׁי	תָּבֹאִי		תָּשִׂימִי
אֲקוֹמֵם	אֲקוֹמַם	אֵבוֹשׁ	אָבֹא		אָשִׂים
יְקוֹמְמוּ	יְקוֹמְמוּ	יֵבוֹשׁוּ	יָבֹאוּ		יָשִׂימוּ
תְּקוֹמֵמְנָה	תְּקוֹמַמְנָה	תֵּבֹשְׁנָה	תָּבֹאנָה		תָּשֵׂמְנָה
תְּקוֹמְמוּ	תְּקוֹמְמוּ	תֵּבוֹשׁוּ	תָּבֹאוּ		תָּשִׂימוּ
תְּקוֹמֵמְנָה	תְּקוֹמַמְנָה	תֵּבֹשְׁנָה	תָּבֹאנָה		תָּשֵׂמְנָה
נְקוֹמֵם	נְקוֹמַם	נֵבוֹשׁ	נָבֹא		נָשִׂים
		וַיֵּבֹשׁ	וַיָּבֹא/וַיָּבֹא	וַיָּמָת	וַיָּשֶׂם
קוֹמֵם		בּוֹשׁ	בֹּא	מֻת	שִׂים
קוֹמְמִי		בּוֹשִׁי	בֹּאִי		שִׂימִי
קוֹמְמוּ		בּוֹשׁוּ	בֹּאוּ		שִׂימוּ
קוֹמֵמְנָה		בֹּשְׁנָה			שֵׂמְנָה
קוֹמֵם		בּוֹשׁ (לָבוֹשׁ)	בּוֹא	מוּת	שִׂים (לָשׂוּם)
		בּוֹשׁ	בּוֹא	מוֹת	שׂוֹם
מְקוֹמֵם	מְקוֹמָם	בּוֹשׁ/בֹּשָׁה	בָּא/בָּאָה	מֵת/מֵתָה	שָׂם/שָׂמָה
					שִׂים

* *Hitpolel*: AK הִתְקוֹמֵם (= Impt.m.Sg. = Inf.), הִתְקוֹמְמָה usw.; PK יִתְקוֹמֵם usw.; Part. מִתְקוֹמֵם

XI. Verba Tertiae (III *yod/he*) infirmae → § 10.6

גלה aufdecken, fortgehen müssen

	Qal	*Nif'al*	*Pi'el*	*Pu'al*
AK 3.m. er	גָּלָה	נִגְלָה	גִּלָּה	גֻּלָּה
(Perf.) 3.f. sie	גָּֽלְתָה {גָּלָֽת}	נִגְלְתָה	גִּלְּתָה	גֻּלְּתָה
2.m. du	גָּלִ֫יתָ	נִגְלֵ֫יתָ {־לִ֫יתָ}	גִּלִּ֫יתָ	גֻּלֵּ֫יתָ
2.f. du	גָּלִית	נִגְלֵית	גִּלִּית	גֻּלֵּית
1.c. ich	גָּלִ֫יתִי	נִגְלֵ֫יתִי	גִּלִּ֫יתִי/גִּלֵּ֫יתִי	גֻּלֵּ֫יתִי
Pl. 3.c. sie	גָּלוּ	נִגְלוּ	גִּלּוּ	גֻּלּוּ
2.m. ihr	גְּלִיתֶם	נִגְלֵיתֶם	גִּלִּיתֶם	גֻּלֵּיתֶם
2.f. ihr	גְּלִיתֶן	נִגְלֵיתֶן	גִּלִּיתֶן	גֻּלֵּיתֶן
1.c. wir	גָּלִ֫ינוּ	נִגְלֵ֫ינוּ	גִּלִּ֫ינוּ	גֻּלֵּ֫ינוּ
PK 3.m. er	יִגְלֶה	יִגָּלֶה	יְגַלֶּ֫ה	יְגֻלֶּה
(Impf.) 3.f. sie	תִּגְלֶה	תִּגָּלֶה	תְּגַלֶּה	תְּגֻלֶּה
2.m. du	תִּגְלֶה	תִּגָּלֶה	תְּגַלֶּה	תְּגֻלֶּה
2.f. du	תִּגְלִי	תִּגָּלִי	תְּגַלִּי	תְּגֻלִּי
1.c. ich	אֶגְלֶה	אֶגָּלֶה	אֲגַלֶּה	אֲגֻלֶּה
Pl. 3.m. sie	יִגְלוּ	יִגָּלוּ	יְגַלּוּ	יְגֻלּוּ
3.f. sie	תִּגְלֶ֫ינָה	תִּגָּלֶ֫ינָה	תְּגַלֶּ֫ינָה	תְּגֻלֶּ֫ינָה
2.m. ihr	תִּגְלוּ	תִּגָּלוּ	תְּגַלּוּ	תְּגֻלּוּ
2.f. ihr	תִּגְלֶ֫ינָה	תִּגָּלֶ֫ינָה	תְּגַלֶּ֫ינָה	תְּגֻלֶּ֫ינָה
1.c. wir	נִגְלֶה	נִגָּלֶה	נְגַלֶּה	נְגֻלֶּה
Kurzform:	(וַ·)יִגְל (וַ·)יִ֫גֶל	(וַ·)יִגָּל	(וַ)יְגַל	
Juss./(Narr.)	(וַ·)יֵ֫גְל (וַ·)יֶ֫גֶל			
Impt. m.	גְּלֵה	הִגָּלֵה	גַּלֵּה {גַּל}	
f.	גְּלִי	הִגָּלִי	גַּלִּי	
Pl. m.	גְּלוּ	הִגָּלוּ	גַּלּוּ	
f.	גְּלֶ֫ינָה	הִגָּלֶ֫ינָה	גַּלֶּ֫ינָה	
Inf. cons.	גְּלוֹת	הִגָּלוֹת	גַּלּוֹת	גֻּלּוֹת
abs.	גָּלֹה	הִגָּלֵה {נִגְלֹה}	גַּלֵּה {גַּלֹּה}	גֻּלֹּה
Part. f./m.	גֹּלֶה/גֹּלָה	נִגְלֶה	מְגַלֶּה	מְגֻלֶּה
st.cons.f./m.	גֹּלֵה/גֹּלַת			
pass.f./m.	גָּלוּי/גְּלוּיָה			

⁺ = Jussiv

היה sein

Hitpa'el	*Hif'il*	*Håf'al*	*Qal*
הִתְגַּלָּה	הִגְלָה	הָגְלָה	הָיָה
הִתְגַּלְּתָה	הִגְלְתָה	הָגְלְתָה	הָיְתָה
הִתְגַּלִּיתָ {־לֵּיתָ}	הִגְלִיתָ {־לֵיתָ}	הָגְלֵיתָ	הָיִיתָ
הִתְגַּלִּית	הִגְלִית	הָגְלֵית	הָיִית
הִתְגַּלִּיתִי	הִגְלִיתִי {־לֵיתִי}	הָגְלֵיתִי	הָיִיתִי
הִתְגַּלּוּ	הִגְלוּ	הָגְלוּ	הָיוּ
הִתְגַּלִּיתֶם	הִגְלִיתֶם	הָגְלֵיתֶם	הֱיִיתֶם {הֱיִתֶם}
הִתְגַּלִּיתֶן	הִגְלִיתֶן	הָגְלֵיתֶן	הֱיִיתֶן
הִתְגַּלִּינוּ	הִגְלִינוּ	הָגְלֵינוּ	הָיִינוּ
יִתְגַּלֶּה	יַגְלֶה	יָגְלֶה	יִהְיֶה
תִּתְגַּלֶּה	תַּגְלֶה	תָּגְלֶה	תִּהְיֶה
תִּתְגַּלֶּה	תַּגְלֶה	תָּגְלֶה	תִּהְיֶה
תִּתְגַּלִּי	תַּגְלִי	תָּגְלִי	תִּהְיִי
אֶתְגַּלֶּה	אַגְלֶה	אָגְלֶה	אֶהְיֶה
יִתְגַּלּוּ	יַגְלוּ	יָגְלוּ	יִהְיוּ
תִּתְגַּלֶּינָה	תַּגְלֶינָה	תָּגְלֶינָה	תִּהְיֶינָה
תִּתְגַּלּוּ	תַּגְלוּ	תָּגְלוּ	תִּהְיוּ
תִּתְגַּלֶּינָה	תַּגְלֶינָה	תָּגְלֶינָה	תִּהְיֶינָה
נִתְגַּלֶּה	נַגְלֶה	נָגְלֶה	נִהְיֶה
(וַ)יִּתְגַּל	(וַ)יֶּגֶל		(וַ)יְהִי / וִיהִי*
	(וַ)יַּגְל		
הִתְגַּלֵּה {הִתְגַּל}	הַגְלֵה {הֶגֶל}		הֱיֵה / וֶהְיֵה
הִתְגַּלִּי	הַגְלִי		הֱיִי
הִתְגַּלּוּ	הַגְלוּ		הֱיוּ
הִתְגַּלֶּינָה	הַגְלֶינָה		
הִתְגַּלּוֹת	הַגְלוֹת	הָגְלוֹת	הֱיוֹת / לִהְיוֹת
הִתְגַּלֵּה	הַגְלֵה {־לָה}	הָגְלֵה	הָיוֹ
מִתְגַּלֶּה	מַגְלֶה	מָגְלֶה	
			הוֹיָה

* Jussiv mit ְ zur Unterscheidung vom Narrativ.

XII. Verba Tertiae (III) *'álæf* → § 10.7 und

מצא finden, antreffen; **שָׂנֵא** Hass haben auf

		Qal		*Nif'al*	*Pi'el*	*Hitpa'el*
AK	3.m.	מָצָא	שָׂנֵא	נִמְצָא	מִצֵּא {מִצָּא}	הִתְמַצֵּא
	3.f.	מָֽצְאָה	שָֽׂנְאָה	נִמְצְאָה	מִצְּאָה	הִתְמַצְּאָה
	2.m.	מָצָ֫אתָ	שָׂנֵ֫אתָ	נִמְצֵ֫אתָ	מִצֵּ֫אתָ	הִתְמַצֵּ֫אתָ
	2.f.	מָצָאת	שָׂנֵאת	נִמְצֵאת	מִצֵּאת	הִתְמַצֵּאת
		usw.	usw.	usw.	usw.	usw.
PK	3.m.	יִמְצָא	יִשְׂנָא	יִמָּצֵא	יְמַצֵּא	יִתְמַצֵּא
		usw.	usw.	usw.	usw.	usw.
	Pl. 3.m.	יִמְצְאוּ	יִשְׂנְאוּ	יִמָּֽצְאוּ	יְמַצְּאוּ	יִתְמַצְּאוּ
	3.f.	תִּמְצֶ֫אנָה	תִּשְׂנֶ֫אנָה	תִּמָּצֶ֫אנָה	תְּמַצֶּ֫אנָה	תִּתְמַצֶּ֫אנָה
		usw.	usw.	usw.	usw.	usw.
Impt.	m.	מְצָא	שְׂנָא	הִמָּצֵא	מַצֵּא	הִתְמַצֵּא
	Pl. m.	מִצְאוּ		הִמָּֽצְאוּ	מַצְּאוּ	הִתְמַצְּאוּ
	f.	מְצֶ֫אנָה		הִמָּצֶ֫אנָה	מַצֶּ֫אנָה	הִתְמַצֶּ֫אנָה
Inf.	cons.	מְצֹא	שְׂנֹא	הִמָּצֵא	מַצֵּא	הִתְמַצֵּא
	abs.	מָצוֹא	שָׂנוֹא	נִמְצֹא	מַצֹּא	
Part.		מֹצֵא	שֹׂנֵא	נִמְצָא	מְמַצֵּא	מִתְמַצֵּא
	pass.	מָצוּא				

Pu'al: AK מֻצָּא; PK יְמֻצָּא; Part. מְמֻצָּא; *Håf'al*: AK הָ/הֻמְצָא; PK יָ/יֻמְצָא; Part. מָ/מֻמְצָא

לי"ה + פ"נ **נטה** ausstrecken; **נכה** *Hif.* (er)schlagen

		Qal	*Hif'il*	
AK	3.m.	נָטָה	הִטָּה	הִכָּה
	Pl. 3.c.	נָטוּ	הִטּוּ	הִכּוּ
PK	3.m.	יִטֶּה +יֵט	יַטֶּה +יַט	יַכֶּה +יַךְ
	Pl. 3.m.	יִטּוּ	יַטּוּ	יַכּוּ
Impt.	m.	נְטֵה	הַטֵּה +הַט	הַכֵּה +הַךְ
Inf.	cons.	נְטוֹת	הַטּוֹת	הַכּוֹת
Part.		נֹטֶה/נָטוּי	מַטֶּה	מַכֶּה

לי"ה + פ"י **ירה** [I]werfen, [II]lehren;

		Qal	*Hif'il*
AK	3.m.	יָרָה	הוֹרָה
	Pl. 3.c.		
PK	3.m.		יוֹרֶה +יוֹר
	Pl. 3.m.		יוֹרוּ
Impt.	m.	יְרֵה	הוֹרֵה
Inf.	cons.	יְרוֹת (לִירוֹת)	הוֹרוֹת
Part.		יֹרֶה	מוֹרֶה

+ = Jussiv; Kurzform (KF)

Doppelt schwache Verben → § 10.8

	Hif'il
	הִמְצִיא הִמְצִ֫יאָה הִמְצֵ֫אתָ הִמְצֵאת usw.
	יַמְצִיא usw. יַמְצִ֫יאוּ תַּמְצֶ֫אנָה usw.
	הַמְצֵא הַמְצִ֫יאוּ הַמְצֶ֫אנָה
	הַמְצִיא הַמְצֵא
	מַמְצִיא

נשׂא ל"א + פ"נ (er)heben; **נבא** nif. prophezeien

	Qal	Nif'al
AK 3.m. Pl. 3.c.	נָשָׂא נָֽשְׂאוּ	נִבָּא נִבְּאוּ
PK 3.m. Pl. 3.m.	יִשָּׂא יִשְּׂאוּ	יִנָּבֵא יִנָּֽבְאוּ
Impt. m.	שָׂא/שְׂאוּ Pl.	הִנָּבֵא
Inf. cons.	שְׂאֵת/(לָ)שֵׂאת	הִנָּבֵא
Part.	נֹשֵׂא	Pl. נִבְּאִים

יצא ל"א + פ"נ hinausgehen, -ziehen

	Qal	Hif'il
AK 3.m. Pl. 3.c.	יָצָא יָֽצְאוּ	הוֹצִיא הוֹצִ֫יאוּ
PK 3.m. Pl. 3.m.	יֵצֵא יֵֽצְאוּ	יוֹצִא {יֹצֵא} יוֹצִ֫יאוּ
Impt. m.	צֵא / צְאוּ Pl.	הוֹצֵא {הוֹצִיא}
Inf. cons.	צֵאת	הוֹצִיא
Part.	יוֹצֵא {יֹצֵא}	מוֹצֵא {מוֹצִיא}

ידה *Hif.* preisen

	הוֹדָה הוֹדוּ
	יוֹדֶה יוֹדוּ
	Pl. הוֹדוּ
	הֹדוֹת
	מוֹדֶה

יָרֵא (sich) fürchten; dagegen **ראה** sehen

	Qal	
AK 3.m.	יָרֵא	רָאָה
PK 3.m. Pl. 3.m.	יִירָא יִֽירְאוּ	יִרְאֶה יִרְאוּ
Narr.3.m.Sg.	וַיִּירָא {וַיִּרָא}	וַיַּרְא {וַיֵּ֫רֶא}*
Impt. m.	יְרָא / יִרְאוּ Pl.	רְאֵה / רְאוּ
Inf. cons.	יְרֹא / {יִרְאָה}	רְאֹת {רְאוֹת}
Part.	יָרֵא	רֹאֶה

* *Nif'al:* וַיֵּרָא

XIII. Personalpronomen, Nomen u. Partikel mit Suffixen

Das selbständige Personalpronomen – Suffixe → § 5.3.3

	Singular		Suffixe	Plural		Suffixe
1.c.	אָנֹכִי/אֲנִי	ich	ִי/ ִני**	אֲנַחְנוּ/נַחְנוּ	wir	נוּ
2.m.	אַתָּה	du	ְךָ	אַתֶּם	ihr	כֶם
2.f.	אַתְּ	du	ֵךְ	אַתֵּן/אַתֵּנָה	ihr	כֶן
3.m.	*** הוּא	er	הוּ/ו	*** הֵמָּה/הֵם	sie	הֶם/ם*
3.f.	*** הִיא	sie	הָ/ה	*** הֵנָּה	sie	הֶן/ן

* poet. auch מוֹ; ** auch נִי; *** 3.m./f. + Artikel = „jener, jene" → § 6.4

Flexionsendungen am Nomen, Partizip und Adjektiv → § 6

טוֹב gut שְׁנַיִם zwei

	Singular				Plural				Dual			
status	abs.		cons.		abs.		cons.		abs.		cons.	
masc.		טוֹב		טוֹב	ִים	טוֹבִים	ֵי	טוֹבֵי	ַיִם	שְׁנַיִם	ֵי	שְׁנֵי
fem.	ָה	טוֹבָה	ַת	טוֹבַת	וֹת	טוֹבוֹת	וֹת	טוֹבוֹת	ַתַיִם	שְׁתַּיִם	ֵתֵי	שְׁתֵּי

Partikeln mit Suffixen → § 5.3.2

		[1] לְ für (Dativ)	[2] בְּ in/an/mit	[3] אֵת „Akk.–Z."	[4] אֵת mit/bei	[5] אֶל zu/nach
		für mich/mir...	in mir...	mich...	mit mir	zu mir...
Sg.	1.c.	לִי	בִּי	אֹתִי	אִתִּי**	אֵלַי
	2.m.	לְךָ (לָךְ)	בְּךָ (בָּךְ)	אֹתְךָ (אֹתָךְ)	אִתְּךָ (אִתָּךְ)	אֵלֶיךָ
	2.f.	לָךְ	בָּךְ	אֹתָךְ	אִתָּךְ	אֵלַיִךְ
	3.m.	לוֹ	בּוֹ	אֹתוֹ	אִתּוֹ	אֵלָיו
	3.f.	לָהּ	בָּהּ	אֹתָהּ	אִתָּהּ	אֵלֶיהָ
Pl.	1.c.	לָנוּ	בָּנוּ	אֹתָנוּ	אִתָּנוּ	אֵלֵינוּ
	2.m.	לָכֶם	בָּכֶם	אֶתְכֶם	אִתְּכֶם	אֲלֵיכֶם
	2.f.	לָכֶן	בָּכֶן	אֶתְכֶן	אִתְּכֶן	אֲלֵיכֶן
	3.m.	לָהֶם*	בָּהֶם* (בָּם)	אֹתָם*	אִתָּם	אֲלֵיהֶם
	3.f.	לָהֶן*	בָּהֶן*	אֹתָן*	אִתָּן	אֲלֵיהֶן

* oder [1/2] לָהֵמָּה/בָּ, לָהֵנָּה/בָּ; [3] אֶתְהֶם, אֶתְהֶן; [9] מֵהֶן, מֵהֵמָּה; [10] כְּמוֹהֶם; [12] הִנְנוּ, הִנְנִי; () = in Pausa;

** entsprechend wird עִם mit/bei gebildet; aber: 1.c.Sg. עִמָּדִי neben עִמִּי; 2.m.Pl. עִמָּכֶם

Das unveränderliche Nomen mit Suffixen → § 6.8

סוּס Pferd

	Singular		Plural	
	masc.	*fem.*	*masc.*	*fem.*
st.abs.	סוּס Hengst	סוּסָה Stute	סוּסִים Hengste	סוּסוֹת Stuten
st.cons.	סוּס	סוּסַת	סוּסֵי	סוּסוֹת
Sg. 1.c.	סוּסִי mein	סוּסָתִי meine	סוּסַי meine	סוּסוֹתַי meine
2.m.	סוּסְךָ dein	סוּסָתְךָ deine	סוּסֶיךָ deine	סוּסוֹתֶיךָ deine
2.f.	סוּסֵךְ dein	סוּסָתֵךְ usw.	סוּסַיִךְ usw.	סוּסוֹתַיִךְ usw.
3.m.	סוּסוֹ sein	סוּסָתוֹ	סוּסָיו	סוּסוֹתָיו
3.f.	סוּסָהּ ihr	סוּסָתָהּ	סוּסֶיהָ	סוּסוֹתֶיהָ
Pl. 1.c.	סוּסֵנוּ unser	סוּסָתֵנוּ	סוּסֵינוּ	סוּסוֹתֵינוּ
2.m.	סוּסְכֶם euer	סוּסַתְכֶם	סוּסֵיכֶם	סוּסוֹתֵיכֶם
2.f.	סוּסְכֶן euer	סוּסַתְכֶן	סוּסֵיכֶן	סוּסוֹתֵיכֶן
3.m.	סוּסָם ihr	סוּסָתָם	סוּסֵיהֶם	סוּסוֹתָם*
3.f.	סוּסָן ihr	סוּסָתָן	סוּסֵיהֶן	סוּסוֹתָן*

* auch סוּסוֹתֵיהֶם/ן

[6] עַל auf/über	[7] לִפְנֵי vor	[8] אַחֲרֵי nach	[9] מִן von/aus	[10] כְּ wie	[11] אַיִן nicht ist	[12] הִנֵּה siehe,
auf mir...	vor mir...	nach mir...	von mir...	wie ich...	ich bin nicht..	hier bin ich...
עָלַי***	לְפָנַי	אַחֲרַי	מִמֶּנִּי	כָּמוֹנִי	אֵינֶנִּי****	הִנְנִי* (הִנֵּנִי)
עָלֶיךָ	לְפָנֶיךָ	אַחֲרֶיךָ	מִמְּךָ (מִמֶּךָּ)	כָּמוֹךָ	אֵינְךָ	הִנְּךָ (הִנֶּךָּ)
עָלַיִךְ		אַחֲרַיִךְ	מִמֵּךְ		אֵינֵךְ	הִנָּךְ
עָלָיו	לְפָנָיו	אַחֲרָיו	מִמֶּנּוּ	כָּמוֹהוּ	אֵינֶנּוּ	הִנּוֹ
עָלֶיהָ	לְפָנֶיהָ	אַחֲרֶיהָ	מִמֶּנָּה	כָּמוֹהָ	אֵינֶנָּה	
עָלֵינוּ	לְפָנֵינוּ	אַחֲרֵינוּ	מִמֶּנּוּ	כָּמוֹנוּ	אֵינֶנּוּ	הִנְנוּ*
עֲלֵיכֶם	לִפְנֵיכֶם	אַחֲרֵיכֶם	מִכֶּם	כָּכֶם	אֵינְכֶם	הִנְּכֶם
עֲלֵיכֶן			מִכֶּן			
עֲלֵיהֶם	לִפְנֵיהֶם	אַחֲרֵיהֶם	מֵהֶם*	כָּהֵם*	אֵינָם	הִנָּם
עֲלֵיהֶן		אַחֲרֵיהֶן	מֵהֵנָּה*	כָּהֵנָּה*		

*** entsprechend עַד bis/bis zu; aber 2.m.Pl. עֲדֵכֶם;

**** entsprechend עוֹד noch ist; aber 1.c.Sg. עוֹדִי neben עוֹדֶנִּי.

XIV. Veränderliche Nomina mit Suffixen → § 7

Segolata→ § 7.1

Typ			qaṭl	qiṭl	quṭl	mit Laryngal		II *waw*
Singular			König	Buch	Heiligtum	Werk	Junge	Tod
	st.	abs.	מֶ֫לֶךְ	סֵ֫פֶר	קֹ֫דֶשׁ	פֹּ֫עַל	נַ֫עַר	מָ֫וֶת
	st.	cons.	מֶ֫לֶךְ	סֵ֫פֶר	קֹ֫דֶשׁ	פֹּ֫עַל	נַ֫עַר	מוֹת
	+1.c.	Sg.	מַלְכִּי	סִפְרִי	קָדְשִׁי	פָּעֳלִי	נַעֲרִי	מוֹתִי
	+2.m.	Pl.	מַלְכְּכֶם	סִפְרְכֶם	קָדְשְׁכֶם	פָּעָלְכֶם	נַעַרְכֶם	מוֹתְכֶם
Plural								
	st.	abs.	מְלָכִים	סְפָרִים	קֳדָשִׁים	פְּעָלִים	נְעָרִים	מוֹתִים
	st.	cons.	מַלְכֵי	סִפְרֵי	קָדְשֵׁי	פָּעֳלֵי	נַעֲרֵי	מוֹתֵי
	+1.c.	*Sg.	מְלָכַי	סְפָרַי	קֳדָשַׁי	פְּעָלַי	נְעָרַי	מוֹתַי
	+2.m.	**Pl.	מַלְכֵיכֶם	סִפְרֵיכֶם	קָדְשֵׁיכֶם	פָּעֳלֵיכֶם	נַעֲרֵיכֶם	מוֹתֵיכֶם

Nomina mit zwei veränderlichen Vokalen → § 7.2

Typ			qaṭal	qaṭil	III *yod/he* (*fem.*)
Singular			Wort	alt/Ältester	Feld
	st.	abs.	דָּבָר	זָקֵן	שָׂדֶה (שָׂדַי)
	st.	cons.	דְּבַר	זְקַן	שְׂדֵה
	+1.c.	Sg.	דְּבָרִי	זְקֵנִי	שָׂדִי
	+2.m.	Pl.	דְּבַרְכֶם	זְקַנְכֶם+	שֳׂדְכֶם+
Plural					
	st.	abs.	דְּבָרִים	זְקֵנִים	שָׂדוֹת
	st.	cons.	דִּבְרֵי	זִקְנֵי	שְׂדוֹת
	+1.c.	*Sg.	דְּבָרַי	זְקֵנַי	שְׂדוֹתַי
	+2.m.	**Pl.	דִּבְרֵיכֶם	זִקְנֵיכֶם	שְׂדוֹתֵיכֶם

Femina auf ָה

qaṭl	qaṭal
Königin	Gerechtigkeit
מַלְכָּה	צְדָקָה
מַלְכַּת	צִדְקַת
מַלְכָּתִי	צִדְקָתִי
מַלְכַּתְכֶם	צִדְקַתְכֶם
מְלָכוֹת	צְדָקוֹת
מַלְכוֹת	צִדְקוֹת
מַלְכוֹתַי	צִדְקוֹתַי
מַלְכוֹתֵיכֶם	צִדְקוֹתֵיכֶם

Nomina mit Dual

			רֶ֫גֶל	בֶּ֫רֶךְ	אֹ֫זֶן	עַ֫יִן	יָד
Dual			Fuß	Knie	Ohr	Auge	Hand
	st.	abs.	רַגְלַ֫יִם	בִּרְכַּ֫יִם	אָזְנַ֫יִם	עֵינַ֫יִם	יָדַ֫יִם
	st.	cons.	רַגְלֵי	בִּרְכֵּי	אָזְנֵי	עֵינֵי	יְדֵי
		mit Suff.	רַגְלַי usw. wie beim Plural von סוּס → Tab XIII.				

* „leichtes“ Suffix; ** „schweres“ Suffix; + die Form ist erschlossen

II *yod*	III *yod*	*fem.*
Ölbaum	Frucht	Erde
זַ֫יִת זֵית	פְּ֫רִי פְּרִי	אֶ֫רֶץ אֶ֫רֶץ
זֵיתִי זֵֽיתְכֶם	פִּרְיִי פֶּרְיְכֶם	אַרְצִי אַרְצְכֶם
זֵיתִים זֵיתֵי	פְּרָיִים+ פֶּרְיֵי+	אֲרָצוֹת אַרְצוֹת
זֵיתַי זֵיתֵיכֶם		אַרְצוֹתַי אַרְצוֹתֵיכֶם

Nomina m. verdoppeltem Endkonsonanten→ § 7.3

qall	qill	qull
Volk	Zeit	Satzung
עַם/עָם עַם	עֵת עֵת/עֶת־	חֹק חֹק/חָק־
עַמִּי עַמְּכֶם	עִתִּי עִתְּכֶם	חֻקִּי חֻקְּכֶם*
עַמִּים עַמֵּי	עִתִּים עִתֵּי	חֻקִּים חֻקֵּי
עַמַּי עַמֵּיכֶם	עִתַּי עִתֵּיכֶם	חֻקַּי חֻקֵּיכֶם

*Ex 5,14 חָקְכֶם

Nomina mit veränderlichem Vokal → § 7.4 + 7.5

in der vorletzten Silbe		in der letzen oder einzigen Silbe				
Heilig(er)	Aufstellend(er)	Bewohner	Rechts(sache)	Sehend(er)	Blut(taten)	Name
קָדוֹשׁ קְדוֹשׁ	מֵקִים מְקִים	יֹשֵׁב יֹשֵׁב	מִשְׁפָּט מִשְׁפַּט	רֹאֶה רֹאֵה	דָּם דַּם	שֵׁם שֵׁם
קְדוֹשִׁי קְדוֹשְׁכֶם	מְקִימִי מְקִֽימְכֶם	יֹשְׁבִי יֹשֶׁבְכֶם	מִשְׁפָּטִי מִשְׁפַּטְכֶם	רֹאִי רֹאֲכֶם+	דָּמִי דִּמְכֶם	שְׁמִי שִׁמְכֶם
קְדוֹשִׁים קְדוֹשֵׁי	מְקִימִים מְקִימֵי	יֹשְׁבִים יֹשְׁבֵי	מִשְׁפָּטִים מִשְׁפְּטֵי	רֹאִים רֹאֵי	דָּמִים דְּמֵי	שֵׁמוֹת שְׁמוֹת
קְדוֹשַׁי קְדוֹשֵׁיכֶם	מְקִימַי מְקִימֵיכֶם	יֹשְׁבַי יֹשְׁבֵיכֶם	מִשְׁפָּטַי מִשְׁפְּטֵיכֶם	רֹאַי רֹאֵיכֶם	דָּמַי דְּמֵיכֶם	שְׁמוֹתַי שְׁמוֹתֵיכֶם

XV. Nomina mit besonderer Bildung → § 7.6

Singular		Vater	Bruder	Schwester	Sohn	Tochter
st.	abs.	אָב	אָח	אָחוֹת	בֵּן	בַּת
st.	cons.	אֲבִי	אֲחִי	אֲחוֹת	בֶּן/בִּן	בַּת
+1.c.	Sg.	אָבִי	אָחִי	אֲחוֹתִי	בְּנִי	בִּתִּי
+2.m.	Sg.	אָבִ֫יךָ	אָחִיךָ	אֲחוֹתְךָ	בִּנְךָ (בְּנֶ֫ךָ)	בִּתְּךָ
+3.m.	Sg.	אָבִיו*	אָחִיו	אֲחוֹתוֹ	בְּנוֹ	בִּתּוֹ
Plural						
st.	abs.	אָבוֹת	אַחִים		בָּנִים	בָּנוֹת
st.	cons.	אֲבוֹת	אֲחֵי		בְּנֵי	בְּנוֹת
+1.c.	Sg.	אֲבוֹתַי	אַחַי (אֶחָי)	אַחְיוֹתַי	בָּנַי	בְּנוֹתַי
+2.m.	Pl.	אֲבוֹתֵיכֶם	אֲחֵיכֶם	אֲחוֹתֵיכֶם	בְּנֵיכֶם	בְּנוֹתֵיכֶם

( ) = in pausa; * auch: אָבִ֫יהוּ/אָחִ֫יהוּ

Singular		Mann	Frau	Haus	Stadt	Tag
st.	abs.	אִישׁ	אִשָּׁה	בַּ֫יִת	עִיר	יוֹם
st.	cons.	אִישׁ	אֵ֫שֶׁת	בֵּית	עִיר	יוֹם
+3.m.	Sg.	אִישׁוֹ	אִשְׁתּוֹ	בֵּיתוֹ	עִירוֹ	יוֹמוֹ
Plural						
st.	abs.	אֲנָשִׁים	נָשִׁים	בָּתִּים	עָרִים	יָמִים*
st.	cons.	אַנְשֵׁי	נְשֵׁי	בָּתֵּי	עָרֵי	יְמֵי**
+3.m.	Sg.	אֲנָשָׁיו	נָשָׁיו	בָּתָּיו	עָרָיו	יָמָיו
+3.m.	Pl.	אַנְשֵׁיהֶם	נְשֵׁיהֶם	בָּתֵּיהֶם	עָרֵיהֶם	יְמֵיהֶם

* dagegen: יַמִּים Pl. von יָם Meer, ** mit Partikel בִּימֵי.

Singular		Mund	Wasser	Himmel	Haupt	Magd
st.	abs.	פֶּה	מַ֫יִם	שָׁמַ֫יִם	רֹאשׁ	אָמָה
st.	cons.	פִּי	מֵי/מֵימֵי	שְׁמֵי	רֹאשׁ	
+1.c.	Sg.	פִּי	מֵימַי		רֹאשִׁי	אֲמָתִי
+2.m.	Pl.	פִּ֫יךָ	מֵימֶ֫יךָ	שָׁמֶ֫יךָ	רֹאשְׁךָ	אֲמָתְךָ
Plural						
st.	abs.	פִּיוֹת			רָאשִׁים	אֲמָהוֹת
st.	cons.				רָאשֵׁי	אַמְהוֹת

XVI. Zahlwörter → § 7.7

1 bis 19	Kardinalia beim *mask.* Nomen st.abs.	Kardinalia beim *mask.* Nomen st.cons.	Kardinalia beim *fem.* Nomen st.abs.	Kardinalia beim *fem.* Nomen st.cons.	Ordinalia (Fem.)
1	אֶחָד	אַחַד	אַחַת	אַחַת	רִאשׁוֹן(־וֹנָה)
2	שְׁנַיִם	שְׁנֵי	שְׁתַּיִם	שְׁתֵּי	שֵׁנִי(ת)
3	שְׁלֹשָׁה	שְׁלֹשֶׁת	שָׁלֹשׁ	שְׁלֹשׁ	שְׁלִישִׁי(ת)
4	אַרְבָּעָה	אַרְבַּעַת	אַרְבַּע	אַרְבַּע	רְבִיעִי(ת)
5	חֲמִשָּׁה	חֲמֵשֶׁת	חָמֵשׁ	חֲמֵשׁ	חֲמִישִׁי(ת)
6	שִׁשָּׁה	שֵׁשֶׁת	שֵׁשׁ	שֵׁשׁ	שִׁשִּׁי(ת)
7	שִׁבְעָה	שִׁבְעַת	שֶׁבַע	שְׁבַע	שְׁבִיעִי(ת)
8	שְׁמֹנָה	שְׁמֹנַת	שְׁמֹנֶה	שְׁמֹנֶה	שְׁמִינִי(ת)
9	תִּשְׁעָה	תִּשְׁעַת	תֵּשַׁע	תְּשַׁע	תְּשִׁיעִי(ת)
10	עֲשָׂרָה	עֲשֶׂרֶת	עֶשֶׂר	עֶשֶׂר	עֲשִׂירִי(ת)
11	עָשָׂר	אַחַד/עַשְׁתֵּי	עֶשְׂרֵה	אַחַת/עַשְׁתֵּי	= Kardinalia
12	עָשָׂר	שְׁנֵים/שְׁנֵי	עֶשְׂרֵה	שְׁתֵּים/שְׁתֵּי	
13	עָשָׂר	שְׁלֹשָׁה	עֶשְׂרֵה	שְׁלֹשׁ	
14	עָשָׂר	אַרְבָּעָה	עֶשְׂרֵה	אַרְבַּע	
15	עָשָׂר	חֲמִשָּׁה	עֶשְׂרֵה	חֲמֵשׁ	
usw.	usw.		usw.		

Zehner

2	עֶשְׂרִים
3	שְׁלֹשִׁים
4	אַרְבָּעִים
5	חֲמִשִּׁים
6	שִׁשִּׁים
7	שִׁבְעִים
8	שְׁמֹנִים
9	תִּשְׁעִים

Hunderter

1	מֵאָה
2	מָאתַיִם
3	שְׁלֹשׁ מֵאוֹת
4	אַרְבַּע מֵאוֹת
5	חֲמֵשׁ מֵאוֹת
	usw.

Tausender

1	אֶלֶף
2	אַלְפַּיִם
3	שְׁלֹשֶׁת אֲלָפִים
4	אַרְבַּעַת אֲלָפִים
5	חֲמֵשֶׁת אֲלָפִים
	usw.
10	עֲשֶׂרֶת אֲלָפִים/
	רְבָבָה/רִבּוֹ(א)

Stichwortverzeichnis und Glossar

Ablaut	systematischer Wechsel bestimmter Vokale in etymologisch verwandten Wörtern (z.B. singen – sang – gesungen oder fahren – Fuhre – Fahrt – Gefährt)
Abstraktum	Worte mit begrifflicher, nicht-gegenständlicher Bedeutung (z.B. „Wahrheit“, „Frieden“)
Adhortativ	Aufforderungsform (lat. adhortatio „Ermahnung“) → § 8.5.4
Adjektiv	Eigenschaftswort, das eine Bezugsgröße näher bestimmt (z.B. „ein *großer* Baum“) → § 6.4.2; 6.4.3
Adverb	Umstandswort, das den Verbinhalt (bzw. die Satzaussage) näher bestimmt (z.B. „der Bote lief *schnell*“)
Affix	Wortbildungselement am Nomen, das hinten an das Lexem angefügt wird (Nominalendungen) → § 6.1
Afformativ	Wortbildungselement, das hinter der Wurzel steht
–	am Nomen → § 6.2.2
–	am Verb → § 8.1.1; 8.2
Afformativkonjugation	→ § 8.2; 8.3
Agens	Satzglied, das den Urheber einer Handlung bezeichnet
Akkusativ	Kasus des Bewirkten (sog. Wen-Fall) → § 6.3
Aktionsart	nähere Bestimmung des Verbalvorgangs → § 8.3
Akrophonie	→ § 0.2
Akzente	Betonungszeichen, die zugleich satzgliedernde Funktion haben → § 3.3.2
–	Doppelakzentuation → § 4.4.2
'alæf (quieszierend)	→ § 2; § 4.1.4; 4.3.2
Alphabet	→ § 1
Alphabetschrift	→ § 0.2
Apokope	Wegfall eines oder mehrerer Sprachlaute am Wortende (z.B. dem Freund statt dem Freunde)
apokopierte Formen	→ § 4.3.2; 10.6.2
appellativisch	sich mahnend an jemanden wenden
Apodosis	Folgesatz eines Bedingungssatzes → § 5.2.3.2
Apposition	Zu- oder Beifügung zu einer nominalen Bezugsgröße (z.B. „ein Mann, *ein Großgrundbesitzer*“)
Aramäisch	→ § 0.1
–	aramaisierende Formen → § 10.5.1; 10.5.2

Artikel	Begleiter oder Geschlechtswort (der, die, das – mit ursprünglich demonstrativer Funktion) → § 4.1.4; 6.5
Aspekt	individuelle Bezugnahme des Sprechers auf den in der Verbform ausgedrückten Vorgang, der entweder als Verlauf (imperfektiv) oder als Ereignis (perfektiv) beschrieben wird → § 8.3.2
Assimilation	Angleichung eines Lautes an einen benachbarten Laut → § 3.2.2; 4.1.2
Asyndese	Verbindung von sprachlichen Ausdrücken ohne Konjunktion
'atnāḥ	→ § 3.3.2
Attribut	Bei- oder Hinzufügung; nicht selbständige nähere Bestimmung von nominalen Satzgliedern (z.B. „der Mann, der gute" = der *gute* Mann)
Aufsprengung	
–	Aufsprengungsvokal → § 4.3.2
Aussprache	→ § 1.1;
–	Aussprachezeichen → § 3.2
b^{e}gadk^{e}fat	→ § 1.2; 3.2.1
Betonung	→ § 3.3
–	Nebenton-Zeichen → § 3.3.4; 3.3.5
–	Satzbetonung, s. Pausa
Bildungskonsonanten	→ § 1.2
Bindevokale	→ § 1.2; 8.7.2
compensatio	s. Ersatzdehnung
copulativ	verbindend
dāgeš	forte (necessarium) → § 3.2.2
–	euphonicum → § 3.2.2
–	coniunctivum → § 3.2.2
–	dirimens → § 3.2.2
–	lene → § 3.2.1
Dativ	Kasus zur Bezeichnung des indirekten Objekts (sog. Wem-Fall) → § 5.3.2; 6.3
Defektiv-Schreibung	→ § 2
deklarativ	„feststellend" (z.B. „etwas als groß erklären" = preisen; vgl. lat. declaratio „Bekanntgabe")
Demonstrativpronomen	hinweisendes Fürwort (z.B. „dieser Ort" oder „jener Tag")

Determination	Eingrenzung oder Näherbestimmung eines durch ein Substantiv bezeichneten Sachverhalts (z.B. „*das* Buch“ vs. „ein Buch“) → § 6.5
diachron	„durch die Zeit(en) (hindurch)“, d. h. eine Betrachtungsweise, die unterschiedliche historische Entwicklungsstufen (z.B. einer Sprache) untersucht
Diphtong	Doppellaut (z.B. *ei* wie in „mein“ oder *au* wie in „faul“) → § 4.2.2
direktiv	die Richtung oder das Ziel angebend
Dissimilation	Vorgang und Ergebnis der Differenzierung zweier gleicher oder ähnlicher Laute (lat. dissimilatio „Unkenntlichmachung“) → § 10.2.2; 10.5.1; 10.5.2
Doppelakzentuation	s. Akzente
Doppelkonsonanz	Folge von zwei Konsonanten ohne Vokal; wird im Hebräischen meist aufgelöst
Doppelvokalisation	s. Vokalisation
Doppelungsstämme	→ § 8.6
Dual	Teilkategorie des Numerus v. a. zur Bezeichnung von paarweise auftretenden Elementen (z.B. „die beiden Augen“) → § 6.6
durativ	als Durativ werden Vorgänge bezeichnet, die hinsichtlich ihres Zeitablaufs unbestimmt sind (lat. durare „andauern“)
Elativ	höchste Steigerungsstufe des Adjektivs ohne vergleichende Komponente (z.B. „ein *höchst* interessanter Vorschlag“)
Elision	„Ausstoßung“; Wegfall eines vokalischen oder konsonantischen Elements zur Sprecherleichterung → § 4.1.4
Emphase	„Verdeutlichung“; dient der Hervorhebung eines Sachverhalts
emphatisch	hervorgehoben
Ersatzdehnung	→ § 3.2.2; 4.2.2
Etymologie	sprachgeschichtliche Herleitung eines Lexems und seines Bedeutungsfeldes
Explosiva	→ § 1.2.1; 3.2.1
extratemporal	„zeitlos (ohne Angabe der Zeitstufe)“
faktitiv	Vorgang des Bewirkens bzw. der unmittelbaren Herbeiführung eines Zustands durch das handelnde Subjekt (z.B. „groß sein“ → „[etwas] groß machen“)
Fehlpunktationen	s. Punktation
figura etymologica	→ § 8.4.2
Finalbuchstaben	→ § 1.1; 3.1.2; 3.1.3

Finalsatz	Finalsätze drücken Ziel und Zweck des im Hauptsatz bezeichneten Sachverhalts aus (z.B. „er ging hinaus, *um ihn zu empfangen*“) → § 5.2.3.5; 8.4.3
Flexion	„Beugung (bei der Wortformbildung)“
Frage	
–	Fragepronomen → § 5.2.3
–	Fragesatz → § 5.2.3
Frequentativ	s. Iterativ
Futur	„Zukunft“ (auch Nachzeitigkeit)
–	futurum instans → § 8.4.1
Gattung	→ § 5.1.2
Gemination	„Verdoppelung“ → § 3.2.2
Genitiv	Kasus zur Bezeichnung der Herkunft (sog. Wes-Fall), z.B. „die Tora *des Mose*“ → § 6.3; 6.4
–	*epexegeticus* (oder definitivus), zur Bezeichnung der speziellen Erscheinungsform des Allgemeinen (z.B. „der Regenmantel“ = „der Mantel des Regens“, d.h., der Mantel, der bei Regen getragen wird)
–	*obiectivus*, zur Bezeichnung eines Objekts, das vom Beziehungswort abhängt (z.B. „die Furcht Gottes“ = die Furcht [des Menschen] *vor* Gott)
–	*partitivus*, zur Bezeichnung eines Teilverhältnisses (ein Teil einer Gruppe), z.B. „der höchste der Bäume“
–	*subiectivus*, zur Bezeichnung der Person oder Sache, die tätig ist (z.B. „das Wort des Königs“ = das Wort, das der König redet)
Gentilizium	„Herkunftsadjektiv“ → § 6.2.2
Genus	„Art, Klasse, (grammatisches) Geschlecht“ → § 6.7
–	natürliches Genus → § 6.7
Gottesname	→ § 3.4.2
Graphem	kleinste bedeutungsunterscheidende Einheit des Schriftsystems einer Sprache zur Wiedergabe einer lautlichen Äußerung (z.B. Buchstaben)
Grammatik	„Lehre von den Buchstaben“, systematische Beschreibung des strukturellen Regelsystems einer natürlichen Sprache
Grundstamm	→ § 8.6
Gutturale	„Kehl- oder Gaumenlaute“, mit Hilfe von Zunge und Gaumen gebildeter Sprachlaut, s. Laryngale
Håf'al	s. Kausativstämme
Halbvokal	s. Vokale

ḥaṭeϸ -Laute	→ § 3.1.3; 4.3.2
Haupttonsilbe	s. Silbe
he- paragogicum	→ § 8.2; 8.5.3+4
Hif'il	s. Kausativstämme
ḥîræq	→ § 3.1
–	*ḥîræq* magnum → § 3.1.2
Hitpa'el	→ § 4.1.2; 4.1.3; 8.6
Hitpolel	s. Parallelstämme
Hištaf'el	→ § 10.6.3
ḥôlæm	→ § 3.1.2
–	*ḥôlæm* magnum → § 3.1.2
Huf'al	s. Kausativstämme
Hypotaxe	„Unterordnung", syntaktische Verknüpfung von Gliedsätzen durch Unterordnung (z.B. „Das Kind kam früher aus der Schule nach Hause, *weil es krank war.*"; „Der Mann, *der ihn geschlagen hatte*, lief schnell davon.") → § 5.2.2
Imperativ	„Befehlsform" (z.B. „*Steig* auf den Berg!") → § 8.5.1
Imperfekt	Zeitstufe der Vergangenheit (= Präteritum); eigentlich Bezeichnung eines nicht abgeschlossenen Sachverhalts (Verlaufsform, lat. imperfectus „unvollendet")
–	imperfektiv „unabgeschlossen" (s. Aspekt)
inchoativ	bezeichnet den Beginn eines Vorgangs (z.B. „entflammen") bzw. den Übergang von einem Zustand in einen anderen Zustand (z.B. „erblühen"), lat. inchoare („anfangen")
Indikativ	Wirklichkeitsform (oder Normalform) des Verbs, die den durch die Aussage bezeichneten Sachverhalt als gegeben darstellt (im Unterschied zum Konjunktiv)
Infinitiv	Grundform des Verbs (z.B. „gehen") → § 8.4.2; 8.4.3
–	infinitivus absolutus → § 8.4.2
–	infinitivus constructus → § 8.4.3
–	erweiterter Infinitiv → § 4.3.2; 10.3; 10.4
Intensivstämme	→ § 8.6
Interjektion	„Dazwischengeworfenes" (lat. interiectio „dazwischen werfen"), eine Gruppe von Wörtern zum Ausdruck von Empfindungen (z.B. „Au!", „Ach!") oder zur Kontaktaufnahme bzw. als Aufmerksamkeitserreger (z.B. „Hallo!"; „He!")
Interpunktionszeichen	→ § 3.3.2
Interrogativpronomen	s. Fragepronomen
Irrealis	s. Konjunktiv

Iterativ	zur Bezeichnung sich regelmäßig wiederholender Vorgänge (z.B. „Wir gehen sonntags *immer* zur Kirche.")
Ivrit	→ § 0.1; 1.1
Jussiv	Aufforderungs- oder Wunschform (lat. iussum „Befehl"), z.B. „Gott möge dich segnen!" → § 8.5.2
Kasus	„Fall" (lat. casus), z.B. Nominativ, Akkusativ
–	Kasusendungen → § 6.3
Kausalsatz	„Begründungssatz" (lat. causa „Grund, Ursache"), z.B. „Er war müde, *weil er den ganzen Tag gearbeitet hatte.*") → § 5.2.3
Kausativstämme	→ § 8.6
K^{e}tîb → § 3.4.1	
Kohortativ	Aufforderungsform in der 1. Pers. Sg./Pl. (= Selbstaufforderung), z.B. „ich will singen" → § 8.5.3
Koinzidenzfall	→ § 8.3.2
Kollektivum	Kollektiva bezeichnen eine Vielheit als Einheit (z.B. viele Berge = „Gebirge"; eine Menge von Tieren = „Vieh")
kommissiv	eine sprachliche Äußerung, bei der sich der Sprecher festlegt, in der Zukunft etwas Bestimmtes zu tun (z.B. „Ich verspreche dir, dass ich dich morgen besuchen werde.")
Komparativ	Steigerungsform (z.B. groß → *größer*) → § 5.3.2; 6.5
Konditionalsatz	„Bedingungssatz" (z.B. „*Wenn es morgen regnet*, gehen wir nicht schwimmen.") → § 5.2.3
Konjunktion	„Bindewort", zur Herstellung syntaktischer Verbindungen zwischen Wörtern, Wortgruppen und Sätzen (z.B. „und", „aber", „oder", „denn", „als")
Konjunktiv	Möglichkeitsform, sei es als Realis (z.B. „Er möge bald kommen.") oder als Irrealis (z.B. „Würde er doch kommen." – aber er kommt nicht) → § 8.3.2
Konkretum	Worte mit gegenständlicher Bedeutung (lat. concretus „körperlich"), z.B. „Stuhl", „Haus" (hierzu zählen auch Eigennamen wie „Hans") → Abstraktum
Konsekutivsatz	„Folgesatz" (z.B. „Sie war so krank, *dass sie das Konzert absagen musste.*")
Konsonanz	Verteilung von Konsonanten an bestimmten Stellen von Silben
Kontraktion	„Zusammenziehung" (lat. contrahere „zusammenziehen") → § 4.2.2; 4.3.2
Kurzformen	s. apokopierte Formen

Labiale	„Lippenlaute" (z.B. b, p) → § 4.3.1
Laryngale	„Kehlkopflaute" → § 1.2.2; 3.1.2; 3.1.3; 3.2.2; 4.3.2; 9
Lautqualität	→ § 3.1.1
Lautquantität	→ § 3.1.1
Lautwandel	→ § 4.1.1
Lexem	Wortbasis oder Wortstamm (z.B. *schreib* → schreiben, schriebst, Schreiber) → § 0.1
mǽtæg	→ § 3.1.3; 3.3.4
–	Kittel-*mǽtæg* → § 3.3.4
makrosyntaktische Signale	satzübergreifende, gliedernde Textstrukturelemente → § 5.1.2
Manifestativ	bezeichnet das Eintreten eines Sachverhalts am Subjekt (sich ereignen = „sich manifestieren") ohne Rücksicht auf den Grad der Mitwirkung des Subjekts am Geschehen, s. *Nifʿal*
mappîq	→ § 3.1.2; 3.2.3
maqqep̄	→ § 3.3.5
Masora	→ § 3
–	masoretischer Text → § 3
mater lectionis	s. Vokalbuchstabe
Metathese	„Umstellung", Buchstabenvertauschung → § 4.1.3; 8.6.2
Metrum	„Versmaß" (in poetischen Texten) → § 5.1.1
Modus	„Art, Weise", grammatische Kategorie des Verbs zum Ausdruck der subjektiven Stellungnahme des Sprechers zum bezeichneten Sachverhalt (z.B. „Er kommt." → Indikativ; „Er möge kommen." → Konjunktiv; „Komm!" → Imperativ)
–	modus energicus, Modus zum Ausdruck einer kategorischen Behauptung (z.B. „Das ist so!")
Monem	s. Morphem
Morphem	kleinstes bedeutungstragendes Element einer Sprache (auch grammatisches Monem genannt) → § 5.3.3
Murmelvokale	s. Vokale
Narrativ	Erzählform → § 3.3.1; 5.2.1.; 8.3
Nachschlagsilbe	s. Silbe
Nebentonzeichen	s. Betonung
Negation	„Verneinung" → § 5.2.1; 5.2.2; 8.5.2
n^{e}sigâ	→ § 3.3.5
Nifʿal	→ § 8.6

Nomen — „Wort, Name“, zusammenfassende Bezeichnung für nominale Wortarten, worunter im Hebräischen alle deklinierbaren Wortarten gerechnet werden (Substantiv, Adjektiv, Pronomen, Zahlwort) → § 6; 7
– Nomenbildung → § 6.2.2; 7
– nomen rectum → § 6.4.1
– nomen regens → § 6.4.1
– nomen unitatis → § 6.7
Nominalgruppe — bestehend aus mindestens einem Substantiv (sog. Kern) und seinen Begleitworten (Artikel, Adjektiv u.ä.), z.B. „der weise König Salomo“
Nominalsatz — → § 5.2.1
– partizipialer Nominalsatz → § 5.2.1
Nominativ — Nennfall, zur Bezeichnung des Subjekts eines Satzes (auf die Frage wer oder was?), z.B. „*Die Stadt* wurde von den Feinden zerstört.“ → § 6.3
Notetik — → § 5.0.1
Numerus — „Zahl“, grammatische Kategorie zur Bezeichnung von Mengenverhältnissen (Einzahl, Mehrzahl, s. auch Dual) → § 6.6
Nun energicum — → § 8.7.4
Nun paragogicum — → § 8.2

Objekt — „das (der Handlung) Gegenüberstehende“, Satzglied, das die Größe bestimmt, auf die sich die durch das Verb bezeichnete Handlung bezieht (z.B. „Der König schickte *Boten* aus.“)
Objektsatz — Nebensatz in der syntaktischen Funktion eines Objekts (z.B. Er sah, *dass sie schön war.*“) → § 5.2.2
'olæh w^{e}yôred — → § 3.3.2
Onomasiologie — „Bezeichnungslehre“, ausgehend von Sachverhalten der gegebenen Welt (Wirklichkeit) untersucht die Onomasiologie deren begriffliche Repräsentation in der Sprache und ihren historischen Wandel
Ordinalia — s. Zahlwörter

Pänultimabetonung — → § 3.3.1
paradigmatisch — „als Beispiel dienend“, in der Linguistik bezeichnet man die prinzipielle Austauschbarkeit bestimmter Elemente, die jedoch im selben Zusammenhang in Opposition zueinander stehen würden, als paradigmatische Beziehungen (z.B. „Lola *rennt / sitzt / schläft.*“), s. syntagmatisch
parallelismus membrorum → § 5.1.1
Parallelstämme — → § 10.5.1; 10.5.2

Parataxe	„Beiordnung“, syntaktische Verknüpfung von Sätzen durch Nebenordnung (z.B. „Der König sandte Boten aus, *und er gab ihnen Geschenke mit.*“) → § 5.2.2 und → Hypotaxe
Paronomasie	Unterart des Wortspiels, Verbindung lautlich einander ähnelnder, semantisch und etymologisch nicht verwandter Wörter mit unterschiedlicher, teils kontrastierender Bedeutung (z.B. Jes 5,7 „Er wartete auf *Rechtsspruch*, siehe, da war *Rechtsbruch.*“)
Partikel	„Teilchen“ → § 5.3.2; zur Vokalisation der Partikel § 6.5
Partitiv	Ausdruck zur Bezeichnung einer Teilmenge, s. Genitiv
Partizip	„Mittelwort“ (lat. particeps „teilhabend“), das eine Stellung zwischen Verb und Nomen einnimmt (z.B. „spielend“, „ein Spielender“ = „einer, der spielt“) → § 8.4.1
pátaḥ	→ § 3.1; 4.2.1
–	*pátaḥ* furtivum → § 3.1.2
Pausa	→ § 3.3.3
Perfekt	vollendete Vergangenheit (lat. perfectus „vollendet“), Zeitstufe zur Kennzeichnung eines in der Vergangenheit abgeschlossenen, aber in die Gegenwart hineinwirkenden Sachverhalts (z.B. „Sie *hat* im Herbst Examen *gemacht* [und wartet auf eine Anstellung].“), s. perfektiv → § 8.2; 8.3
perfektiv	Bezeichnung eines abgeschlossenen Sachverhalts (Ereignisform), s. Aspekt
performatorisch/performativ	(Koinzidenzfall) sprachliche Äußerung, durch die der Inhalt der Aussage vollzogen wird (z.B. „Ich erkläre [hiermit] die Spiele für eröffnet.“) → § 8.3.2
Personalpronomen	persönliches Fürwort, das dem Bezugswort voraus gehen oder nachfolgen kann (z.B. „Die Boten kamen zum König und erstatteten *ihm* Bericht.“) → § 5.3.3
phonetisch	„lautlich, klanglich“
Pi'el	→ § 8.6
Pilpel	→ § 10.5.2
Plene-Schreibung	→ § 2
Plusquamperfekt	Vorvergangenheit (oder vollendete Vergangenheit), zur Bezeichnung des Endpunktes eines in der Vergangenheit abgeschlossenen Vorgangs (z.B. „Als die Boten zurückkehrten, *war das Kind bereits gestorben.*“)
Poesie	→ § 5.1.1; 8.3
Polal	s. Parallelstämme
Polel	s. Parallelstämme
polysem/polyvalent	„mehrdeutig“

Possessivpronomen	besitzanzeigendes Fürwort, das generell Beziehungen der Zugehörigkeit anzeigt (z.B. „*mein* Buch"; „*sein* Vater"), s. Suffixe am Nomen
Prädikat	die Satzaussage (lat. praedicare „aussagen"), die das Subjekt näher bestimmt (z.B. Mose *ging* auf den Berg.")
–	prädikativ, adjektivische Näherbestimmung des Prädikats (z.B. 1 Kön 2,38 „*Gut* ist das Wort!"), s. Adjektiv
Präfixe	grammatische Morpheme, die vorn an die Wortwurzel angefügt werden (z.B. „*be*-wohnen"; *miss*-fallen") → § 5.3
Präformative	grammatische Morpheme, die vorn an das Lexem angefügt werden und untrennbar mit ihm verbunden sind
–	am Nomen → § 6.1; 6.2.2
–	am Verb → § 8.1.1; 8.6
Präformativkonjugation	→ § 8.2; 8.3
Präpositionen	„Voranstellung" (lat. praeponere „voranstellen"), zur Bezeichnung von Beziehungen zwischen zwei Größen hinsichtlich der Grundverhältnisse des Ortes (z.B. „auf", „unter"), der Zeit (z.B. „während", „als"), der Ursache (z.B. „infolge") und der Art und Weise (z.B. „wegen", „gemäß") → § 5.3.2
Präsens	„Gegenwart", zur Bezeichnung einmaliger oder wiederkehrender Sachverhalte der Gegenwart, genereller, zeitloser Sachverhalte (z.B. „Hunde bellen.") oder zukünftiger Ereignisse (z.B. „Ich komme morgen.")
Präteritum	s. Imperfekt
Pragmatik	Frage nach der intentionalen Funktion von sprachlichen Äußerungen in Abhängigkeit von ihren situationsspezifischen Verwendungen (Welche Absicht verfolgt eine bestimmte Äußerung in der besonderen Situation, in der sie geäußert wird? Welche Wirkung beabsichtigt der Sprecher mit seinen Worten?) → § 5.0.2
privativ	„eine Beraubung anzeigend" (lat. privare „berauben"), von Verben, die inhaltlich ein Entfernen oder Wegnehmen des im Grundwort Ausgesagten bezeichnen (z.B. *ent*-sorgen; *aus*-räumen) → § 5.3.2; מִן
Prohibitiv	„Verbot", verneinte Befehlsform → § 5.5.2
Pronomen	„Fürwort", Stellvertreter des Nomens, auf das es sich bezieht → § 6
proklitisch	sich an ein folgendes betontes Wort anlehnend, s. Partikel
Protasis	Vordersatz eines Bedingungssatzes → § 5.2.3.2
Puʿal	→ § 8.6
Pulpal	→ § 10.5.2

Punktation	→ § 3
–	Fehlpunktationen → § 4.4.3
Qal	→ § 8.1; 8.6
qāmæṣ	→ § 3.1.1
–	*qāmæṣ ḥāṭûp̄* → § 3.1.1
–	Vorton*qāmæṣ* → § 4.3.1
Qᵉrê	→ § 3.4.1
–	*Qᵉrê* perpetuum → § 3.4.2
Quadratschrift → § 1.1	
Radikal	→ § 0.1
Radix	s. Wurzel
Reduplikation	„Verdoppelung"
reflexiv	„rückbezüglich", Ausgang und Ziel der durch das Verb beschriebenen Handlung beziehen sich auf dieselbe Größe (z.B. „Philipp verteidigt sich.")
Relativsatz	vom Hauptsatz abhängiger Nebensatz, der durch ein Relativpronomen (z.B. „der", „welcher", „wer") eingeleitet wird (z.B. „Er verlas das Schriftstück, *das im Tempel gefunden worden war.*") → § 5.2.2
–	Relativpartikel → § 5.2.2
resultativ	auf das Resultat / Ergebnis des durch die Verbform bezeichneten Vorgangs bezogen (z.B. „verbrennen", „finden")
reziprok	wechselseitig aufeinander bezogen (z.B. „sie treffen sich")
Schwursatz	→ § 5.2.2.3
scriptio defectiva	s. Defektiv-Schreibung
sᵉgôl	→ § 3.1
–	*sᵉgôl* magnum → § 3.1.2
–	Segolata → § 3.3.1; 4.3.2; 7.1
–	Segolierung → § 4.3.2
Semasiologie	„Bedeutungslehre" (auch Semantik), ausgehend von den sprachlichen Ausdrücken (den Bezeichnungen), fragt die Semasiologie nach deren Bedeutungsgehalt, ihren Beziehungen zu anderen sprachlichen Ausdrücken (Wortfelder) und ihrem Bedeutungswandel
sêrê	→ § 3.1
–	*sêrê* magnum → § 3.1.2
–	Vorton*sêrê* → § 4.3.1
šᵉwā' compositum	→ § 3.1; 3.1.3

–	*šᵉwāʾ* mobile → § 3.1; 3.1.3; 3.3.4
–	*šᵉwāʾ* quiescens → § 3.1; 3.1.3
–	*šᵉwāʾ* simplex → § 3.1; 3.1.3
Silbe	
–	betonte Silbe → § 3.1.1; 3.3.1; 4.3.1
–	geschärfte Silbe → § 3.2.2; 4.3.1; 4.3.2
–	geschlossene Silbe → § 3.1.1.; 3.2.1; 4.2.1; 4.3.1; 4.3.2
–	doppelt geschlossene Silbe → § 3.1.1; 3.1.3; 4.3.1; 4.3.2
–	Nachschlagsilbe („weiche Verbindung“) → § 4.3.2
–	offene Silbe → § 3.1.1; 4.3.1; 4.3.2
–	(Haupt-)Tonsilbe → § 3.3.1; 3.3.2; 4.2.1; 4.3.1
–	unbetonte Silbe → § 3.1.1; 4.3.1
–	Vorschlagsilbe → § 3.1.3; 4.3.1; 4.3.2
–	Vortonsilbe → § 4.3.1
–	Silbenanlaut → § 4.3.1
–	Silbenauslaut → § 4.3.1
–	Silbentrennung → § 3.1.1; 4.3.1
sillûq (mit *sôp̄ pāsûq*)	→ § 3.3.2
Spirantisierung	Lautverschiebung; Vorgang und Ergebnis der Entstehung von Reibelauten (lat. spirare „hauchen“), z.B. germanisch o*p*an → althochdeutsch o*ff*an (= „offen“) → § 3.2.1
Sprechakt	„Sprechhandlung“, d.h. eine Handlung bzw. Wirkung, die vom Sprecher mit einer sprachlichen Äußerung intendiert ist bzw. vollzogen wird (ein Unterfall ist der deklarative Sprechakt) → § 8.3.2
status absolutus	→ § 6.4
status constructus	→ § 6.4
Subjekt	„das (dem Prädikat) Unterworfene“ (lat. subiectum), gilt gemeinhin als „Verursacher“ der im Prädikat ausgedrückten Handlung, mit dem es in Genus und Numerus übereinstimmt (z.B. „*Die Boten* kehrten zum König zurück.“)
Suffix	„Angehängtes“ (lat. suffigere „anheften“), unselbstständiges morphologisches Element, das hinten an den (erweiterten) Wortstamm angehängt wird → § 5.3.3
–	am Nomen → § 6.8
–	am Verb → § 8.7
sukzessiv	„allmählich eintretend“ (lat. succedere „nachfolgen“), zum Ausdruck komplexer Handlungsvorgänge, s. *Piʿel*; → § 8.6
Superlativ	höchste Steigerungsstufe des Adjektivs (z.B. „der *stärkste* Krieger“) → § 6.5

šûræq	→ § 3.1.1
synchron	„gleichzeitig", linguistisch für ein geschlossenes, sprachliches Zeichensystem auf einer bestimmten historischen Entwicklungsstufe
Syndese	Verbindung von sprachlichen Ausdrücken (Wörtern, Sätzen) mit Hilfe von Konjunktionen, s. Asyndese
syntagmatisch	als syntagmatische Beziehungen werden die Relationen zwischen den verschiedenen Elementen eines Syntagmas (z.B. eines Satzes oder eines Teilsatzes) bezeichnet, deren spezifische Eigenschaften ihre Kombinierbarkeit einschränken (z.B. „der König ruft seinen Schreiber" vs. „die Beamten ruft seinen Schreiber" [Subj. Pl.; Verb Sg.]), s. paradigmatisch
Syntax	„Zusammenstellung" (auch Satzbau), grammatisches Regelsystem zur Beschreibung der Satzbildungsmuster einer Sprache, m. a. W., nach welchen Regeln die einzelnen Sprachelemente (Wörter, Wortgruppen usw.) zu übergeordneten funktionellen Einheiten zusammengefügt und ihre Beziehungen untereinander strukturiert werden → § 5.0.2
Tempus	„Zeit/Zeitstufe", grammatische Kategorie zur Beschreibung der zeitlichen Perspektive des Sprechers hinsichtlich des im Verb ausgedrückten Sachverhalts (ist dieser vom Sprecher aus betrachtet beispielsweise vor- oder nachzeitig anzusetzen)
Temporalsatz	Nebensatz zum Ausdruck der zeitlichen Relation eines Sachverhalts zu dem im Hauptsatz ausgedrückten Sachverhalt (z.B. „*Nachdem er wohlbehalten zurückgekehrt war*, feierten sie ein Fest.") → § 5.2.3
Tempussystem	→ § 8.3
Tetragramm	s. Gottesname
textkritische Zeichen	→ § 3.4
tolerativ	„etwas (an sich) geschehen lassen", s. *Nif'al*
transpositio	s. Metathese
Ultimabetonung	→ § 3.3.1
Umschrift	→ § 1
Valenz	„Wertigkeit", Begriff, der v.a. auf die Fähigkeit von Verben zielt, *Leerstellen* im Satz zu eröffnen, die mit bestimmten notwendigen Ergänzungen (Aktanten) zu besetzen sind. Meist wird unterschieden zwischen *nullwertigen* (z.B. „es schneit"), *einwertigen* (z.B. „lächeln"),

	zweiwertigen (z.B. „liebe“) und *dreiwertigen* (z.B. „geben“) Verben
Verb	Aussage- oder Tätigkeitswort, zur Bezeichnung von in der Zeit verlaufender Phänome (Tätigkeiten, Vorgänge, Zustände), z.B. „gehen“, „satt sein“ → § 8
–	fientische Verben (= Handlungsverben), zur Bezeichnung eines Geschehens, s. stativische Verben → § 8.1
–	finites Verb („Personalform“), Verbform mit Personenkennzeichnung (z.B. „du kommst“ vs. „kommen“ [Inf.] oder „gekommen“ [Part. pass.])
–	intransitive Verben werden solche Verben genannt, die kein direktes Objekt (= Akkusativobjekt) fordern (z.B. „lächeln“, „begegnen“) → § 8.1
–	schwache Verben (Faustregeln) → § 10.9
–	doppelt schwache Verben → § 10.8
–	stativische Verben, auch Zustandsverben genannt (z.B. „sein“, „wissen“) → § 8.1; 8.3; 8.6.1
–	transitive Verben sind Verben, die zwingend ein direktes Objekt (= Akkusativobjekt) nach sich ziehen (z.B. „lesen“, „sehen“) → § 8.1
Verbalsatz	→ § 5.2.1
–	invertierter Verbalsatz → § 5.2.1
Verbalstämme	→ § 8.6
Verbklassen	→ § 10.1 und Inhaltsverzeichnis
Verdoppelung	→ § 3.2.2
–	virtuelle Verdoppelung → § 3.2.2
Verschlusslaute	→ § 1.2.1
Vetitiv	„Verbot“, Ausdruck für einen negativen Befehl; → § 8.5.2
Vokalbuchstaben	→ § 2; 3.1.2
Vokal	Selbstlaut (vgl. a, e, i, o, u)
–	Grundvokale → § 4.2.1
–	Hilfsvokal → § 4.3.2
–	homogene Vokale → § 3.1.2
–	Infixvokal → § 10.5
–	Murmelvokale → § 3.1; 3.1.3
–	reduzierte Vokale, s. Murmelvokale
–	Semivokale, Sprachlaut, der zwischen Konsonant und Vokal steht, jedoch nicht als Silbenträger auftreten kann (z.B. *i* in Famil*i*e) → § 1.2.3; 4.3.2
–	tonlange Vokale → § 4.2.1
–	Vollvokale → § 3.1; 3.1.1
Vokalisation	

–	Doppelvokalisation → § 4.4.2
–	lineare Vokalisation → § 2
–	Mischvokalisation → § 4.4.1
Vokalismusregeln	→ § 4.3.2
Vokallosigkeit	→ § 3.1; 3.1.3
Vokalreduktion	→ § 4.3.1; 4.3.2
Vokalzeichen	→ § 3.1; 3.1.2
Vokativ	Kasus zur Kennzeichnung der durch den Sprecher angeredeten Person (im Deutschen = Nominativ, z.B. „Oh *König*, du Herrscher!“) → § 6.5
Vorschlagsilbe	s. Silbe
Vortondehnung	→ § 4.3.2
Vortonsilbe	s. Silbe
Wandelkonsonanten	→ § 1.2.3
waw	
–	וAK → § 8.3
–	ו-consecutivum → § 8.3.2
–	ו-copulativum → § 8.3.2
Wurzel	→ § 0.1
Zahlwörter	→ § 7.7
Zahlzeichen	→ § 1; 1.1